肩水金關漢簡字形編

第肆冊

黄艷萍　張再興　編著

學苑出版社

肩水金關漢簡字形編·卷七下

枲 1048

T21:070

T21:318

T23:321A

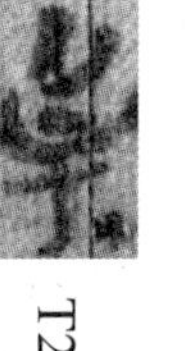

T23:985

T29:033

73EJD:22

72ECC:1+2B

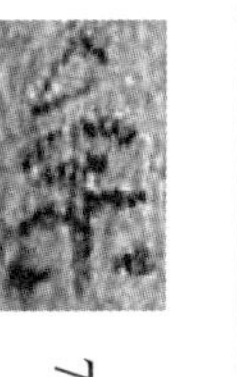

72ECC:1+2B

72ECC:1+2B

麻 1049

T28:114

72ECC:1+2B

72ECC:6A

72ECC:19

韭 1050

T23:765

T24:572

73EJF3:38

1051 䪥

T02:027A

T23:299

1052 䪞

T21:131B

1053 瓜

T33:015

1054 家

T01:057

T01:080A

T01:087

T01:173

T03:113

T04:064

T04:137

T06:042

T07:003

T07:039

T07:040

T07:060

T07:092

T07:136

T09:044

T09:052A

T09:059A

T09:231

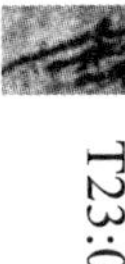
T09:248

T10:040A

T10:120A

T10:121A

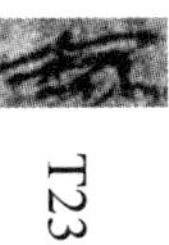
T10:208

T10:214

T10:216

T10:222

T10:285

T10:312A

T10:313A

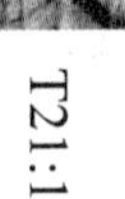
T10:336

T15:007

T15:019

T21:112

T21:117

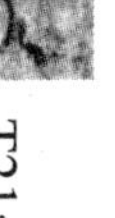
T21:293

T21:297

T21:394

T22:053

T23:004

T23:015A

T23:345

T23:861A

T23:897A

T23:919A

T23:919A

T24:035A

T24:062

T24:078

宀部　家

T24:132
T24:249
T24:262
T24:268A
T24:339A
T24:558
T24:583
T24:681B
T25:007A
T26:086
T26:180
T27:074
T29:094
T30:017
T30:058
T30:138
T30:243A
T31:097B
T31:120
T31:183
T32:046
T32:046
T33:039
T33:040A
T33:041A
T37:052
T37:106
T37:152
T37:173
T37:175
T37:176

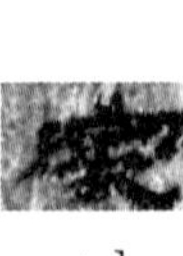

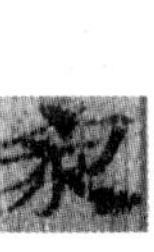

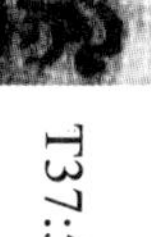
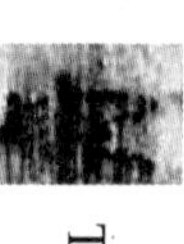

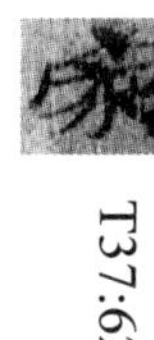

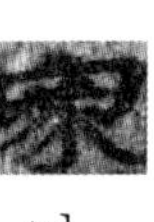

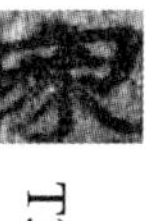

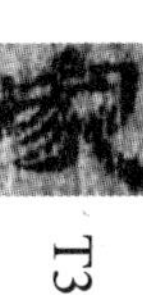

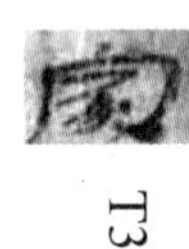
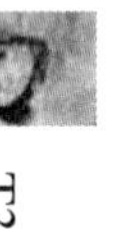

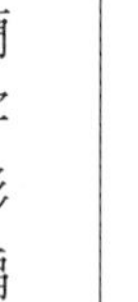

T37:177
T37:377
T37:379
T37:471
T37:521
T37:521

T37:524
T37:527
T37:542A
T37:625
T37:640

T37:692
T37:754
T37:755
T37:756
T37:758
T37:761

T37:762
T37:774
T37:799A
T37:932A
T37:1007

T37:1014
T37:1058
T37:1059
T37:1075A
T37:1076A

T37:1097A
T37:1149
T37:1457
H02:083
F01:076

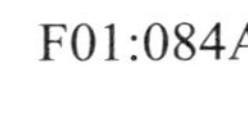   F01:084A

 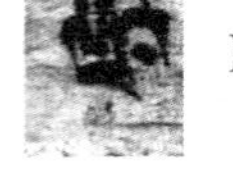    F01:118A

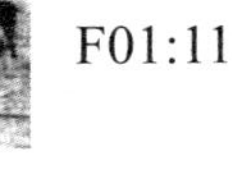 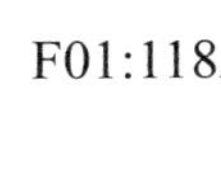  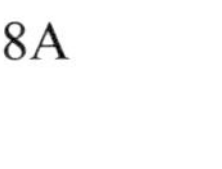   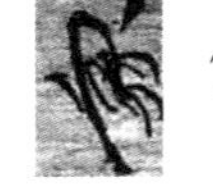     73EJF3:101

 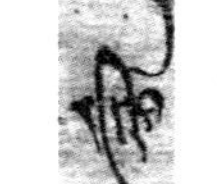   73EJF3:106

 73EJF3:117A

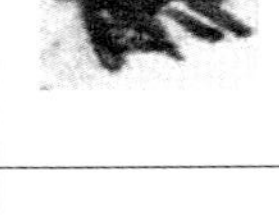 73EJF3:120A

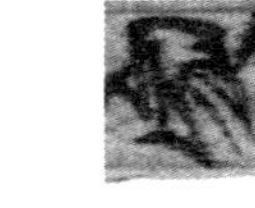   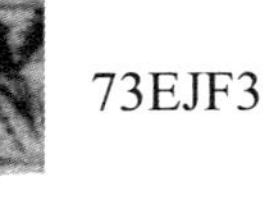 73EJF3:170

        73EJF3:183A

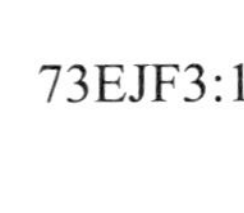 73EJF3:183B

73EJF3:183B

73EJF3:298

73EJF3:320

 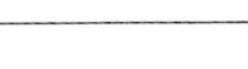  73EJF3:328A

 73EJF3:337

 73EJD:7

 73EJD:23

   73EJD:36A

 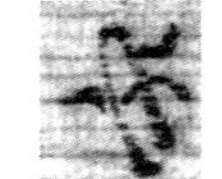  73EJD:42

73EJD:43A

73EJD:131

73EJD:307B

72EJC:115

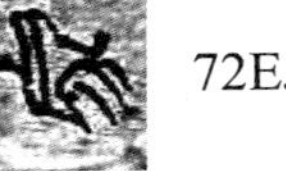  72EJC:121

 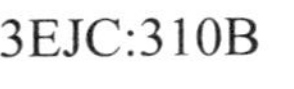 73EJC:310B

 73EJC:313A

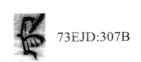

  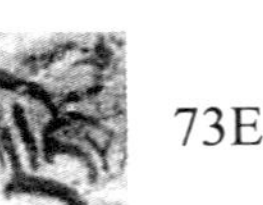  73EJC:446A

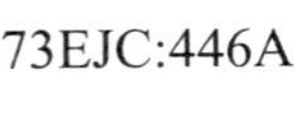 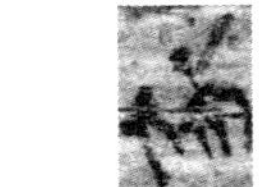 73EJC:534

 73EJC:592A

72EDIC:3
72EDIC:3 

宅
1055 

T23:919A
T31:101A 

室
1056 

T03:045
T04:138 
T10:208 
T10:208 
T21:117 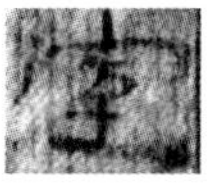

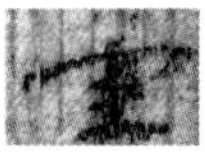

T23:861A
T23:919A 
T23:919A 
T24:339A 
T29:094 

T32:046
73EJD:12 

宣
1057 

T01:012
T01:176 
T03:055 
T03:109 
T04:041A

T04:108A

T04:108A

T04:108B

T10:207

T10:481

T21:313

T22:074

T23:492B
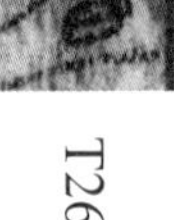
T24:245

T26:217

T26:276

T28:048

T29:122

T30:028A

T30:028A

T30:048
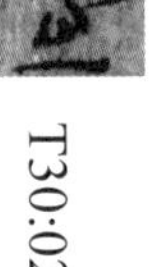
T30:215+217

T31:149

T37:033

T37:061A

T37:152

T37:161A

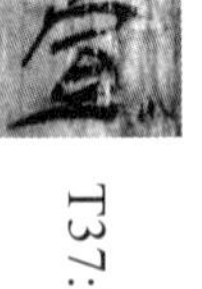
T37:268A

T37:732

T37:774

T37:1052A

T37:1052B

T37:1381

T37:1396A

T37:1399A

H01:029

F01:123

73EJF3:94

73EJF3:94

73EJF3:328A

73EJF3:422

73EJF3:508

73EJD:19A

73EJD:45

73EJD:56

73EJD:214

73EJD:230

73EJD:244

73EJD:284A

73EJD:307B

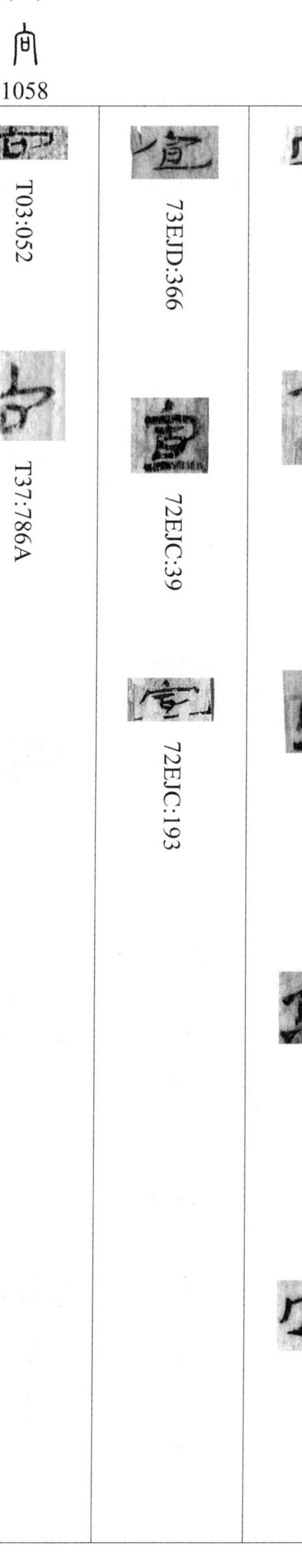

73EJD:366

72EJC:39

72EJC:193

宂 1058

T03:052

T37:786A

宛 1059

T09:040

T10:115A

T10:115B

T10:121A

T10:121B

T10:267A

T10:267B

T10:315A

T10:315A

T10:315B

T24:688

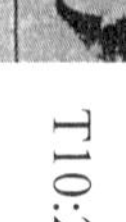
T31:034A

T33:059A

T37:025

T37:709

T37:1222

T37:1250

T37:1444

T37:1454

73EJC:524

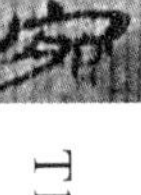
73EJC:614

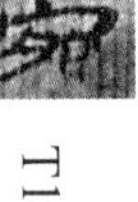
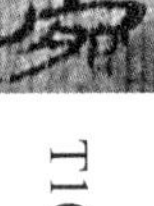
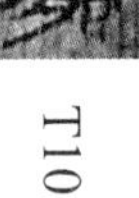
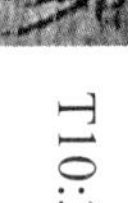

宏

1060

T23:288

T23:897A

T37:023B

T37:035

73EJF2:24

73EJF3:116B

73EJF3:122

73EJF3:125B

73EJF3:180B

定

1061

773EJF3:511+306+291

73EJF3:510B

73EJF3:548

72EBS7C:2B

T01:023

T01:030

T01:106

T01:140

T01:162

T01:162

T01:172

T01:183

T02:036

T03:056

T05:051

T05:072

T06:056

T06:093

T06:106

T06:118A

T06:170

T08:007

T08:035

T09:016

T09:042

T09:086

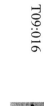

T09:087

T09:126

T09:310

T10:357

T10:406

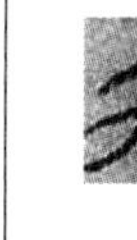
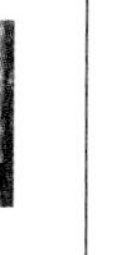

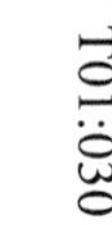

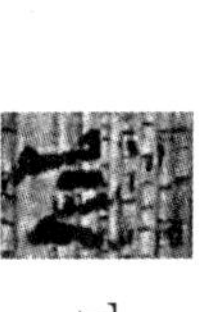

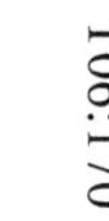

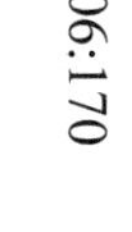
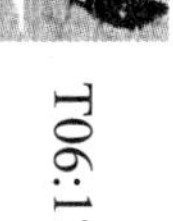

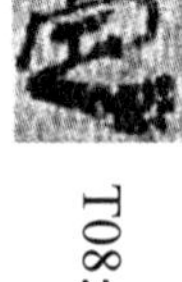
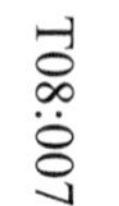

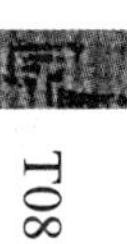

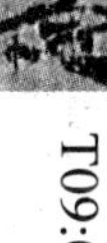

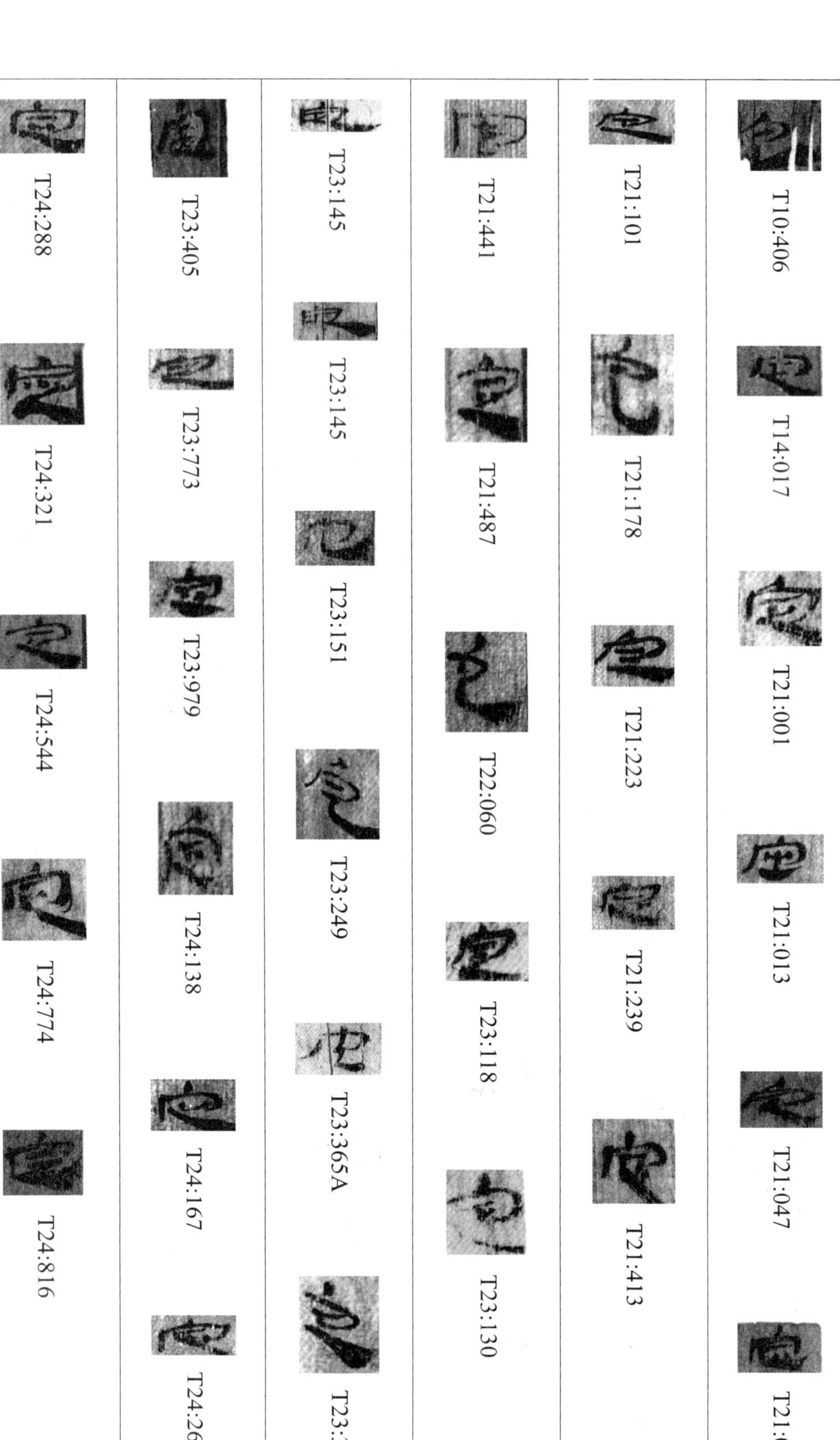
T10:406
T14:017
T21:001
T21:013
T21:047
T21:056
T21:101
T21:178
T21:223
T21:239
T21:413
T21:441
T21:487
T22:060
T23:118
T23:130
T23:145
T23:145
T23:151
T23:249
T23:365A
T23:385
T23:405
T23:773
T23:979
T24:138
T24:167
T24:264A
T24:288
T24:321
T24:544
T24:774
T24:816

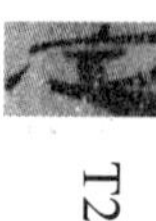

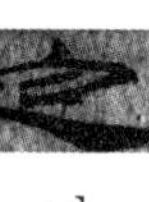

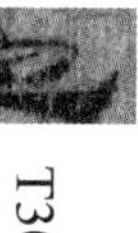
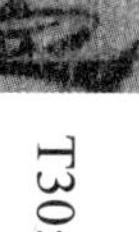

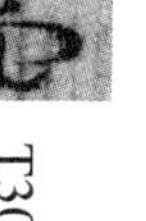
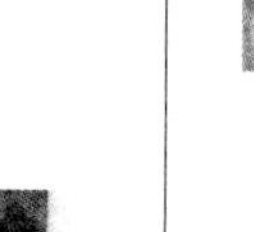

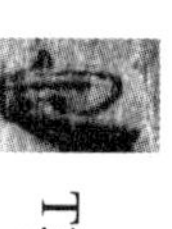
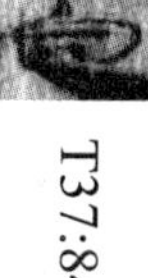

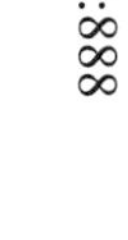

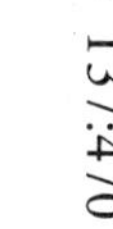

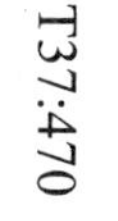

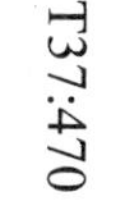
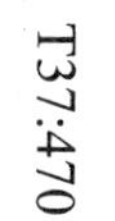

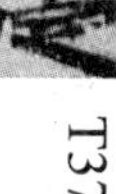

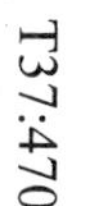

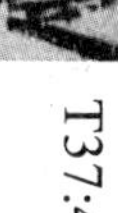
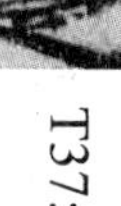

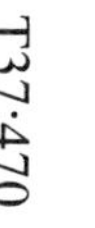

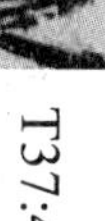

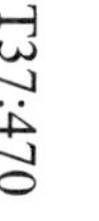

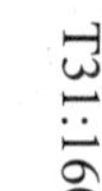
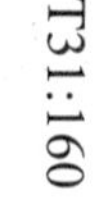

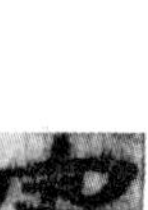

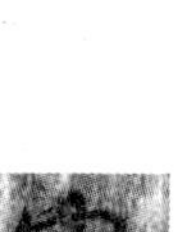

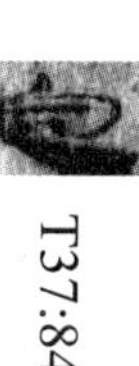

T24:896A
T25:106
T25:164
T26:122
T26:156

T26:237A
T27:020
T28:008A
T28:043
T29:084

T29:092
T30:026
T30:113
T30:160
T30:243A
T30:247

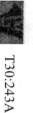

T31:145
T31:160
T33:039
T33:059A
T33:061
T37:076

T37:470
T37:499
T37:524
T37:631
T37:834
T37:849

T37:888
T37:986
T37:1077
T37:1078
T37:1095A
T37:1156

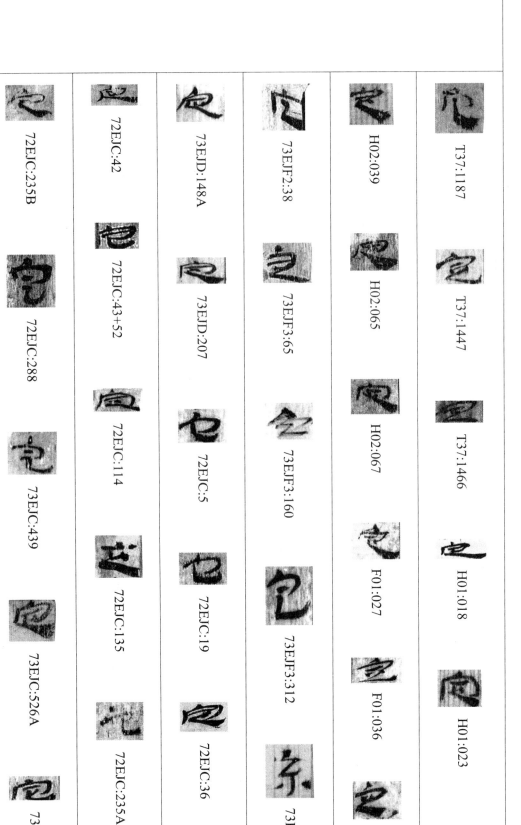

T37:1187
T37:1447
T37:1466

H01:018

H01:023

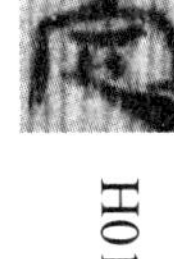

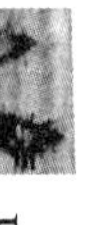

H02:039

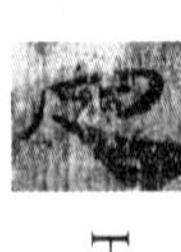
H02:065

H02:067

F01:027

F01:036

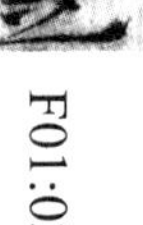

F01:076

73EJF2:38
73EJF3:65
73EJF3:160
73EJF3:312

73EJF3:337

73EJD:148A

73EJD:207

72EJC:5

72EJC:19

72EJC:36

72EJC:42
72EJC:43+52
72EJC:114
72EJC:135
72EJC:235A

72EJC:235B
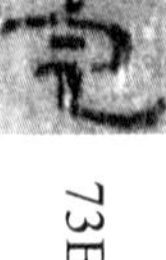
72EJC:288

73EJC:439

73EJC:526A

73EJC:575

安

1062

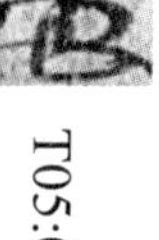
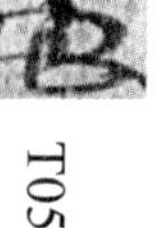
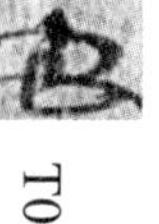

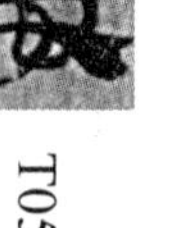
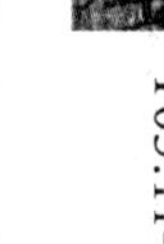
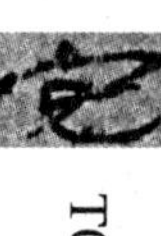

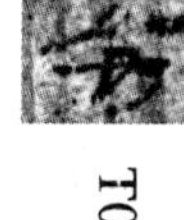

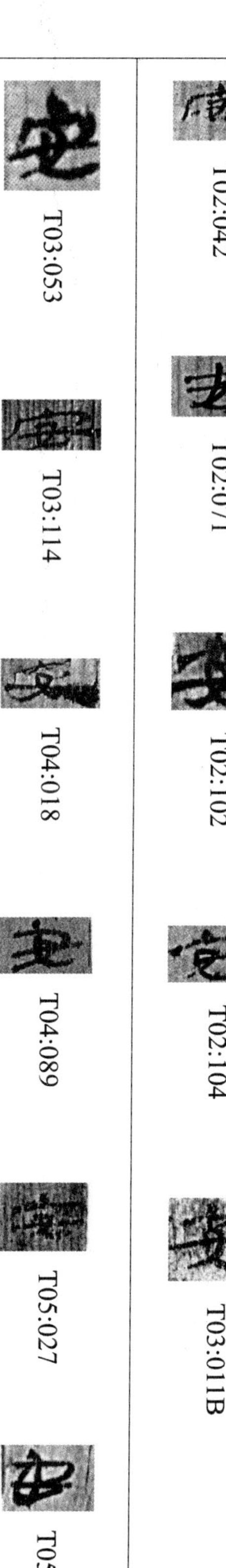

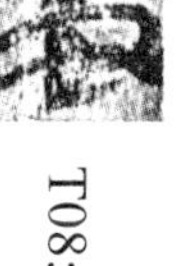

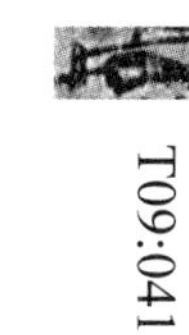

T01:001 T01:029 T01:114 T01:162 T01:311 T02:036

T02:042 T02:071 T02:102 T02:104 T03:011B

T03:053 T03:114 T04:018 T04:089 T05:027 T05:068B

T05:072 T05:076 T05:078 T05:112 T06:027A T06:028

T06:112 T06:124 T06:177 T07:003 T07:033 T07:037

T07:107A T08:003 T08:047 T08:089A T09:001 T09:041

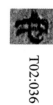

T09:042
T09:066
T09:069
T09:069
T09:086
T09:092A
T09:098
T09:104
T09:104
T09:104
T09:123
T09:194
T09:208
T09:253
T10:036
T10:152
T10:153
T10:163B
T10:183
T10:264
T10:288
T10:289
T10:290
T10:292
T10:312A
T10:313A
T10:340
T11:011
T14:006
T14:034
T21:001
T21:001
T21:021
T21:047

T21:121 T21:194 T21:400 T22:005 T22:032 T22:033

T22:060 T22:062 T22:082 T22:111A T23:055 T23:145

T23:262 T23:265B T23:295 T23:298 T23:303 T23:404A

T23:481B T23:500 T23:523A T23:528 T23:563

T23:628 T23:636 T23:773 T23:786 T23:797B

T23:797B T23:826 T23:885A T23:923 T23:929

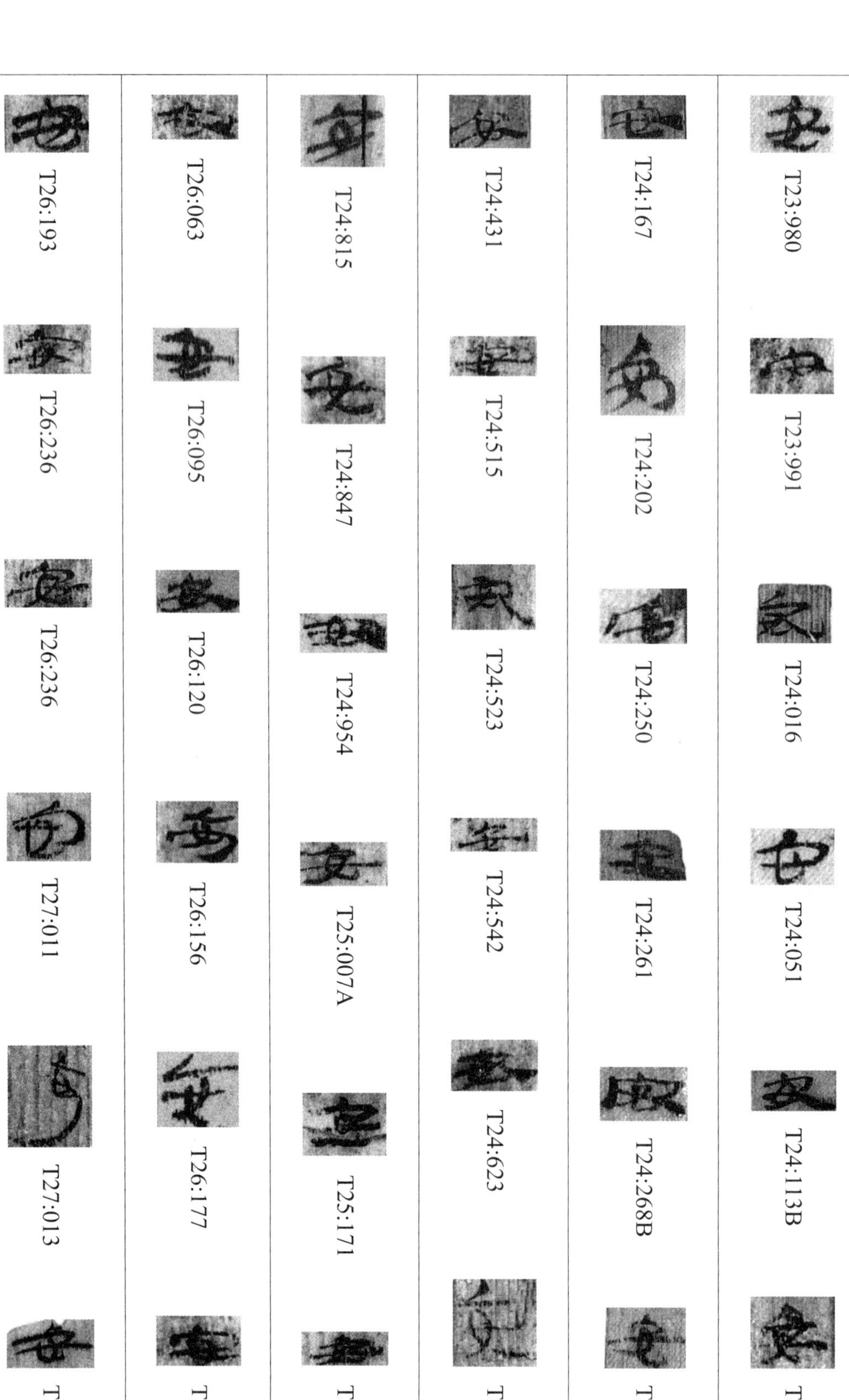
T23:980
T23:991
T24:016
T24:051
T24:113B
T24:132
T24:167
T24:202
T24:250
T24:261
T24:268B
T24:337
T24:431
T24:515
T24:523
T24:542
T24:623
T24:664
T24:815
T24:847
T24:954
T25:007A
T25:171
T26:034
T26:063
T26:095
T26:120
T26:156
T26:177
T26:184
T26:193
T26:236
T26:236
T27:011
T27:013
T27:094

T28:104
T29:040 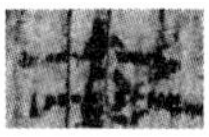
T29:050 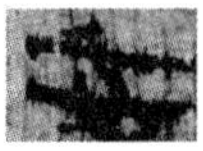
T30:012 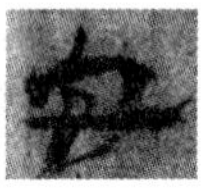
T30:021B 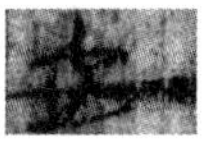
T30:074 

T30:085
T30:088 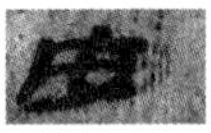
T30:131 
T30:185
T30:219 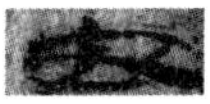
T30:262 

T31:020A
T31:066 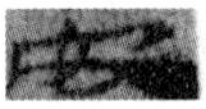
T31:066 
T31:066 
T31:085 
T31:145 

T32:021
T32:024 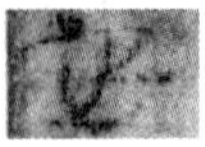
T32:074 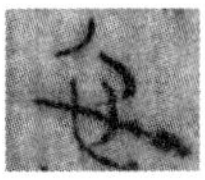
T34:006A 
T34:006A 

T34:006A
T35:004 
T37:051 
T37:194 
T37:451 
T37:499 

T37:522A
T37:524 
T37:524 
T37:527 
T37:527 
T37:529

T37:531 T37:536 T37:548 T37:622 T37:655 T37:746

T37:756 T37:774 T37:779 T37:802 T37:812 T37:827

T37:870 T37:889 T37:900 T37:924 T37:968A T37:993

T37:997 T37:1006 T37:1022 T37:1026 T37:1039A

T37:1057A T37:1066 T37:1076A T37:1081 T37:1121

T37:1130 T37:1156 T37:1209 T37:1321 T37:1326 T37:1331

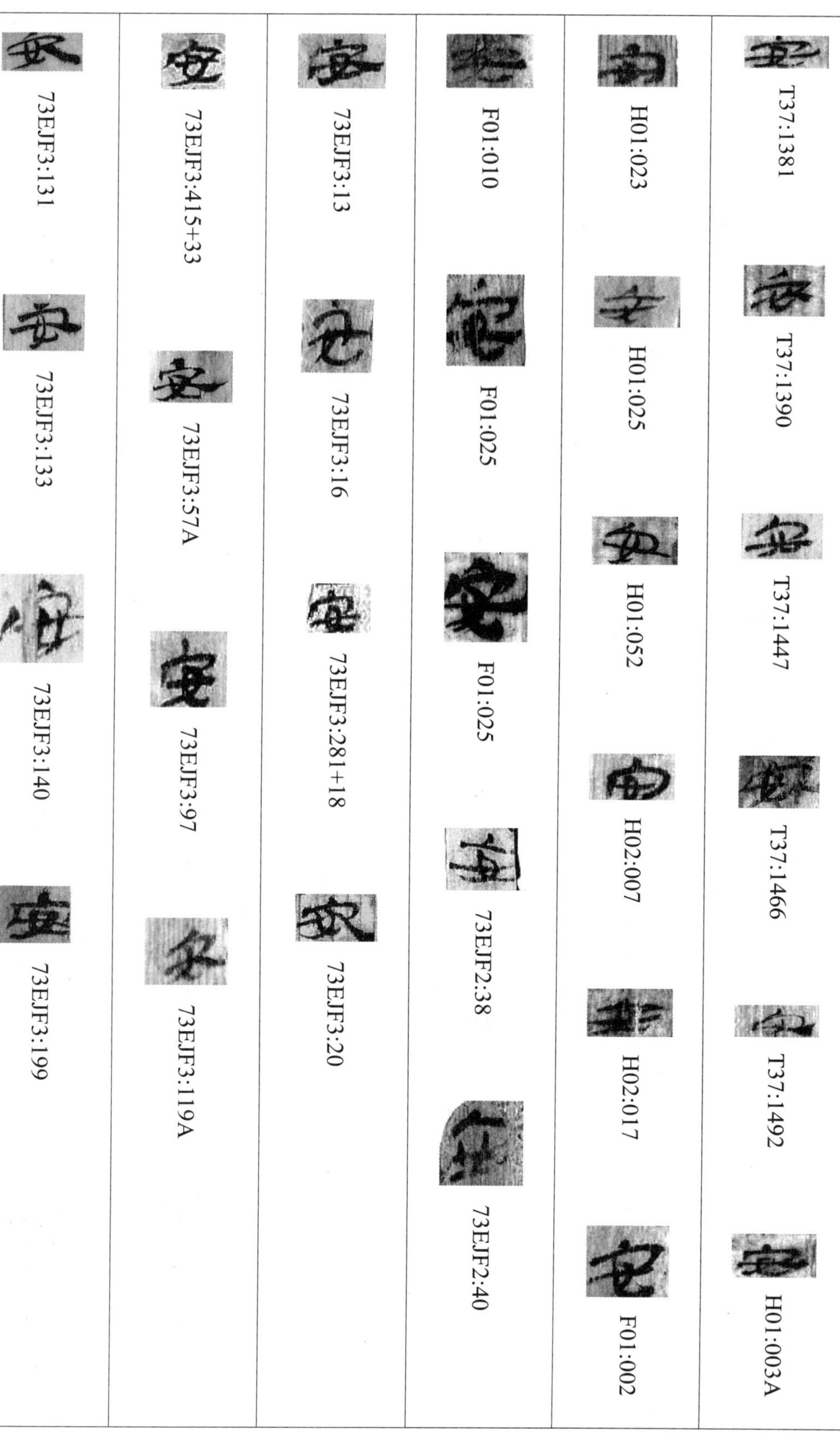
T37:1381
T37:1390
T37:1447
T37:1466
T37:1492
H01:003A
H01:023
H01:025
H01:052
H02:007
H02:017
F01:002
F01:010
F01:025
F01:025
73EJF2:38
73EJF2:40
73EJF3:13
73EJF3:16
73EJF3:281+18
73EJF3:20
73EJF3:415+33
73EJF3:57A
73EJF3:97
73EJF3:119A
73EJF3:131
73EJF3:133
73EJF3:140
73EJF3:199

73EJF3:471+302

73EJF3:329A

73EJF3:337

73EJF3:354

73EJF3:362

73EJF3:416+364

73EJF3:374

73EJF3:393

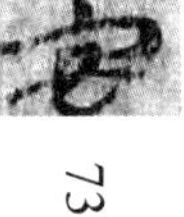
73EJF3:446

73EJF3:504

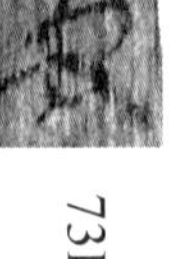
73EJT4H:5A

73EJD:70

73EJD:233

72EJC:5

72EJC:5

72EJC:19

72EJC:19

72EJC:36

72EJC:40

72EJC:40

72EJC:43+52

72EJC:76

72EJC:116A

72EJC:136

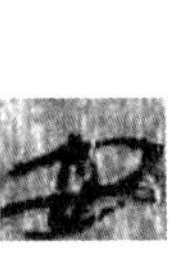
72EJC:161

72EJC:214

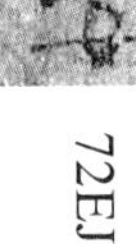
72EJC:235B

72EJC:274

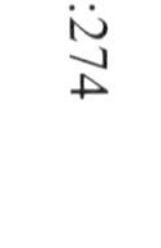
73EJC:344

73EJC:424

73EJC:433

73EJC:464

73EJC:477

73EJC:529B

73EJC:530

73EJC:608

73EJC:610

72EDAC:7

72ECC:1+2B

72ECC:30A

72EBS7C:1A

72EBS7C:1A

宴 1063

73EJF3:251B+636A+562B+234B+445B

察 1064

T01:022A

T02:053A

T06:077A

T23:967

T24:916

T26:065

T27:101

T29:114B

T33:072

73EJF3:56

完

1065

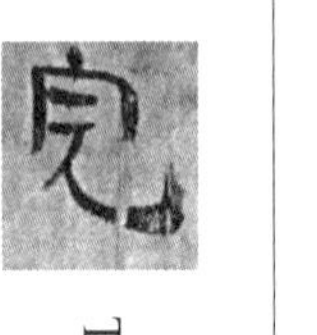
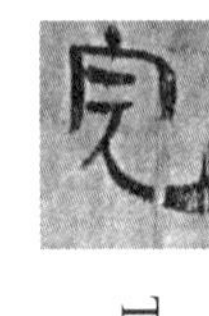

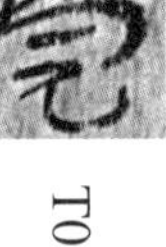

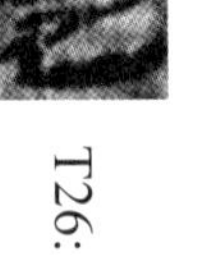
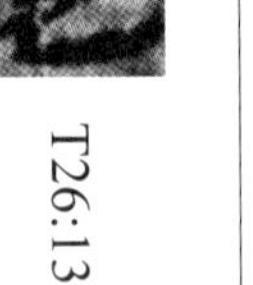

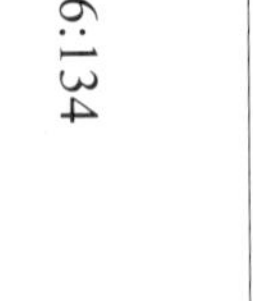

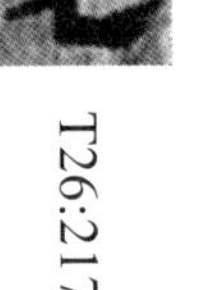

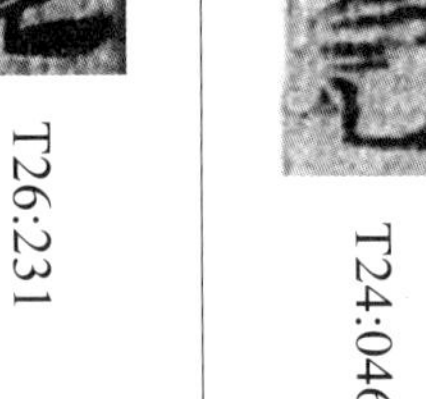

73EJF3:261
73EJF3:268
73EJD:32B

T02:075
T06:122
T09:136
T10:259
T21:040

T21:241
T22:033
T22:033
T23:145
T23:145

T23:145
T23:145
T23:145
T23:145
T23:731B

T23:768
T23:768
T23:768
T23:768
T24:046

T24:716
T25:100
T26:134
T26:217
T26:231

富

1066

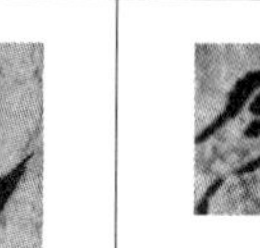

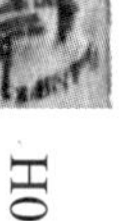

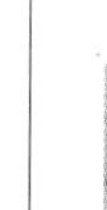

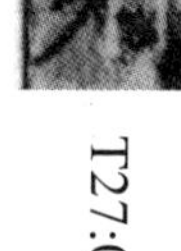

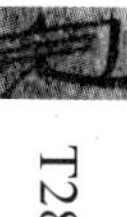

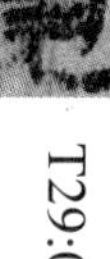

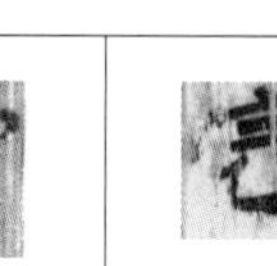
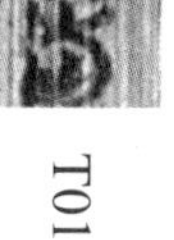
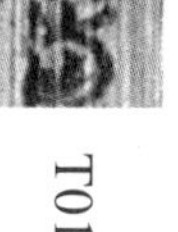

T26:231
T27:010
T27:034
T28:010
T29:071

T29:126A
T30:004
T32:010
T32:010
T37:553

T37:1088
T37:1120
H01:028
73EJF3:383
73EJD:299A

73EJD:299B
73EJD:300A
73EJD:309A
73EJD:309B
73EJD:312

73EJD:314A
73EJD:314B
72EJC:197
73EJC:615

T01:006
T01:020
T01:080A
T01:160
T02:013

宀部 富

T03:114
T06:094
T06:167
T07:097
T07:103
T08:003
T08:035
T09:066
T09:104
T10:156
T10:162
T10:184
T10:287
T10:313A
T14:005
T14:007
T21:323
T21:421
T23:145
T23:384
T23:661
T23:735
T23:964
T23:965
T23:969
T23:977
T24:050
T24:063
T24:131
T24:239
T24:374
T24:515
T24:578
T24:740

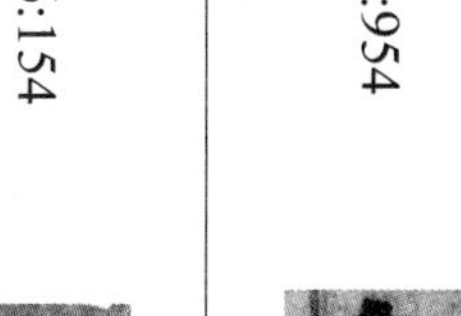

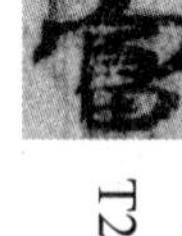
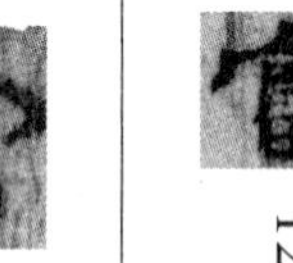

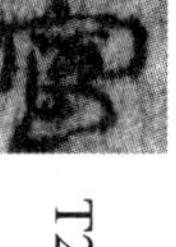
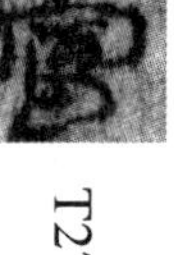
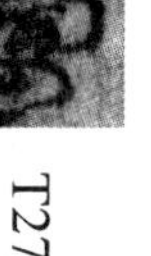

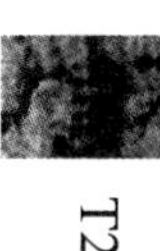
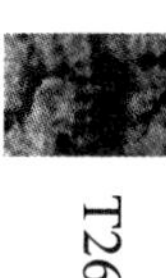
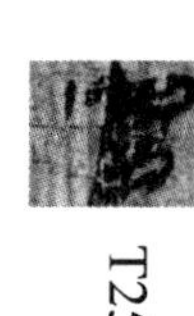
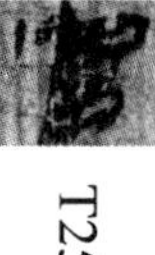

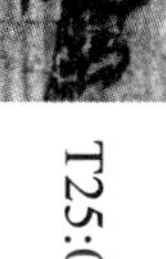

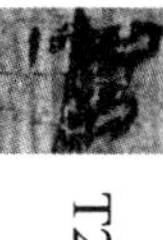
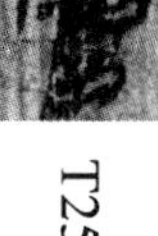
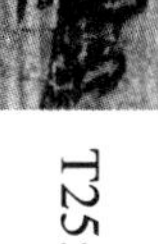
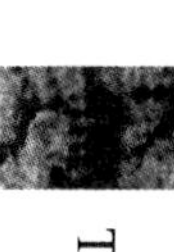

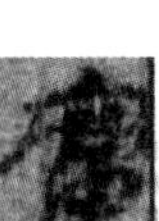

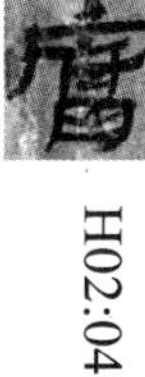

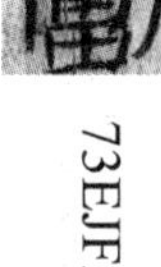

T24:954
T24:954
T24:970
T24:987
T25:043
T26:133

T26:154
T26:265
T27:026
T27:056
T27:061

T28:037
T37:237
T37:452
T37:889
T37:968A

T37:992
T37:1058
T37:1125
T37:1160
T37:1589

H01:027
H01:068
H01:080A
H02:022
H02:041

F01:003
73EJF2:32
73EJF3:8
73EJF3:9
73EJF3:15

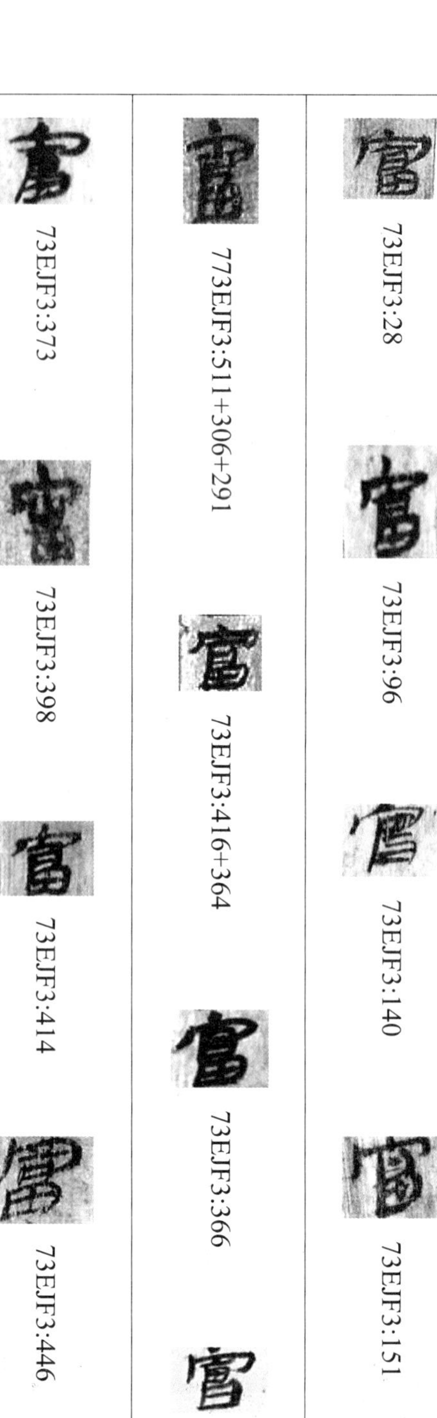

73EJF3:28

73EJF3:96

73EJF3:140

73EJF3:151

773EJF3:511+306+291

73EJF3:416+364

73EJF3:366

73EJF3:371

73EJF3:373

73EJF3:398

73EJF3:414

73EJF3:446

73EJF3:506

73EJF3:554

73EJD:63

72EJC:129

72EJC:136

72EJC:181

73EJC:428

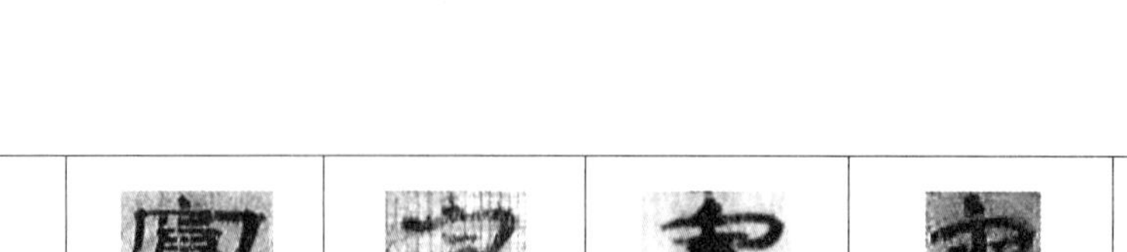

實

1067

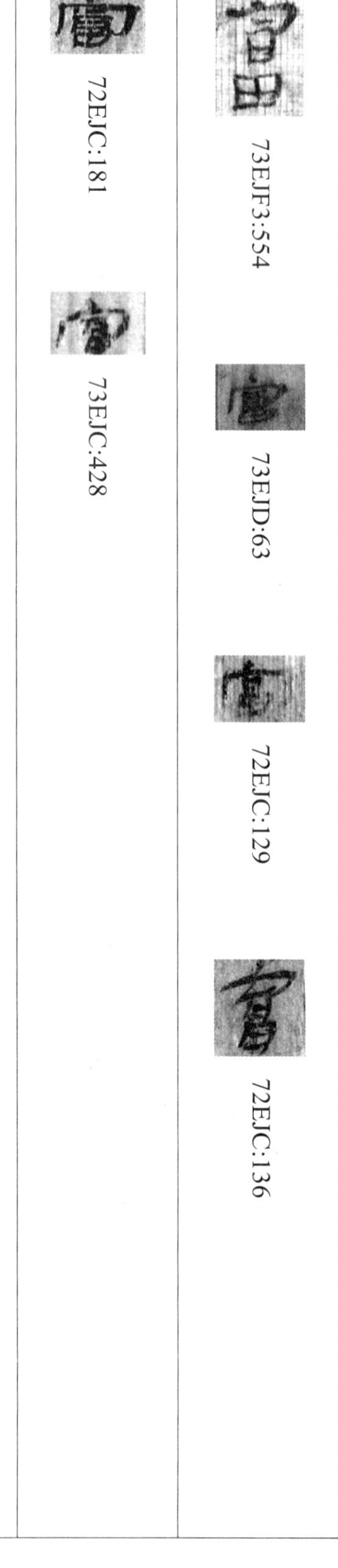

T01:002

T04:110A

T05:114

T21:239

T21:264

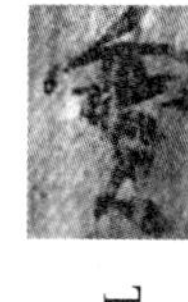

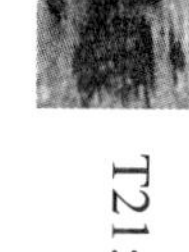
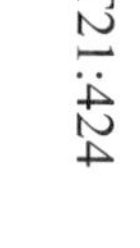

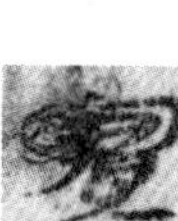
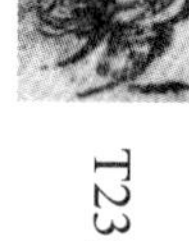
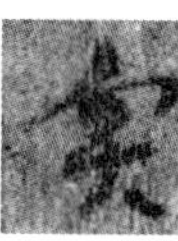
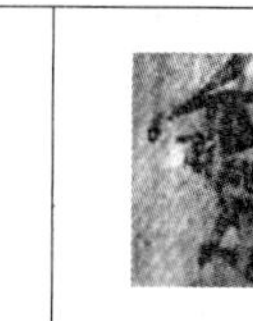

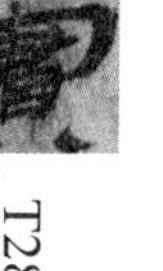
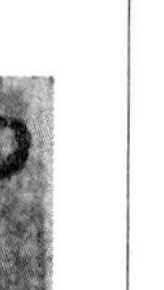

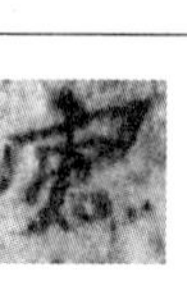

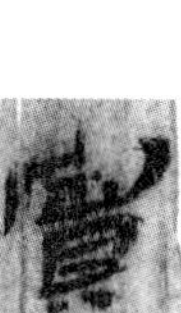

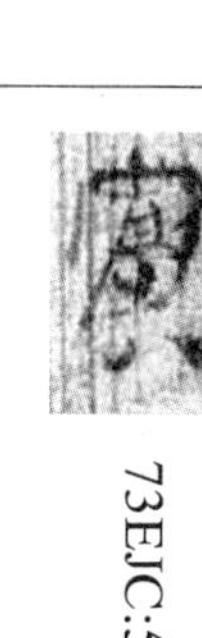

T21:349A
T21:424
T23:589
T23:619
T23:663B

T23:683
T23:887
T23:921
T23:928
T23:984B

T24:040
T25:004
T28:008A
T29:020
T37:524

T37:752A
T37:1155
H02:042
F01:033
73EJF2:40

73EJD:38
73EJD:204
73EJD:332
73EJD:391
72EJC:284

73EJC:530
73EJC:551
72ECC:26

容 1068

73EJC:348

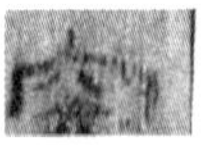

73EJC:413

寶 1069

T24:527

宧 1070

T08:064

T21:229

T26:032

宰 1071

T27:048

T30:022

73EJF3:76+448A

73EJF3:76+448B

73EJF3:111

73EJF3:184A

73EJF3:184A

73EJF3:254

73EJF3:328B

73EJF3:510A

守

1072

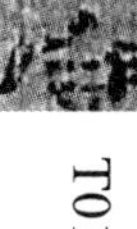

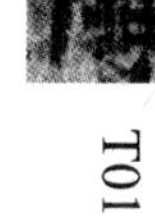

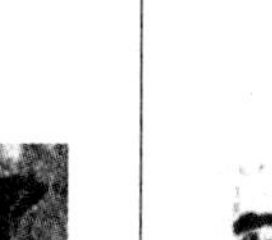
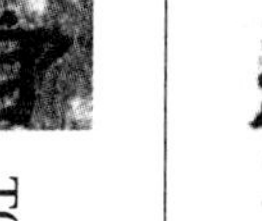

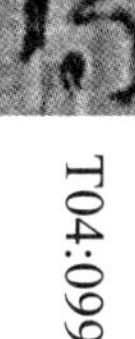

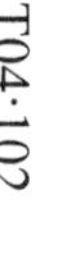

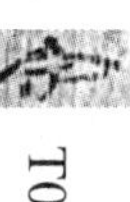

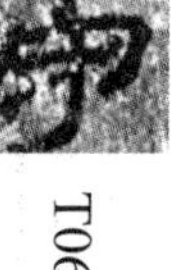

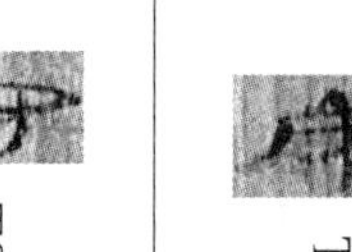

T01:001　T01:001　T01:001　T01:002　T01:034

T01:068　T01:178A　T02:023　T02:075　T03:012

T03:013A　T03:027A　T03:031　T03:044　T03:053

T03:065　T03:114　T04:048　T04:064　T04:099　T04:099

T04:102　T05:068A　T06:025　T06:072A　T06:106　T06:124

T06:160　T07:036　T07:075　T08:009　T08:039　T08:051A

T08:051A

T08:109
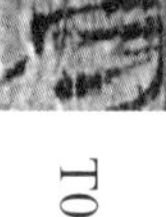
T09:001

T09:005

T09:007

T09:029A

T09:050

T09:092A

T09:104

T09:104

T09:124

T09:335

T10:064

T10:115A

T10:120A

T10:120B

T10:154A

T10:155

T10:177A

T10:210A

T10:210A

T10:287
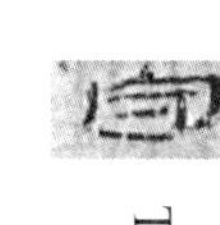
T10:307
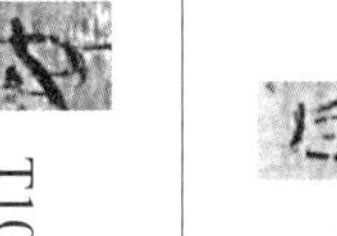
T10:313A

T10:315A

T10:315A

T10:391

T21:039

T21:047
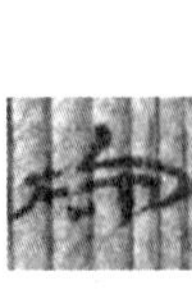
T21:059

T21:060A

T21:064
T21:104
T21:109B
T21:131B
T21:201
T21:217
T21:330
T21:423
T22:003
T22:017
T22:037
T22:111A
T22:111A
T22:111A
T23:017A
T23:018
T23:050B
T23:079B
T23:081
T23:124
T23:131
T23:156A
T23:156A
T23:217A
T23:217B
T23:244
T23:259
T23:278
T23:288
T23:288

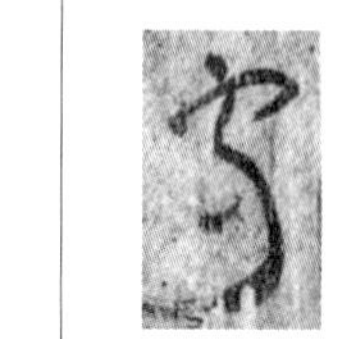
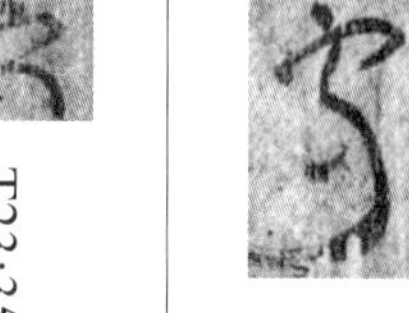
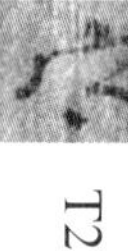
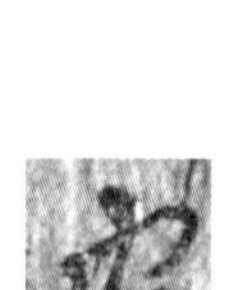

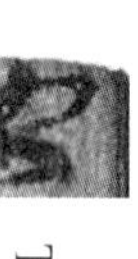

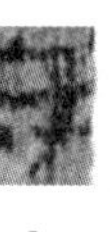

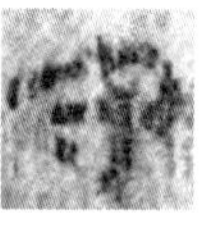

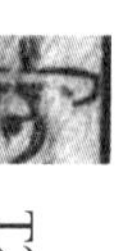

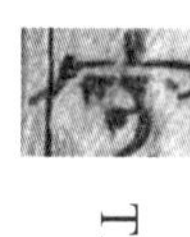

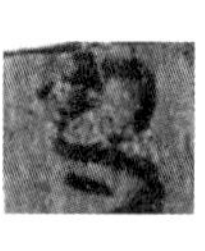

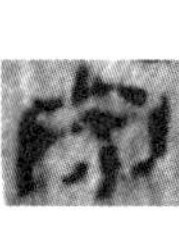

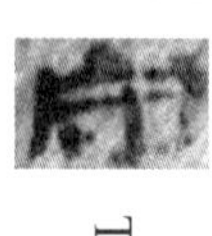

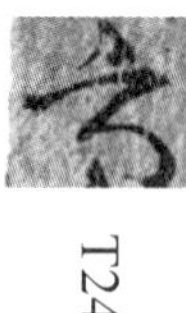

T23:289　T23:306　T23:308　T23:335　T23:335

T23:352　T23:408　T23:427　T23:459B　T23:496

T23:619　T23:620　T23:634　T23:725　T23:738

T23:786　T23:786　T23:865A　T23:878　T23:886

T23:897A　T23:906A　T23:918B　T23:932　T23:938

T23:979　T24:008B　T24:009A　T24:014　T24:014

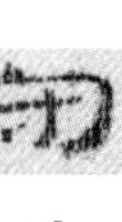

T24:023A　T24:036　T24:040　T24:049B　T24:059

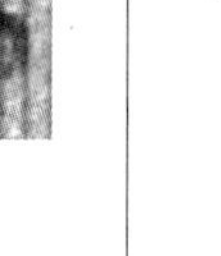

T24:068　T24:098　T24:112A　T24:139　T24:145

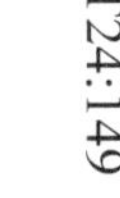

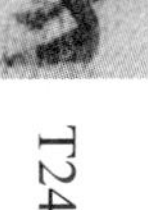

T24:149　T24:379　T24:411　T24:516A　T24:517A

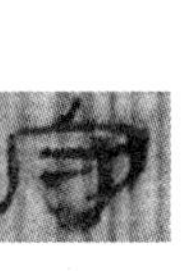
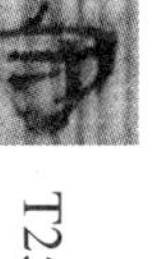

T24:532A　T24:764　T24:788　T25:006　T25:050

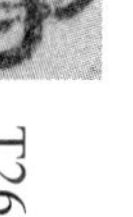

T25:060　T26:001A　T26:024　T26:052　T26:087

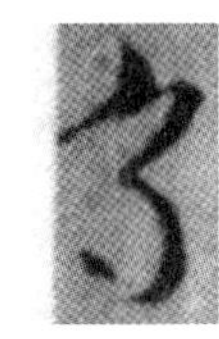

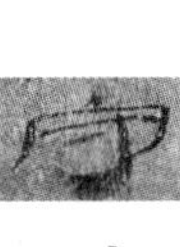

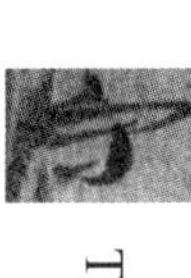

T26:087　T26:210　T26:233A　T26:237A　T26:237B

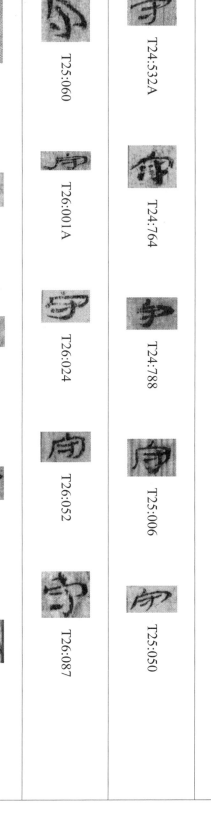

T27:013　T27:013　T27:052　T28:008A　T28:052　T28:072

T28:075　T28:078　T28:124　T30:034A　T30:105

T30:137　T30:205　T31:012　T31:034A　T31:062

T31:114A　T31:114A　T31:131　T31:148　T31:149

T31:155　T31:155　T32:006　T33:005　T33:020

T33:039　T33:040A　T33:058　T33:067A　T34:006A

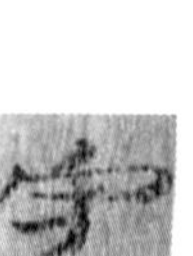

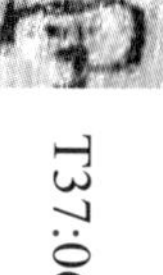

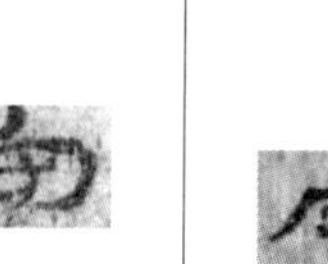
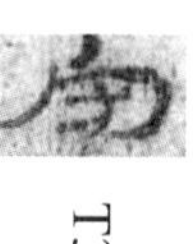

T34:006A
T34:006A
T34:012
T34:043
T35:003

T35:007
T35:008
T35:013
T37:008
T37:023B

T37:026
T37:057
T37:061A
T37:089
T37:097

T37:097
T37:303
T37:338
T37:419
T37:422

T37:425
T37:451
T37:477
T37:519A
T37:520A

T37:521
T37:521
T37:522A
T37:523A
T37:524

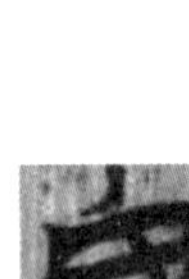

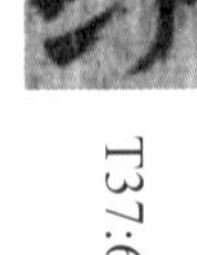

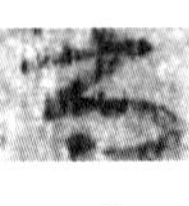
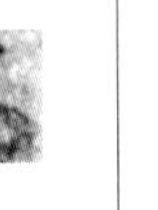
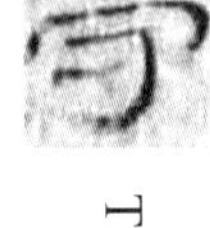
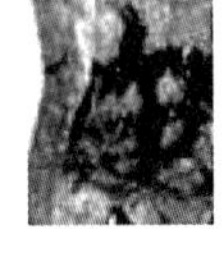

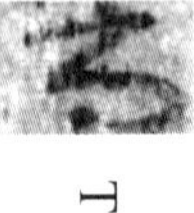
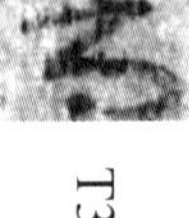

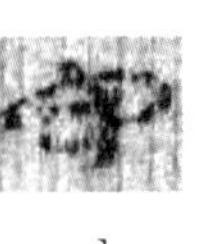

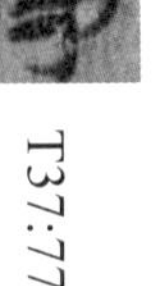

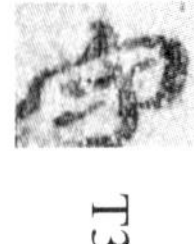

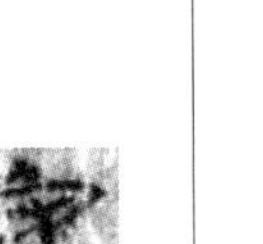
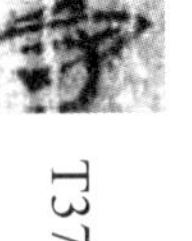
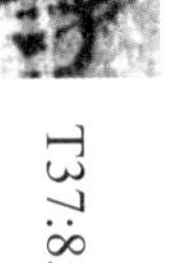

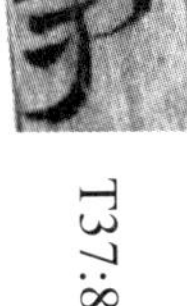

T37:527
T37:529
T37:530
T37:531
T37:615
T37:647
T37:693
T37:698
T37:701
T37:702A
T37:707A
T37:716A
T37:726
T37:743
T37:752A
T37:752A
T37:752B
T37:770B
T37:780
T37:788A
T37:792
T37:795
T37:799A
T37:803A
T37:805A
T37:835B
T37:836A
T37:854
T37:875
T37:878A

T37:885

T37:909

T37:928
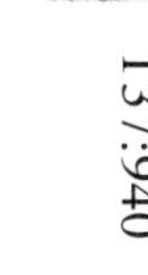

T37:940

T37:961

T37:989

T37:996

T37:1062A

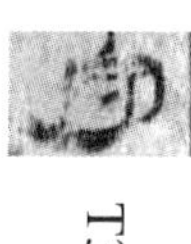
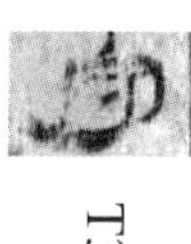
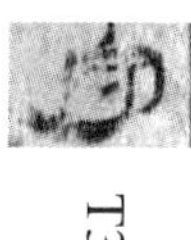
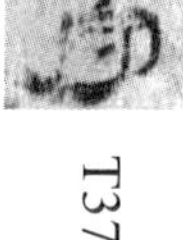

T37:1065A

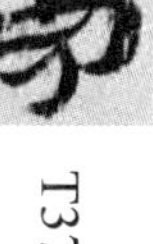

T37:1067A

T37:1070

T37:1070

T37:1075A

T37:1076A

T37:1092

T37:1094A

T37:1095B
T37:1163
T37:1167B
T37:1184

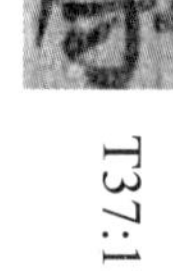
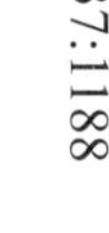
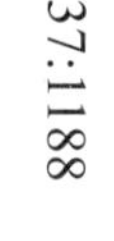

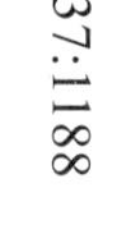
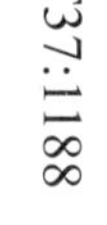
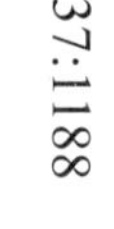
T37:1188

T37:1196

T37:1283
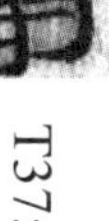

T37:1310

T37:1396A

T37:1423B
T37:1424

T37:1436
T37:1443

T37:1482

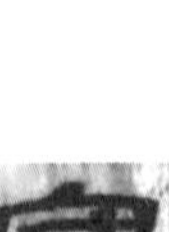
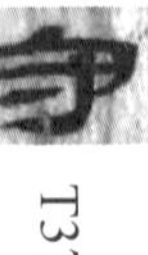
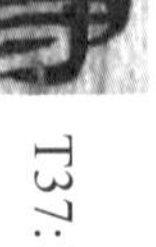

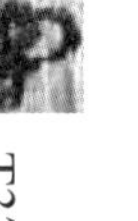
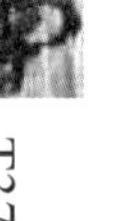

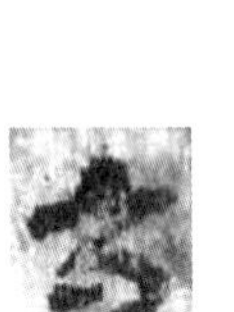
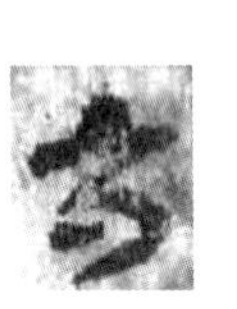

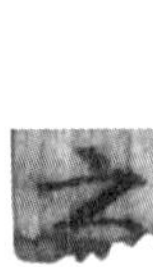
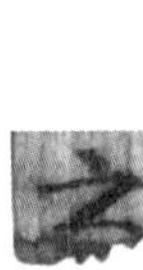

T37:1491
T37:1491
T37:1499A
T37:1499A
T37:1500

T37:1501
T37:1502B
T37:1518
T37:1537A
T37:1537A

T37:1538
T37:1546
T37:1581
T37:1588
H01:017
H02:012

H02:019
H02:046
F01:002
F01:002
F01:004

F01:004
F01:012
F01:013
F01:013
F01:085

F01:091A
F01:091A
73EJF2:46B
73EJF3:1
73EJF3:1

73EJF3:2

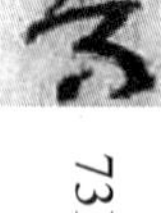
73EJF3:43

73EJF3:55

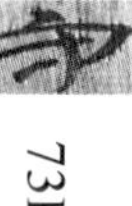

73EJF3:104

73EJF3:105

73EJF3:114+202+168

73EJF3:114+202+168

73EJF3:115

73EJF3:117A

73EJF3:118A

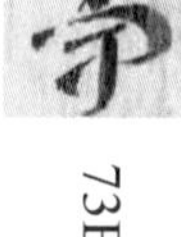
73EJF3:118A

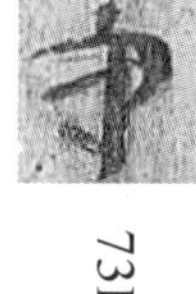
73EJF3:120B

73EJF3:290+121

73EJF3:122

73EJF3:122

73EJF3:122

73EJF3:123A

73EJF3:153

73EJF3:155A

73EJF3:167

73EJF3:167

73EJF3:175+219+583+196+407

73EJF3:181

73EJF3:181

73EJF3:184A

73EJF3:184A

73EJF3:184A

73EJF3:184B

73EJF3:228

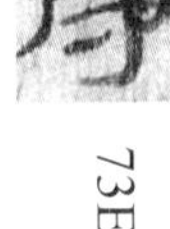

73EJF3:254

73EJF3:258

73EJF3:270

73EJF3:288

73EJF3:311

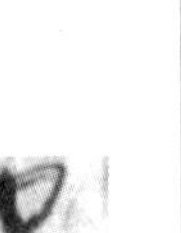
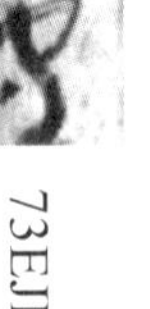

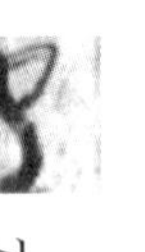

73EJF3:328B

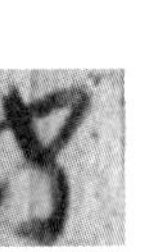
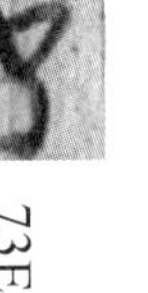
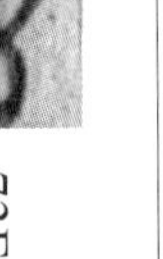

73EJF3:328B

73EJF3:400

73EJF3:438

73EJF3:510A

73EJF3:526

73EJF3:541

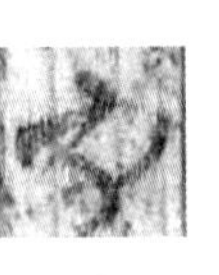
73EJF3:569

73EJT4H:89B

73EJD:33A

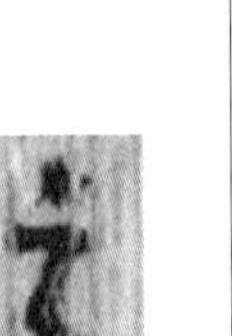
73EJD:34

73EJD:35

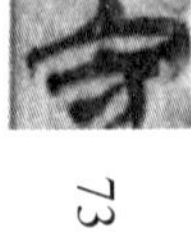
73EJD:37A

73EJD:45

73EJD:45

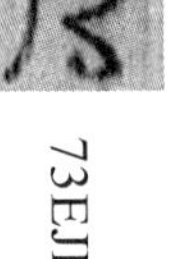
73EJD:53

73EJD:54

73EJD:56

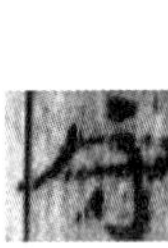
73EJD:96

73EJD:170

73EJD:199

73EJD:243

73EJD:244

73EJD:247

73EJD:260B

73EJD:335

73EJD:357

73EJD:364

73EJD:378

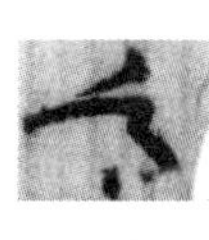
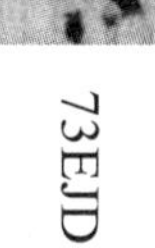
73EJD:384

72EJC:2A

72EJC:618+47

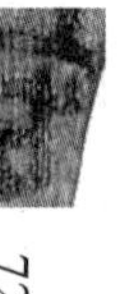

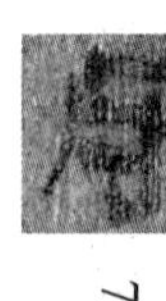
72EJC:84

72EJC:219

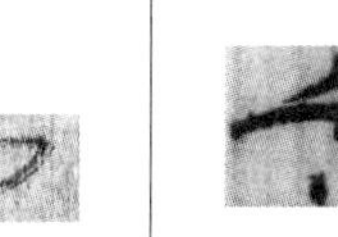
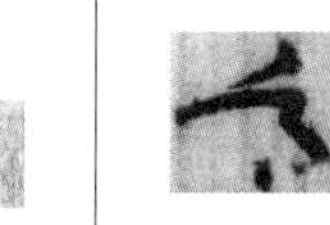
72EJC:235A

72EJC:236

73EJC:336

73EJC:527A

73EJC:547

73EJC:584

73EJC:665

73EJC:670

72EBS7C:2A

宜

1073

T01:006

T01:080A

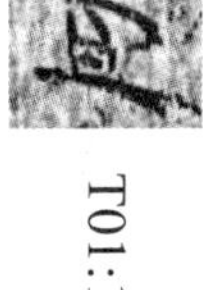

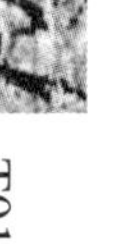

T01:161

T01:311

T03:055

T04:004 T04:098A T06:042 T06:176 T08:024 T09:042

T09:044 T09:044 T09:122 T09:244 T10:157 T10:181

T10:242 T10:312A T21:395 T22:129 T23:782A

T24:132 T24:147 T24:162 T24:248 T24:262 T24:279

T24:331 T24:396 T24:754 T24:941 T26:082 T27:001

T28:042 T28:117A T29:025A T29:071 T29:096

T30:003
T30:070
T30:070
T30:070
T30:070
T30:144

T35:012
T37:107
T37:177
T37:178
T37:241
T37:522A

T37:522A
T37:522A
T37:525
T37:526
T37:761
T37:762

T37:766
T37:866
T37:986
T37:1027
T37:1153
T37:1414

H02:002
73EJF2:32
73EJF3:161
73EJF3:337
73EJT4H:5A

73EJD:204
73EJD:307B
72EJC:5
72EJC:10
72EJC:19

寫

1074

72EJC:120

72EJC:143

72EJC:157

73EJC:344

73EJC:413

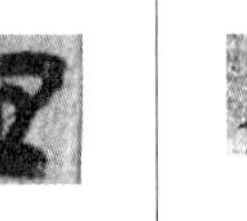

72EBS7C:2A

T01:063

T01:094

T02:022

T03:112

T04:027

T05:076

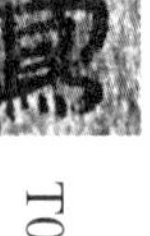

T05:097

T07:020

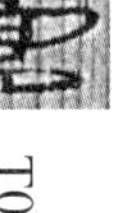
T07:181

T09:047A

T10:115A

T10:217

T15:013

T21:028B

T21:103

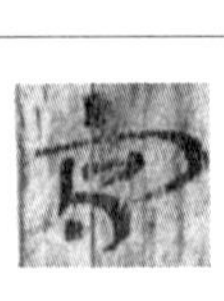
T22:002

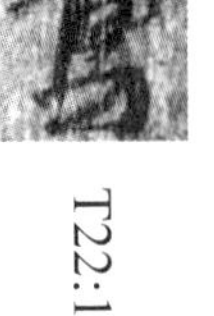
T22:150

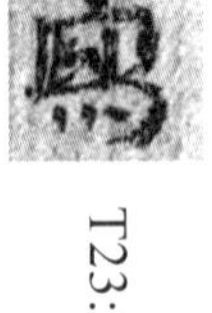
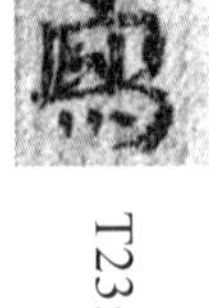

T23:288

T23:353

T23:620

T24:141

T24:268A
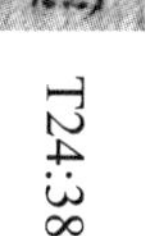
T24:384A

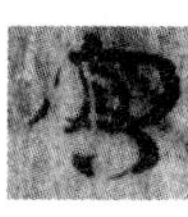
T26:047

T27:046

T28:020

T28:112
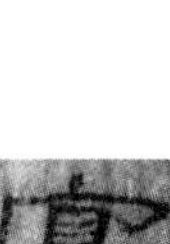
T30:021A

T30:026

T31:034A

T37:008

T37:061A

T37:146A

T37:531
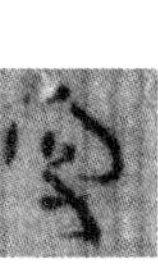

T37:743

T37:771
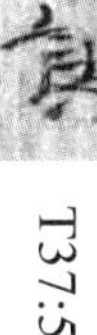
T37:854

T37:909

T37:1184

T37:1283

T37:1407

T37:1439

T37:1491

T37:1518

73EJF3:1

73EJF3:122

73EJF3:288

73EJF3:441
73EJF3:526

73EJD:45

73EJD:331

73EJD:334

72EJC:75

73EJC:443

宿

1075

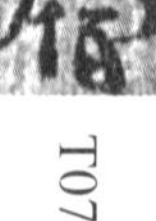
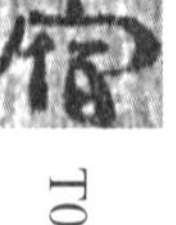

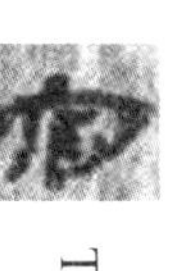
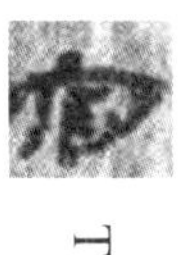
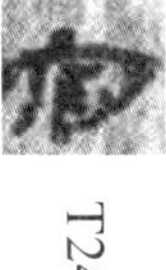

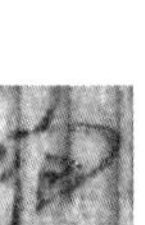

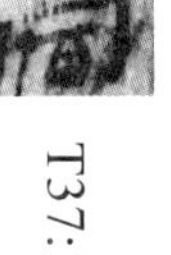
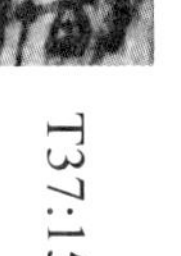

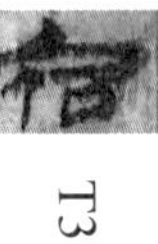

T01:013

T07:008

T07:053

T07:111

T09:126

T15:002

T21:131A

T21:212

T23:260

T23:716

T24:243

T24:243

T24:243

T24:243

T26:125

T28:058

T28:079

T31:238B

T33:011

T33:011

T33:011

T37:100

T37:100

T37:150

T37:150

T37:470

T37:565

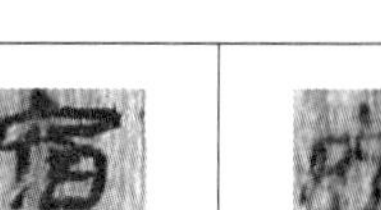

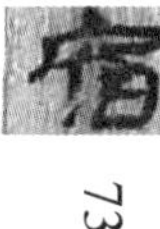

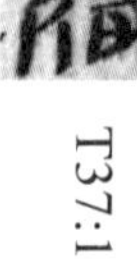

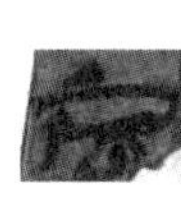

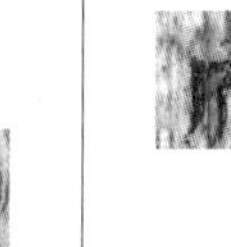

T37:1039A
T37:1057A
T37:1091
F01:001
F01:035

73EJF3:3
73EJF3:23
73EJF3:27
73EJF3:46
73EJF3:52

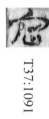

73EJF3:96
73EJF3:241
73EJF3:248
73EJF3:358
73EJF3:363

73EJF3:399
73EJF3:406
73EJF3:413
73EJF3:414
73EJD:75B

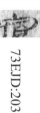

73EJD:203
73EJC:491

寬

1076

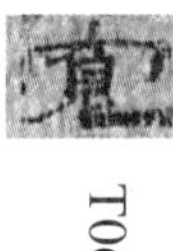

T01:022A
T06:093
T06:173
T09:083
T21:016

客

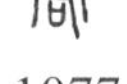

1077

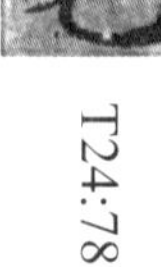
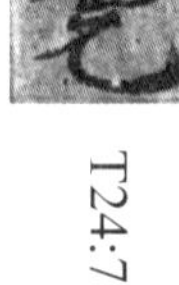

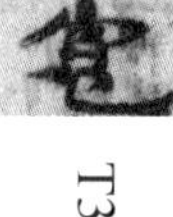

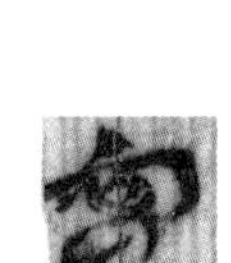

T24:142　T24:787　T30:135　T30:148A　T31:132

T31:161　T37:655　T37:740A　H01:012B　73EJF3:213

T01:027　T01:140　T05:009　T05:044A　T07:092

T09:032　T09:065　T09:097　T10:099　T21:172

T21:212　T23:394　T23:825　T23:919A　T24:055

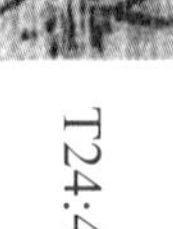

T24:339B　T24:418　T24:725　T26:174B　T37:520A

T37:523A 
T37:527 
T37:675 
T37:797 
T37:949

T37:960 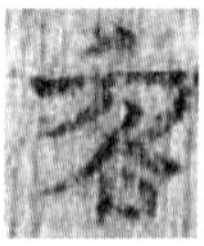
T37:974 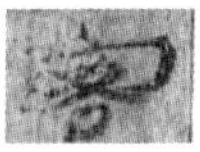
T37:1247 
F01:110 
73EJF2:7

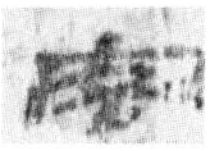

73EJF3:185
73EJF3:328A 
73EJF3:343 
73EJF3:402 
73EJD:380 

寄

1078

T03:013A 
T24:065A 
T24:247A 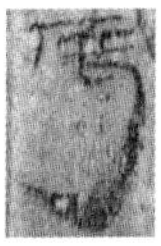
T24:565 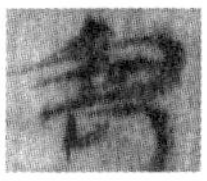
T27:006

T27:048
T30:081A 
73EJT4H:89A 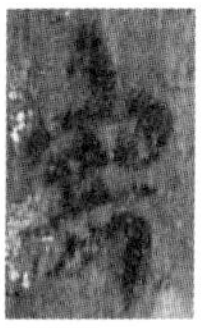

寒

1079

T01:168
T21:024 
T23:237A 
T23:237A 
T24:015A

寒		害 1080			宕 1081
T30:028A	73EJD:103	T23:970	T30:026	73EJD:88B	T24:184
T30:193	73EJC:576	T24:256	T37:015	73EJC:440	
H02:047A		T24:405	73EJF3:88		
73EJF3:35		T24:661	73EJF3:89		
73EJF3:430B+263B		T26:176	73EJF3:317		

宋

宋

1082

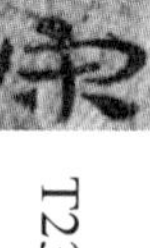

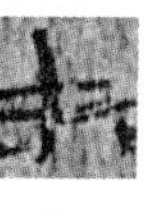
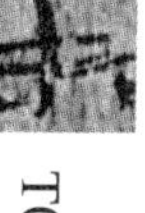
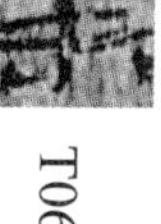

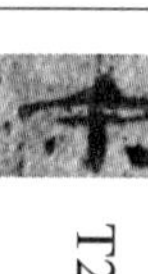
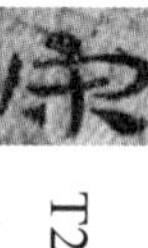

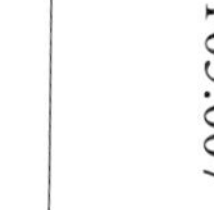
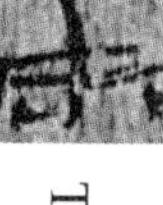
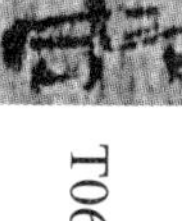

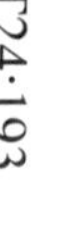

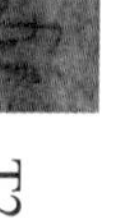

T01:008
T01:146
T04:059
T05:007
T06:163B
T07:015

T08:084
T10:122
T10:178
T21:119
T21:309
T21:313

T23:287A
T23:287A
T23:359A
T23:359B
T23:392

T23:815
T23:889
T23:969
T23:970
T24:190B

T24:193
T24:794
T25:004
T25:091
T26:001B

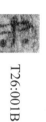

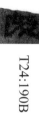

T29:109
T30:013
T31:090
T32:007
T37:251

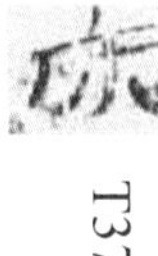
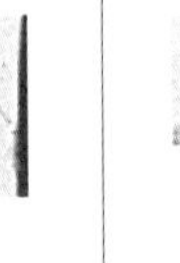

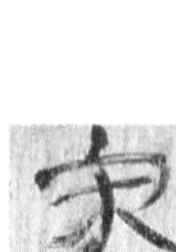

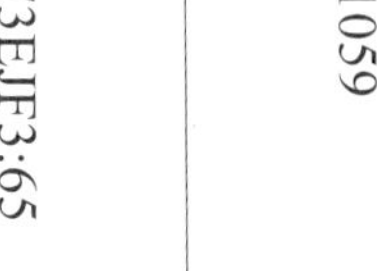
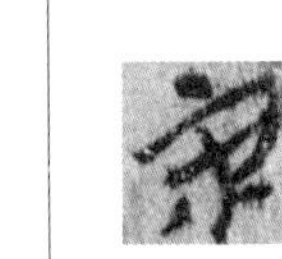
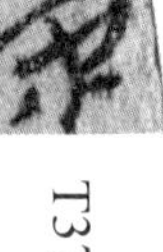

T37:580

T37:1059

T37:1061A

T37:1356

73EJF3:8

73EJF3:15

73EJF3:65

73EJF3:96

73EJF3:343

73EJD:99

73EJD:223

73EJC:662

宗

宗

1083

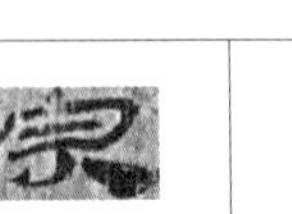

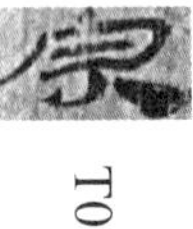

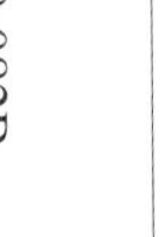

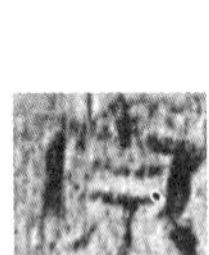

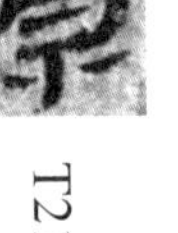

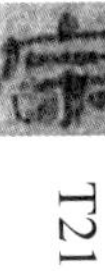
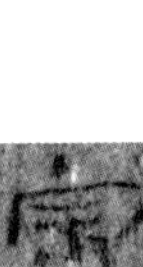

T04:052

T05:072

T07:024

T08:072

T08:082B

T08:082B

T09:007

T09:044

T09:092A

T09:124

T09:228

T10:052

T21:060A

T21:064

T21:068

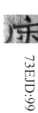

宀部 宗

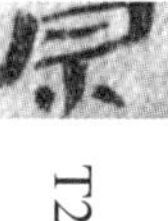

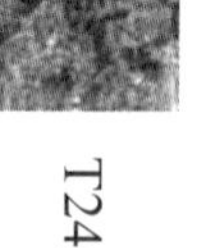

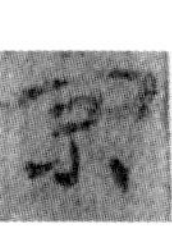
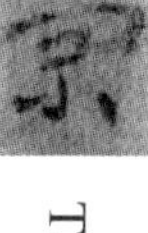
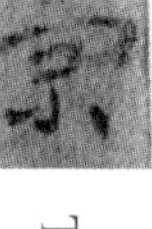

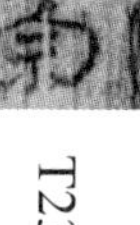

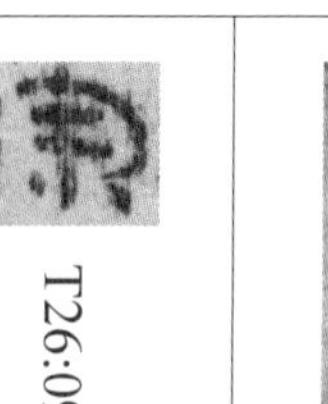

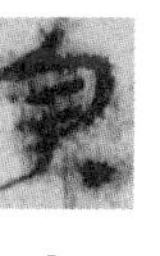

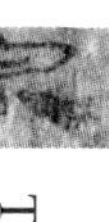

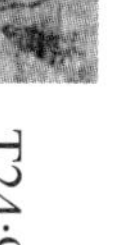

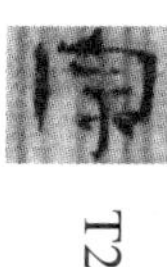

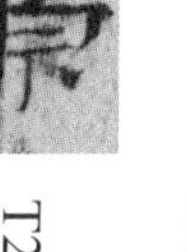
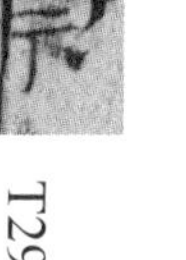

T22:009
T23:029
T23:204
T23:226
T23:496

T23:572
T24:385
T24:555
T24:960
T25:006

T25:106
T25:130
T26:083
T26:083
T26:087

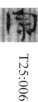

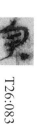

T26:095
T26:095
T28:001
T28:020
T28:029
T28:039

T29:016
T29:041
T29:115A
T29:115B
T29:120

T30:065
T30:078
T31:038
T31:084
T37:019
T37:229

T37:338

T37:408

T37:528

T37:618

T37:1078

T37:1151B

T37:1156

T37:1499A

F01:013

73EJF3:17

73EJF3:157

73EJF3:157

73EJF3:413

73EJD:40A

73EJD:79B

73EJD:229

73EJD:353

73EJD:386

73EJC:443

73EJC:446B

73EJC:539

寘

1084

T37:451

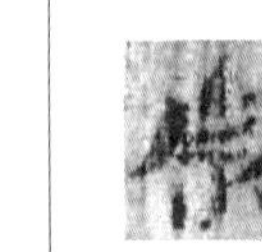

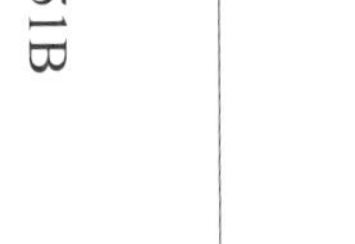
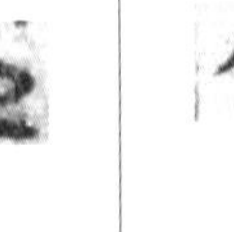
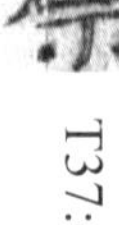

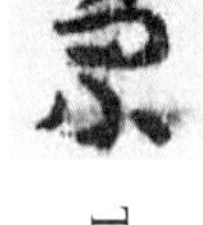

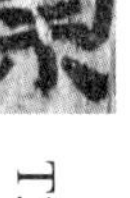

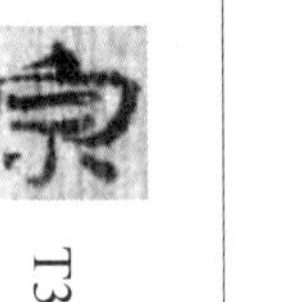

寰 1085

T37:1184

宮 1086

T21:374A

T21:374A

T21:374A

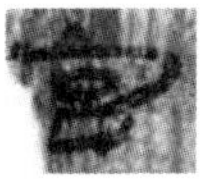

T21:374A

T23:229A

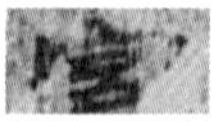

T23:563

T24:360

T31:062

T37:303

T37:983

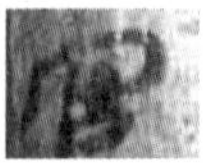

T37:1045

T37:1094A

T37:1324

T37:1491

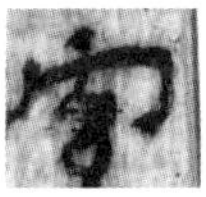

F01:025

73EJF2:14

73EJF3:22

73EJF3:230

營 1087

T09:056A

T37:1006

73EJF3:3

73EJF3:8

73EJF3:273+10

73EJF3:15

73EJF3:16

73EJF3:23

73EJF3:28

73EJF3:29

73EJF3:415+33

73EJF3:96

73EJF3:97
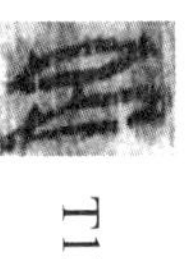
73EJF3:151
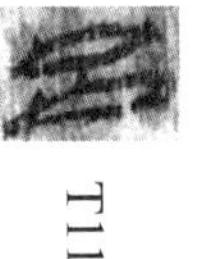
73EJF3:361

73EJF3:416+364
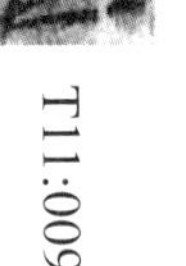
73EJF3:366

呂

1088

T01:005

T01:178B

T05:018

T07:024

T07:057

T09:127
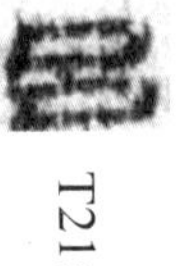
T10:264

T11:002

T11:009
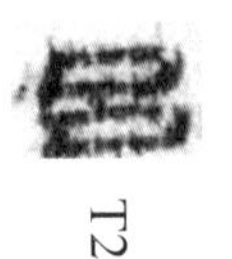
T21:311

T21:389

T23:603

T23:659

T23:818

T24:131

T24:241

T24:333

T24:780

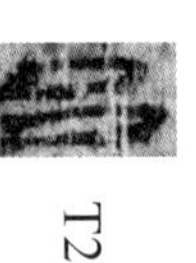
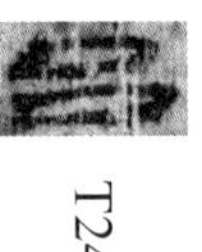

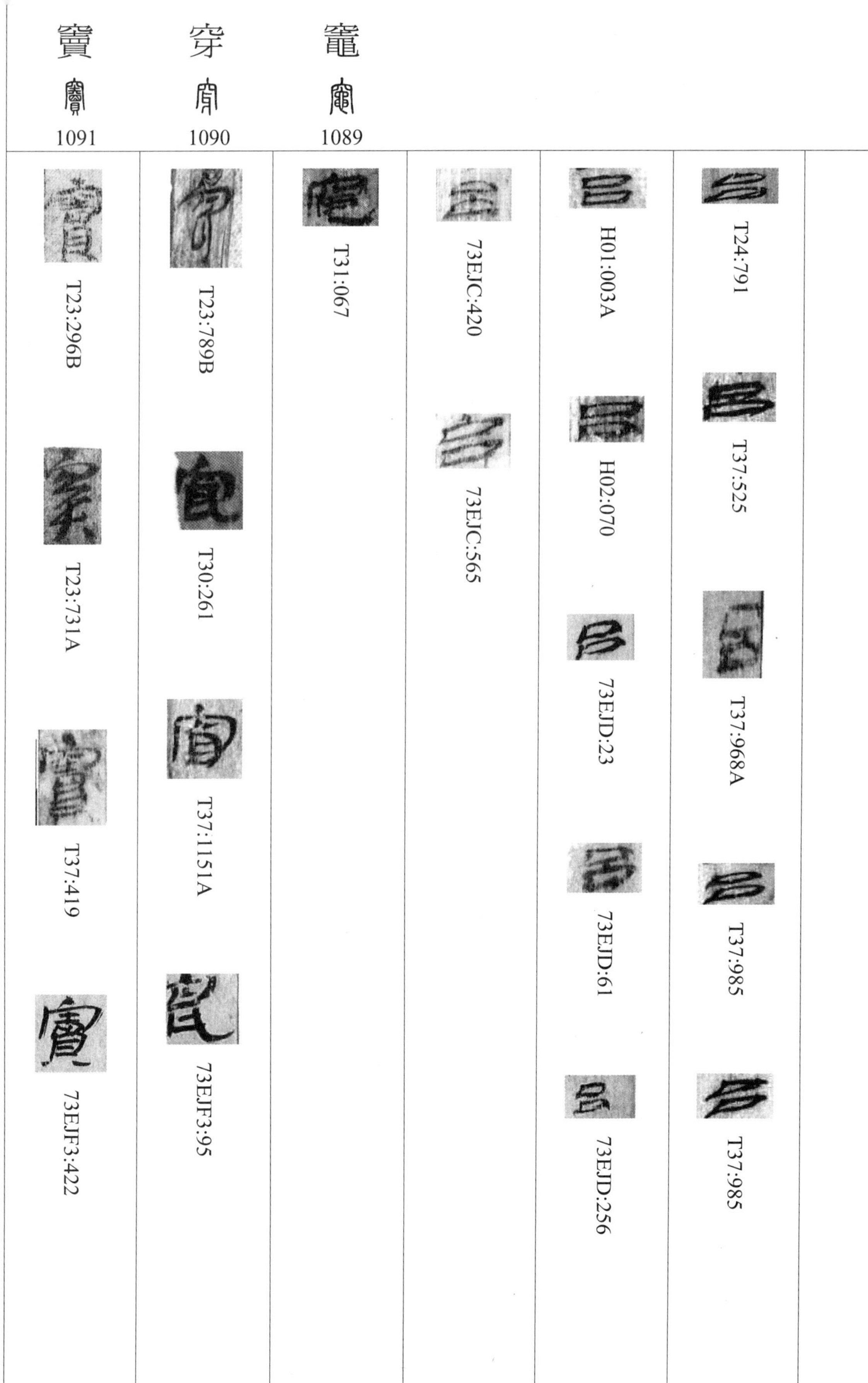
竇
1091
T23:296B
T23:731A
T37:419
73EJF3:422
穿
1090
T23:789B
T30:261
T37:1151A
73EJF3:95
竈
1089
T31:067
73EJC:420
73EJC:565
H01:003A
H02:070
73EJD:23
73EJD:61
73EJD:256
T24:791
T37:525
T37:968A
T37:985
T37:985

73EJC:464

空 1092

T23:878

T23:913

T25:028

T25:208

T26:123

T37:928

T37:1509

H01:003A

窒 1093

T22:131B

T24:268A

突 1094

73EJF3:417

穹 1095

T26:151B

1096 竆

T01:002

T23:116

T23:287A

T30:020

73EJT4H:5A

73EJC:593

73EJC:599A

1097 竄

T10:367A

1098 疾

T01:043

T01:168

T02:080A

T05:013

T05:078

T07:017

T09:003

T09:029A

T11:023

T11:023

T21:178

T23:575A

T24:273

T24:275A

T24:976

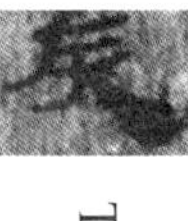

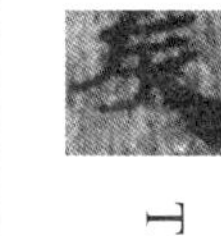
T25:175

T26:119

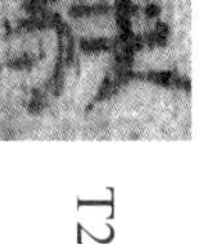

T28:113

T30:067

T34:004B

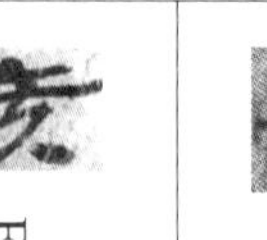
F01:002

F01:004

F01:117

73EJF3:81+80

73EJT4H:5B

72EJC:152

72ECC:6A

痛 1099

T37:734A

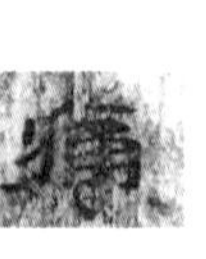

72ECC:6A

按：金關簡从「悤」。

病 1100

T02:080A

T07:150

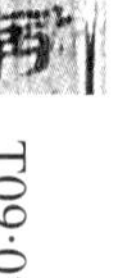

T09:025

T09:076

T23:359A

T23:692

T23:765

T23:765

T24:029

T24:065A

病

T24:194

T24:194

T24:198

T24:649

T26:088A

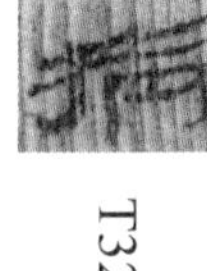
T28:016

T28:081

T29:115A

T31:039

T31:102A

T32:066

T33:057

T37:566A

73EJF3:264

73EJF3:383

73EJF3:440

73EJF3:493

72ECC:6A

72ECC:19

瘚 1101

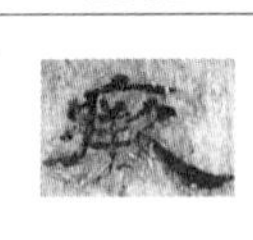
72ECC:6A

癰 1102

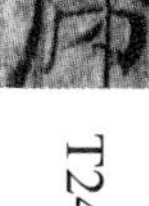

73EJD:28A

瘧 1103
72ECC:6A

瘦 1104
T23:238

冠 1105
T07:078
T09:227
T10:298
T15:002
T21:380
T21:410A
T23:206
T23:768
T23:909B
T24:124
T30:104
T30:255
73EJC:415

冣 1106
T06:107
T07:081
T09:176
T21:257
T22:022

同

同

1107

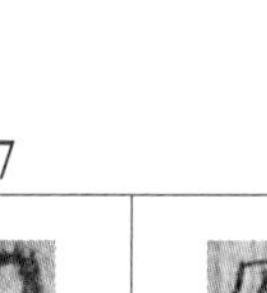
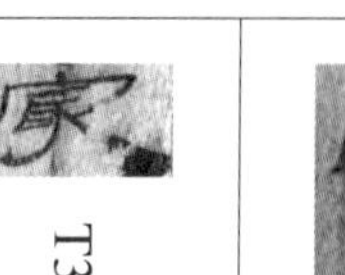
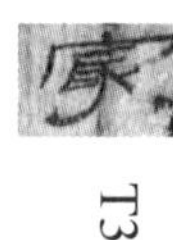

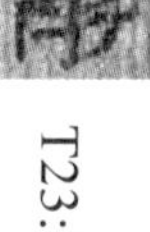

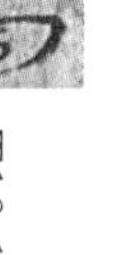
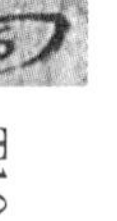
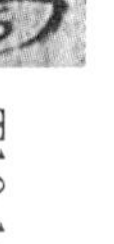
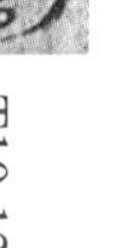

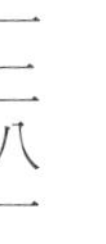

T22:131A
T22:147
T23:019A
T23:689
T37:081

T37:153
F01:004
73EJF3:91

T01:001
T01:002
T01:050
T01:169
T02:036

T03:104
T05:039
T06:031
T07:054
T07:099
T08:051A

T08:052A
T10:120A
T10:120A
T10:120A
T10:370
T21:105

T21:373
T22:114
T23:083
T23:174
T23:298
T23:298

T23:360B

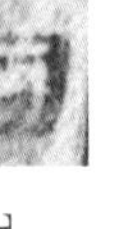
T23:385

T23:471

T23:666

T23:666

T23:764

T23:768

T24:046

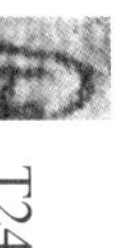
T24:046

T24:131

T24:321

T24:711

T24:796

T24:931

T25:007A

T27:014

T27:025

T29:090

T29:100

T30:012

T30:033B

T30:102

T31:091

T32:068

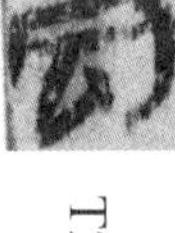
T33:040A

T33:040A

T37:025

T37:521

T37:521

T37:802

T37:985

T37:993

T37:993

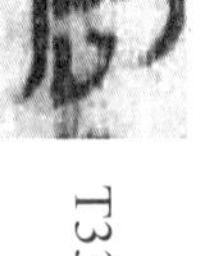
T37:1184

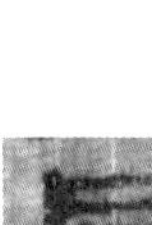

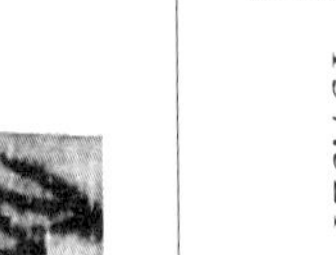

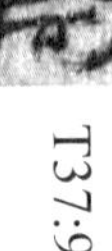

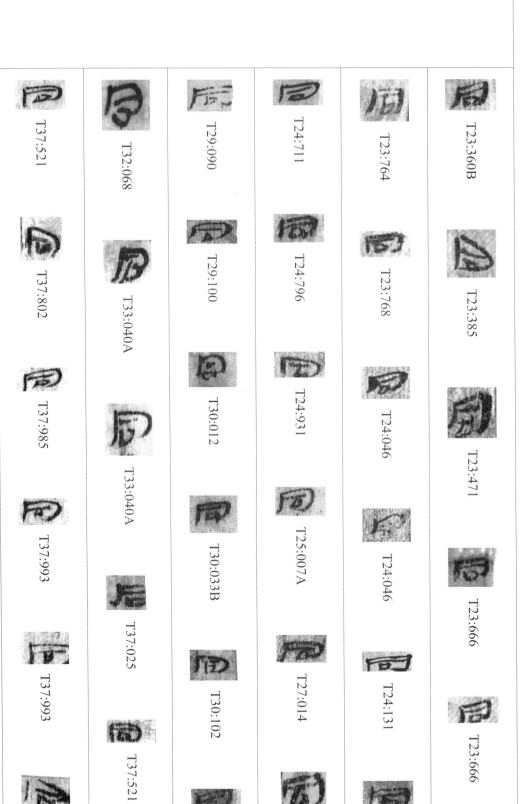

冒 1108

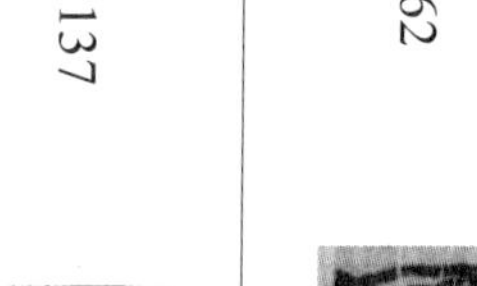
T37:1462

T37:1517

T37:1585A

H02:019

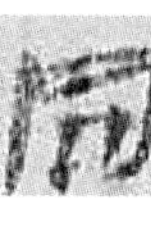
73EJF3:77A

73EJF3:137

73EJF3:139

73EJF3:311

73EJF3:370

73EJF3:370

73EJD:76

73EJD:107B

73EJD:238

73EJC:293

73EJC:300

73EJC:426

73EJC:499

73EJC:504

73EJC:529A

73EJC:562

72ECC:13

T24:213

T37:1542

73EJC:611

兩

1109

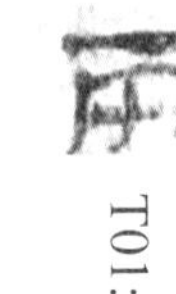
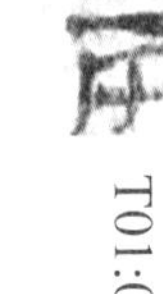

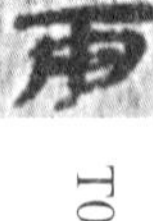

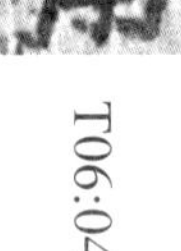

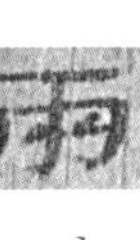

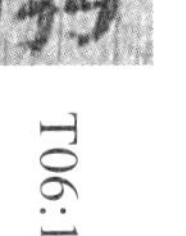

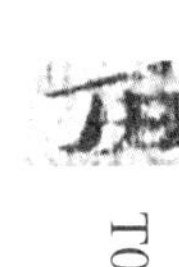

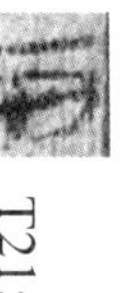

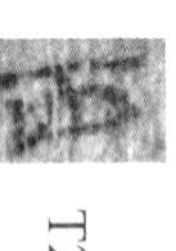

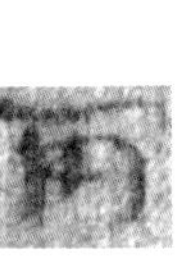
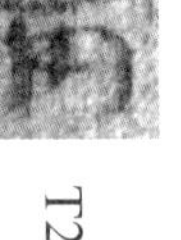
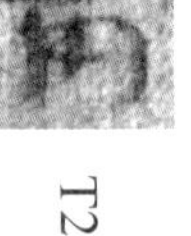

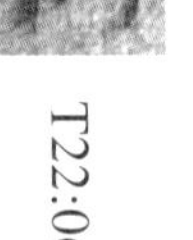

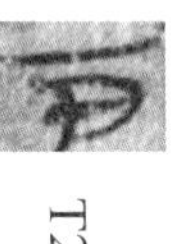

T01:030	T04:052	T07:115	T10:309	T21:420	T23:381
T01:045	T05:008A	T09:041	T10:406	T22:001	T23:623
T01:103	T06:041A	T09:146	T11:022	T22:060	T23:774
T01:129	T06:107	T09:254	T21:124	T23:349A	T23:880A
T01:159	T07:048	T10:136	T21:145	T23:374	T23:897A
T01:170		T10:162	T21:228		

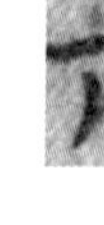
T23:897A

T23:924

T23:964

T24:103

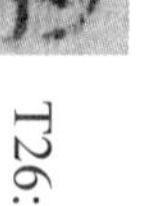
T24:105

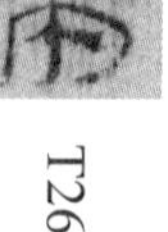
T24:119

T24:122

T24:124

T24:241

T24:248

T24:424

T24:551

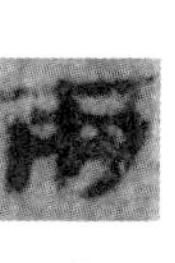
T24:672

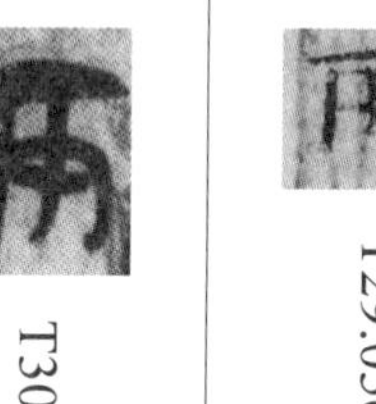
T24:951

T25:005

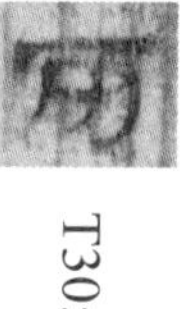
T25:015A

T26:063

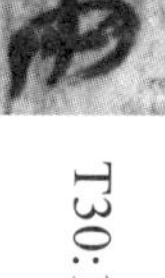
T26:089

T26:147

T28:032

T28:102

T29:003

T29:056

T29:060

T30:009

T30:010

T30:093

T30:121

T30:133

T30:142

T30:164

T30:242

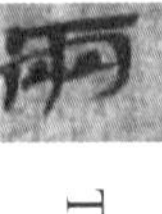

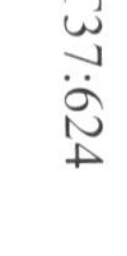

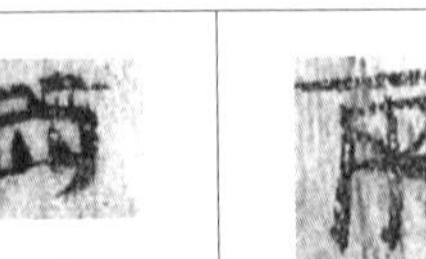

T30:252
T31:146
T33:059A
T37:037
T37:058

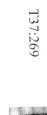

T37:081
T37:175
T37:178
T37:269
T37:353

T37:567
T37:624
T37:711
T37:742
T37:758

T37:761
T37:762
T37:841
T37:986
T37:988

T37:1058
T37:1115
T37:1137
T37:1161
T37:1241

T37:1243
T37:1338
T37:1383
T37:1384
T37:1587

H01:041

H01:042

H02:016

H02:020

H02:032

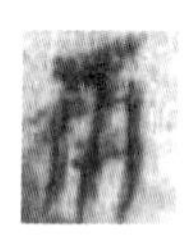
F01:026

F01:088
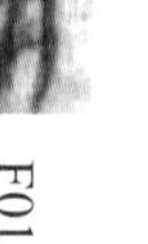
73EJF2:1
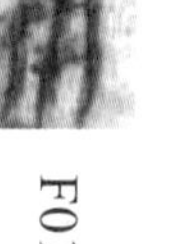
73EJF3:59
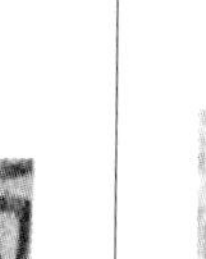
73EJF3:89

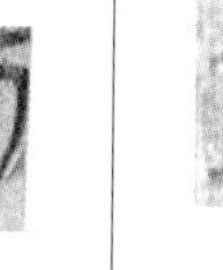
73EJF3:106
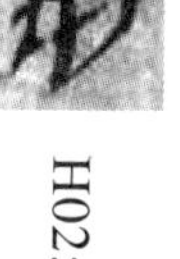
73EJF3:132

73EJF3:139

73EJF3:172

73EJF3:178A

73EJF3:326

73EJF3:346

73EJF3:368

73EJF3:369

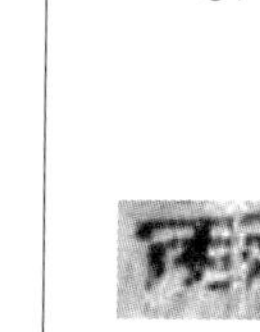
73EJF3:370

73EJF3:371

73EJF3:372

73EJF3:373

73EJF3:404

73EJF3:405

73EJF3:536+424
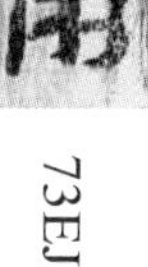
73EJF3:431

73EJF3:459

罪

1110

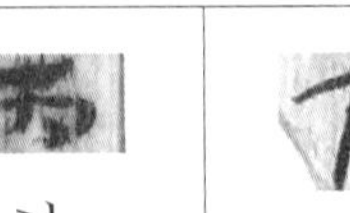

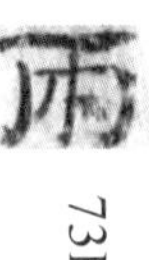
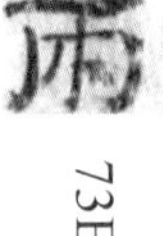

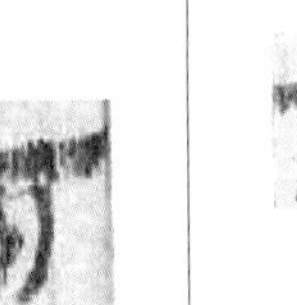

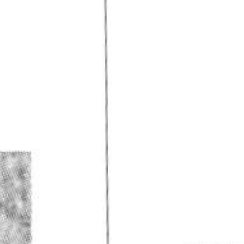

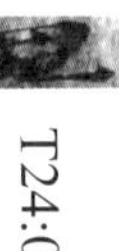

73EJF3:474
73EJF3:507
73EJF3:553
73EJD:1
73EJD:7

73EJD:198
73EJD:225
73EJD:236
73EJD:245
72EJC:100

73EJC:431
73EJC:521
73EJC:616
73EJC:671
72EDIC:16

T07:119
T09:217
T10:424
T15:002
T21:089A

T21:089A
T23:043
T23:206
T23:731A
T23:831

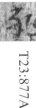

T23:868
T23:877A
T24:022
T24:047
T24:577
T26:012

署

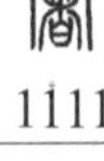

1111

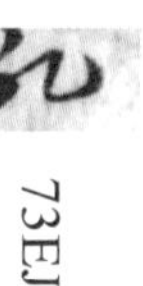

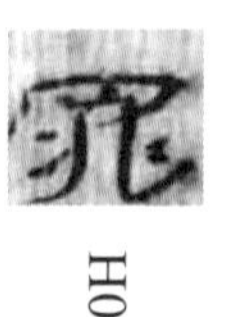
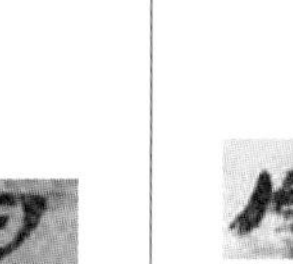

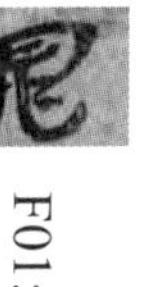

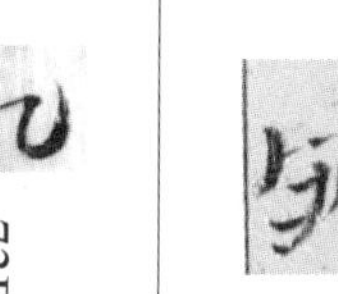
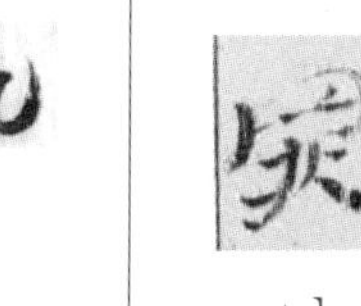
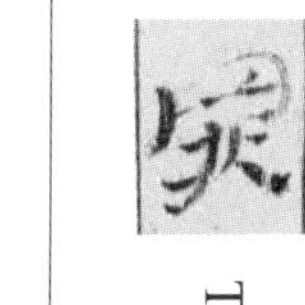
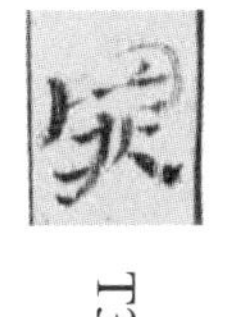

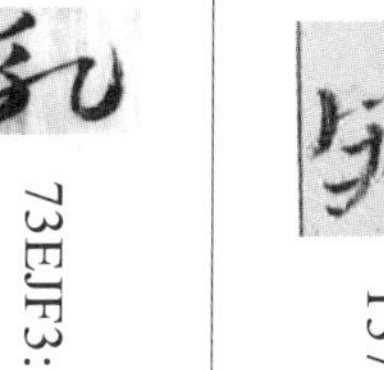
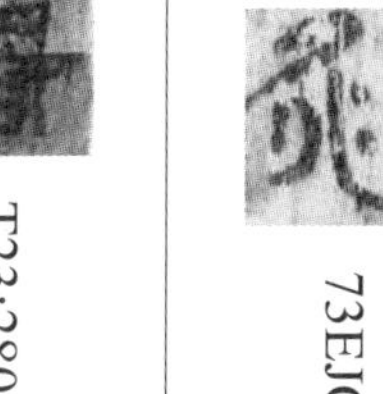

T26:192

T29:127

T30:028A

T31:024

T31:168

T37:084

T37:084

T37:084

T37:086

T37:109

T37:407

T37:511B

T37:526

T37:684

T37:1200A

T37:1276

H02:046

F01:002

73EJF3:67

73EJF3:164

73EJF3:164

73EJF3:353

72EJC:7

72EJC:288

73EJC:356

T07:003

T10:247

T10:311

T23:025

T23:280

T23:396A

T23:426

T24:247A

T24:521

T24:817

T25:047

T25:094

T27:024

T27:052

T28:135

T30:071

T30:215+217

T30:215+217

T37:085

T37:715

T37:763

T37:763

T37:960

73EJF3:157

73EJF3:295B

73EJF3:525A

73EJD:135A

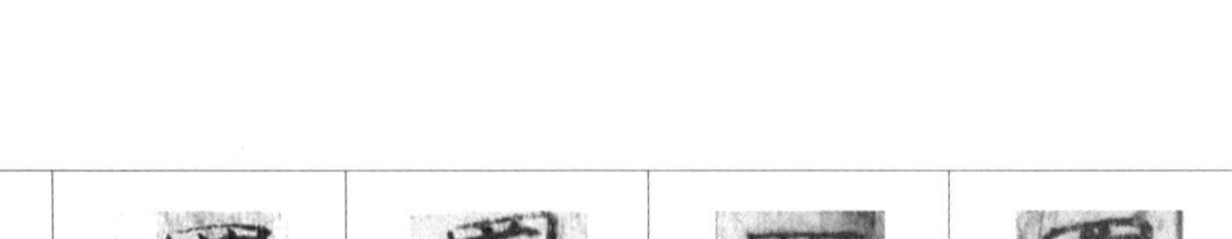

罷

1112

T05:068A

T07:023

T07:025

T08:013A

T08:055A

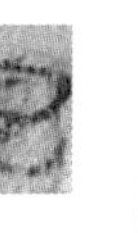
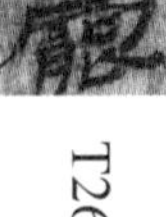

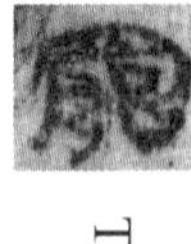

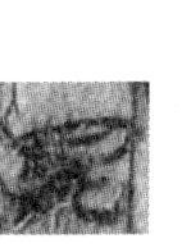
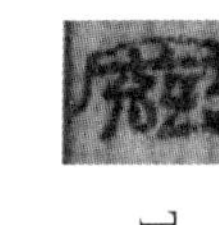

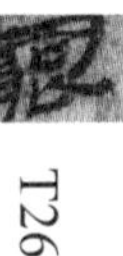

T10:365

T10:406

T11:003

T21:038A

T22:111A

T22:111A

T22:111A

T22:111A

T23:077A

T23:635

T26:035

T28:113

T29:055A

T30:087

T37:001

T37:776A

T37:1078

T37:1535B

73EJF3:124B

72EJC:268

置

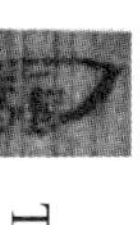
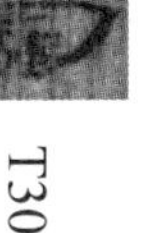

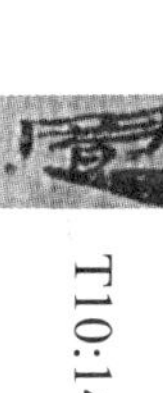

1113

T01:002

T01:027

T01:070

T02:023

T03:011B

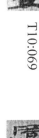

T04:108A

T10:069

T10:148

T10:319

T21:001

罵

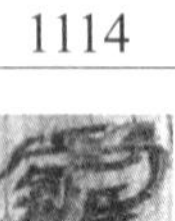

1114

T21:409

T23:427

T23:762B

T23:782A

T24:081

T24:250

T24:269A

T28:115

T29:093

T37:175

T37:268A

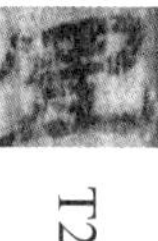

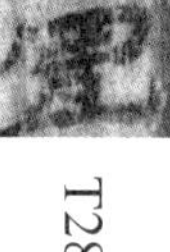

T37:448

T37:639

T37:775

T37:960

T37:1327

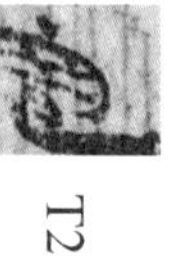
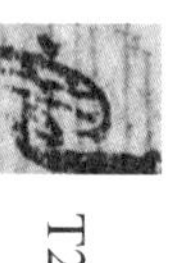

H02:048A

H02:048B

73EJF3:92

73EJF3:155B

773EJF3:511+306+291

73EJF3:336+324

73EJF3:343

72EBS7C:1A

T23:974　按：《說文》，「罵或从革」。

覆 1115

T23:301

T23:878

T24:599

巾 1116

T24:507B

73EJC:671

幣 1117

T11:023

T21:040

T21:066

T21:066

T21:241

T21:280

T23:155

T24:268A

T24:268A

T27:062

T31:023

H02:048A

72EJC:197

帶 1118

T05:073

T10:267A

T21:384

T23:964

T24:247B

T33:010

T33:061

幘
1119

T24:209

T37:688

常
1120

T01:001

T01:084

T01:090A

T01:120

T01:174C

T02:055A

T02:057

T05:081

T05:113

T06:049

T06:124

T06:168

T07:003

T07:070B

T09:061B

T09:104

T10:181

T10:313A

T21:015

T21:045

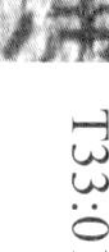

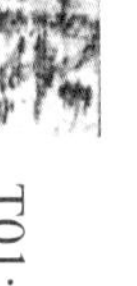

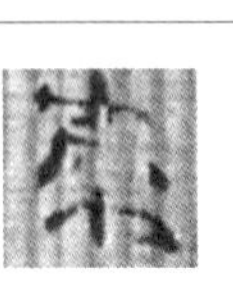

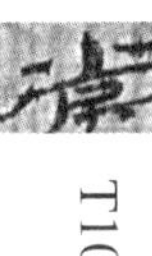

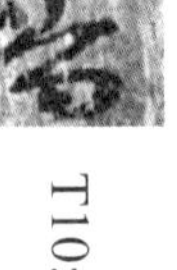

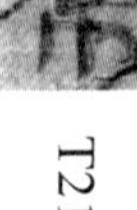
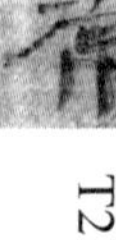
T21:104

T21:306

T21:410A

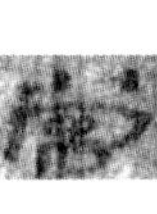
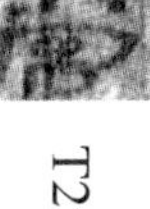
T22:137

T23:145

T23:353

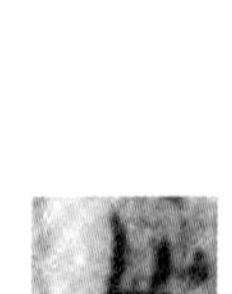

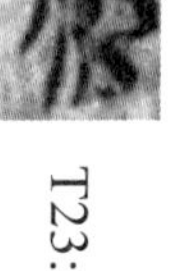

T23:507

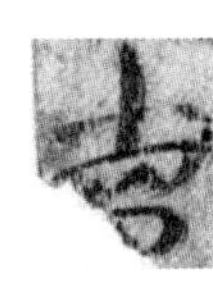

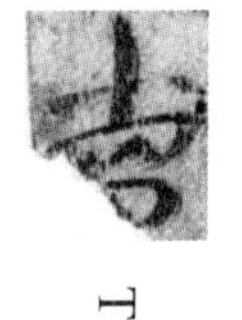

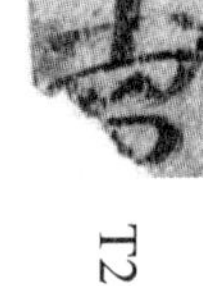

T23:686

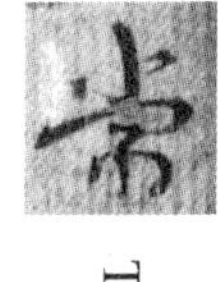
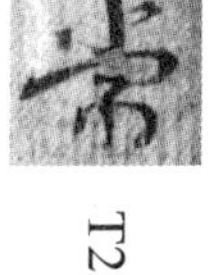
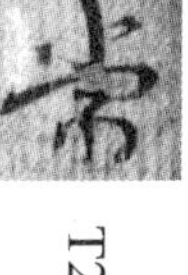
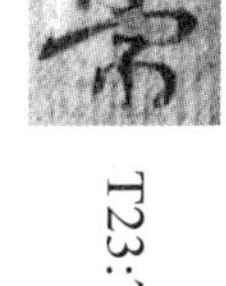
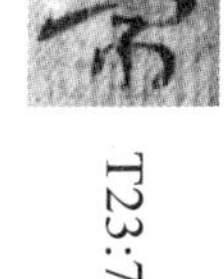
T23:731B

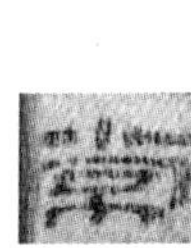
T23:737

T23:881

T23:883

T23:919A

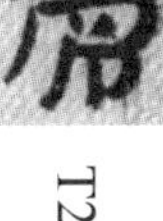
T23:929

T23:945

T24:050

T24:113B

T24:170

T24:563A

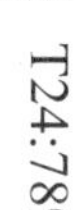
T24:789

T24:800

T24:966

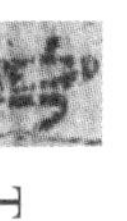

T25:043

T26:120

T26:126

T26:156

T26:193

T29:092

T29:100

T29:108

T30:062

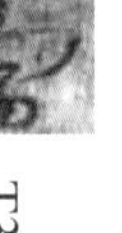

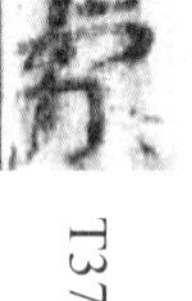
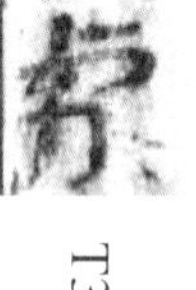
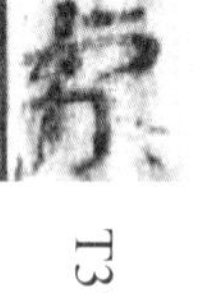

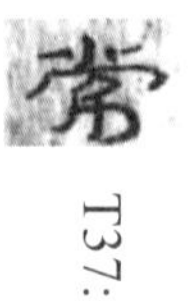

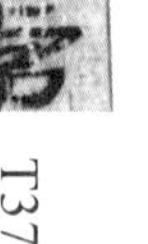

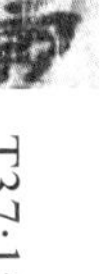

T30:166　T30:243A　T31:069　T31:069　T37:052

T37:223　T37:285　T37:422　T37:476　T37:770A

T37:775　T37:782　T37:997　T37:1014　T37:1154

T37:1283　T37:1399A　T37:1511　T37:1586　H01:012B

H01:027　73EJF3:55　73EJF3:119A　73EJF3:131

73EJF3:133　73EJF3:181　73EJF3:237　73EJF3:431

73EJF3:518+517
73EJD:7 
73EJD:13 
73EJD:63 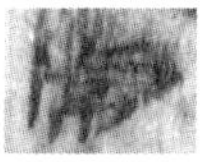
73EJC:352 

73EJC:464
73EJC:486 
73EJC:554 
73EJC:600 
73EJC:600 

幝
1121

73EJF3:267
按：《說文》，褌「幝或从衣」。

幡
1122

T22:112
T22:134 
T23:145 
T26:134 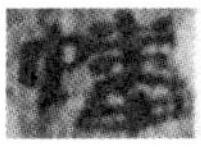
T26:231 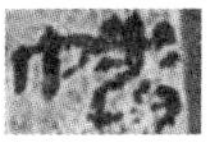

73EJF3:81+80
72EJC:197 

帣
1123

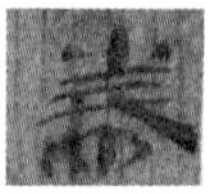

T21:162A
T32:036A

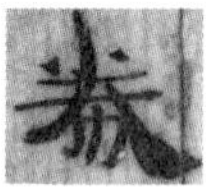

帚 1124	席 1125			⿰巾盾 1126	布 1127
T04:047A	T23:049	T26:182	72ECC:16	T21:066	T01:061
T37:1540	T23:302B	T26:241		T22:112	T03:104
	T24:178	T29:118A		T23:145	T04:087
	T24:268A	T37:778		T29:071	T05:008A
	T24:268A	73EJF3:107		T30:113	T05:026
					T05:026

    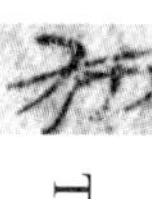 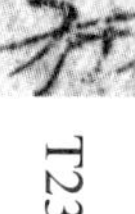     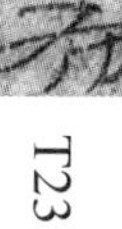  

T05:026　T10:072　T23:295　T23:374　T23:374　T23:906B

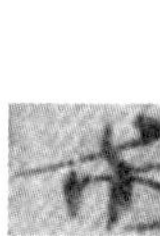 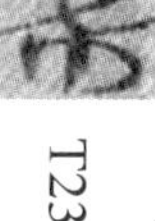 

T23:925　T23:963　T23:975　T23:985　T24:028　T24:389

   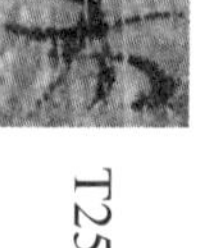  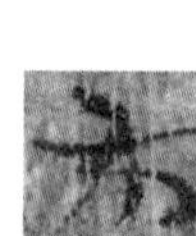  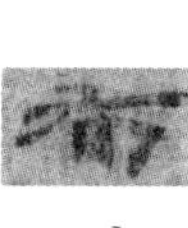 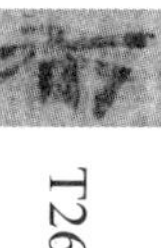   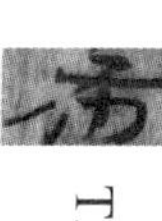 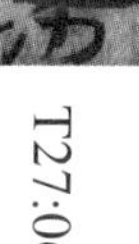     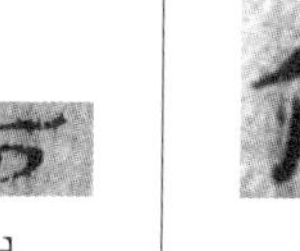 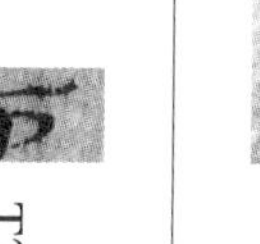

T24:507A　T25:198　T26:023　T27:062　T29:108　T29:108

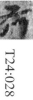

T31:105　T31:105　T33:056A　T37:646　T37:646　T37:660

 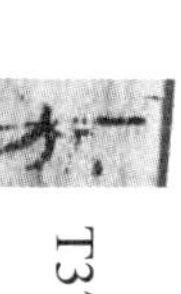 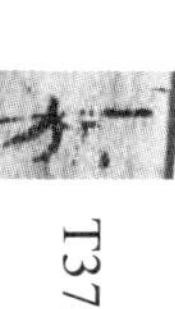

T37:861　T37:1334　T37:1545　T37:1549　H02:016

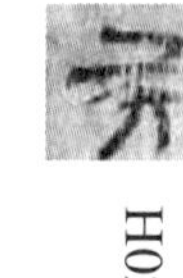     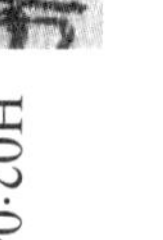  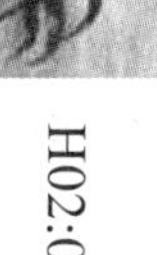   

H02:016　H02:048A　H02:048A　F01:096　73EJF3:141

1128 希

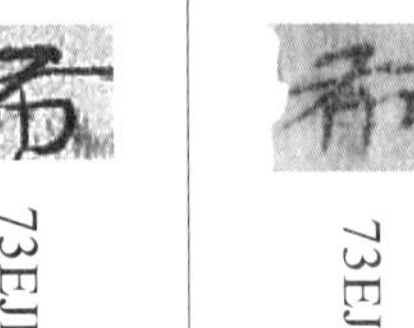

73EJF3:142

73EJF3:144

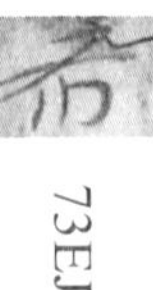
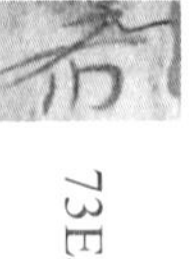

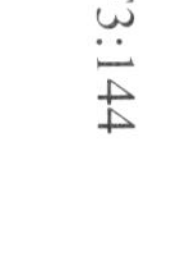
73EJF3:242

73EJF3:267

73EJF3:433+274

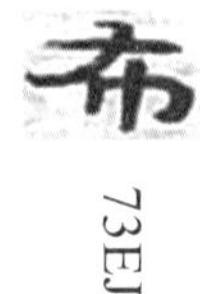

73EJF3:433+274

73EJF3:298

73EJF3:417

73EJF3:426

73EJF3:546

73EJF3:557

73EJD:8A

73EJC:560

73EJC:671

73EJC:671

73EJC:671

T28:063A

T28:063B

1129 帑

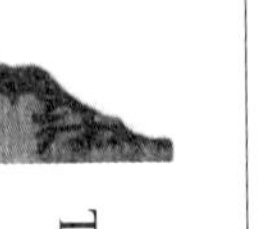
T24:771　按：上殘。

帛

1130

T09:055

T21:305

T21:314

T24:507A

T30:081A

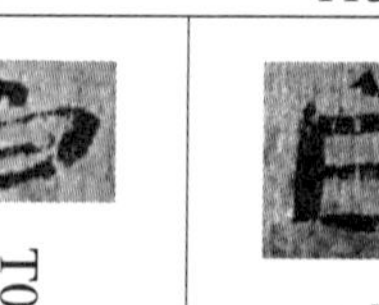
73EJC:292

白

1131

T02:008A

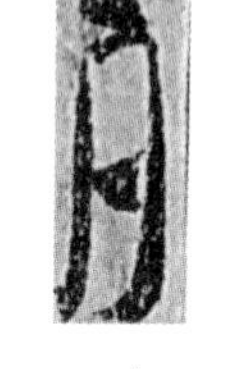
T03:054A

T03:104

T04:108A

T05:026

T07:119

T08:044

T09:061A

T23:066A

T23:066A

T23:066B

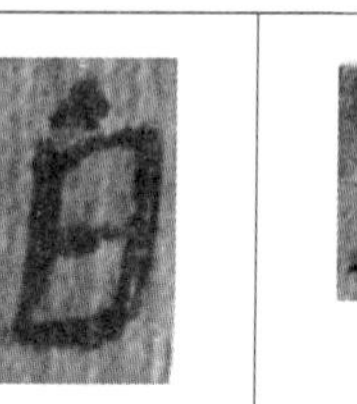
T23:076A

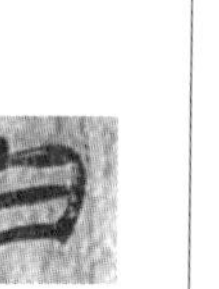
T23:208A

T23:238

T23:280

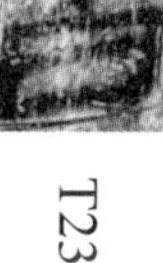
T23:302A

T23:311

T23:323A

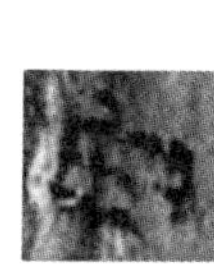
T23:324A

T23:364A

白部 白

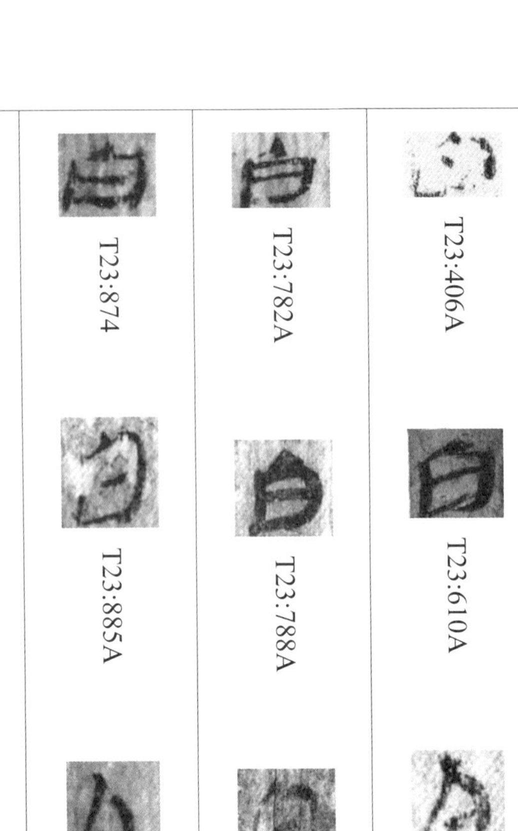

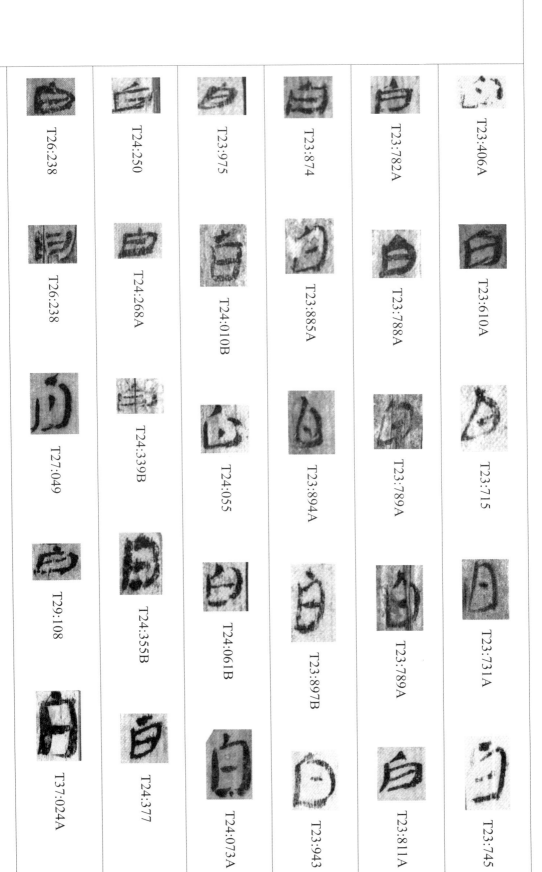

T23:406A T23:610A T23:715 T23:731A T23:745

T23:782A T23:788A T23:789A T23:789A T23:811A

T23:874 T23:885A T23:894A T23:897B T23:943

T23:975 T24:010B T24:055 T24:061B T24:073A

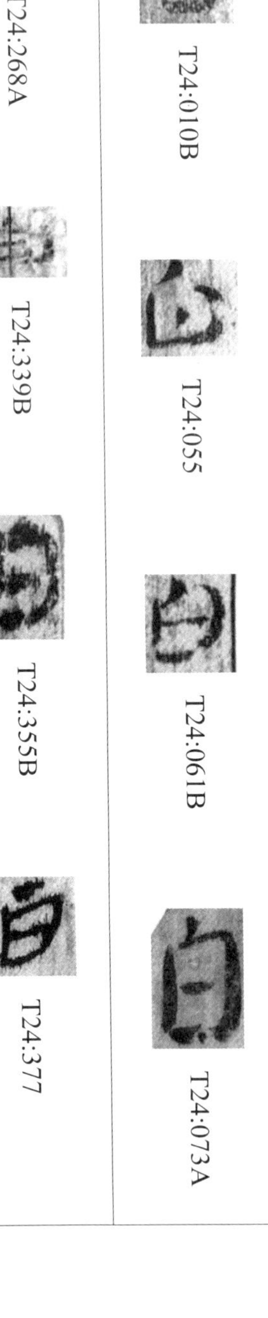

T24:250 T24:268A T24:339B T24:355B T24:377

T26:238 T26:238 T27:049 T29:108 T37:024A

T37:073B
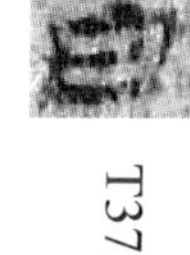
T37:384

T37:646

T37:646
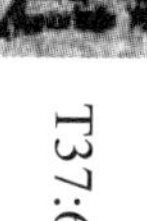
T37:660

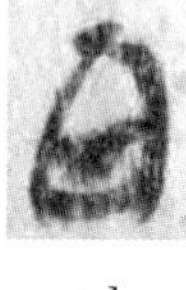
T37:786A

T37:794

T37:1334
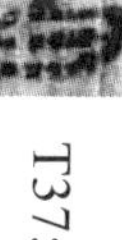
H01:053

H02:003

73EJF3:57A

73EJF3:100

73EJF3:118B

73EJF3:159A

73EJF3:173

73EJF3:182A
73EJF3:182B
73EJF3:183A

73EJF3:183A

73EJF3:183B

73EJF3:183B
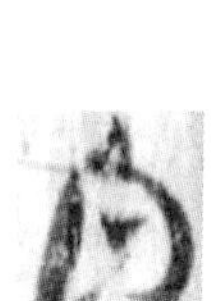
73EJF3:430B+263B

73EJF3:292A+594B

73EJF3:361
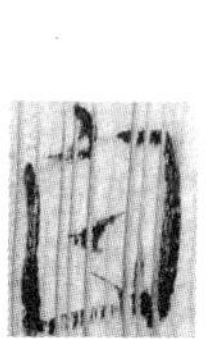
73EJF3:440

73EJF3:514A

73EJD:118

73EJD:308

73EJD:360

72EJC:50

72EJC:119

72EJC:272A

73EJC:415

73EJC:628

72ECC:1+2B

72ECC:46A

皁

1132

T22:090

T22:090

T23:320

T23:925

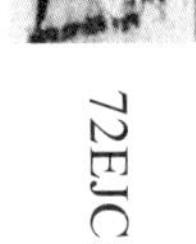
T23:928

T25:198

T27:062

T28:106

T29:108

T30:124+96+123

T32:010

T37:1334

H02:016

H02:048A

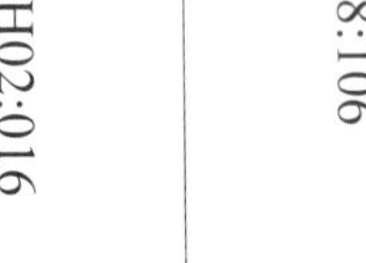
F01:096

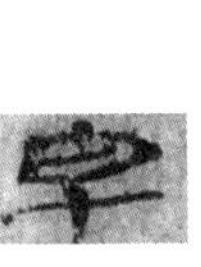

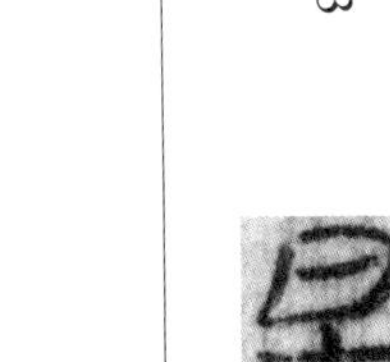

敝

1133

73EJD:8A 按：金關簡或與「早」同形。

T30:104

72ECC:16

人

1134

肩水金關漢簡字形編·卷八上

T01:001

T01:036

T01:286

T02:018

T02:040

T02:055A

T02:103

T03:054A

T03:055

T03:056

T03:093

T03:098

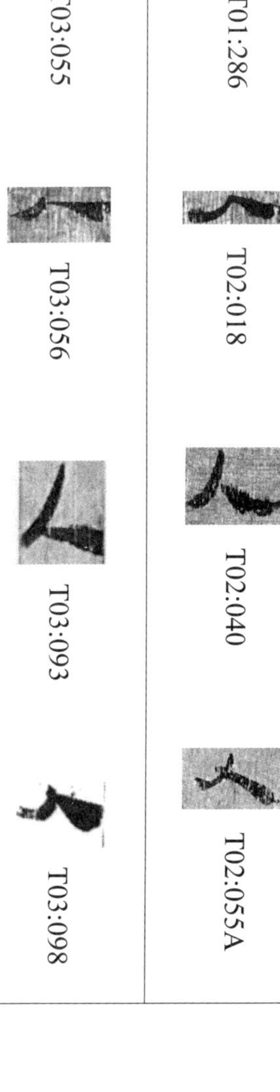

T03:098

T03:098

T03:098

T03:098

T03:102

T04:067

T04:085

T05:113

T06:139

T07:009

T07:024

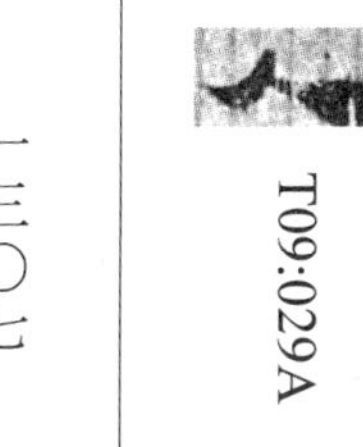

T09:029A

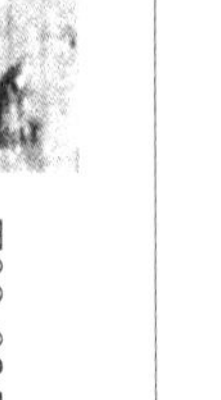

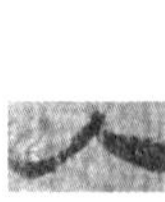
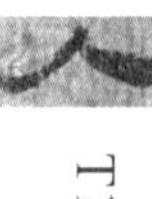
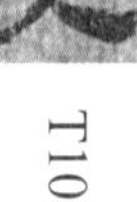

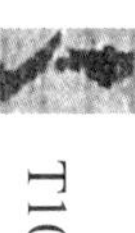
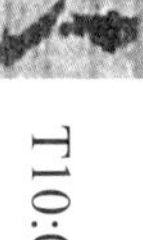

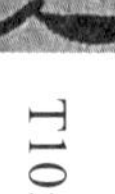

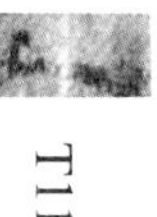
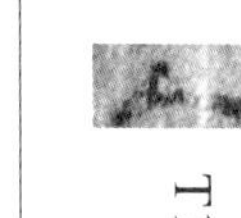
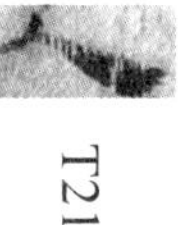

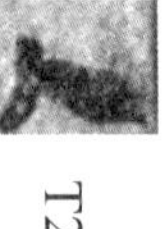
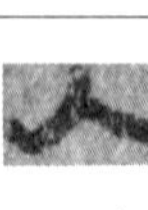

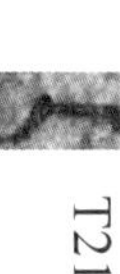

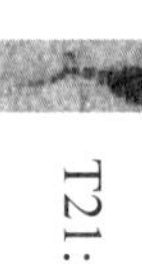

T09:035
T09:051
T09:058
T09:084
T09:084
T09:091

T09:103A
T09:138
T10:071
T10:076
T10:077
T10:081

T10:086
T10:087
T10:093
T10:170
T10:208
T10:208

T10:308
T10:316
T10:317
T10:406
T10:416
T11:017

T14:007
T14:007
T14:007
T14:007
T21:001
T21:001

T21:010
T21:010
T21:047
T21:059
T21:060A
T21:097

T21:097
T21:106
T21:109A
T21:131B
T21:141
T21:142
T21:142
T21:169
T21:215
T21:217
T21:239
T21:374A
T21:440
T21:494
T22:003
T22:055
T22:081
T22:091
T22:091
T22:091
T22:111A
T22:111A
T22:111A
T22:114
T23:019A
T23:031
T23:162
T23:238
T23:248
T23:271
T23:323A
T23:330
T23:349A
T23:362
T23:364A
T23:446

人部 人

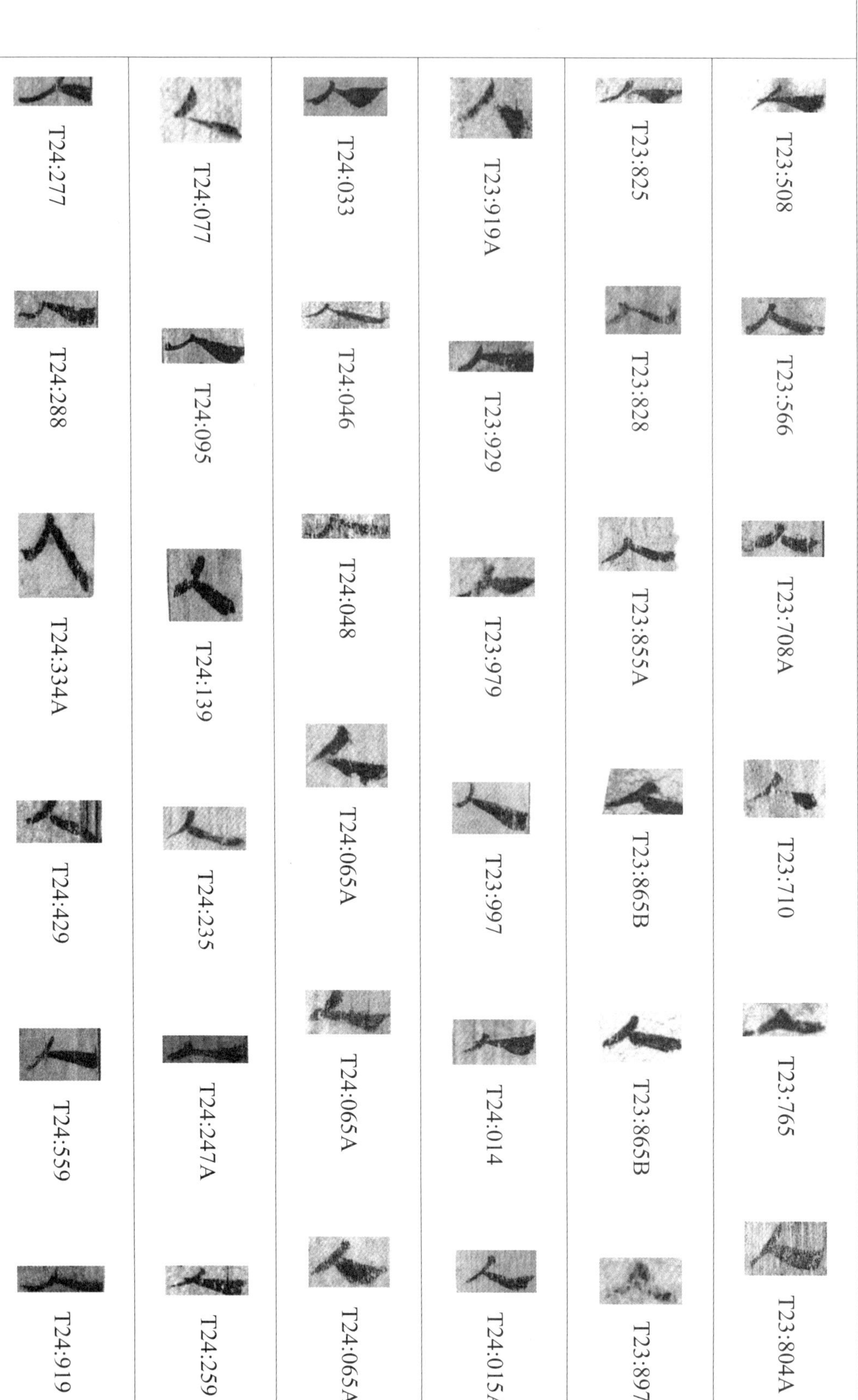

T23:508 T23:566 T23:708A T23:710 T23:765 T23:804A

T23:825 T23:828 T23:855A T23:865B T23:865B T23:897A

T23:919A T23:929 T23:979 T23:997 T24:014 T24:015A

T24:033 T24:046 T24:048 T24:065A T24:065A T24:065A

T24:077 T24:095 T24:139 T24:235 T24:247A T24:259

T24:277 T24:288 T24:334A T24:429 T24:559 T24:919

T24:940
T24:954
T24:965
T25:114
T26:032
T26:051

T26:123
T26:152
T26:177
T26:185
T26:228
T26:263

T26:305
T28:015
T28:023
T28:025
T28:027
T28:081

T28:093
T28:107
T29:059
T30:005
T30:022
T30:033B

T30:036
T30:058
T30:066
T30:067
T30:071
T30:093

T30:102
T30:103
T30:103
T30:121
T30:134
T30:142

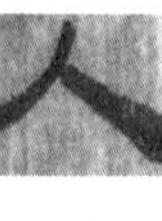

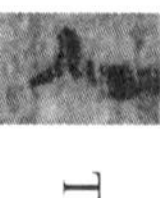

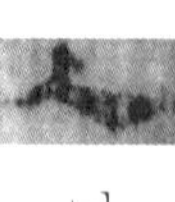

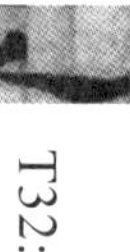

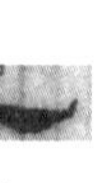

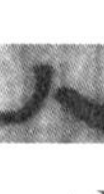
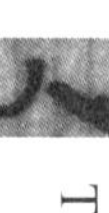

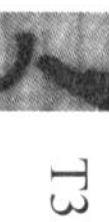

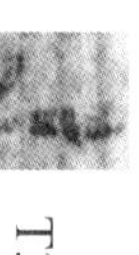

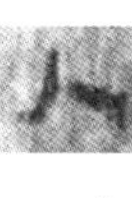
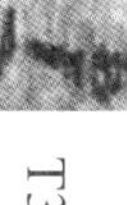
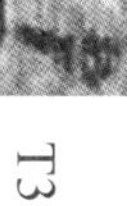

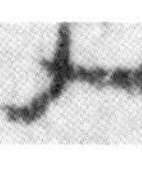

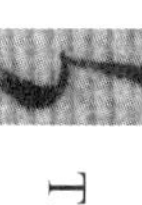
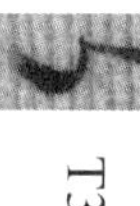

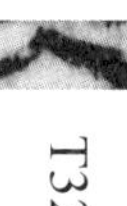

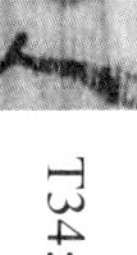

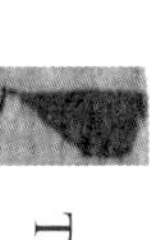

T30:143
T30:144
T30:147
T30:153A
T30:214
T30:216

T30:251
T31:009
T31:092A
T31:093
T31:097A
T31:152

T32:001
T32:001
T32:039
T32:039
T32:048
T32:075

T32:075
T32:075
T33:028
T33:043
T33:054B
T34:006A

T34:006A
T34:011
T35:008
T37:006
T37:026
T37:028A

T37:099
T37:114
T37:115
T37:150
T37:167
T37:520A

T37:525
T37:526
T37:526
T37:527
T37:528
T37:584

T37:584
T37:646
T37:722
T37:726
T37:739
T37:769

T37:776A
T37:805A
T37:829
T37:918
T37:1012
T37:1039A

T37:1052A
T37:1070
T37:1090
T37:1142
T37:1151A

T37:1151A
T37:1151A
T37:1206
T37:1234
T37:1265
T37:1369

T37:1535B
T37:1535B
H01:003A
H01:003A
H01:005
H01:017

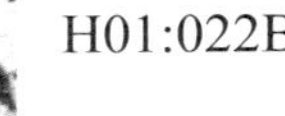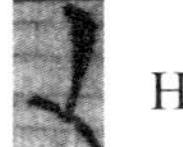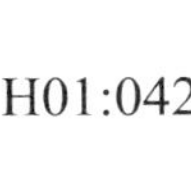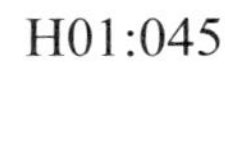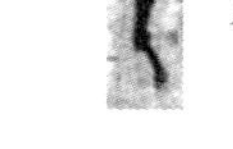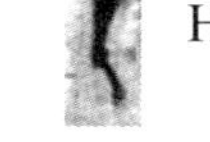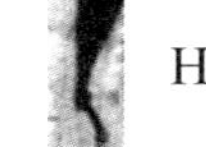

H01:022B　H01:034　H01:039　H01:042　H01:045　H02:020

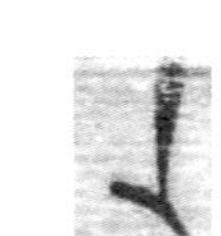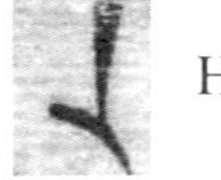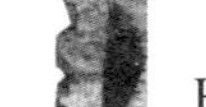

H02:042　H02:046　H02:056A　H02:058　F01:110

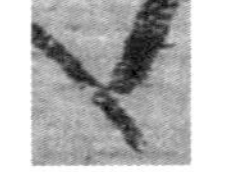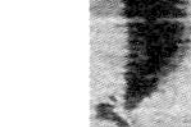

73EJF2:12　73EJF3:40B　73EJF3:57A　73EJF3:57A　73EJF3:58

73EJF3:91　73EJF3:94　73EJF3:101　73EJF3:104　73EJF3:105　73EJF3:106

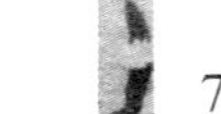

73EJF3:107　73EJF3:139　73EJF3:147　73EJF3:160　73EJF3:170

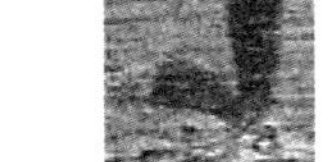

73EJF3:184A　73EJF3:264　73EJF3:264　73EJF3:264　73EJF3:269+597

73EJF3:319
73EJF3:355
73EJF3:368
73EJF3:384A
73EJF3:412

73EJF3:464
73EJF3:472+540
73EJF3:514B
73EJF3:523
73EJF3:537

73EJF3:558
73EJF3:588
73EJT4H:9
73EJD:8A
73EJD:26A

73EJD:27
73EJD:39B
73EJD:39B
73EJD:42
73EJD:56

73EJD:60
73EJD:141
73EJD:145
73EJD:247
72EJC:146

72EJC:147B
72EJC:147B
72EJC:155A
72EJC:156
72EJC:156

保

1135

仁
1136

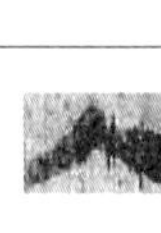
72EJC:156
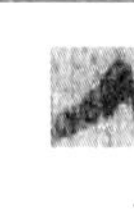
72EJC:156
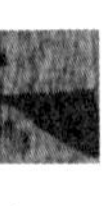
72EJC:158B

72EJC:181

72EJC:287

72EJC:288
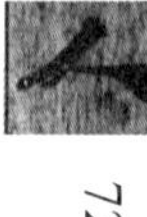
73EJC:302

73EJC:537

73EJC:599A

73EJC:599A

73EJC:599B
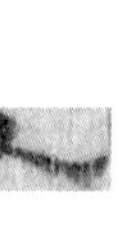
73EJC:669
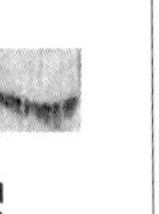
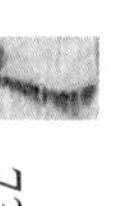
72EDAC:7
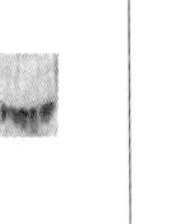
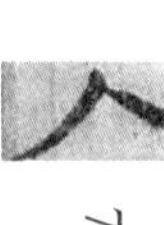
72EDAC:7
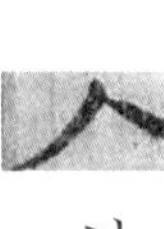
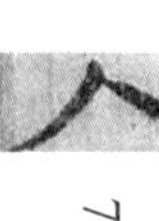
72EDAC:7

72ECC:53

72EBS7C:2A

T06:031

T23:385
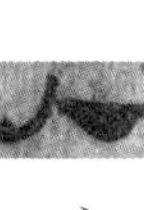
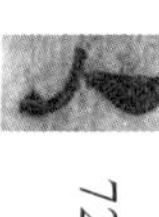
T23:867
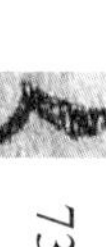

T37:1394
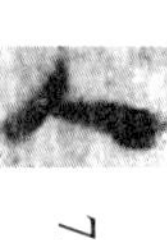

73EJF3:89

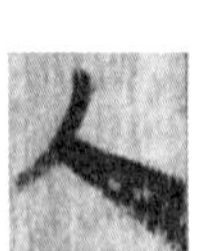
T01:001

T04:132

T04:152

T05:055A

T08:007

T08:051A

T09:121　T09:204　T09:273　T23:356　T23:824　T24:038

T24:358　T29:092　T31:139　T33:061　T37:005　T37:225

T37:836A　T37:1117　H02:010　H02:014　H02:022

73EJF3:5　73EJF3:12　73EJF3:538　73EJD:36B　73EJD:43A

73EJD:235　73EJD:307B

73EJC:552　73EJC:637

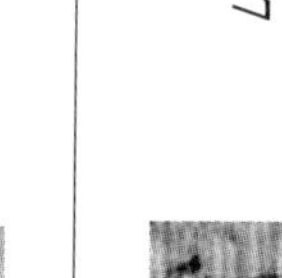
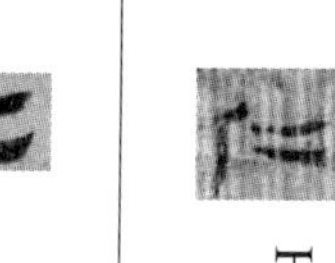
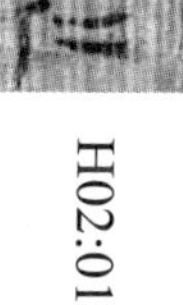

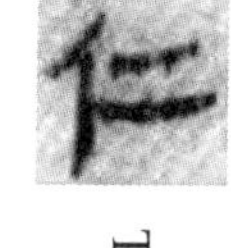
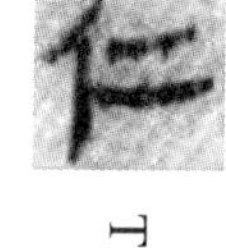
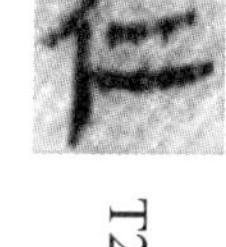

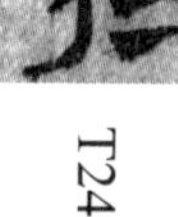

佩

1137

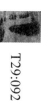

字頭	出處
伋 1138	T23:411A、T37:1085
伉 1139	T23:298
伯 1140	T15:020、T23:296B、T23:878、T23:878、T37:270A、T37:786A、H01:045、73EJF2:10、73EJF3:124A、73EJF3:535、73EJC:599A
仲 1141	T06:066B、T07:012、T09:014、T21:082、T23:344

T23:726

T23:804A

T24:065A

T24:400

T30:136

T37:1146

T37:1565

73EJF3:559

73EJD:284B

伊

1142

T06:092

倩

1143

T21:141

T21:178

T23:177A

T24:243

T24:243

T27:104

T27:110

T29:013A

T30:116A

H02:047A

H02:047A

H02:047B

人部 佳傀偉僑俟

字	編號	出處
佳	1144	T10:220A
		T37:846
傀	1145	T24:556
偉	1146	T07:131
		T10:314
		T23:768
		T37:1179
		T37:1495
		73EJF3:331
		73EJF3:344
		73EJD:1
僑	1147	73EJC:663
俟	1148	73EJC:607

健 1149

T23:298

T23:910

T37:965

佗 1150

T01:179

T02:023

T02:078

T04:085

T05:078

T06:042

T06:124

T07:005

T07:020

T07:024

T07:030

T07:031

T08:028A

T08:074

T09:087

T09:105

T10:179

T10:179

T10:258

T15:025

T21:015

T21:063A

T21:109A

T21:136

T21:178

T22:045

T22:082

T22:099

T23:079A

T23:081

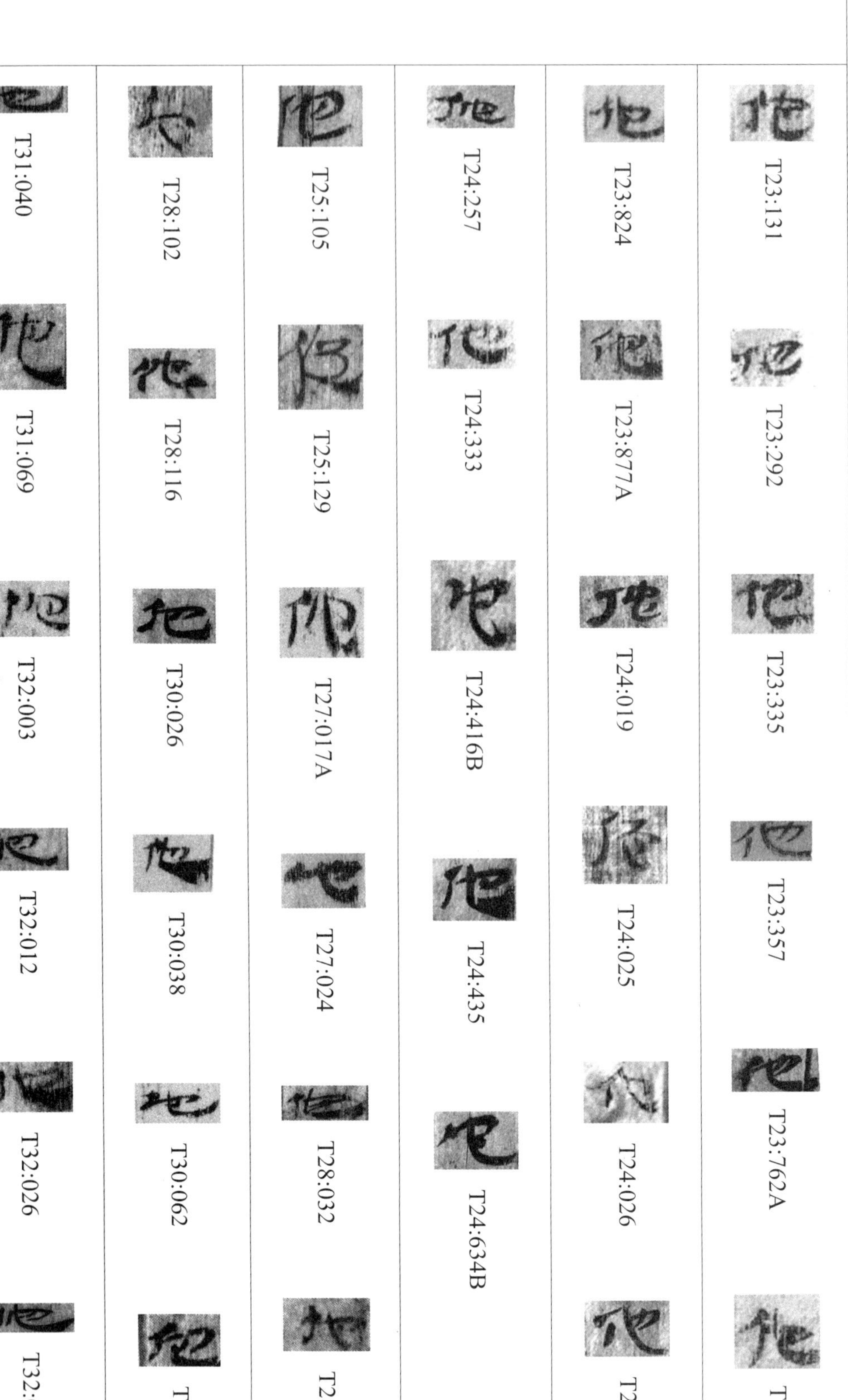
T23:131
T23:292
T23:335
T23:357
T23:762A
T23:770
T23:824
T23:877A
T24:019
T24:025
T24:026
T24:032
T24:257
T24:333
T24:416B
T24:435
T24:634B
T25:105
T25:129
T27:017A
T27:024
T28:032
T28:078
T28:102
T28:116
T30:026
T30:038
T30:062
T30:206
T31:040
T31:069
T32:003
T32:012
T32:026
T32:033

T33:010
T33:018 
T37:081 
T37:103 
T37:175 
T37:239 

T37:273
T37:566A 
T37:582 
T37:658 
T37:754 
T37:756 

T37:758
T37:761
T37:762 
T37:783A 
T37:788A 
T37:862 

T37:870
T37:930A 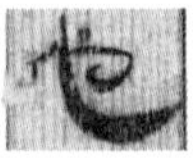
T37:949 
T37:988 
T37:1007
T37:1059 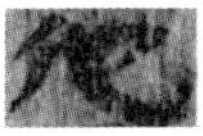

T37:1061A
T37:1061B 
T37:1065A 
T37:1106 
T37:1149 

T37:1168
T37:1235 
T37:1396A 
T37:1425 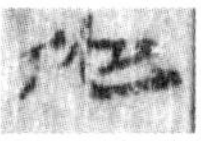
T37:1432

T37:1472

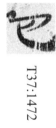

T37:1528

T37:1535A

T37:1537A

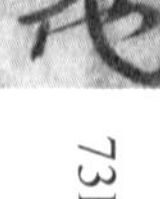
T37:1538

T37:1546

73EJF3:36

73EJF3:39B

73EJF3:55

73EJF3:112

73EJF3:117A

73EJF3:117B

73EJF3:120A

73EJF3:120B

73EJF3:194+198

73EJF3:375

73EJT4H:90

73EJD:3

73EJD:5

73EJD:30

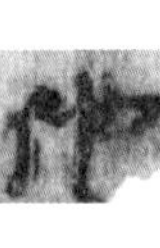
73EJD:34

73EJD:36A

73EJD:39A

73EJD:42

73EJD:73A

73EJD:93

73EJD:308

73EJD:360

73EJD:372

73EJC:310B

73EJC:420

73EJC:448A

73EJC:589

73EJC:591

73EJC:611

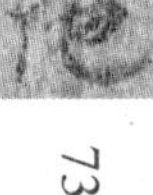
73EJC:641A

73EJC:665

72ECC:34

按：金關簡「佗」「他」混同。

何

1151

T01:014A

T01:181

T04:098B

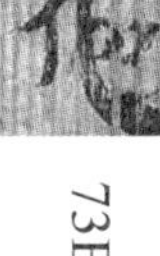
T05:068A

T07:121

T09:256

T10:212

T21:155

T21:213

T23:019A

T23:068B

T23:068B

T23:446

T23:510

T23:674

T23:731A

T23:812

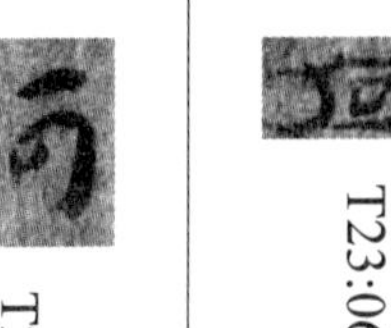
T23:925

T24:073A

T24:145

T24:266A

T24:266A

T24:533A

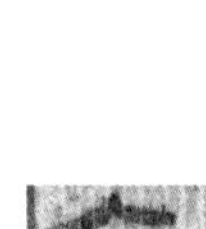

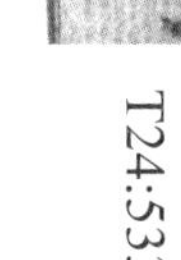
T24:533A

T24:780

T24:833

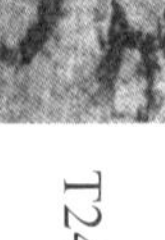
T24:977A

T24:995

T25:038

T26:001A

T26:042

T26:177

T27:086

T31:035

T31:140

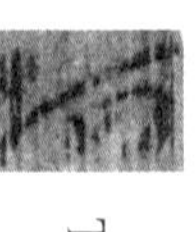
T31:200

T33:077

T37:024B

T37:692

T37:708A

T37:752A

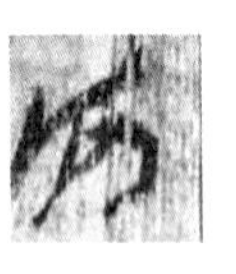
T37:786B

T37:846

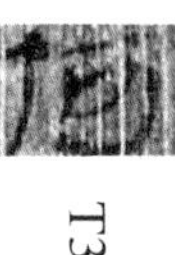
T37:878A

T37:878A

T37:1095A

T37:1095A

T37:1095A

T37:1311

T37:1495

H01:046

73EJF3:179B

73EJF3:183B

73EJF3:260

73EJF3:443

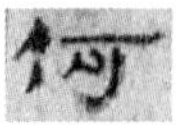

73EJF3:523

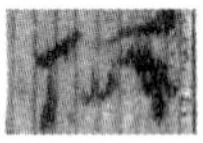

73EJF3:618

73EJD:64

73EJD:88A

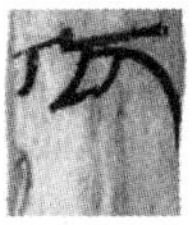

73EJD:332

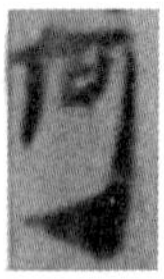

73EJC:295

73EJC:498

73EJC:555A

72ECC:1+2B

儋 1152

T01:005

H01:018

儲 1153

T23:913

T37:1545

備 1154

T05:076

T21:468

T23:185

T23:658

T34:006A

人部 備 偕 俱

備（續）

T37:056

T37:1198

73EJF3:161

73EJF3:430A+263A

73EJF3:316

73EJF3:437

73EJD:311B

72ECC:61

偕
1155

T01:001

T21:064

T33:040A

T37:1184

H01:014

F01:117

俱
1156

T06:052

T08:051A

T09:073

T09:104

T09:140

T09:157

T09:198

T10:134

T10:343A

T10:419

T23:349A

T23:432

T24:250

T24:264A

T24:304

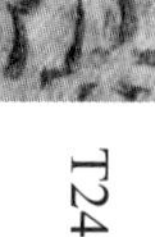
T24:318

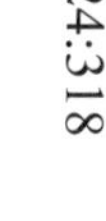

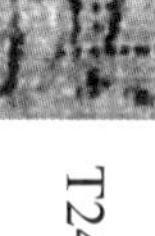
T24:431

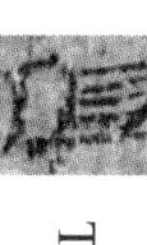
T24:880

T26:182

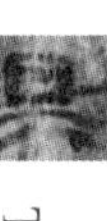

T30:179

T30:179

T37:401B

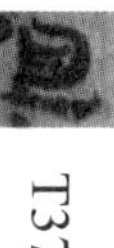
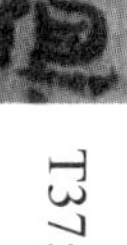

T37:519A

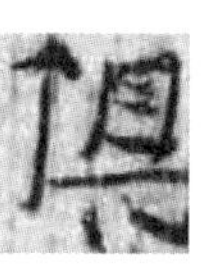
T37:527

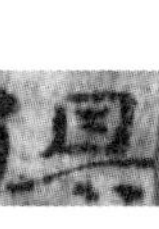
T37:587B

T37:780

T37:1063

T37:1491

T37:1491

T37:1501

H02:071

F01:025

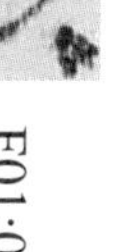
F01:027

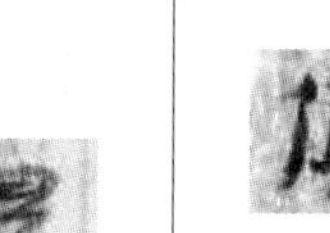
F01:027

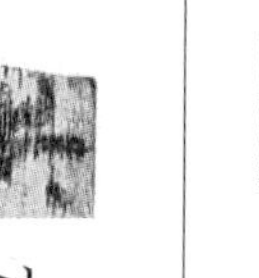

73EJF3:46

73EJF3:159B

73EJF3:330

73EJF3:578

72EJC:104

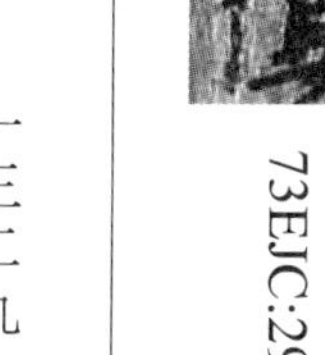
73EJC:296

73EJC:529A

傳
1157

T07:041

T07:135

T21:390

T24:261

T24:321

T24:539

T29:008

T30:029B

T33:041A

T37:466

73EJF3:355

倚
1158

T04:019

T10:367A

T24:630

T28:139

依
1159

T10:367A

T37:1087

H02:046

H02:048B

侍

1160

T07:088

T09:053

T23:209

T23:797B

T26:035

T30:112

T37:786B

付

1161

T06:018A

T06:018A

T06:087

T21:083

T21:180

T21:180

T21:320

T21:376

T21:421

T21:435

T22:011B

T22:011D

T22:034

T23:118

T23:202

T23:245

T23:358

T23:572

T23:577

T23:624

T23:633

T23:666

人部　付

T23:752B

T23:764

T23:855A

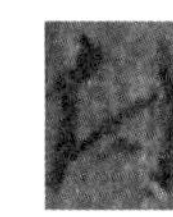

T23:886

T23:896A

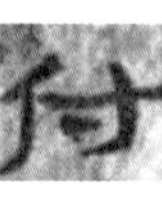
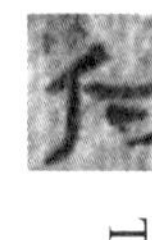
T23:933

T23:991

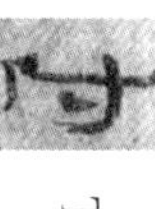

T23:997

T24:187

T24:217

T24:415

T24:621

T24:627A

T24:851

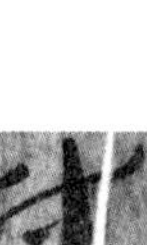

T25:105

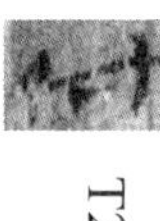

T25:234

T26:003

T26:103

T26:230A

T28:010

T31:097A

T31:117

T31:160

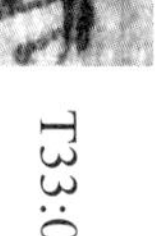
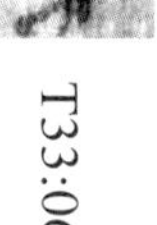

T33:068

T34:012

T34:017

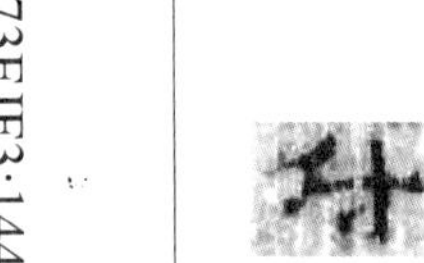
T37:719

T37:1397A

H01:020

73EJF2:2

73EJF3:53

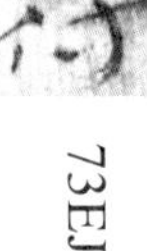
73EJF3:144

73EJF3:163

73EJF3:260

73EJF3:311

73EJF3:382A

73EJF3:592

73EJD:2

73EJD:5

73EJD:38

73EJD:118

73EJD:123

73EJD:141

73EJD:196

73EJD:280+250B

73EJC:299

73EJC:426

73EJC:644

俠

1162

T24:028

T33:067A

T34:012

伍

1163

T07:042

T09:123

T23:779

T30:158

T30:159

T37:622

T37:701

T37:857A

T37:988

T37:991

T37:1152

T37:1495

H01:056

什 1164

T05:060

72ECC:16

佰 1165

T14:002

T28:015

T37:710

作 1166

T01:083

T02:018

T06:111A

T07:176A

T08:003

T21:187

T22:137

T23:214

T23:301

T23:544

T23:631

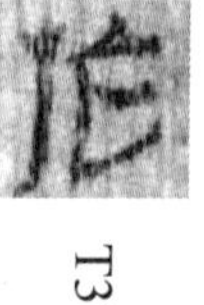

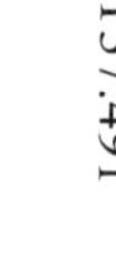

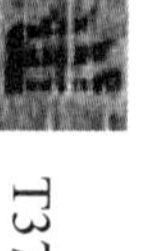

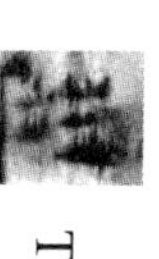

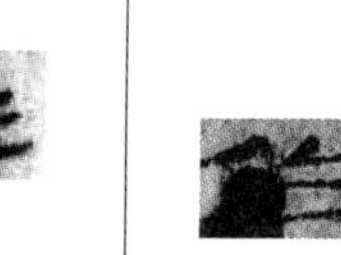
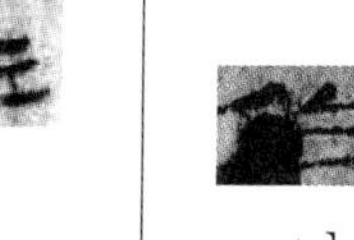
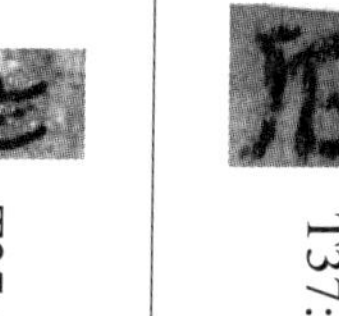

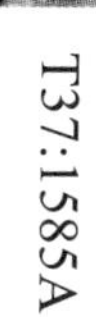

T23:979
T24:248
T24:288
T24:964
T24:966
T25:118

T25:153
T26:117
T26:123
T28:107
T29:042
T29:070

T29:097
T30:018
T30:134
T34:006A
T34:006A
T34:006A

T37:491
T37:492
T37:520A
T37:526
T37:708A

T37:708A
T37:1192
T37:1391
T37:1535B
T37:1585A

H01:003A
H01:003A
F01:026
73EJF3:139
73EJF3:178A

73EJF3:370

73EJF3:431

72EJC:226

73EJC:568

73EJC:634

72EDAC:7

假 1167

T03:098

T09:058

T10:339

T21:047

T23:878

T23:897A

T28:013A

T37:140

T37:806+816

73EJF3:161

73EJC:669　按：金關簡或从「彳」。

借 1168

T23:789A

T23:789B

T24:015B

73EJT4H:36

72EJC:89A

侵 1169

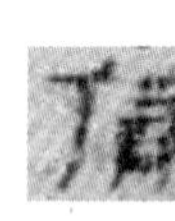

T02:005　T24:282　T28:026　T37:766　73EJD:182A

候 1170

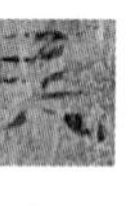
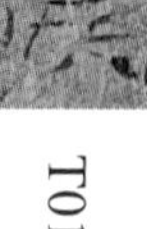
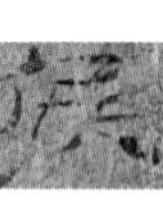
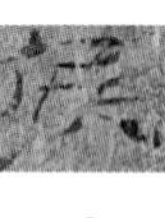
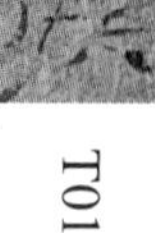
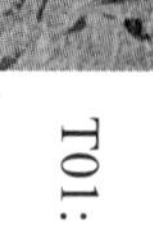
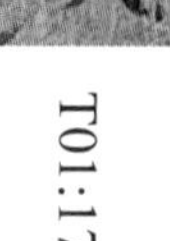

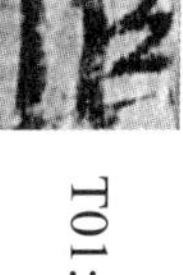
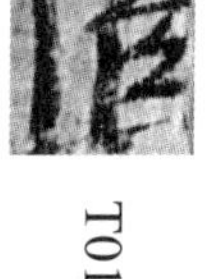
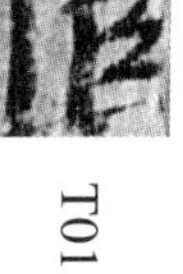
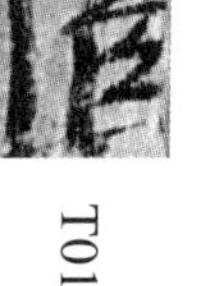

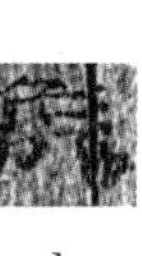

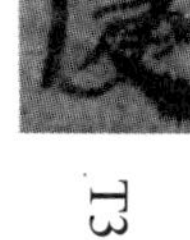
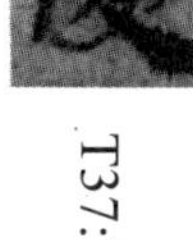

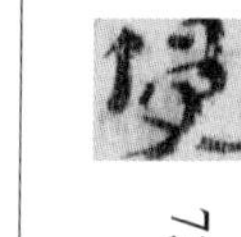
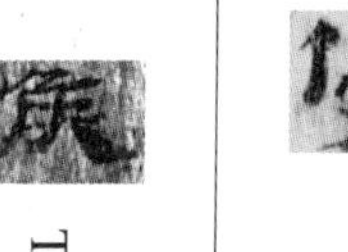

T01:097　T01:174B　T01:217A　T02:022　T02:022

T02:024　T02:031　T02:032　T02:078　T03:001　T03:001

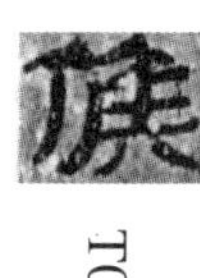
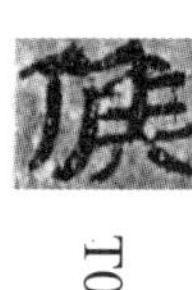
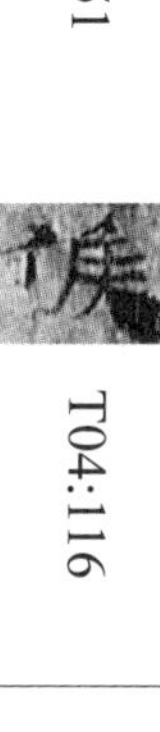

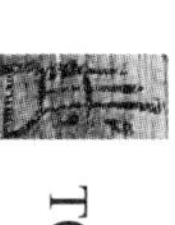

T03:011A　T03:085　T03:098　T03:099　T04:051　T04:116

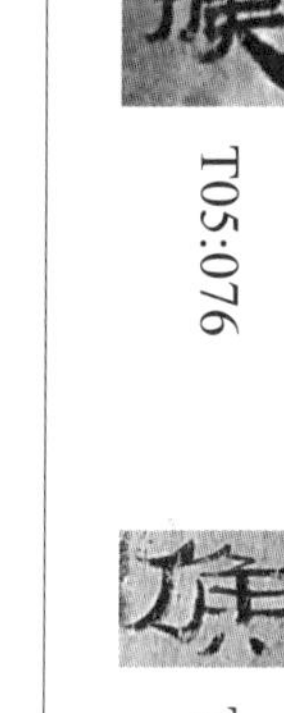

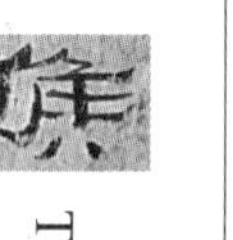

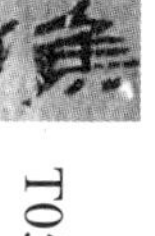
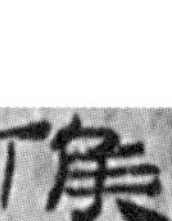
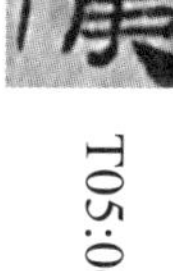

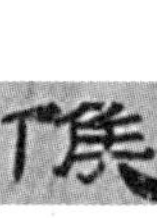

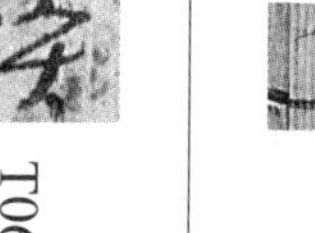
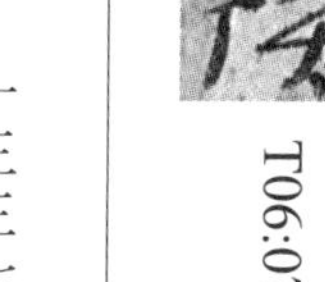

T04:139　T05:030　T05:030　T05:068A　T05:068A　T05:075

T05:076　T05:077　T06:019　T06:026　T06:040　T06:073B

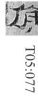

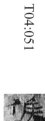

T06:090 T06:122 T06:124 T06:180 T07:020 T07:021

T07:028 T07:029 T07:030 T07:031 T07:075 T07:090

T07:095 T07:102 T07:114 T08:008 T08:008 T08:008

T08:031 T08:077 T09:047A T09:089 T09:091

T09:122 T09:288 T10:141 T10:142 T10:154A

T10:177A T10:206 T10:206 T10:211 T10:258

人部 候

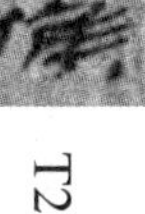

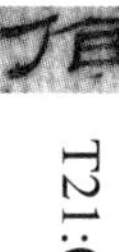

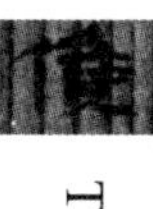
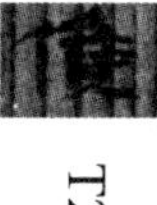
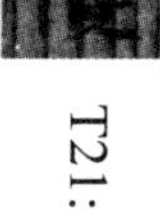

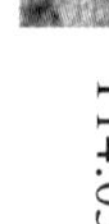

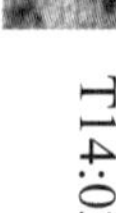

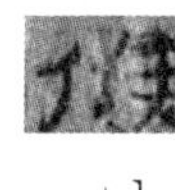
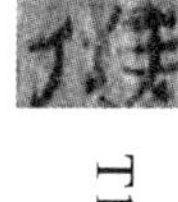

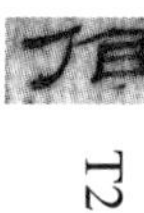

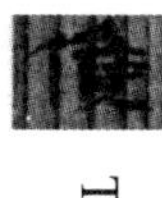

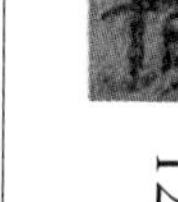

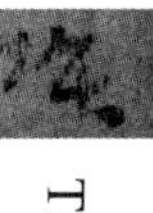

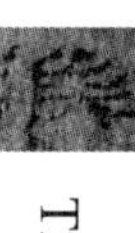
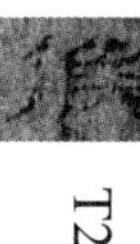

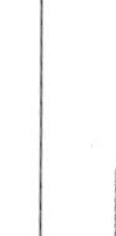

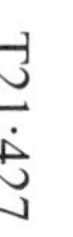

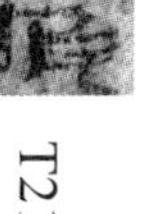
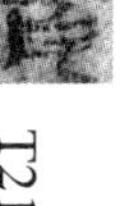

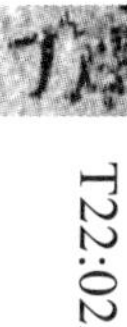
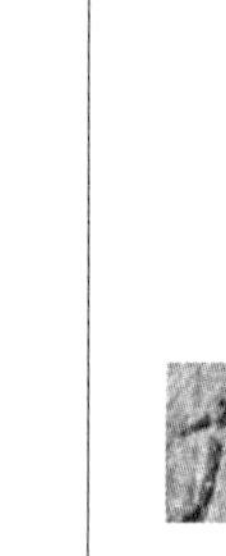

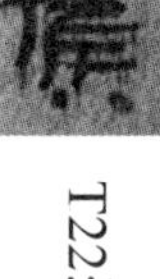

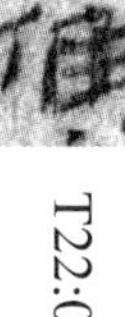

T10:366
T14:031A
T15:026
T21:036
T21:039
T21:042A

T21:043A
T21:047
T21:062
T21:069A
T21:092
T21:098

T21:102A
T21:103
T21:103
T21:106
T21:108
T21:109A

T21:131B
T21:138
T21:278B
T21:308
T21:355

T21:406
T21:427
T21:427
T22:011A
T22:022
T22:022

T22:045
T22:070
T22:091
T22:099
T23:015A

T23:051
T23:064
T23:200:②
T23:203
T23:204

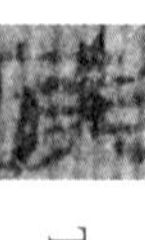
T23:247
T23:267
T23:272
T23:284
T23:290

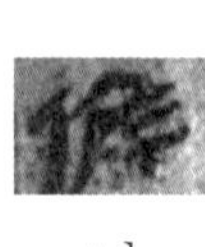

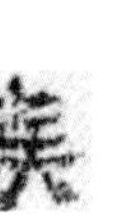

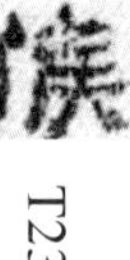

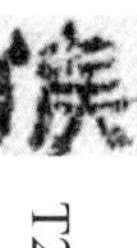
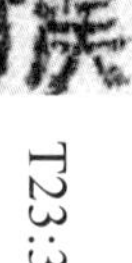

T23:292
T23:306
T23:308
T23:352
T23:386

T23:423
T23:480
T23:481B
T23:496
T23:504

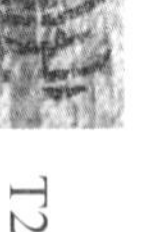

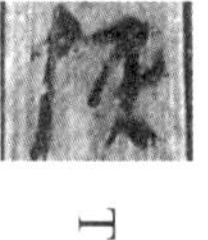

T23:555
T23:570A
T23:594
T23:620
T23:620

T23:629A
T23:640
T23:668
T23:726
T23:750

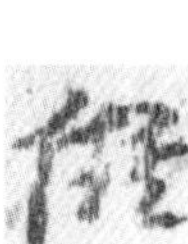

T23:762A

T23:770

T23:786

T23:819

T23:824

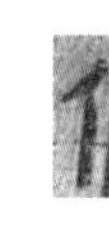

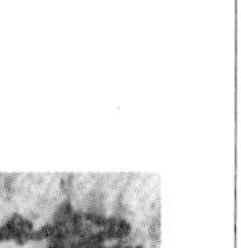

T23:848A

T23:849A

T23:851

T23:855A

T23:865A

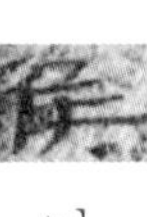
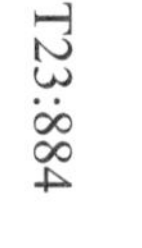

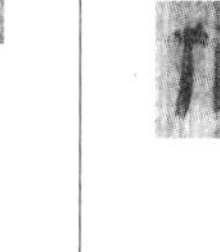

T23:866B

T23:884

T23:896B

T23:906A

T23:929

T23:931

T23:933

T23:933

T23:938

T23:969

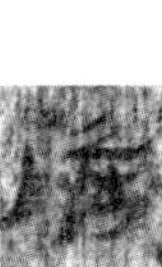

T23:978

T23:978

T24:013

T24:019

T24:025

T24:026

T24:026

T24:026

T24:032

T24:032

T24:040

T24:040

T24:130

T24:139

T24:155

T24:221

T24:267A

T24:268B

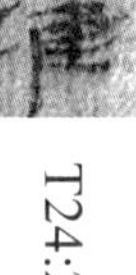

T24:303A

T24:333

T24:334A

T24:372

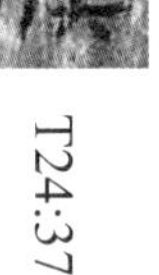
T24:379

T24:397

T24:398

T24:416A

T24:530

T24:531

T24:539

T24:567

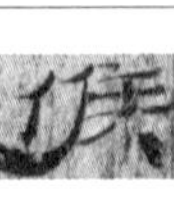
T24:573

T24:586

T24:634B

T24:726

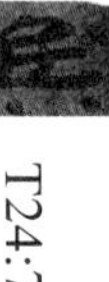
T24:764

T24:836

T24:852

T24:858

T24:896A

T25:006

T25:018
T25:023
T25:030
T25:045
T25:087
T25:167

T25:234
T26:001A
T26:001A
T26:027
T26:047
T26:055

T26:077
T26:088A
T26:088A
T26:109
T26:109

T26:110
T26:227A
T26:237A
T26:237B
T27:008

T27:046
T27:047
T27:049
T27:075
T28:001
T28:005

T28:010
T28:013B
T28:013B
T28:020
T28:020

     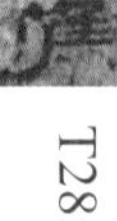 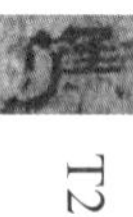              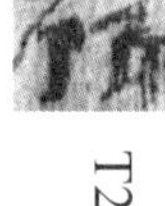 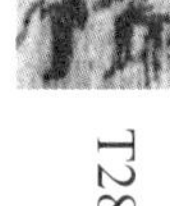 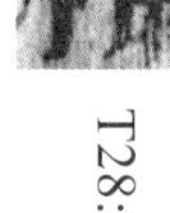        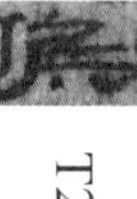  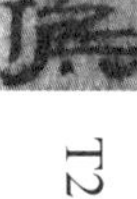   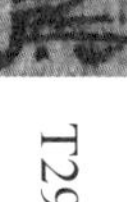       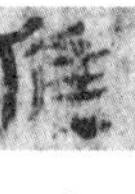   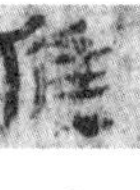      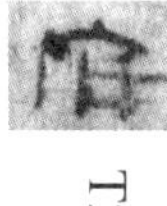   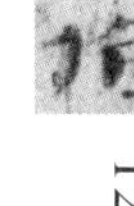 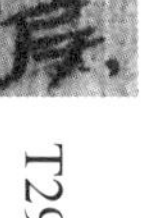  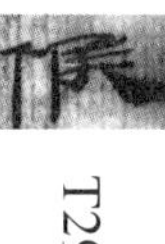   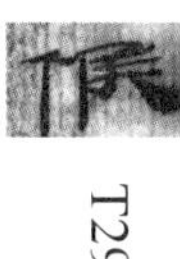    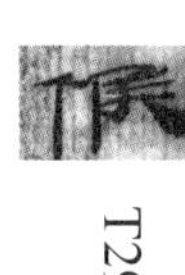    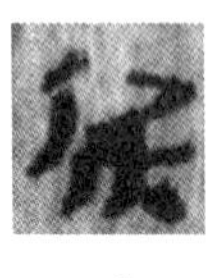    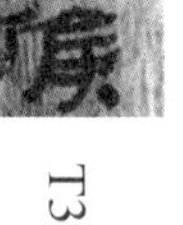 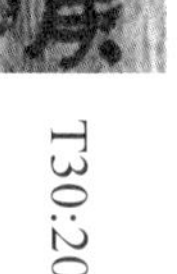        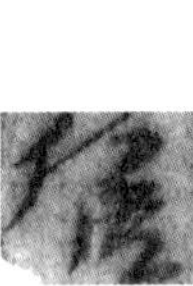   

T28:029　T28:032　T28:047　T28:072　T28:079　T29:029

T29:041　T29:045　T29:081　T29:097　T29:098　T29:099

T29:115A　T29:119　T29:120　T29:121　T29:123　T29:124

T30:026　T30:026　T30:048　T30:057B　T30:163

T30:179　T30:180　T30:204　T30:206　T30:206

T30:244　T30:254　T30:254　T31:114B　T31:114B

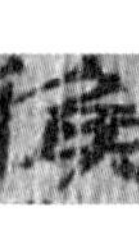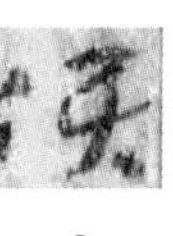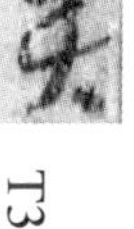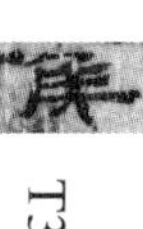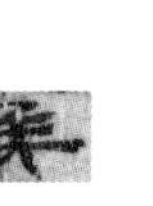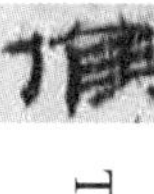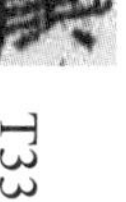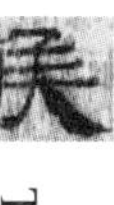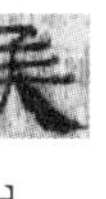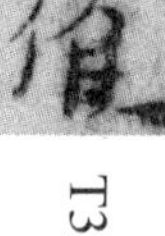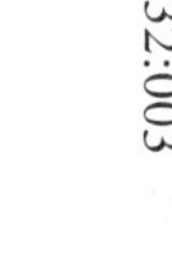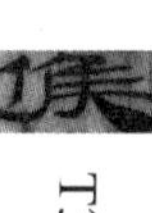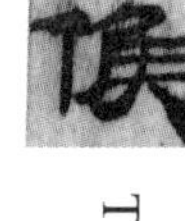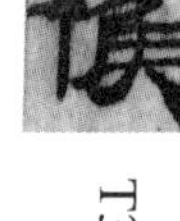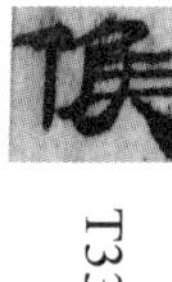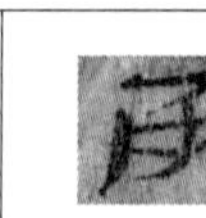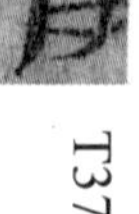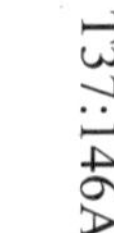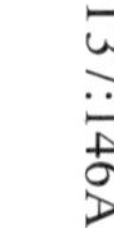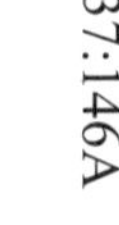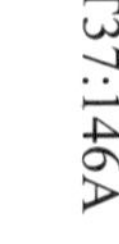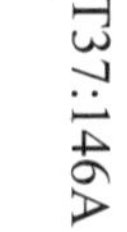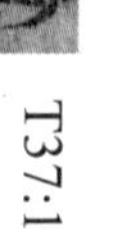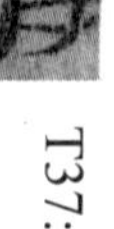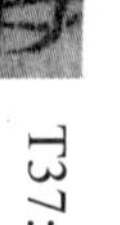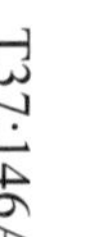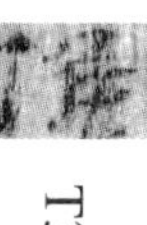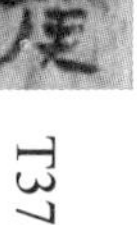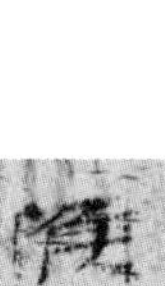

T31:137
T31:149
T31:151A
T31:190
T32:003
T32:033

T32:034
T33:004
T33:004
T33:042
T33:051
T33:070

T34:004A
T37:002
T37:033
T37:047A
T37:048

T37:056
T37:057
T37:082
T37:085
T37:085
T37:115

T37:146A
T37:152
T37:229
T37:243
T37:254

T37:346
T37:422
T37:459
T37:464A
T37:466

T37:520A

T37:671

T37:716A

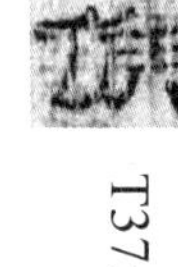

T37:718

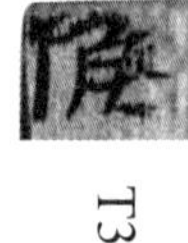

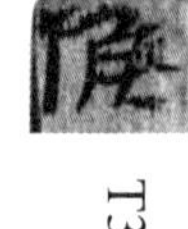

T37:727A

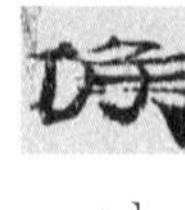
T37:732

T37:743

T37:758

T37:760

T37:770A

T37:778

T37:779

T37:783A

T37:788A

T37:788B

T37:800A

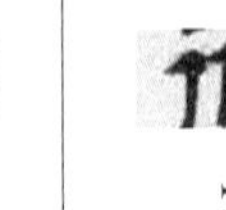
T37:800B

T37:835A

T37:835A

T37:862

T37:930A

T37:962A

T37:1013

T37:1026

T37:1056

T37:1061B

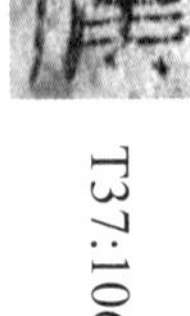
T37:1062A

T37:1063

T37:1063

T37:1065A

T37:1078

T37:1100
T37:1163
T37:1175
T37:1198
T37:1233A

T37:1282
T37:1368
T37:1379A
T37:1407
T37:1423A

T37:1439
T37:1472
T37:1502A
T37:1503A
T37:1503A

T37:1503B
T37:1528
T37:1535A
T37:1535A
T37:1537A

T37:1581
H01:012B
H02:018
H02:024
H02:028

H02:056B
F01:015
F01:025
F01:027
F01:037

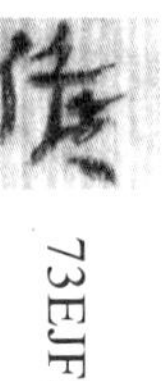

73EJF2:2

73EJF3:39B

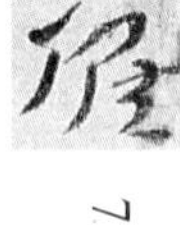
73EJF3:54

73EJF3:94

73EJF3:94

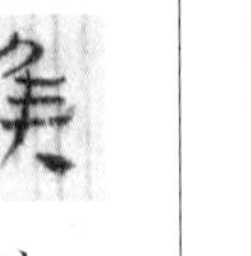
73EJF3:112

73EJF3:112

73EJF3:113

73EJF3:117A

73EJF3:117B

73EJF3:123A

73EJF3:123B

73EJF3:125A

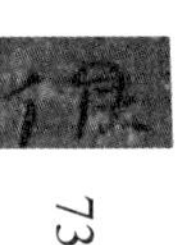
73EJF3:153

73EJF3:179B

73EJF3:249

73EJF3:348A

73EJF3:400

73EJF3:427

73EJF3:427

73EJF3:452

73EJF3:458

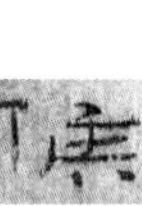

73EJF3:475

73EJD:4

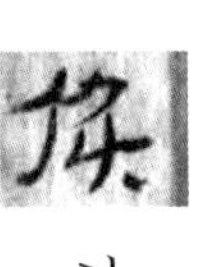
73EJD:30

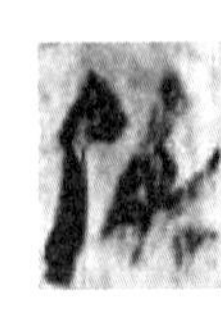
73EJD:33A

73EJD:36A

73EJD:39A

73EJD:42

73EJD:43B

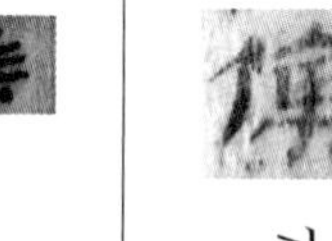

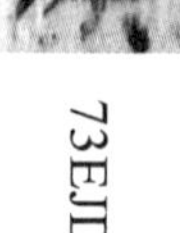

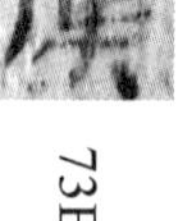
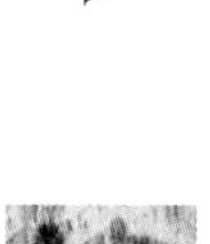

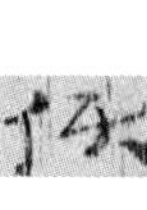

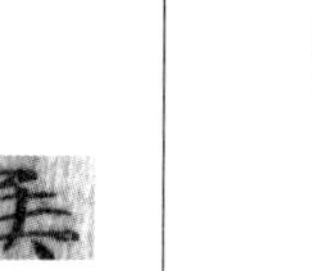
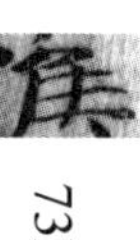
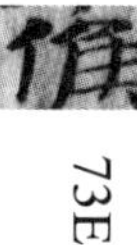

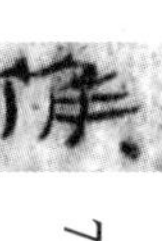
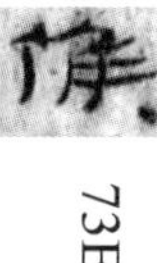
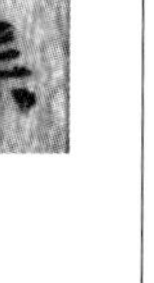

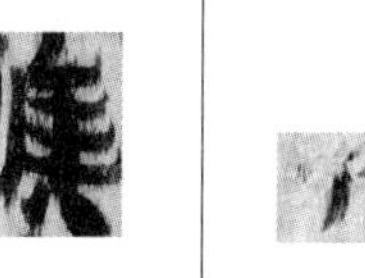

73EJD:68
73EJD:89A
73EJD:89A
73EJD:105
73EJD:171

73EJD:252
73EJD:295
73EJD:296
73EJD:297
73EJD:301

73EJD:302
73EJD:308
73EJD:319B
73EJD:360
73EJD:366

72EJC:1
72EJC:2A
72EJC:4
72EJC:6
72EJC:8

72EJC:145
72EJC:146
72EJC:169
72EJC:281
73EJC:307

73EJC:335
73EJC:376
73EJC:542A
73EJC:589
73EJC:590

73EJC:596
73EJC:599A 
73EJC:604 
73EJC:604 
73EJC:606 
73EJC:653 
72EDIC:10 

償
1171

T04:080
T22:152 
T23:279A 
T23:733A 
T23:733B 
T30:032 
T30:080A 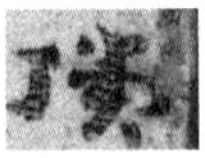
T30:080B 
T31:097B 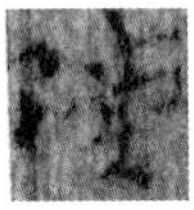
T37:794 
73EJF3:316 
73EJF3:391
73EJD:89A 

僅
1172 

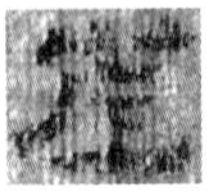

T23:059

代 1173

T10:320

T23:124

T23:298

T23:910

T29:055A

T34:007

T37:860

T37:1151B

H01:013

73EJF3:78+623

73EJF3:124B

73EJD:202

儀 1174

T23:091

T23:888

T37:786A

便 1175

T04:098A

T08:034

T21:073B

T21:178

T23:808A

T24:162

T25:059

T28:107

T31:152

T33:066

T37:175

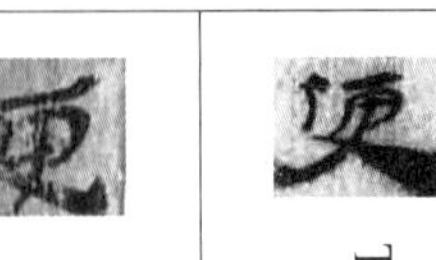
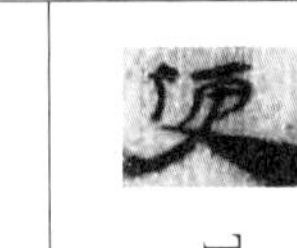
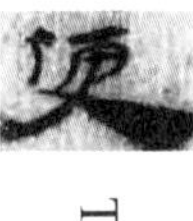
T37:521

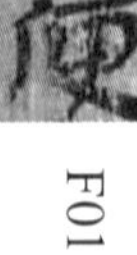
T37:754

T37:900

T37:1004

H02:002

F01:002

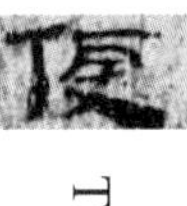
F01:004

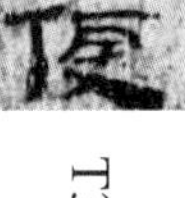
73EJF3:107

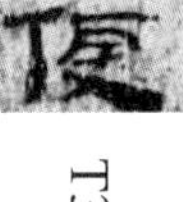
73EJF3:144

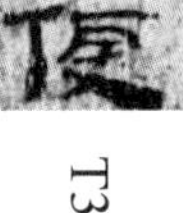
73EJF3:278

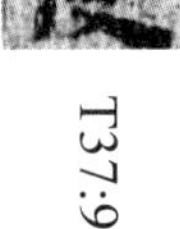
73EJF3:326

73EJF3:525B

73EJF3:527

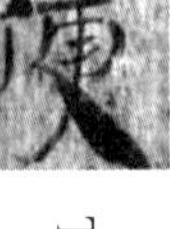
73EJD:8A

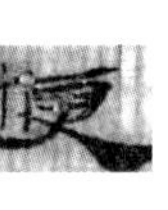

73EJD:203

72EJC:74+78

任

1176

T03:104

T06:087

T06:150

T07:024

T07:097

T10:063

T11:015

T21:156

T22:001

T22:062

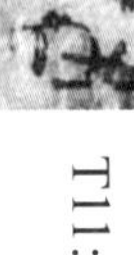

T23:076A

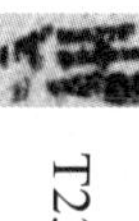

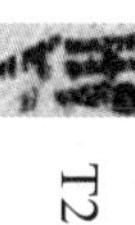
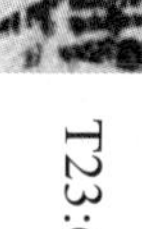

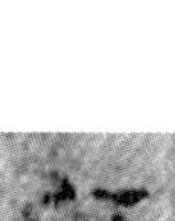
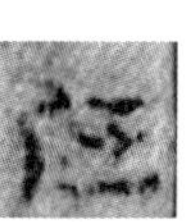
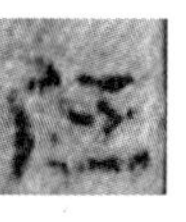
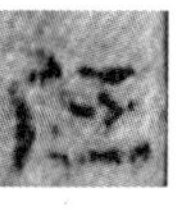
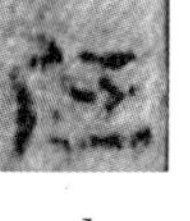
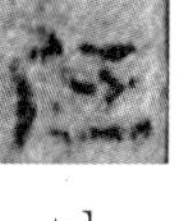
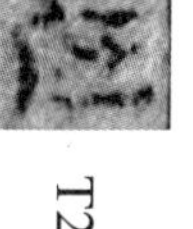
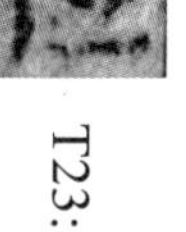
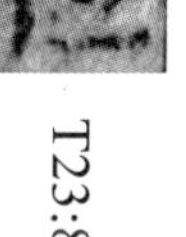
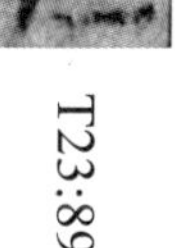

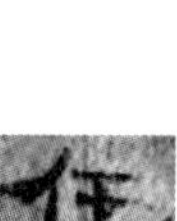
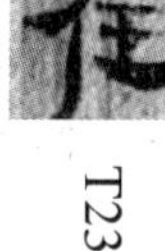

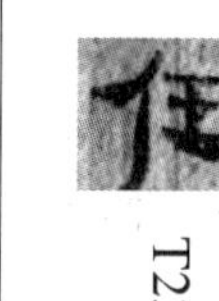
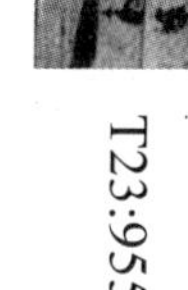
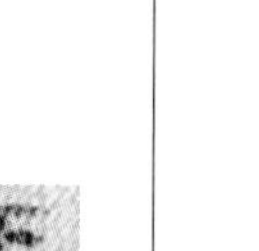

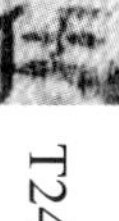

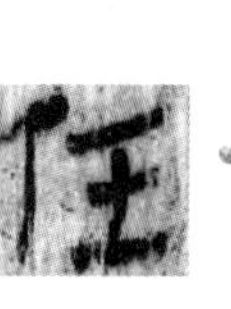

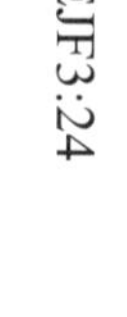
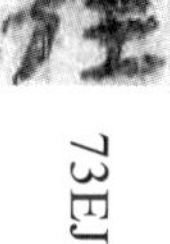
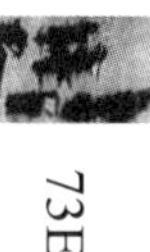

T23:301
T23:620
T23:897A
T23:955
T23:955

T23:969
T23:975
T24:099
T24:245
T24:309
T24:374

T24:968
T25:150A
T26:054
T26:084A
T26:118

T30:139
T37:130
T37:647
T37:1462
T37:1565
F01:025

73EJF3:3
73EJF3:24
73EJF3:178A
73EJF3:315B
73EJF3:325

73EJF3:366
73EJC:529A
73EJC:652

儉
1177
T37:758
俗
1178
T23:913
使
1179
T01:050
T03:044
T03:098
T04:022
T04:108B
T05:071
T06:183
T08:085
T08:094
T09:044
T09:061A
T09:061B
T10:327A
T10:327B
T15:001A
T15:007
T15:019
T21:001
T21:001
T21:002

T21:026
T21:125A
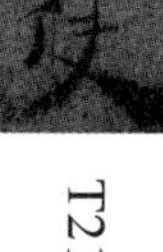
T21:131A

T21:131A
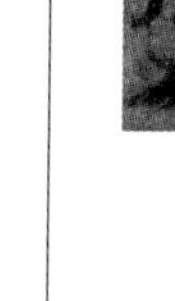
T21:131A

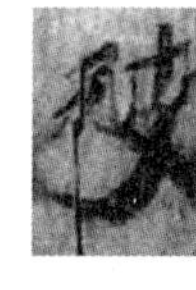

T21:131B
T21:131B
T21:170

T23:044
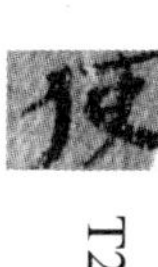

T23:073A

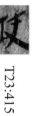

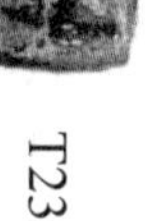
T23:207B

T23:265B
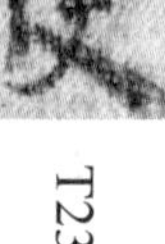
T23:345

T23:415

T23:503

T23:601
T23:710
T23:865B

T23:897A

T23:919A

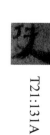

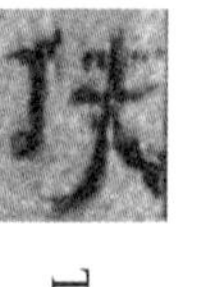
T24:078

T24:533A

T24:533A

T24:739

T25:036

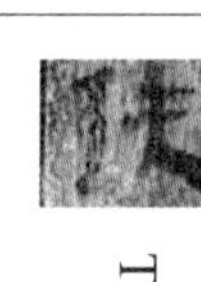
T26:182

T27:091
T29:133
T30:028A

T30:028A

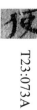

人部 使

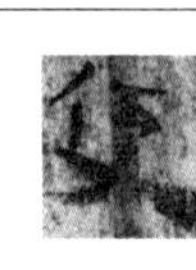

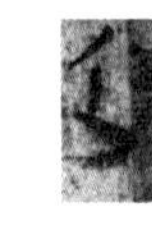
T30:035B

T33:010

T33:040A

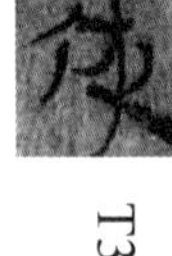
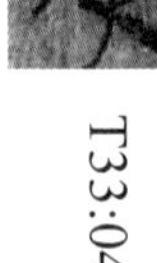

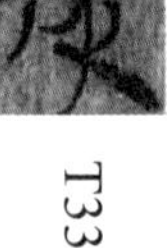

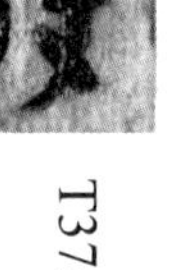
T37:052

T37:471

T37:640

T37:769

T37:781A

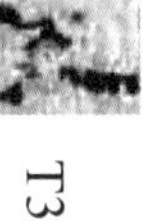
T37:913A

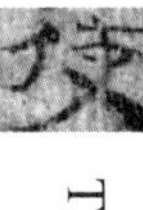
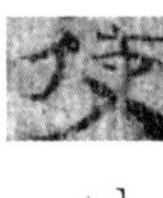
T37:1076A

T37:1149

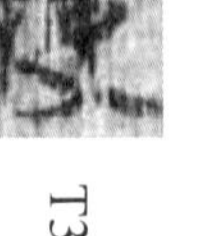
T37:1451A

F01:076

F01:084A

73EJF3:117A

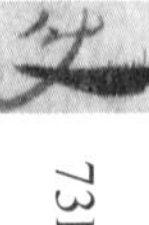
73EJF3:144

73EJF3:183B

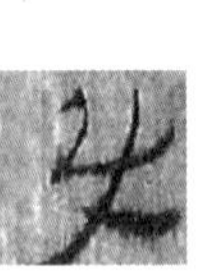
73EJF3:430B+263B

73EJF3:328A

73EJF3:330

73EJF3:337

73EJF3:418

73EJD:144

73EJD:215

73EJD:307B

73EJD:311B

73EJD:358

73EJC:365

傳

1180

73EJC:472

T01:002

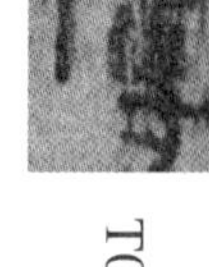
T01:029

T01:105

T02:029A

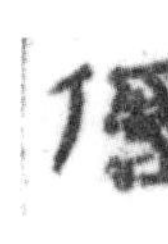
T02:034

T03:098

T04:042A

T04:102

T04:142

T06:017

T06:023A

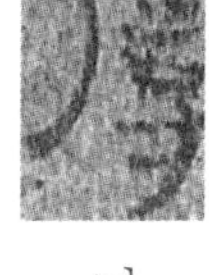
T06:027A

T06:038A

T06:192

T07:023

T07:049

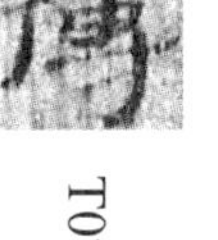
T07:158A

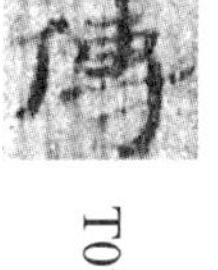
T07:158B

T07:159

T08:053A

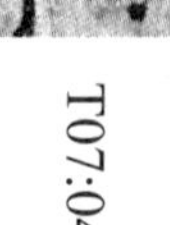
T08:106A

T09:011

T09:019A

T09:092A

T09:162A

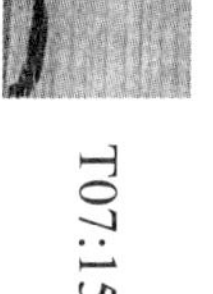

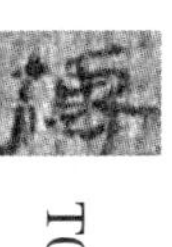

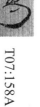

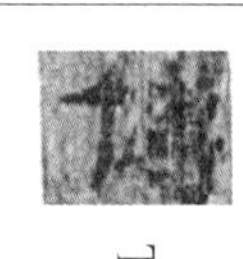

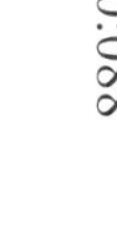

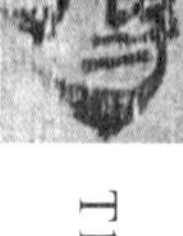

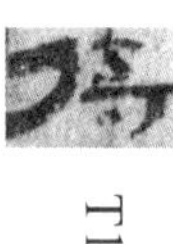

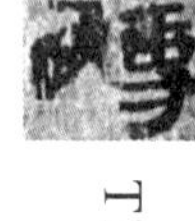
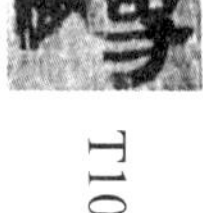

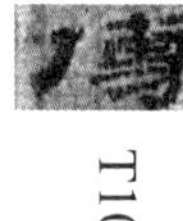

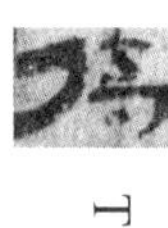

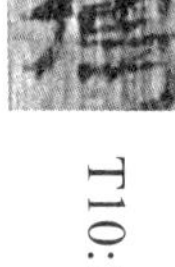

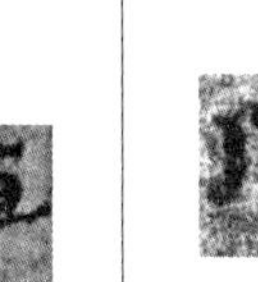
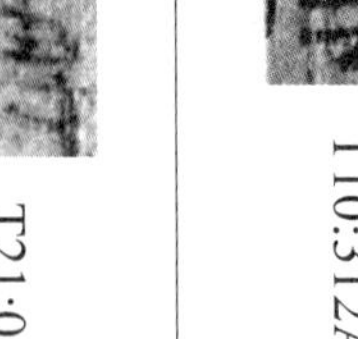

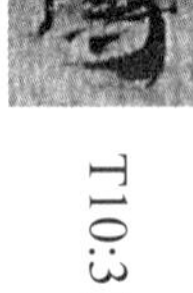

T09:189
T09:208
T10:067
T10:078
T10:080
T10:083

T10:088
T10:092
T10:099
T10:106
T10:120A

T10:120A
T10:147
T10:160
T10:163A
T10:171

T10:212
T10:215A
T10:222
T10:226A
T10:228

T10:229A
T10:232A
T10:240
T10:253
T10:312A

T10:313A
T10:315A
T10:339
T11:031B
T21:001

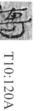

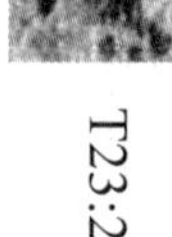

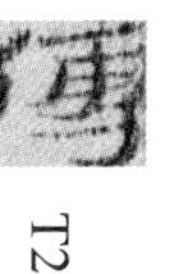
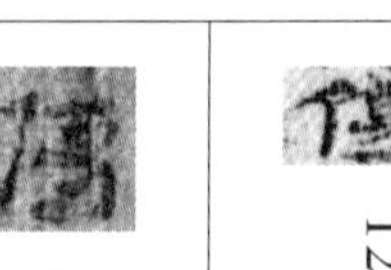

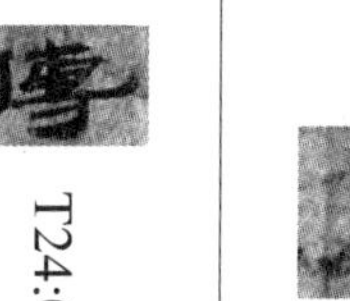

T21:056
T21:056
T21:064
T21:131A
T22:011D

T22:137
T22:149
T23:153
T23:153
T23:238

T23:258
T23:276
T23:345
T23:518A
T23:623

T23:623
T23:623
T23:710
T23:717A
T23:752B

T23:768
T23:789A
T23:897A
T23:897A
T24:035A

T24:035A
T24:078
T24:083
T24:090A
T24:095

T24:204A

T24:249
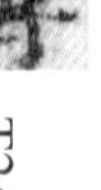
T24:264A

T24:266A

T24:304

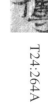

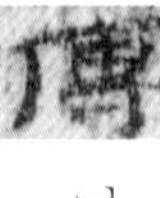
T24:336

T24:339B
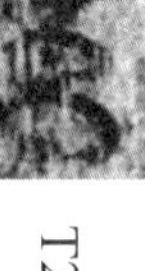
T24:427A

T24:533A

T24:606

T24:626

T24:854

T24:869

T25:007A
T25:015A

T25:108

T25:178
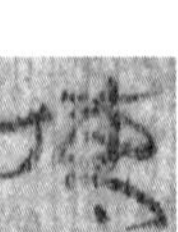
T26:042
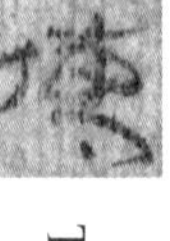
T26:087
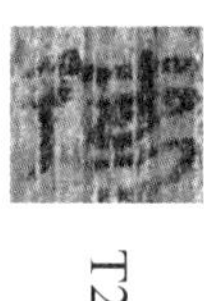
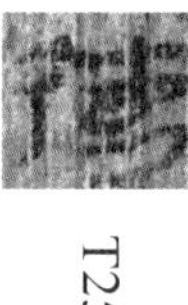

T26:210

T27:046

T28:010

T28:011
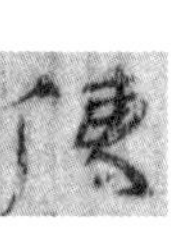
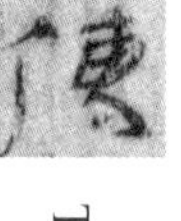
T28:020

T28:064

T29:093
T30:011

T30:026
T30:134

T30:198

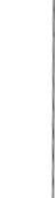

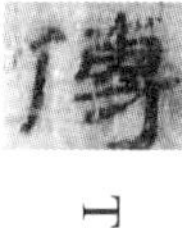

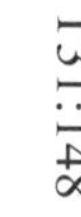
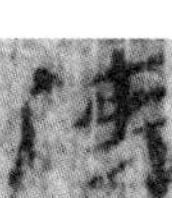
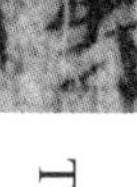

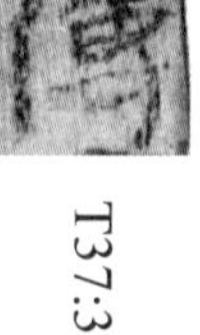

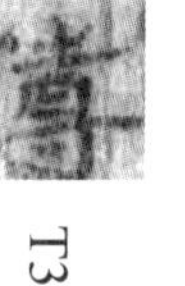

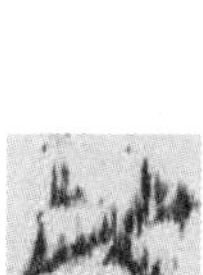

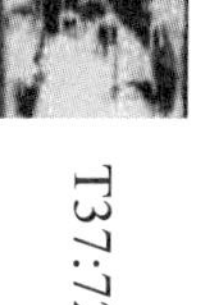
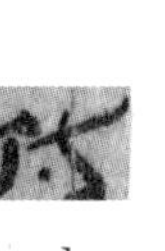

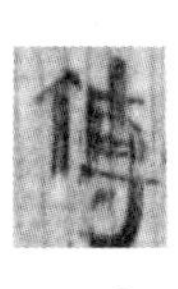

T31:133
T31:136
T31:148
T31:155
T33:039

T33:039
T33:040A
T34:011
T34:012
T35:002

T37:004
T37:013A
T37:013B
T37:052
T37:131

T37:360A
T37:377
T37:377
T37:450
T37:521

T37:524
T37:528
T37:615
T37:637
T37:645

T37:680
T37:706
T37:722
T37:725
T37:774

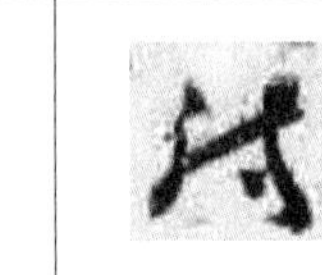
T37:780

T37:792

T37:806+816

T37:836A

T37:878A

T37:932A

T37:968A
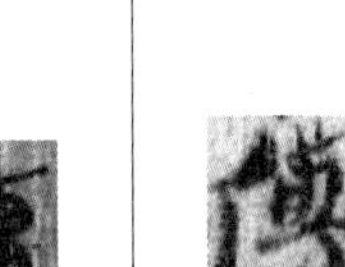
T37:975
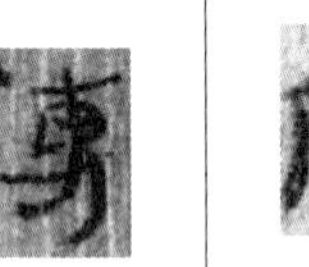
T37:1025

T37:1064

T37:1065A

T37:1070

T37:1075A
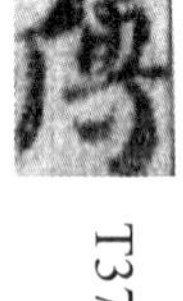
T37:1076A

T37:1076A

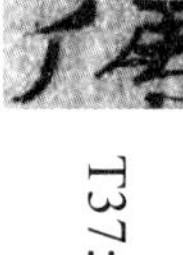
T37:1092

T37:1097A

T37:1133

T37:1133

T37:1167A

T37:1215

T37:1309

T37:1450

T37:1451A

T37:1453

T37:1462

T37:1491

T37:1491

H01:014

H02:048A

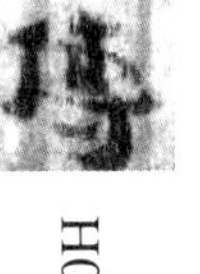

F01:025

F01:077A+078A

73EJF3:43

73EJF3:118A

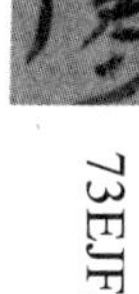
73EJF3:163

73EJF3:169

73EJF3:181

73EJF3:183B

73EJF3:293

73EJF3:298

73EJF3:343

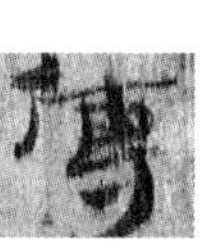

73EJF3:419

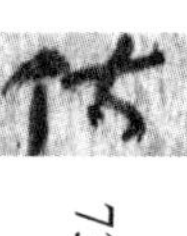
73EJD:5

73EJD:22

73EJD:246

73EJD:307B

73EJD:319C

73EJD:331

73EJD:365

72EJC:142

72EJC:161

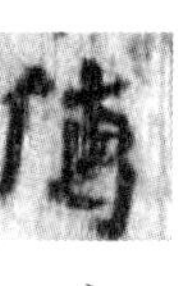
73EJC:316A

73EJC:409

73EJC:447B

73EJC:529A

73EJC:531A

73EJC:590

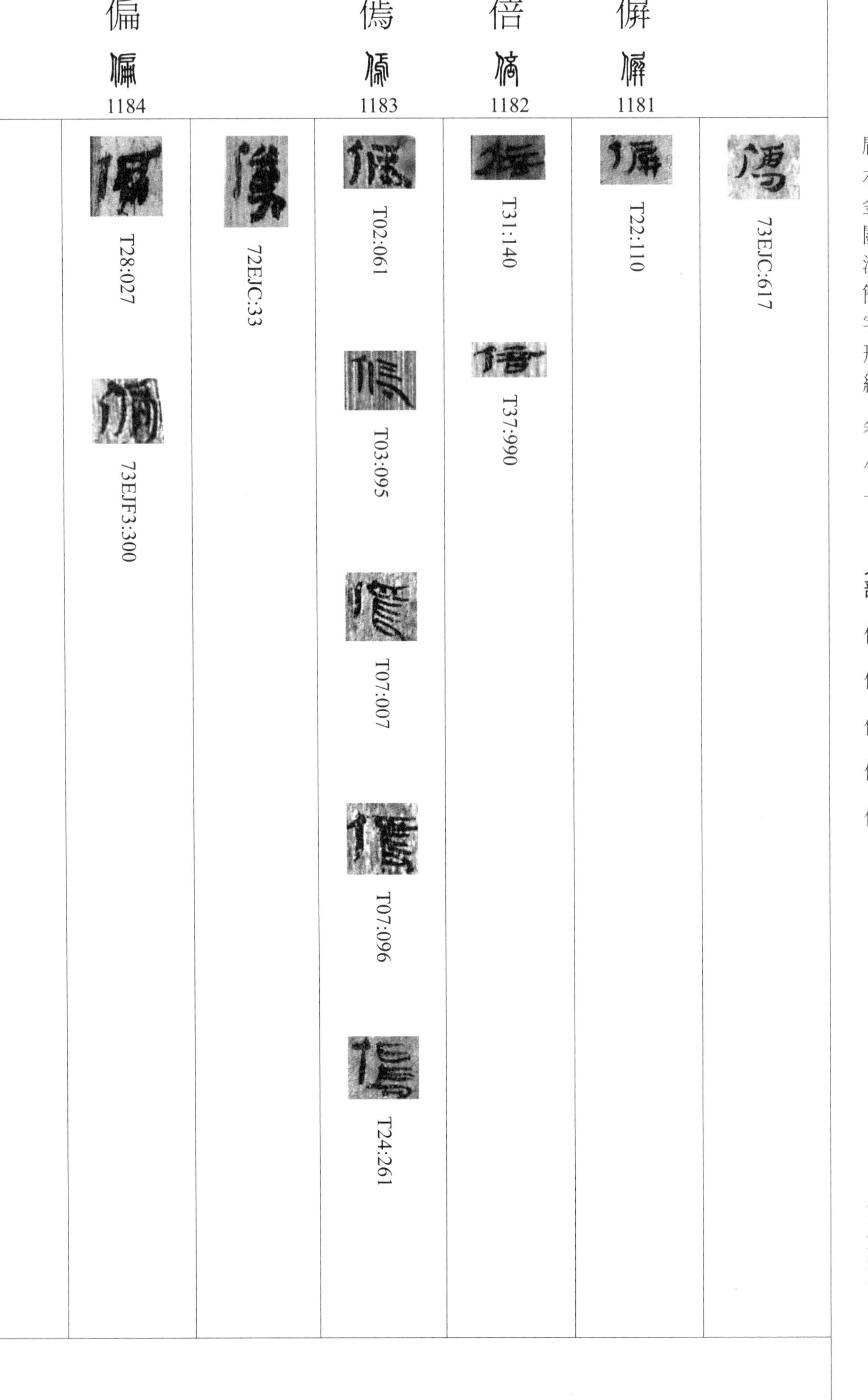

73EJC:617

偋 1181

T22:110

倍 1182

T31:140

T37:990

傿 1183

T02:061

T03:095

T07:007

T07:096

T24:261

72EJC:33

偏 1184

T28:027

73EJF3:300

偃 1190	儡 1189	倡 1188	僞 1187	佻 1186	倀 1185
T01:001	T37:1151A	T26:017A	73EJF3:525A	T21:337	T28:012
T03:055	T37:1535B				
T09:007					
T10:105					
T21:088					

T23:780

T24:532A

T24:726

T25:019

T30:001

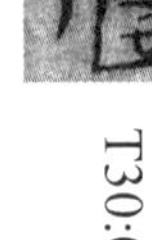
T30:002

T30:002

T30:035B

T30:063

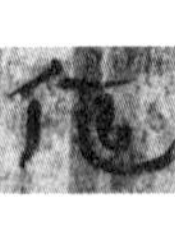
T37:521

T37:521

T37:527

T37:527

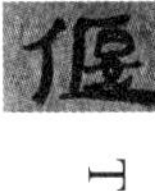
T37:692

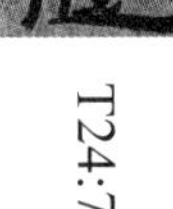
T37:746

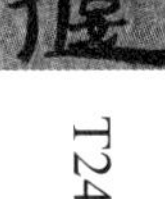
T37:752A

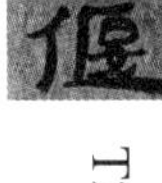
T37:974

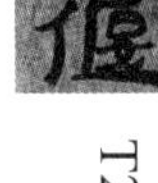
T37:1108

F01:110

73EJD:307B

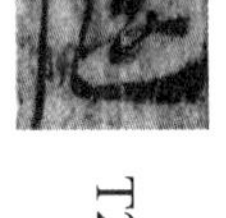
72EJC:63A

73EJC:443

傷

傷

1191

T01:175

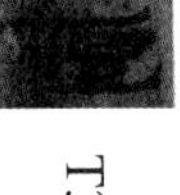
T01:287

T02:035

T06:188

T07:194

T09:227

伏

1192

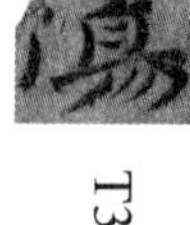

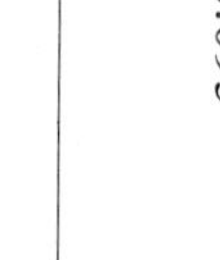

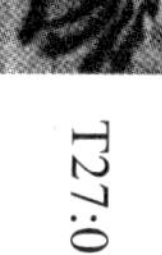

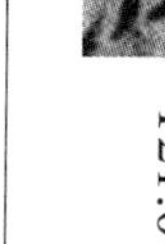

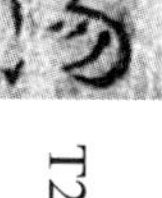
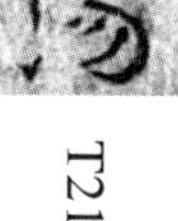

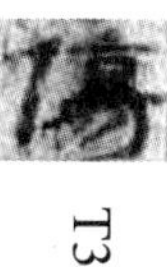

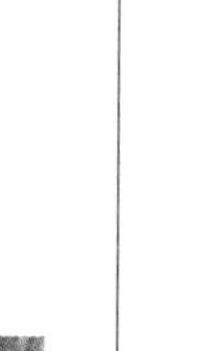
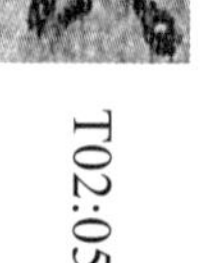

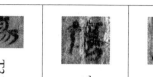

T10:244

T21:046

T21:046

T21:304

T24:006B

T24:029

T26:095

T27:077

T30:004

T31:043

T31:059A

T34:006A

T37:057

T37:526

T37:672

T37:776A

T37:987

H01:003A

73EJF3:404

73EJD:42

T02:055A

T04:067

T04:068

T04:110A

T05:048

T06:178

T08:085

T09:056B

T09:101

T09:202A

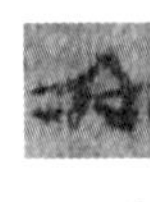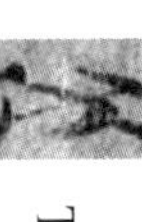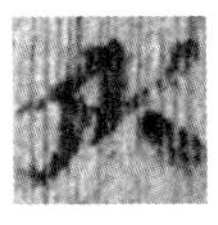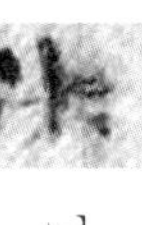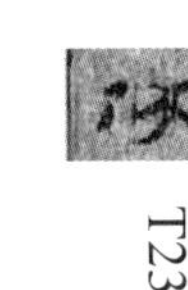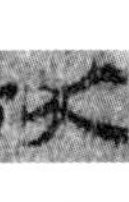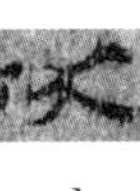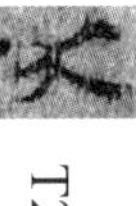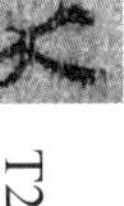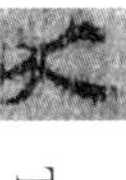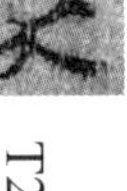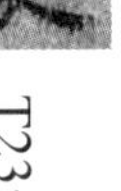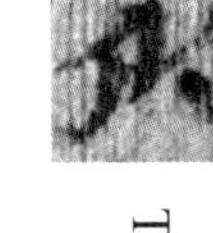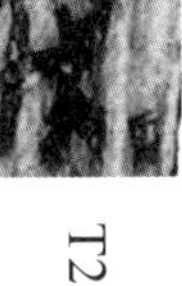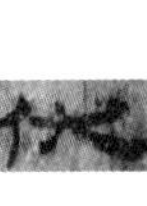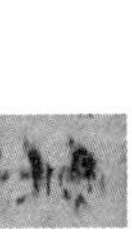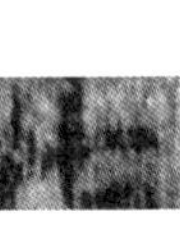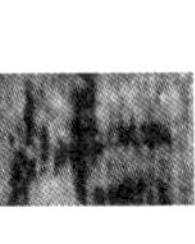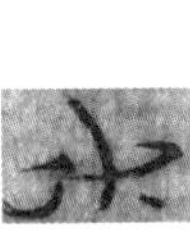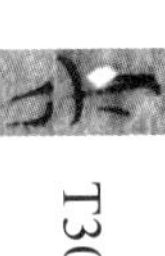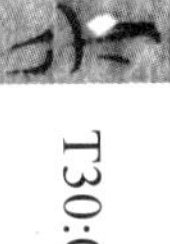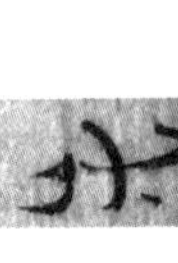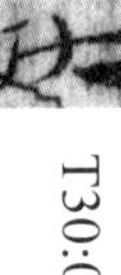

T09:272A　T09:272A　T10:384　T14:037　T15:001A

T15:001B　T21:001　T21:001　T21:286A　T23:017B　T23:359A

T23:412　T23:557　T23:610B　T23:927　T23:954A

T24:077　T24:193　T24:545A　T24:719　T24:916　T26:151A

T27:089A　T27:108　T29:065A　T29:114A　T29:114B

T29:125B　T30:028A　T30:028A　T30:028A　T30:039　T30:109

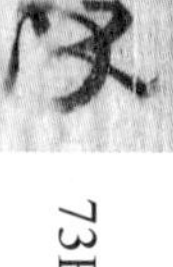
T30:196

T31:016B

T33:007B

T33:071B

T33:071B

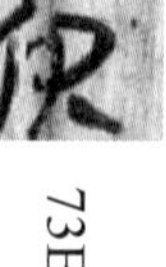
T33:071B

T34:045

T37:1052B

H01:004

H01:004

H01:060

H02:043A
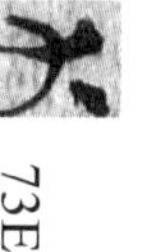
H02:044

H02:047A
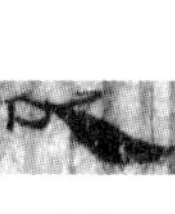
H02:047B

H02:048A

H02:056A

H02:056B
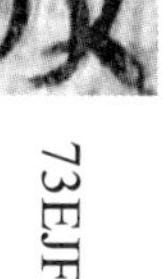
73EJF3:182A

73EJF3:183B

73EJF3:295A

73EJF3:315A

73EJF3:549A
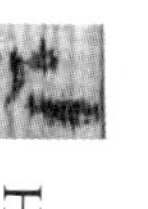
73EJT4H:57

73EJD:21

73EJD:37B

73EJD:46
73EJD:58B
73EJD:58B
73EJD:124A

72EJC:116B

73EJC:526B

73EJC:593

73EJC:619A

73EJC:619B

73EJC:619B

72ECC:71

72ECC:71

1193 係

T26:007

1194 伐

T28:114

F01:120

1195 但

T22:154

T37:648A

72EJC:89A

1196 傴

T35:005

仇	值	偶	佋	僊	侶
1197	1198	1199	1200	1201	1202
T09:053	T24:028	T01:115	73EJC:592A	T01:064	T21:142
			73EJC:592B		T21:142

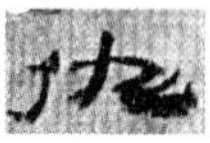

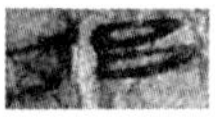

1203 僦

73EJF3:139　73EJF3:368

1204 佢

T08:085

1205 佝

72EBS7C:2A

1206 佐

T01:002　T02:049　T02:104　T03:011B　T03:055　T03:065

T03:068　T03:078　T03:098　T03:114　T04:021　T04:041A

T05:072　T05:112　T06:023A　T06:028　T07:008　T07:058

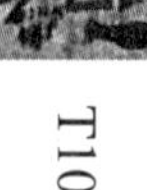

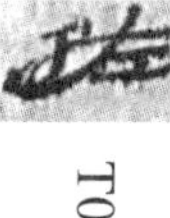
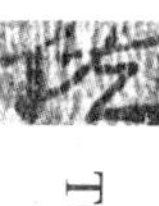
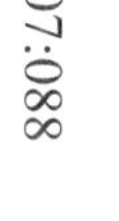

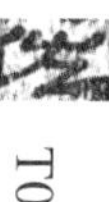

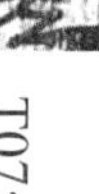

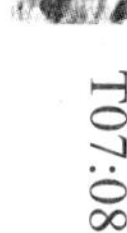

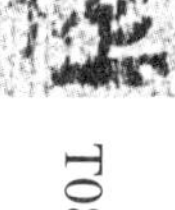

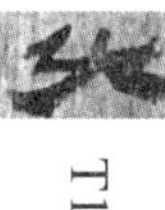

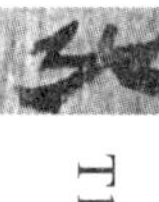
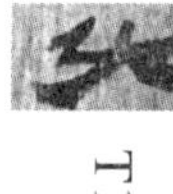
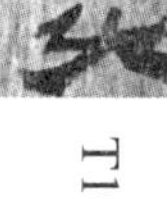
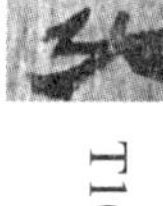

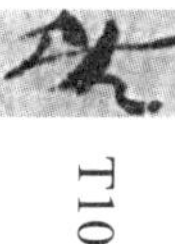
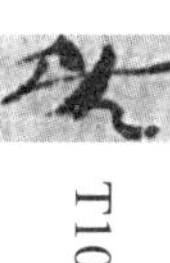
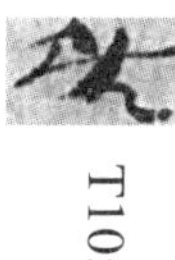
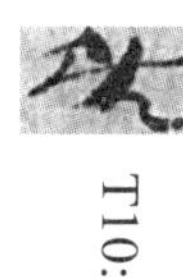

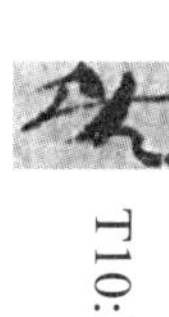
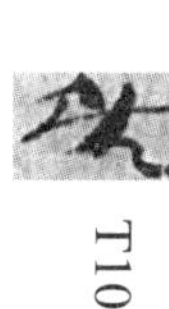

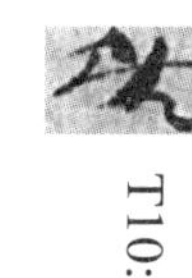

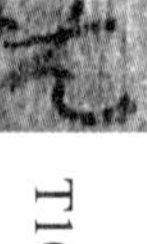

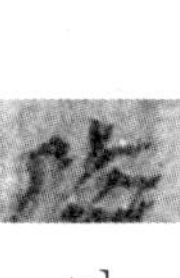

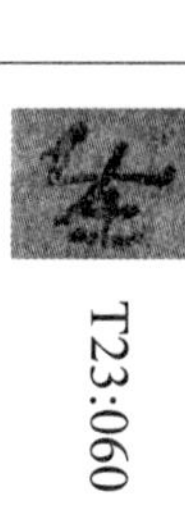

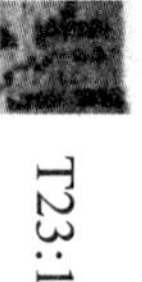

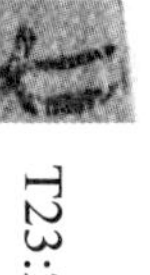
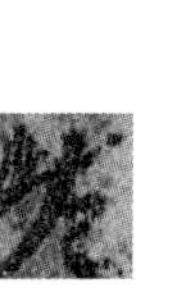
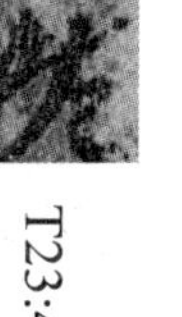

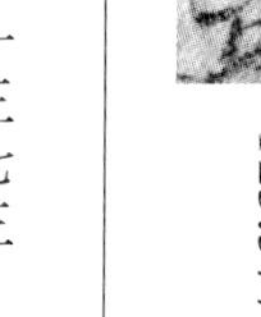

T07:070B
T07:084
T07:088
T07:088
T08:013A
T08:032

T08:051B
T09:060
T09:092A
T10:095
T10:107
T10:121A

T10:150
T10:163B
T10:209
T10:215B
T10:215B

T10:295
T10:312A
T10:315A
T10:359
T21:101
T21:275

T21:311
T22:082
T23:007A
T23:007A
T23:022

T23:060
T23:124
T23:192
T23:262
T23:427
T23:577

人部 佐

T23:621

T23:669B

T23:694B

T23:729

T23:762B

T23:784

T23:857A

T23:871

T23:897A

T23:929
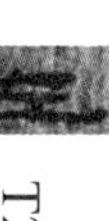
T23:932

T24:038

T24:212
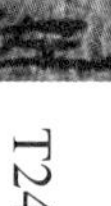
T24:249

T24:264A

T24:532A

T24:563A
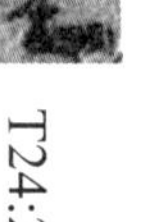
T24:581
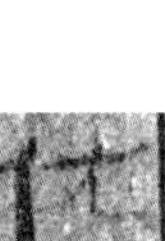
T24:714
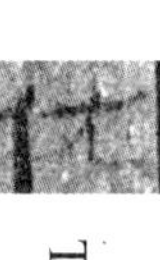
T25:046
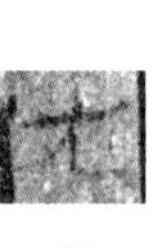
T26:042

T26:078

T28:020

T28:046A
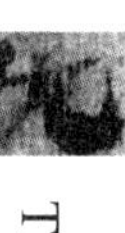
T28:053A

T28:115

T29:029
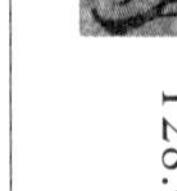
T29:030

T29:092

T30:021B

T30:041

T30:143

T30:168

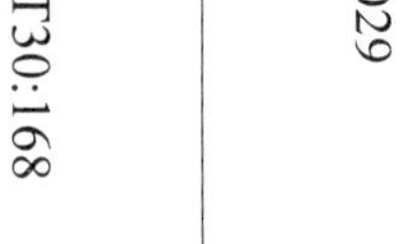

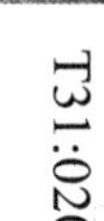

T31:020A

T31:064

T31:066

T31:066

T31:155

T32:001

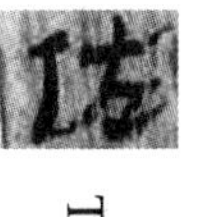

T33:039

T33:041A

T33:058

T33:066

T34:008

T37:007

T37:033

T37:059

T37:061A

T37:082

T37:112

T37:129

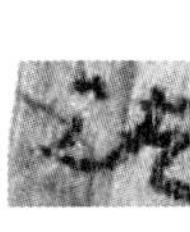
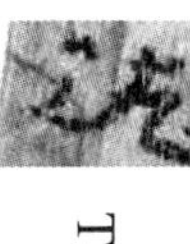

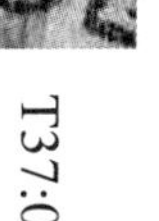

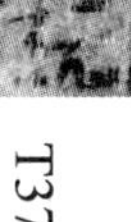

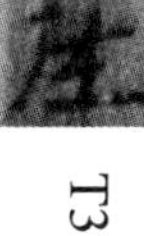

T37:134

T37:140

T37:151

T37:162

T37:175

T37:446

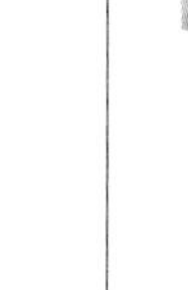

T37:448

T37:450

T37:519A

T37:519A

T37:522B

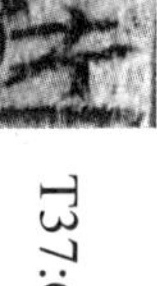

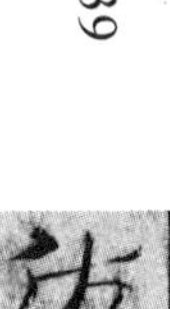

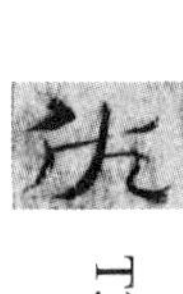

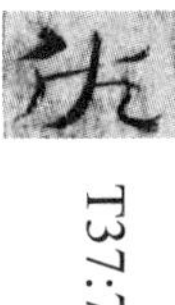

T37:524

T37:527

T37:531

T37:639

T37:707B

T37:715

T37:775

T37:806+816

T37:837

T37:1070

T37:1076A

T37:1094A

T37:1187

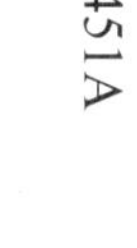
T37:1255

T37:1327

T37:1342

T37:1451A

T37:1501

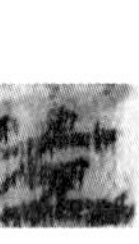
T37:1507

T37:1509

T37:1530

H01:003A

F01:111

73EJF3:118A

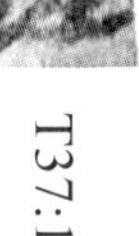
73EJF3:169

73EJF3:181

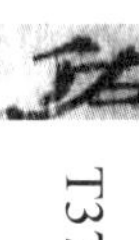
73EJF3:508

73EJF3:508

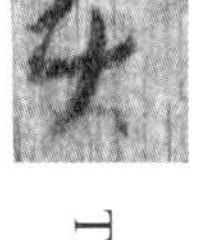
73EJF3:516

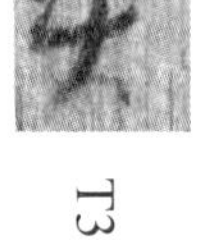
73EJT4H:13A

73EJD:40A

73EJD:64

73EJD:66

73EJD:70

73EJD:79B

73EJD:96

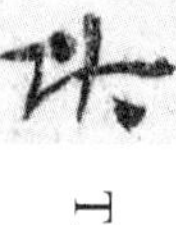
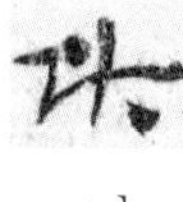
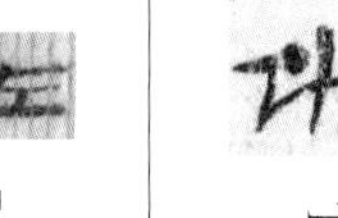

人部 佐 佚 佷 侄 依

佐

73EJD:239
73EJD:285A
73EJD:307B
72EJC:194
73EJC:299
73EJC:522
72ECC:30A
72EDIC:11
72EBS7C:1A
72EBS7C:1A

1207 佚

73EJF3:124A

1208 佷

T01:002

1209 侄

T23:917A
T23:917A
73EJF3:308B

1210 依

T28:009A

偈	偷	偊	㒐	㑷	儙
1211	1212	1213	1214	1215	1216
T30:208A	T21:282 T28:018 T28:032 T30:028A 按：用作病愈之「愈」。	T37:1565	T10:315A 73EJD:64	T31:162A	T21:340

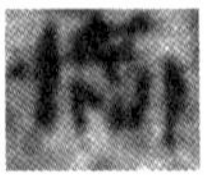

肩水金關漢簡字形編·卷八上　人部　偈偷偊㒐㑷儙

1217 [亻+愈]

T24:065A

73EJF3:428

按：用作病愈之「愈」，或為病愈之專字。

1218 儴

H02:048B

1219 眞

T03:111　T08:007　T08:008　T08:073　T08:106B

T10:220A　T10:220B　T10:223　T10:239B　T10:312A

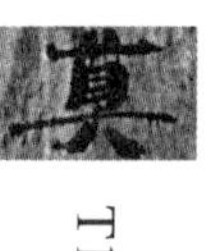

T10:315A　T21:038A　T23:418　T26:151B　T26:200

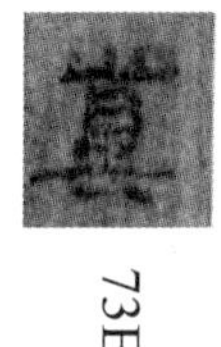

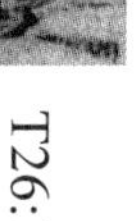

T37:700　H01:013　73EJF3:127B　73EJF3:132　72EJC:108A

73EJC:310B

頃

1220

T04:110A　T23:359A　T23:829　T23:896A　T24:011

T24:061A　T24:065A　T30:162　T31:099　T34:011

T37:178　T37:761　T37:1367B　73EJF3:182A

73EJF3:430A+263A　73EJC:599A　72EDAC:7　72EDIC:3

卬

1221

T23:287A　T37:1266

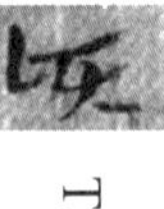

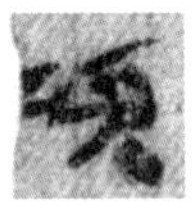

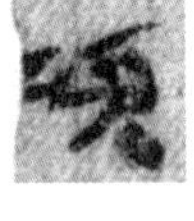
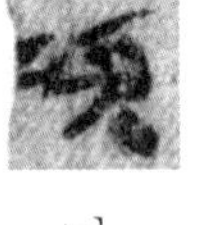
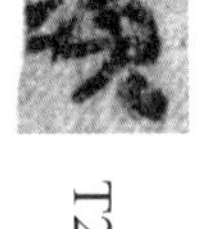

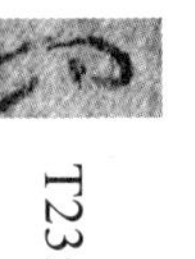

從

1222

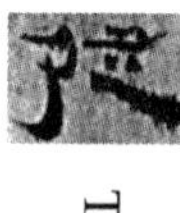
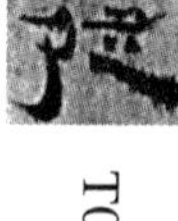
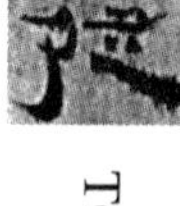
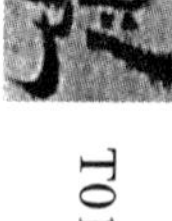

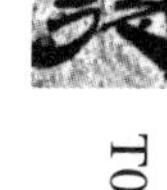

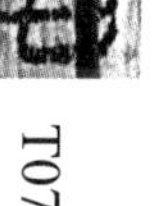

T01:001
T01:025
T01:037
T01:066
T01:107
T01:118

T01:127A
T01:133
T01:141
T01:177
T01:313

T02:065
T03:065
T03:108
T04:088
T05:027
T05:071

T06:023A
T06:091
T07:023
T07:025
T07:098B
T08:017

T08:047
T08:054A
T09:088
T09:094A
T09:104

T09:140
T10:153
T10:207
T10:208
T10:263

T10:265
T10:421
T11:004
T11:015
T21:001
T21:059
T21:103
T21:117
T21:200
T21:218
T21:459
T22:032
T22:099
T22:099
T23:242
T23:520
T23:832
T23:866B
T23:906B
T23:923
T24:013
T24:019
T24:019
T24:040
T24:110
T24:148
T24:202
T24:247A
T24:250
T24:264A
T24:267A
T24:269A
T24:503
T24:920
T25:043

T25:060
T26:016 
T26:016 
T26:027 
T26:087 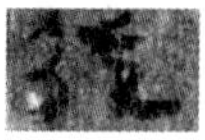
T26:136

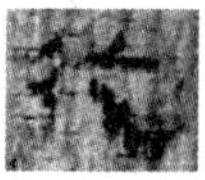

T26:172 
T27:067 
T28:080 
T28:113 
T29:032

T29:114A 
T30:068 
T30:070 
T30:072 
T30:076

T30:119 
T30:147 
T30:153A 
T30:153A 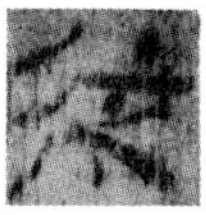
T30:172A

T30:176
T30:185 
T30:205 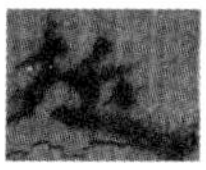
T30:244 
T31:062 
T31:064

T31:066
T31:155 
T31:228 
T32:024 
T32:072 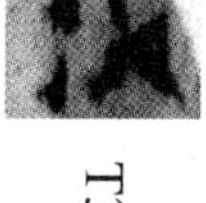
T37:028A

从部 從

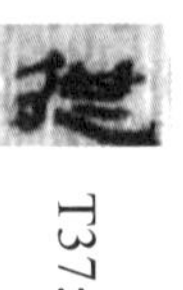

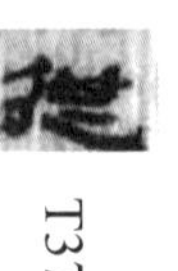
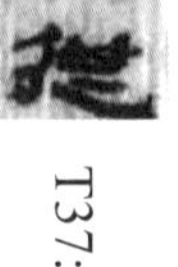

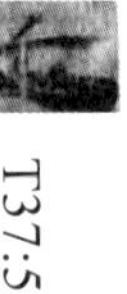
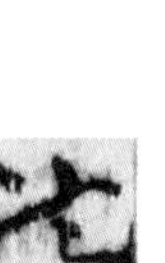

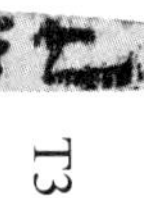

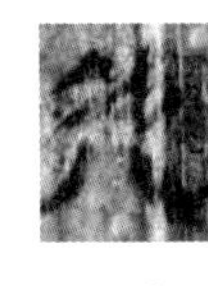

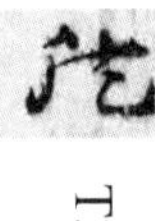

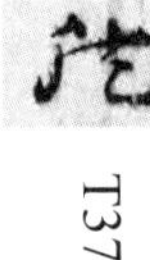

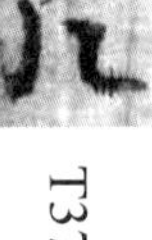

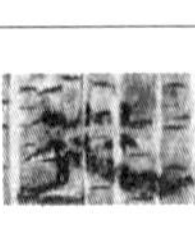

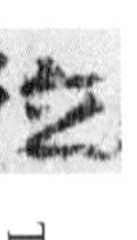

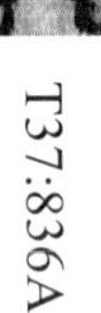

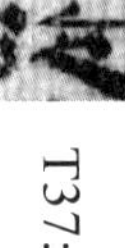

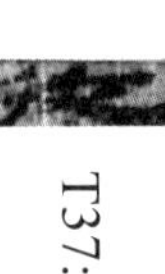

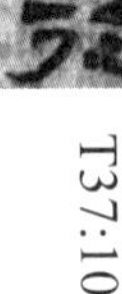

T37:053
T37:085
T37:153
T37:295
T37:393
T37:450

T37:480A
T37:519A
T37:524
T37:528
T37:528

T37:548
T37:615
T37:645
T37:695
T37:706
T37:713

T37:722
T37:725
T37:746
T37:749A
T37:763
T37:782

T37:799A
T37:814
T37:836A
T37:983
T37:1064

T37:1070
T37:1079
T37:1097A
T37:1188
T37:1326
T37:1447

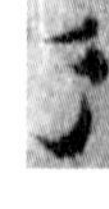

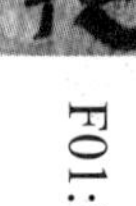

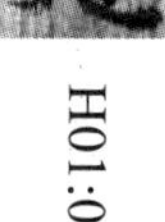

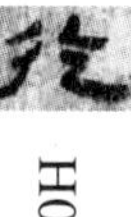

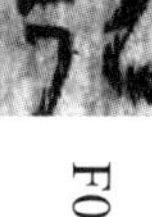

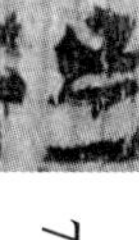

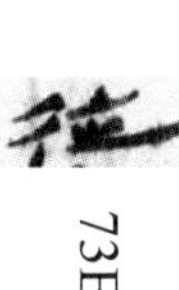

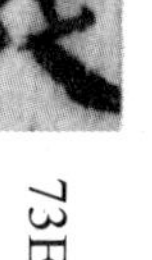

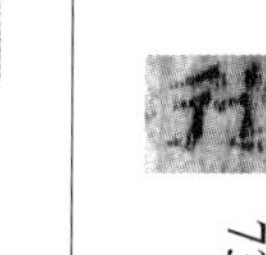

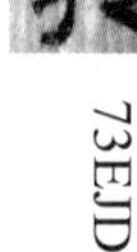

T37:1450
T37:1499A
H01:040
H01:040
H02:077
F01:013

F01:015
F01:031
F01:031
73EJF2:12
73EJF2:36

73EJF2:43
73EJF3:76+448A
73EJF3:109
73EJF3:118A
73EJF3:129

73EJF3:169
73EJF3:181
73EJF3:278
73EJF3:344
73EJF3:354

73EJF3:523
73EJD:6
73EJD:22
73EJD:24
73EJD:64

73EJD:65
73EJD:89A
73EJD:140
73EJD:322
73EJD:335

73EJD:365

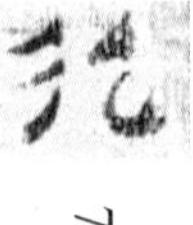
72EJC:2A

72EJC:57+148

73EJC:360

73EJC:413

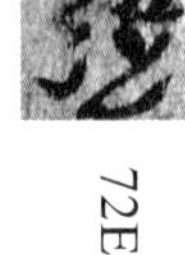
73EJC:491

73EJC:526A

73EJC:529A

73EJC:604

73EJC:608

72ECC:76

72EBS7C:1A

幷

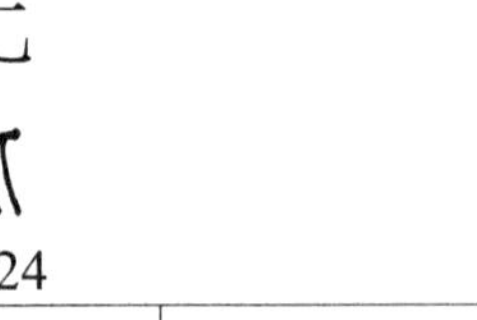
1223

T05:008A

T05:008A

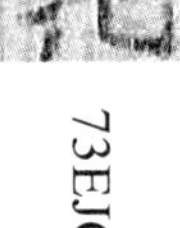
T07:066

T23:244

T23:909B

T37:1151A

73EJF3:284A

比

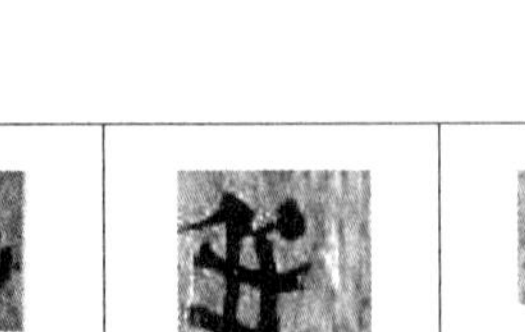
1224

T03:004

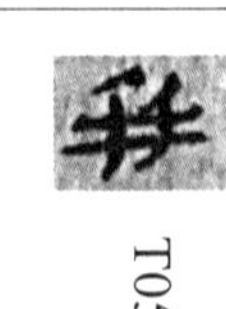
T03:045

T03:103

T07:025

T23:896A

T23:959

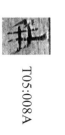

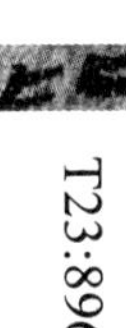

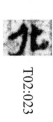

北

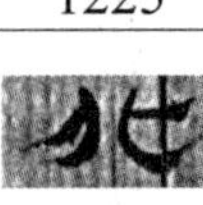

1225

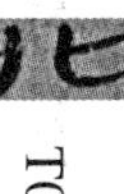

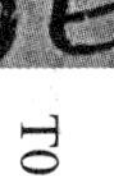

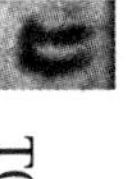
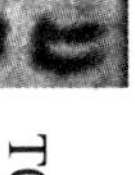
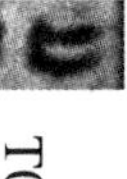
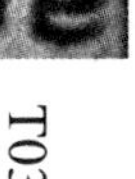

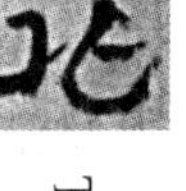
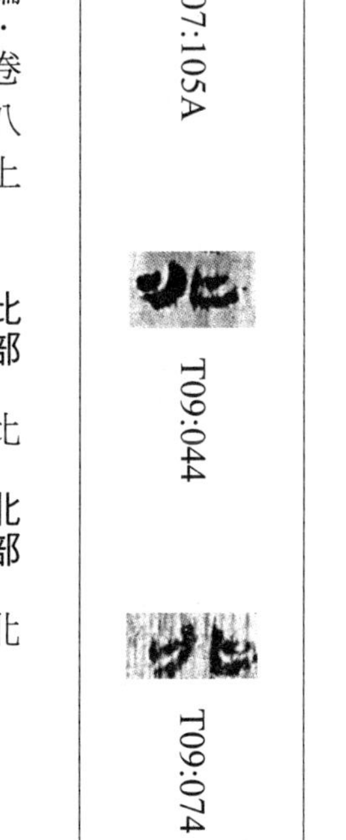

T24:061A

T24:073A

T24:417B

T24:728A

T26:004

T28:101

73EJF3:182A

T01:121

T02:023

T02:104

T03:099

T03:103

T04:054

T04:055

T04:110A

T04:148

T06:014A

T06:020

T06:025

T06:132A

T07:007

T07:014

T07:021

T07:026B

T07:095

T07:099

T07:105A

T09:044

T09:074

T09:088

T09:092A

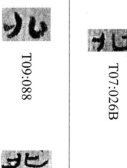

北部 北

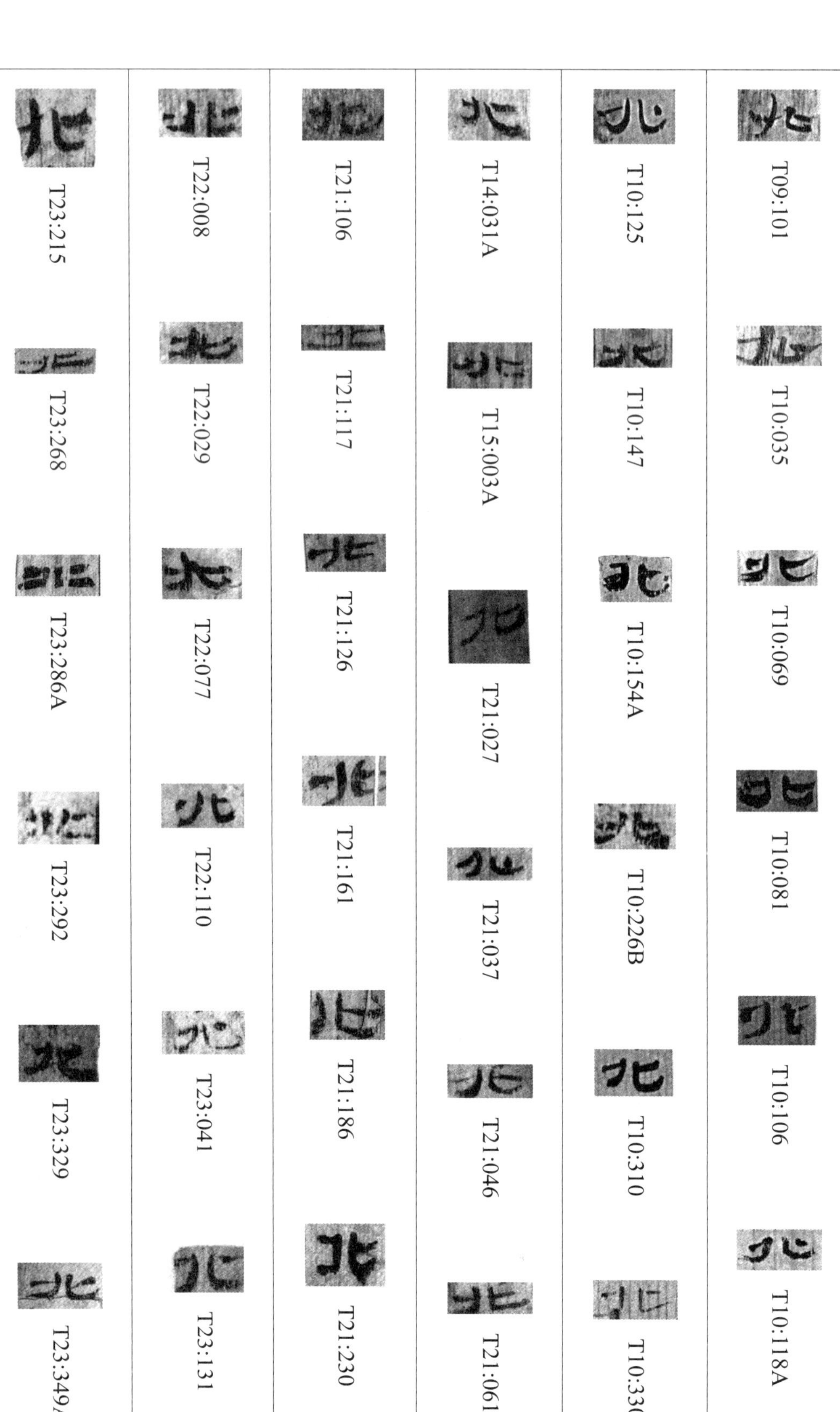

T09:101 T10:035 T10:069 T10:081 T10:106 T10:118A

T10:125 T10:147 T10:154A T10:226B T10:310 T10:330

T14:031A T15:003A T21:027 T21:037 T21:046 T21:061

T21:106 T21:117 T21:126 T21:161 T21:186 T21:230

T22:008 T22:029 T22:077 T22:110 T23:041 T23:131

T23:215 T23:268 T23:286A T23:292 T23:329 T23:349A

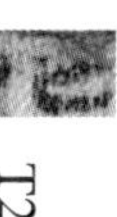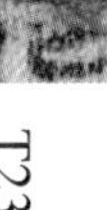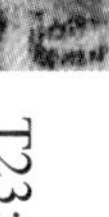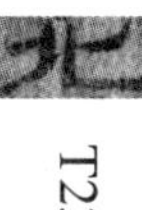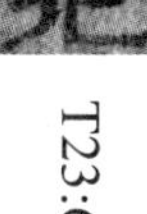

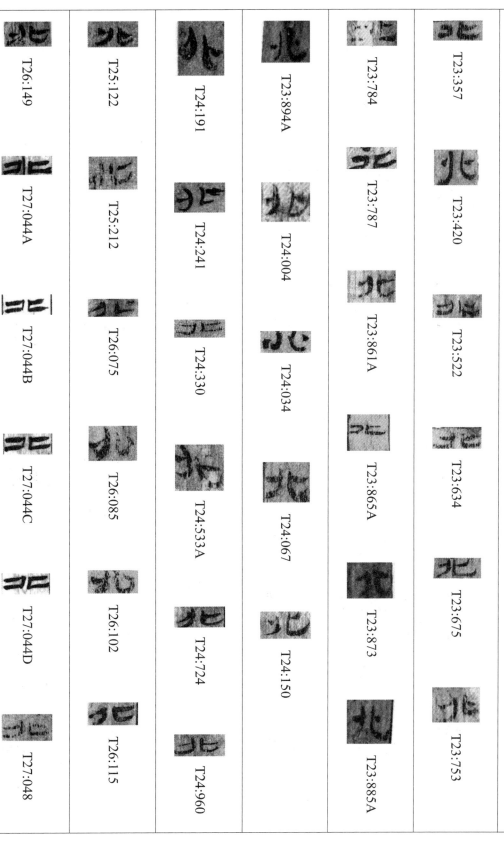

T23:357　T23:420　T23:522　T23:634　T23:675　T23:753

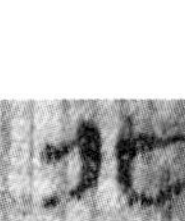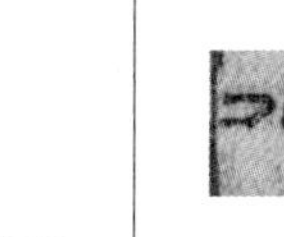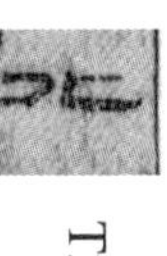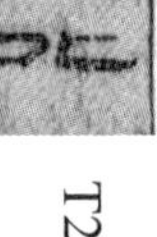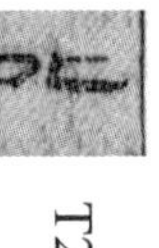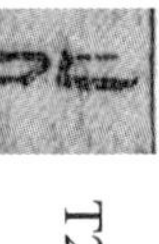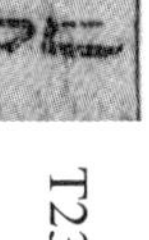

T23:784　T23:787　T23:861A　T23:865A　T23:873　T23:885A

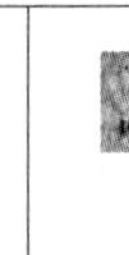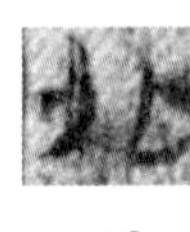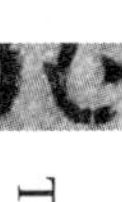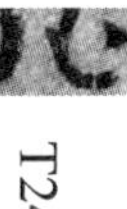

T23:894A　T24:004　T24:034　T24:067　T24:150

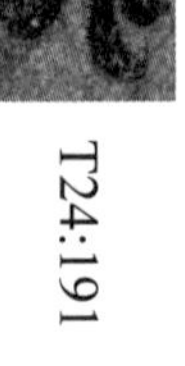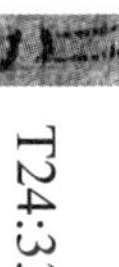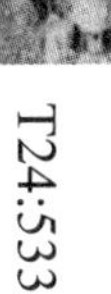

T24:191　T24:241　T24:330　T24:533A　T24:724　T24:960

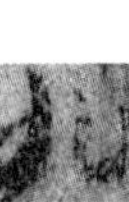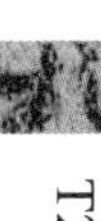

T25:122　T25:212　T26:075　T26:085　T26:102　T26:115

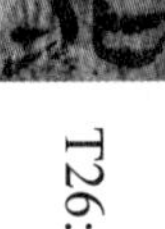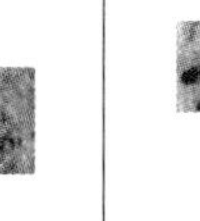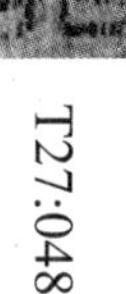

T26:149　T27:044A　T27:044B　T27:044C　T27:044D　T27:048

北部 北

T28:039
T28:054
T28:144
T29:016
T29:115B
T29:122
T30:020
T30:034A
T30:046
T30:061
T30:102
T30:244
T30:263
T31:021
T31:069
T31:069
T31:114A
T31:149
T32:026
T33:014
T33:052
T33:053A
T33:080A
T34:017
T34:028
T37:003A
T37:050
T37:055
T37:097
T37:152
T37:167
T37:345
T37:465
T37:523A
T37:525
T37:568

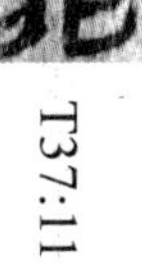
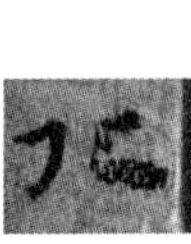
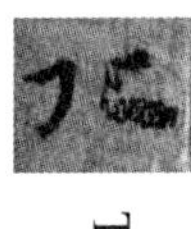

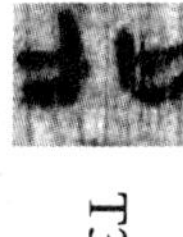

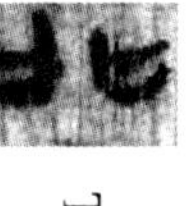
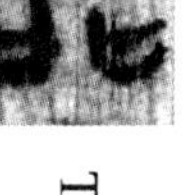
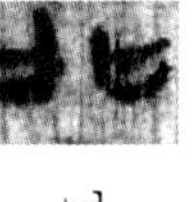
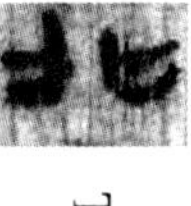
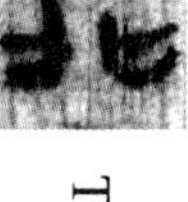
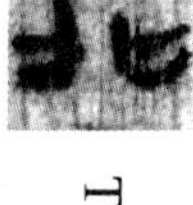
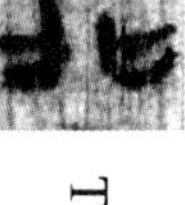
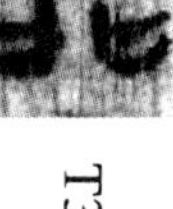
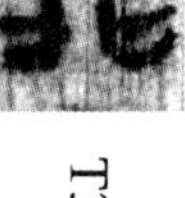

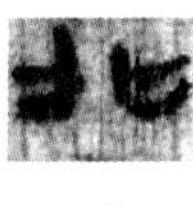
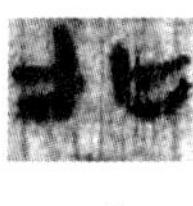

T37:609	T37:778	T37:1107	H01:026	73EJF3:47	73EJF3:160
T37:623	T37:795	T37:1118	H01:027	73EJF3:93	73EJF3:172
T37:630	T37:798	T37:1311	H02:053A	73EJF3:120B	73EJF3:178A
T37:636	T37:852	T37:1444	H02:088	73EJF3:124A	73EJF3:232
T37:673	T37:927	T37:1449	F01:033	73EJF3:132	73EJF3:311
T37:732	T37:993	T37:1517	73EJF3:41B		

73EJF3:336+324　73EJF3:325　73EJF3:344　73EJF3:348B　73EJF3:369

73EJF3:387　73EJF3:389　73EJF3:429+434　73EJF3:460A　73EJF3:534+521

73EJD:2　73EJD:34　73EJD:37A　73EJD:55B　73EJD:65

73EJD:73A　73EJD:142A　73EJD:280+250A　73EJD:288　73EJD:306A

72EJC:3　72EJC:152　72EJC:184　72EJC:194　72EJC:266

73EJC:293　73EJC:316B　73EJC:358　73EJC:410　73EJC:551

73EJC:591

73EJC:591

73EJC:611

73EJC:613

73EJC:639

72ECC:1+2B

冀

1226

T24:275A

T24:554

T37:1535B

丘

1227

T01:137

T02:003

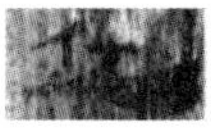

T10:122

T21:044

T21:051

T21:107

T21:195

T24:328

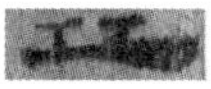

T24:740

T29:100

T30:117

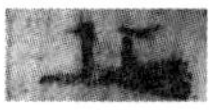

T30:118

T32:074

T37:704

T37:740A

T37:776A

T37:992

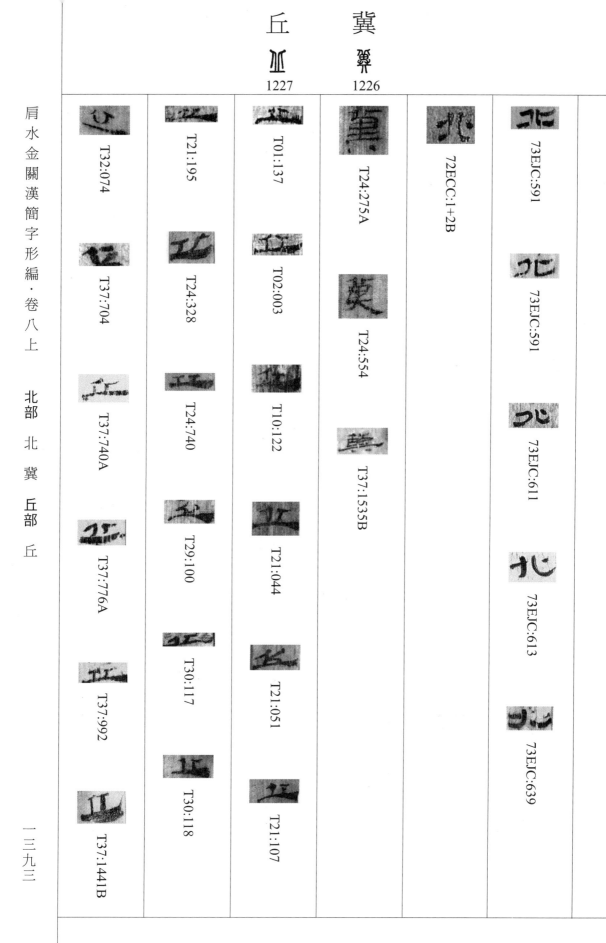

T37:1441B

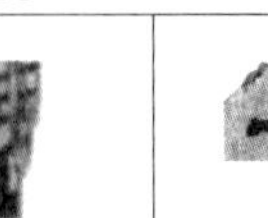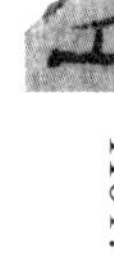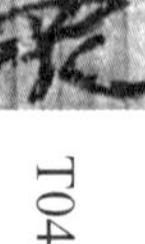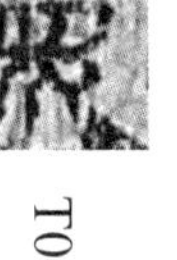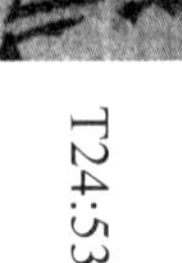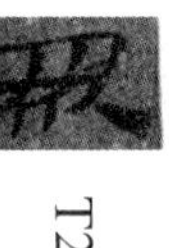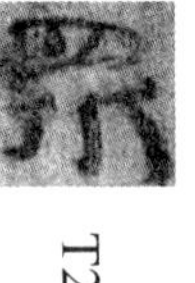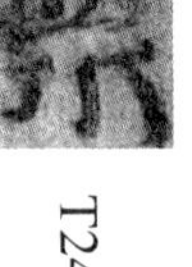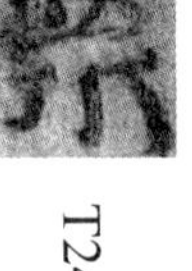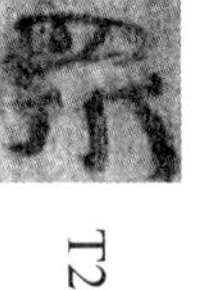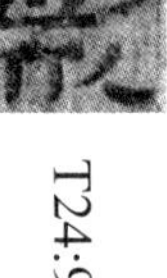

H01:033
73EJF3:465+500
73EJD:58A
73EJC:422
73EJC:516

虛
1228

73EJD:367

眾
1229

T02:017
T04:019
T06:042
T06:063
T06:150
T07:094

T09:099
T11:002
T21:058
T23:389
T23:448

T23:675
T23:705
T24:029
T24:050
T24:331

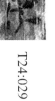

T24:532A
T24:547
T24:718
T24:941
T28:083

聚

1230

T30:012
T31:034A
T31:066
T31:103
T37:150
T37:762
T37:775
T37:876A
T37:878A
T37:1151A
T37:1153
T37:1518
F01:027
F01:027
73EJF3:225
73EJF3:328B
73EJD:23
73EJD:56
73EJD:174
72EJC:145
72ECC:1+2B
72EBS7C:1A
72EBS9C:4A+3B
T01:002
T24:211
T37:1347

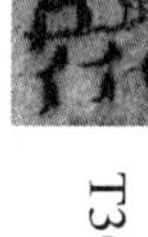

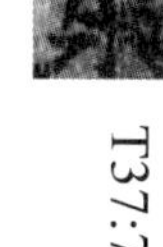

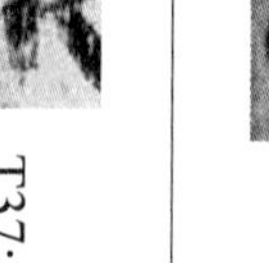

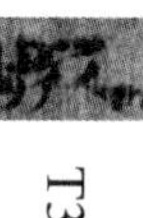

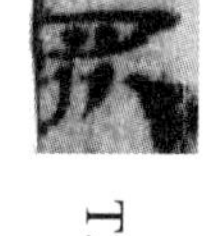

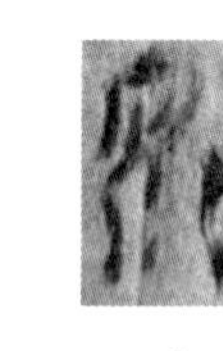

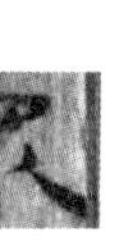

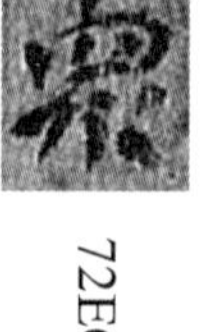

徵

1231

T01:029

T02:082B

T09:012A

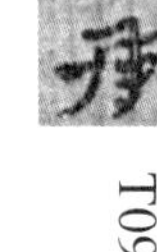

T09:019B

T09:029A

T09:035

T09:052A

T09:092A

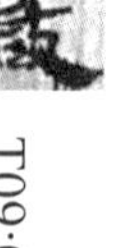

T09:328

T10:120A

T10:120A

T10:121A

T10:121A

T10:216

T10:222

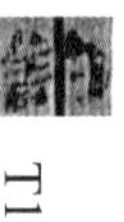
T10:253

T10:312A

T10:313A

T10:315A

T10:315A

T21:064

T21:175A

T21:203

T23:563

T23:897A

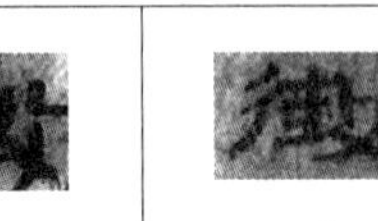
T24:023A

T24:266A

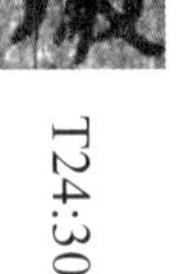
T24:304

T24:407

T24:747

朢

1232

T24:977A

T30:011

T33:039

T37:004

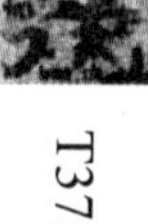
T37:052

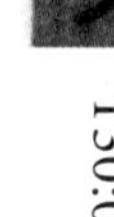
T37:521

T37:530

T37:690

T37:733

T37:857A

T37:975

T37:1075A

T37:1076A

T37:1186A

T37:1453

T37:1462

T37:1491

H01:014

73EJF2:37

73EJF3:179A

73EJF3:328A

73EJD:246

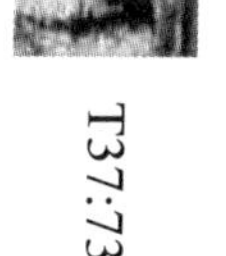
73EJD:307B

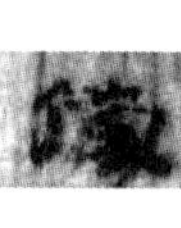
73EJC:316A

T01:037

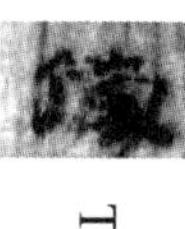
T01:217A

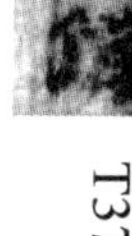
T01:242

T02:004

T02:082A

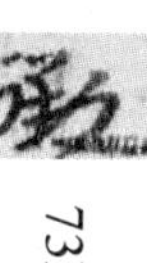

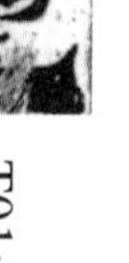

T03:055

T03:055

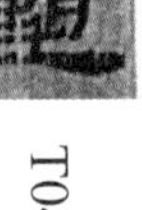
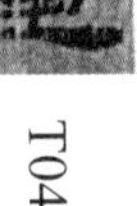

T04:065

T06:119

T07:005

T07:024

T07:050

T09:002

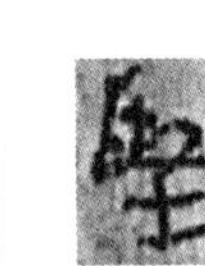
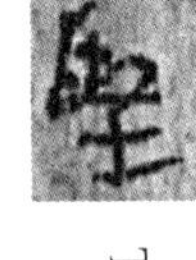
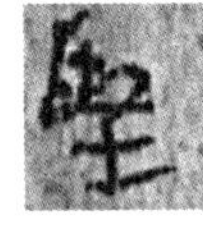
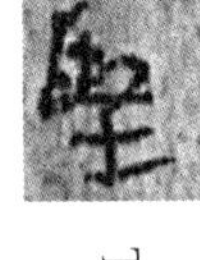
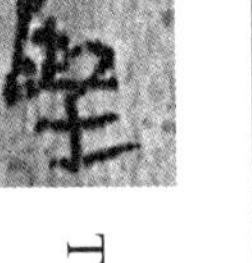
T09:264A

T10:132

T10:305
T21:001
T22:005
T23:250

T23:359A

T23:390

T23:488

T23:510

T23:627

T23:714

T23:876

T24:046

T24:148

T24:152

T24:201A

T24:221

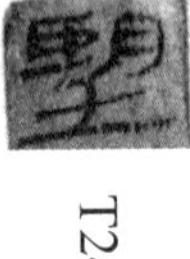
T24:547

T24:945

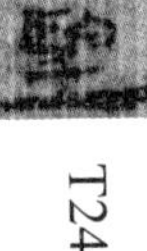
T24:953

T26:052

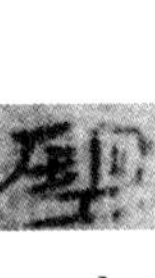

T26:088A

T26:088A

重

1233

T01:002 T01:002 T01:145A T01:243 T03:040
73EJD:320A 73EJD:320C 72EJC:146 72EJC:198 73EJC:613
73EJF3:181 73EJD:53 73EJD:154A 73EJD:211 73EJD:258A
T37:740A T37:1103 T37:1151A T37:1458A F01:089
T33:056A T34:023 T35:009A T37:025 T37:361
T27:067 T27:075 T28:077 T30:070 T33:028

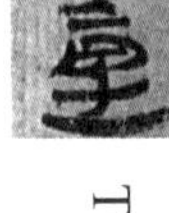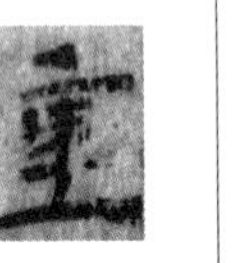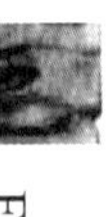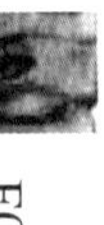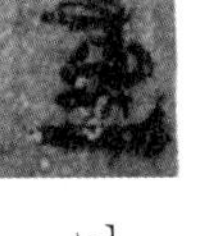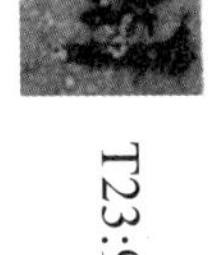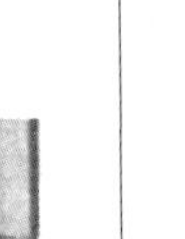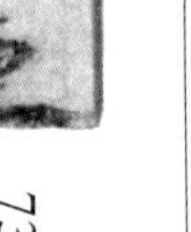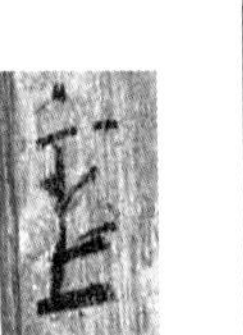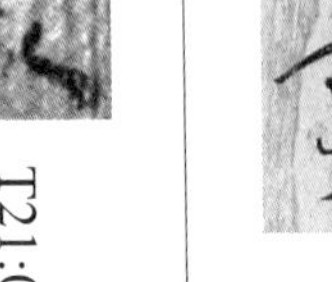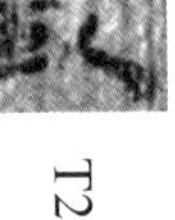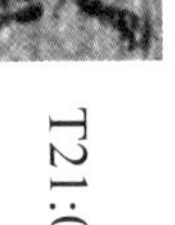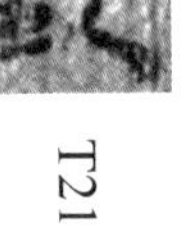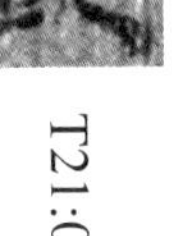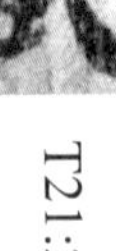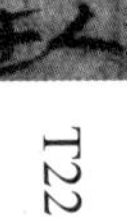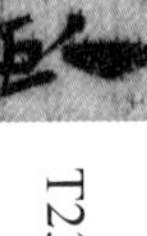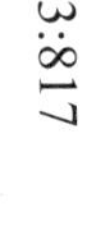

T04:123
T06:048
T09:264B
T23:959
T24:245

T31:005
T32:048
F01:010
F01:010
73EJF3:438

73EJD:45
73EJD:186B
73EJD:313B
72EJC:79B

72EJC:140
73EJC:298
73EJC:556A
72ECC:14A

72ECC:14B

臥

1234

T21:024
T21:276
T22:065
T23:817
T24:194
73EJF3:183B

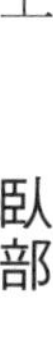
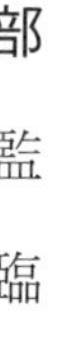

監

1235

T05:113

T07:041

T21:212

F01:033

73EJF3:76+448A

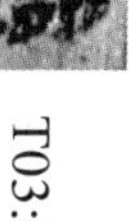
73EJF3:315A

臨

1236

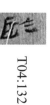

T01:011

T01:256

T03:074

T03:096

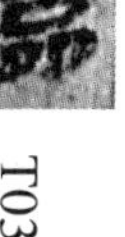
T03:098

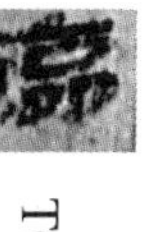
T04:048

T04:132

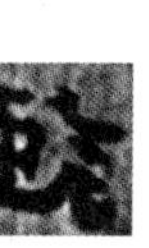
T05:068A

T06:023A

T06:031

T06:042

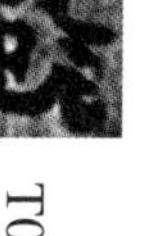
T06:077A

T06:087

T08:016

T09:003

T09:020

T09:028

T09:335

T10:035

T10:120A

T21:195

T21:202

T21:330

T21:384 T23:022 T23:268 T23:287A T23:287A

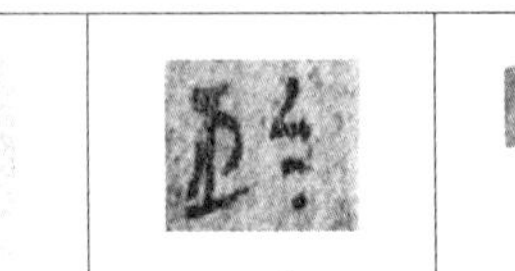

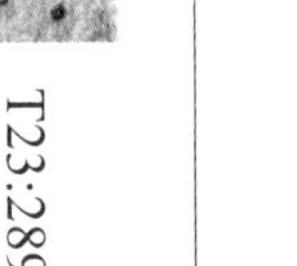

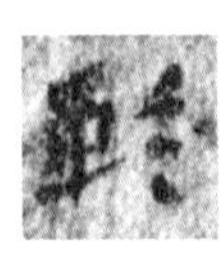
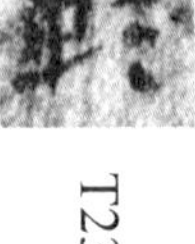

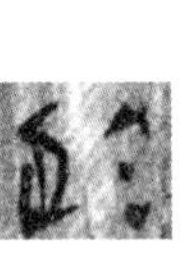

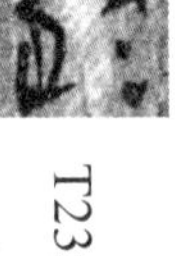

T23:289 T23:289 T23:408 T23:414 T23:657

T23:786 T23:877A T24:043 T24:171 T24:612

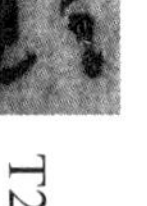

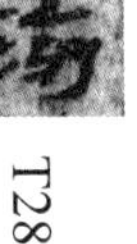

T24:698 T25:094 T27:049 T28:097 T29:066 T29:092

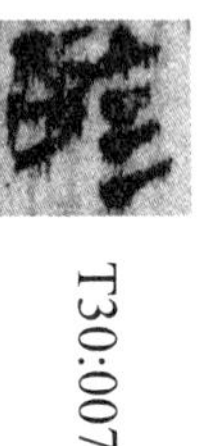

T30:007+019 T30:039 T30:070 T30:209 T30:210A

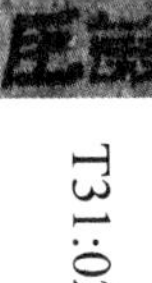

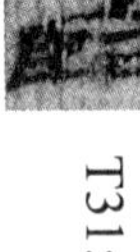

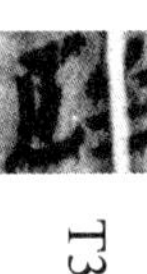

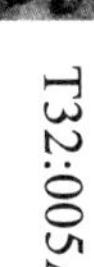

T31:026 T31:103 T31:114B T32:005A T33:028 T37:043

T37:053

T37:117

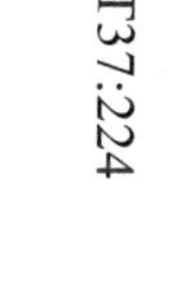
T37:224

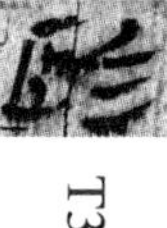
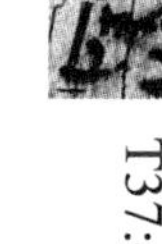
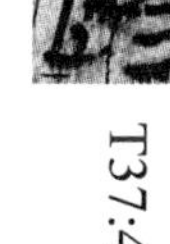
T37:468A

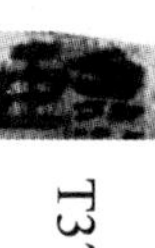

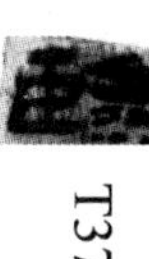
T37:629

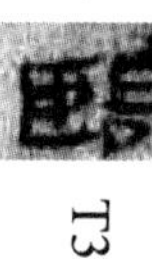

T37:755

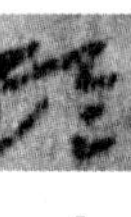

T37:778

T37:885

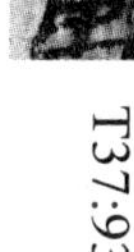

T37:933

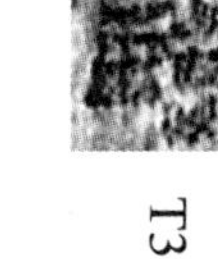

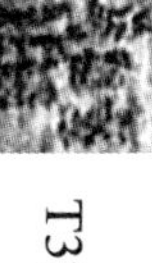

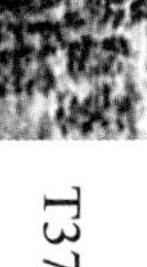

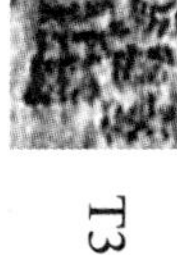
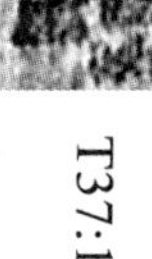
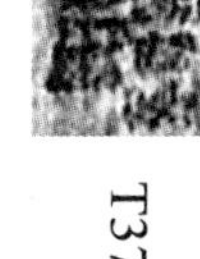

T37:1058

T37:1171

T37:1203A

T37:1397A

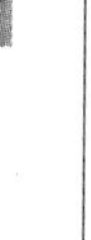
T37:1491

T37:1501

T37:1507

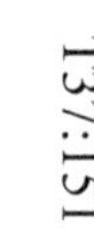
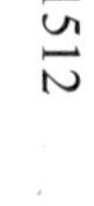
T37:1512

H01:019

H02:010

H02:047A

73EJF3:108

73EJF3:430A+263A

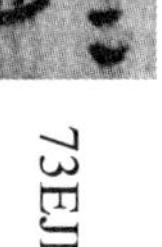

73EJF3:348A

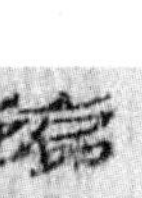

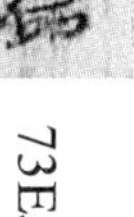
73EJF3:528

73EJD:37A

73EJD:69

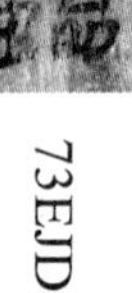

73EJD:241

73EJD:258A

73EJD:308

72EJC:27

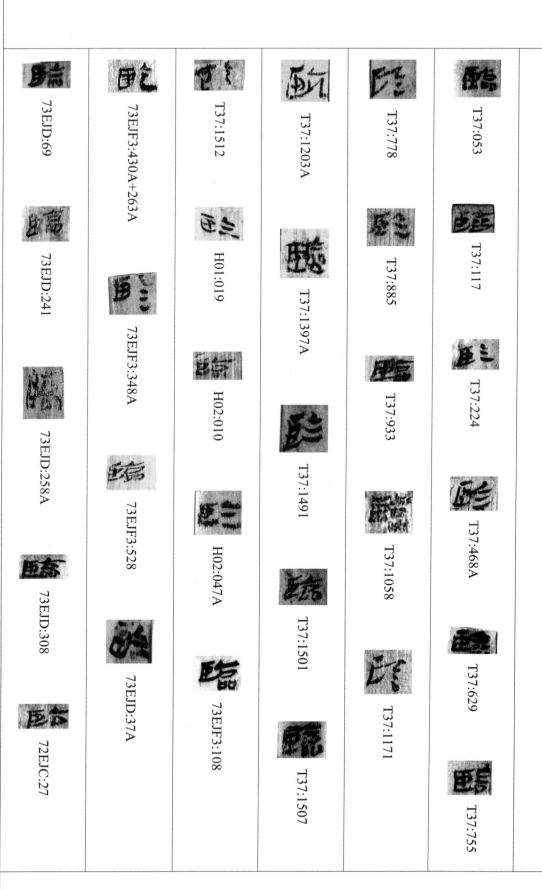

72EJC:36

72EJC:141

72EJC:145

72EJC:158B

身

1237

T01:001

T07:013A

T07:116A

T07:155B

T23:412

T23:731B

T24:991

T30:028A

T37:584

T37:660

73EJF3:316

73EJF3:383

73EJD:16B

73EJC:538

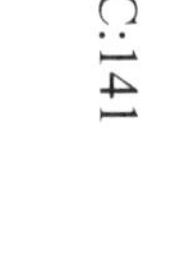

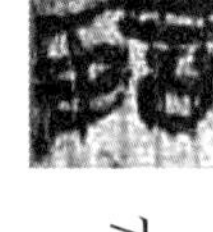

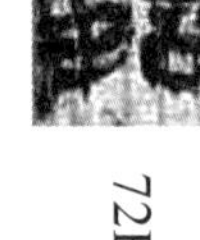

殷

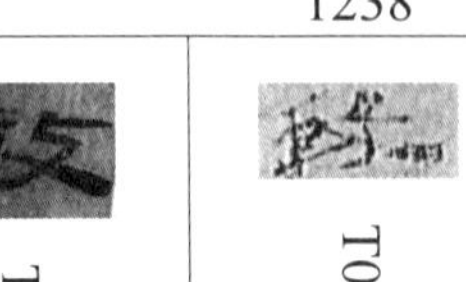

1238

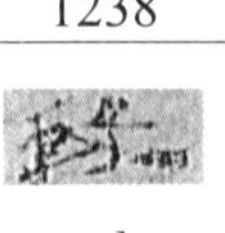
T03:078

T04:074

T08:084

T08:088

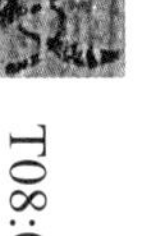
T14:033B

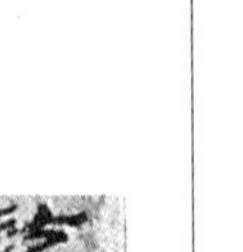
T21:058

T21:062

T23:176

T23:375

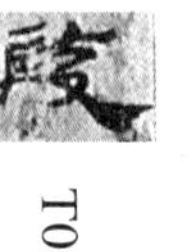
T23:420

T24:113B

衣

1239

T26:088A
T27:061
T33:039
T37:110
T37:527
T37:709
T37:1307A
73EJD:48
73EJD:64
T01:217A
T03:077
T05:026
T06:091
T10:362
T15:024B
T21:056
T21:169
T21:294
T23:237A
T23:335
T23:910
T23:975
T24:249
T24:250
T24:269A
T24:276
T25:123
T26:084A
T26:112
T26:192

T27:063 　T28:055　T28:106 　T29:108 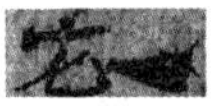　T29:108 　T30:094A

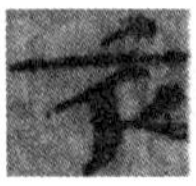

T31:105 　T34:024　T37:646 　T37:646 　T37:660 　T37:660

T37:749A 　T37:851A 　T37:1334 　T37:1548 　H02:006

H02:016 　H02:047A 　H02:048A 　H02:048A 　F01:096

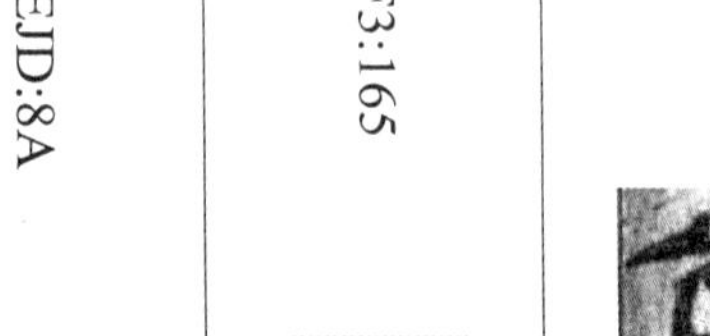

73EJF3:24 　73EJF3:101　73EJF3:165　73EJF3:179B　73EJF3:505

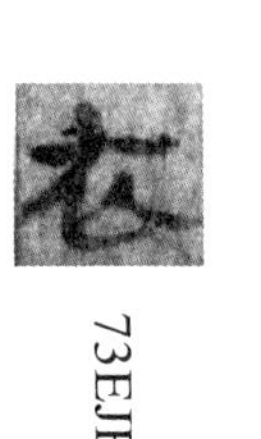

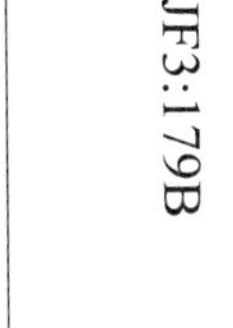

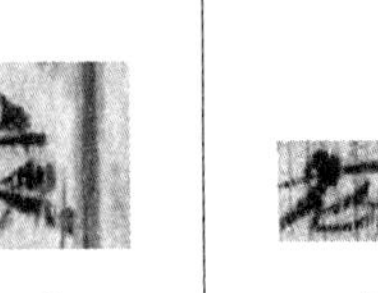

73EJF3:568A 　73EJD:6 　73EJD:8A 　73EJD:8A　73EJD:231

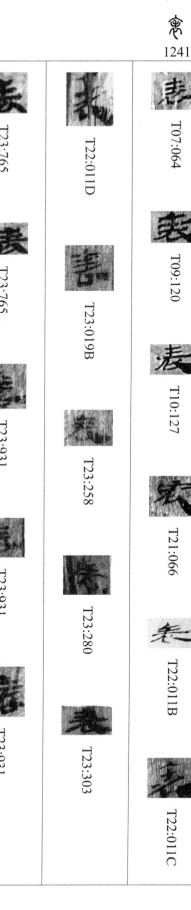

衣

72EJC:281

73EJC:529A

褕

1240

T04:171A

T30:094A

T30:094A

T37:1334

褏

1241

T07:064

T09:120

T10:127

T21:066

T22:011B

T22:011C

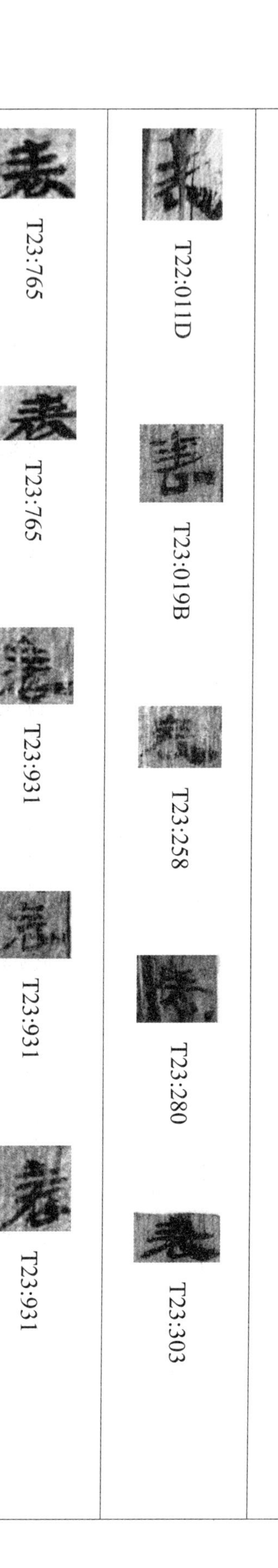

T22:011D

T23:019B

T23:258

T23:280

T23:303

T23:765

T23:765

T23:931

T23:931

T23:931

T24:046

T24:046

T24:156

T24:814

T25:022

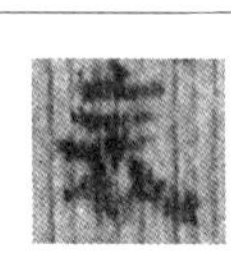

T25:122

T25:156

T27:060A

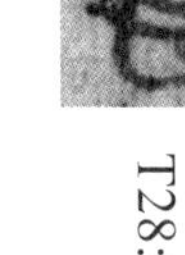

T28:013A

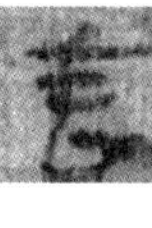

T28:013A

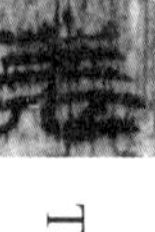

T28:103

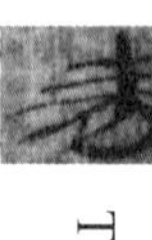

T29:065B

T29:081

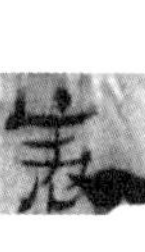

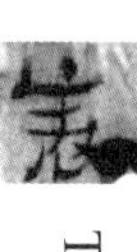
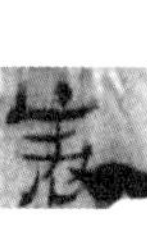
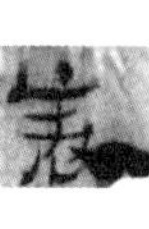
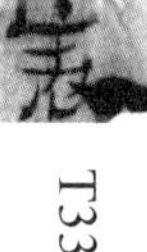
T33:069

T37:529

T37:779

T37:918

T37:1336

T37:1399A

T37:1399B

T37:1545

F01:033

73EJF3:325

73EJF3:559

73EJT4H:9

73EJD:33A

73EJD:65

72EJC:57+148

73EJC:542B

73EJC:563

裹 1242

T26:263

73EJF3:242

73EJF3:567

禕 1243

T28:017

襲 1244

T05:008A

T21:300

T23:934

T23:969

T23:975

T26:028

T37:1334

按：金關簡或省「衣」。

袍 1245

T01:061

T03:104

T22:090

T23:374

T25:066

T26:028

T26:054

T28:104

1246 襍

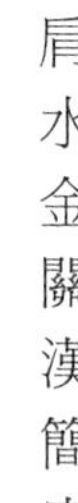

T24:640

1247 衺

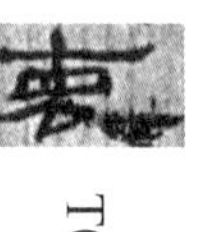

T03:057

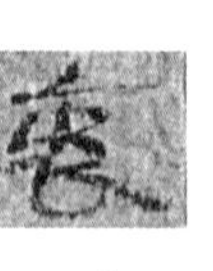

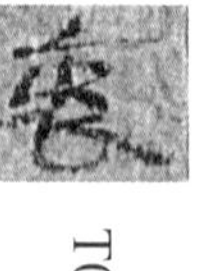

T05:073

T37:1151A

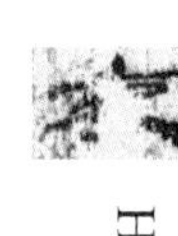

H02:030

1248 襜

T04:171A

T27:062

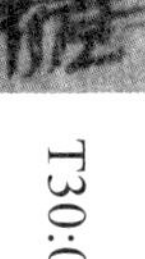

T30:094A

T30:094A

T37:1334

1249 褭

T06:027A

T15:004

T23:060

T23:069A

T23:207A

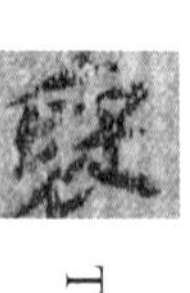

T23:877A

T23:896B

T24:013

T24:031A

T35:004

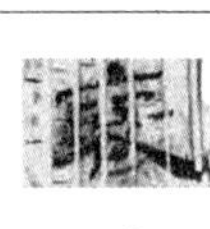

T37:020

T37:052

T37:111

T37:476

T37:477

T37:617

T37:621

T37:765

T37:770B

T37:837

T37:1137

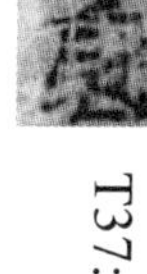
T37:1491

T37:1522

73EJF2:46B

73EJF3:85

73EJF3:126

73EJF3:147

73EJF3:406

73EJF3:462

73EJD:35

73EJD:384

72EJC:3

72EJC:266

73EJC:489

73EJC:591

複

1250

T30:094A

袁 1251

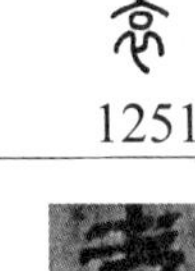

T05:014　T24:760　T24:940　72EDIC:1

襦 1252

T05:026　T24:015B　T24:015B　T29:108

襌 1253

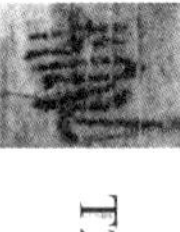
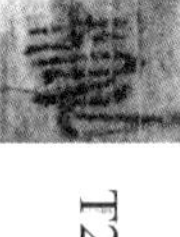
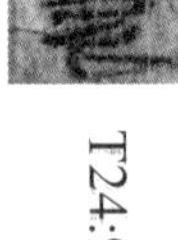

73EJD:8A

褢 1254

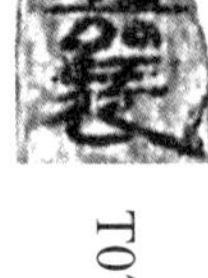

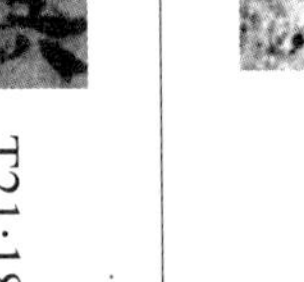

T01:013　T01:118　T01:165　T02:059　T02:086

T07:115　T09:114　T09:125　T10:132　T21:180

T23:122　T23:163　T23:287A　T24:043　T27:022

T32:058

T37:562

T37:719

73EJC:400

被

1255

T05:114

T09:038

T22:127

T25:087

T30:035A

T30:035A

T32:047

T33:055

T37:1339

H02:048A

H02:048A

F01:001

73EJF3:179B

73EJD:42

73EJD:42

裨

1256

T24:036

73EJF3:115

73EJF3:154

雜

1257

T01:002

T01:088

T09:073

T10:159

T21:047

衣部 雜 補 裝

雜

T37:393

T37:1506

73EJF3:97

73EJF3:433+274

73EJF3:359

72ECC:1+2B

補

1258

T05:068A

T07:114

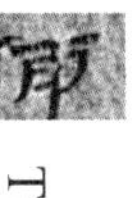

T09:054

T23:226

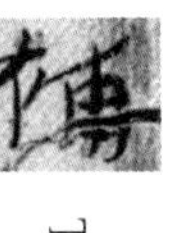
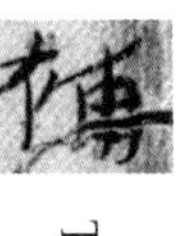
T23:574

T23:996B

T23:996B

T23:996B

T26:082

T29:114B

T30:028A

T37:056

73EJD:48

裝

1259

T26:054

73EJF3:519

73EJD:87

卒

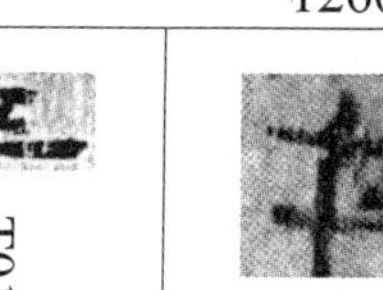

1260

T01:002

T01:002

T01:008

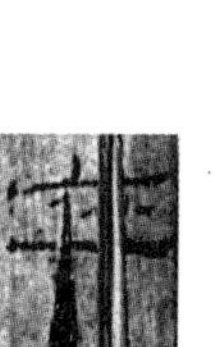
T01:013

T01:015

T01:016

T01:019

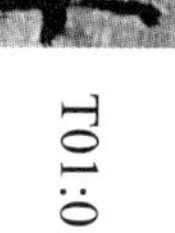
T01:023

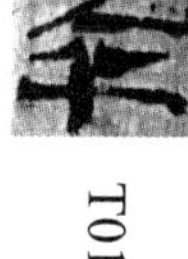
T01:034

T01:036

T01:039

T01:040

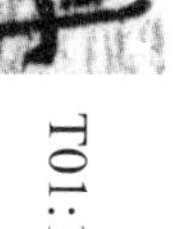
T01:050

T01:056

T01:092

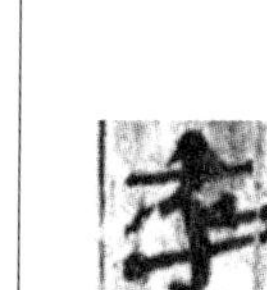
T01:100

T01:105

T01:106

T01:118

T01:134

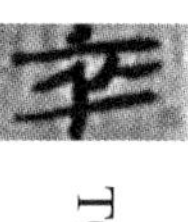
T01:157

T01:160

T01:167

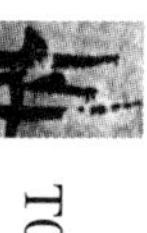
T01:171

T01:179

T01:183

T01:256

T02:003

T02:012

T02:039

T02:040

T02:048

T02:059

T03:034

T03:044

T03:049

T03:051

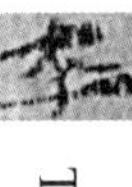

T03:078

T03:095

T03:096

T03:104

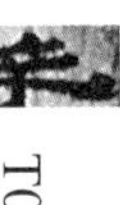
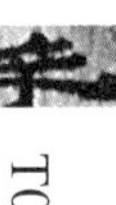

T04:026

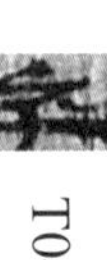

T04:153

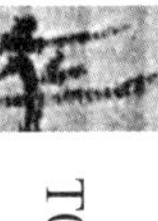
T04:155

T05:019

T05:039

T05:054

T05:073

T05:114

T06:020

T06:023A

T06:048

T06:063

T06:139

T06:150

T07:006

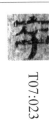

T07:023

T07:024

T07:024

T07:025

T07:025

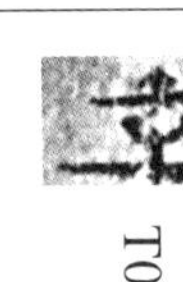

T07:031

T07:033

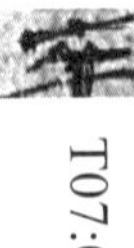

T07:038

T07:043

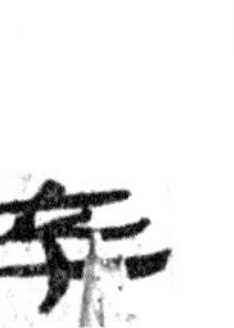

T07:050

T07:065

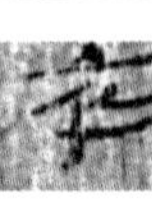

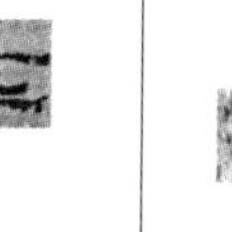
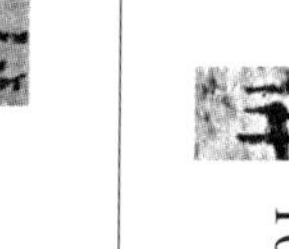

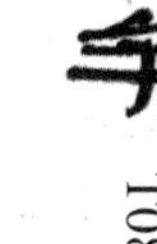

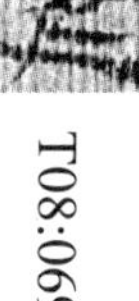
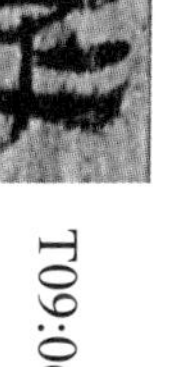
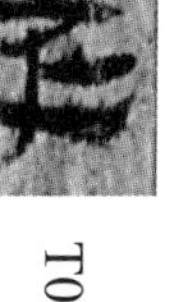

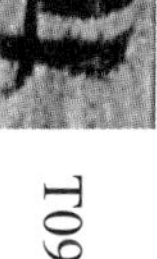

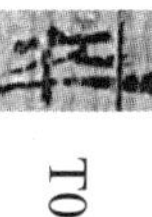

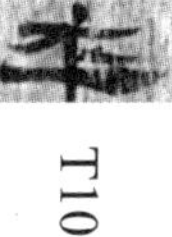
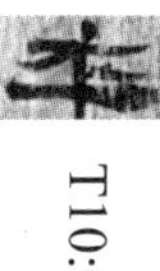
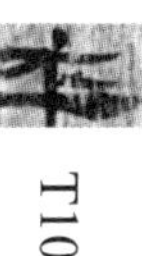
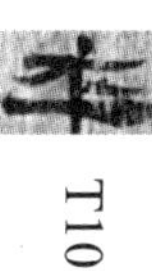
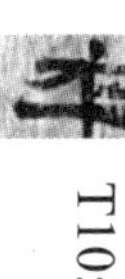

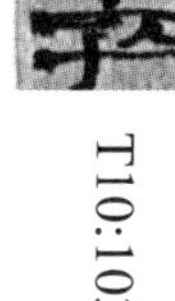

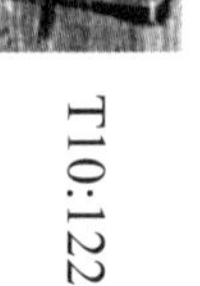

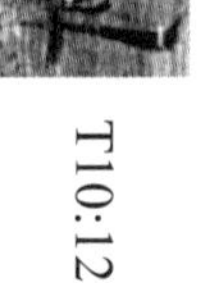
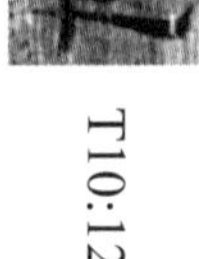

T07:080A
T07:085
T07:096
T07:200
T08:006

T08:033
T08:034
T08:038
T08:048
T08:055A
T08:069

T08:072
T08:081
T08:089A
T08:093
T09:069
T09:081

T09:083
T09:090
T09:113
T09:196
T10:036
T10:071

T10:075
T10:077
T10:079
T10:081
T10:087
T10:103

T10:122
T10:132
T10:147
T10:160
T10:166
T10:169

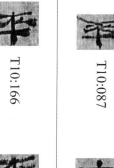

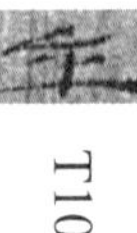

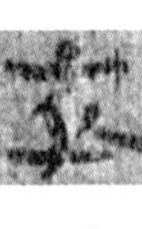
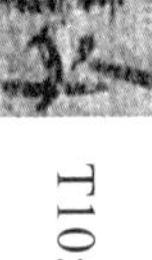
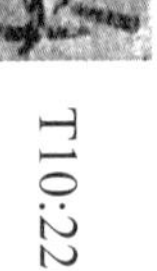

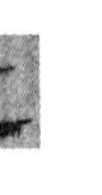

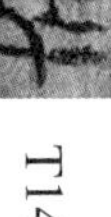

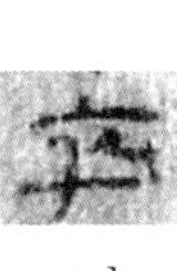

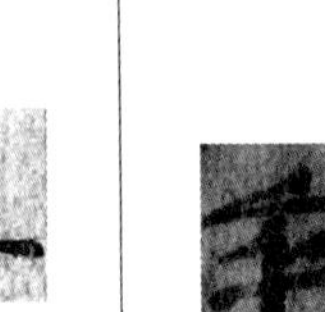

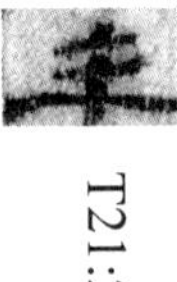

T10:208 T10:215A T10:226B T10:227 T10:291

T10:320 T10:326 T10:401 T10:406 T10:406 T10:409

T11:002 T11:003 T14:001 T14:006 T14:031A T14:032

T21:011 T21:012 T21:013 T21:014 T21:017 T21:083

T21:099 T21:106 T21:108 T21:149 T21:161

T21:170 T21:202 T21:206A T21:230 T21:237

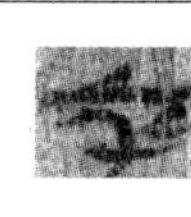
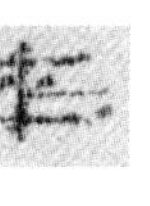
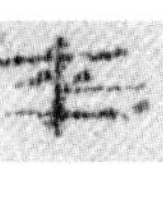
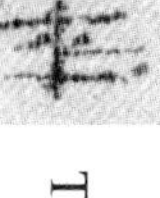

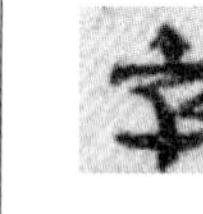
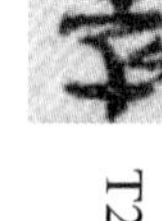
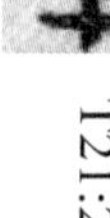

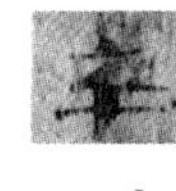

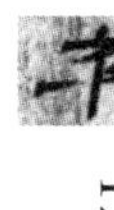
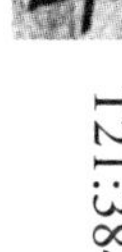

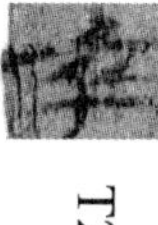
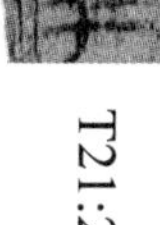

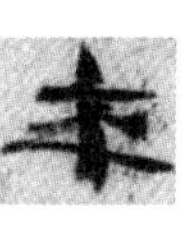

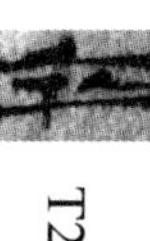
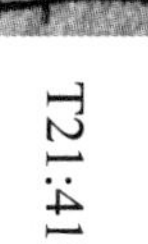

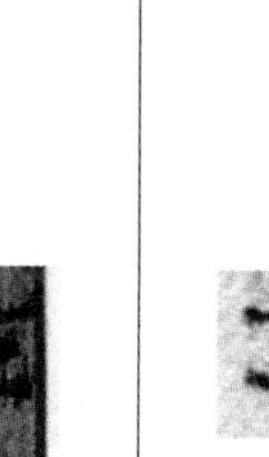

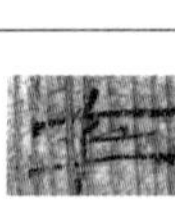

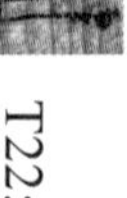

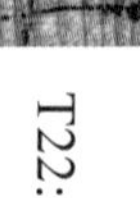
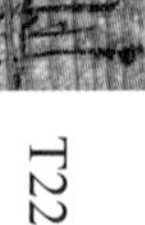

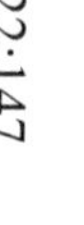

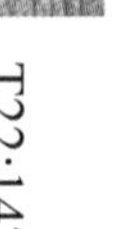

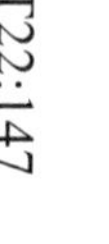

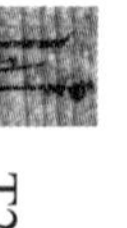

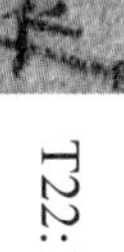
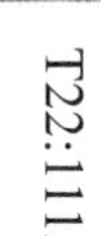

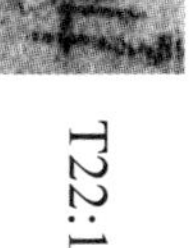

T21:248
T21:260
T21:261
T21:269
T21:278A
T21:281

T21:316
T21:373
T21:384
T21:385
T21:419
T21:425

T21:456
T21:483
T21:494
T22:010
T22:011B
T22:077

T22:091
T22:111A
T22:111A
T22:111A
T22:114

T22:147
T23:023
T23:034
T23:044
T23:077A

T23:090
T23:116
T23:136
T23:200:①
T23:222

衣部 卒

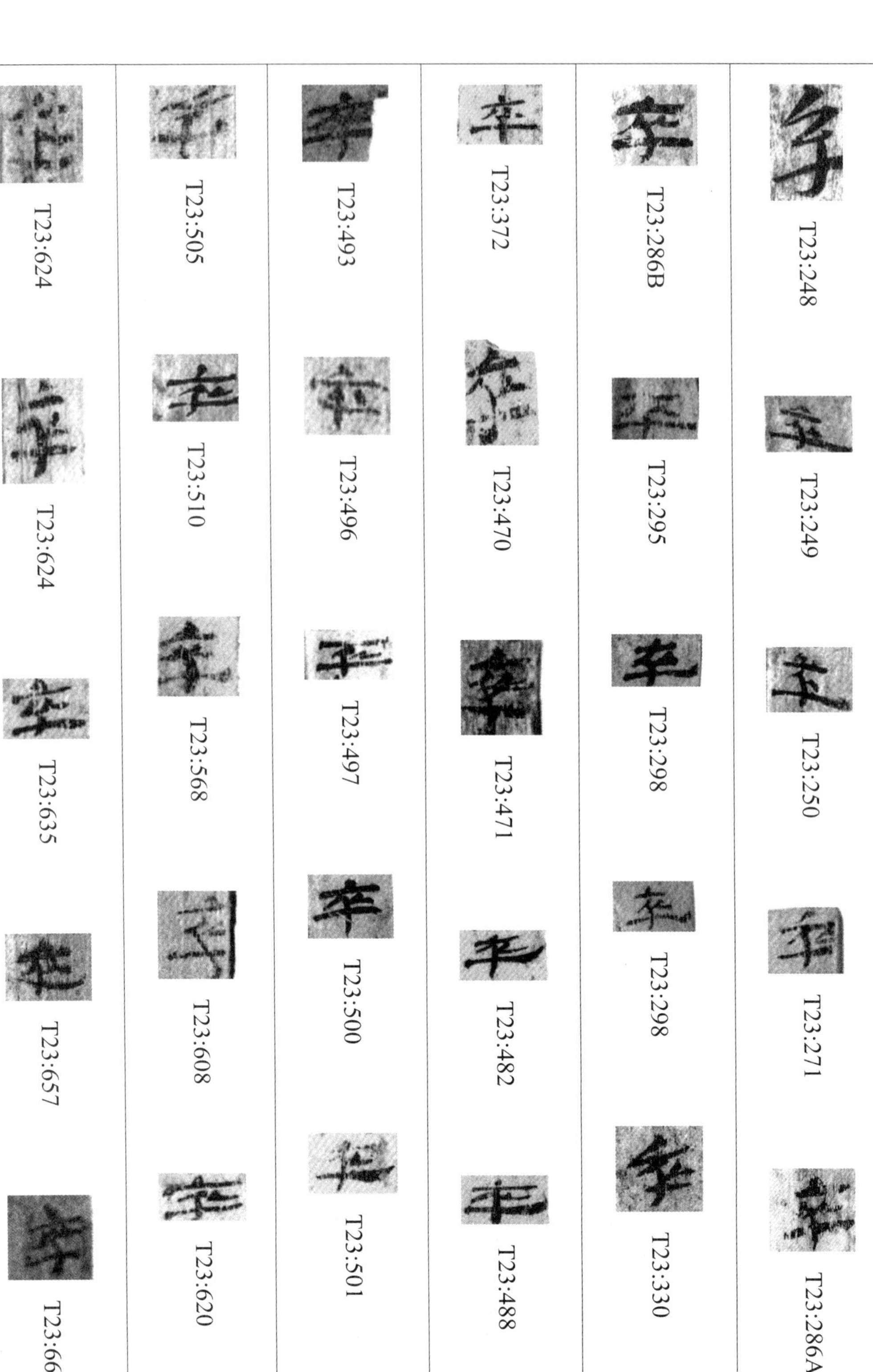
T23:248
T23:249
T23:250
T23:271
T23:286A
T23:286B
T23:295
T23:298
T23:298
T23:330
T23:372
T23:470
T23:471
T23:482
T23:488
T23:493
T23:496
T23:497
T23:500
T23:501
T23:505
T23:510
T23:568
T23:608
T23:620
T23:624
T23:624
T23:635
T23:657
T23:666

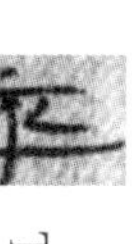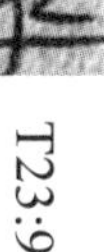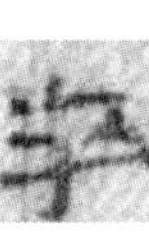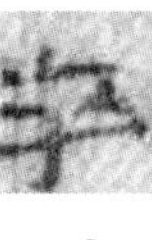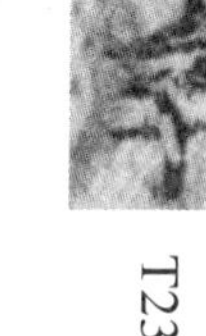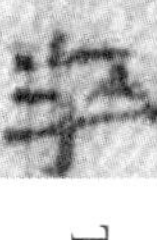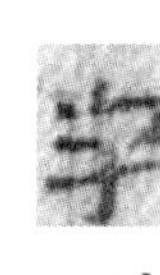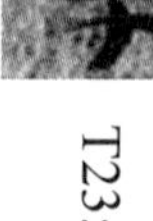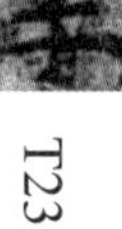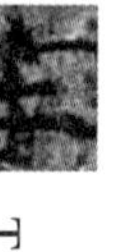

T23:666
T23:740A
T23:764
T23:824
T23:848A

T23:877A
T23:892
T23:913
T23:920
T23:921
T23:922

T23:925
T23:931
T23:933
T23:933
T23:938
T23:939

T23:947A
T23:947B
T23:965
T23:969
T23:980

T23:991
T23:991
T24:011
T24:011
T24:011

T24:024A
T24:026
T24:043
T24:046
T24:046
T24:052

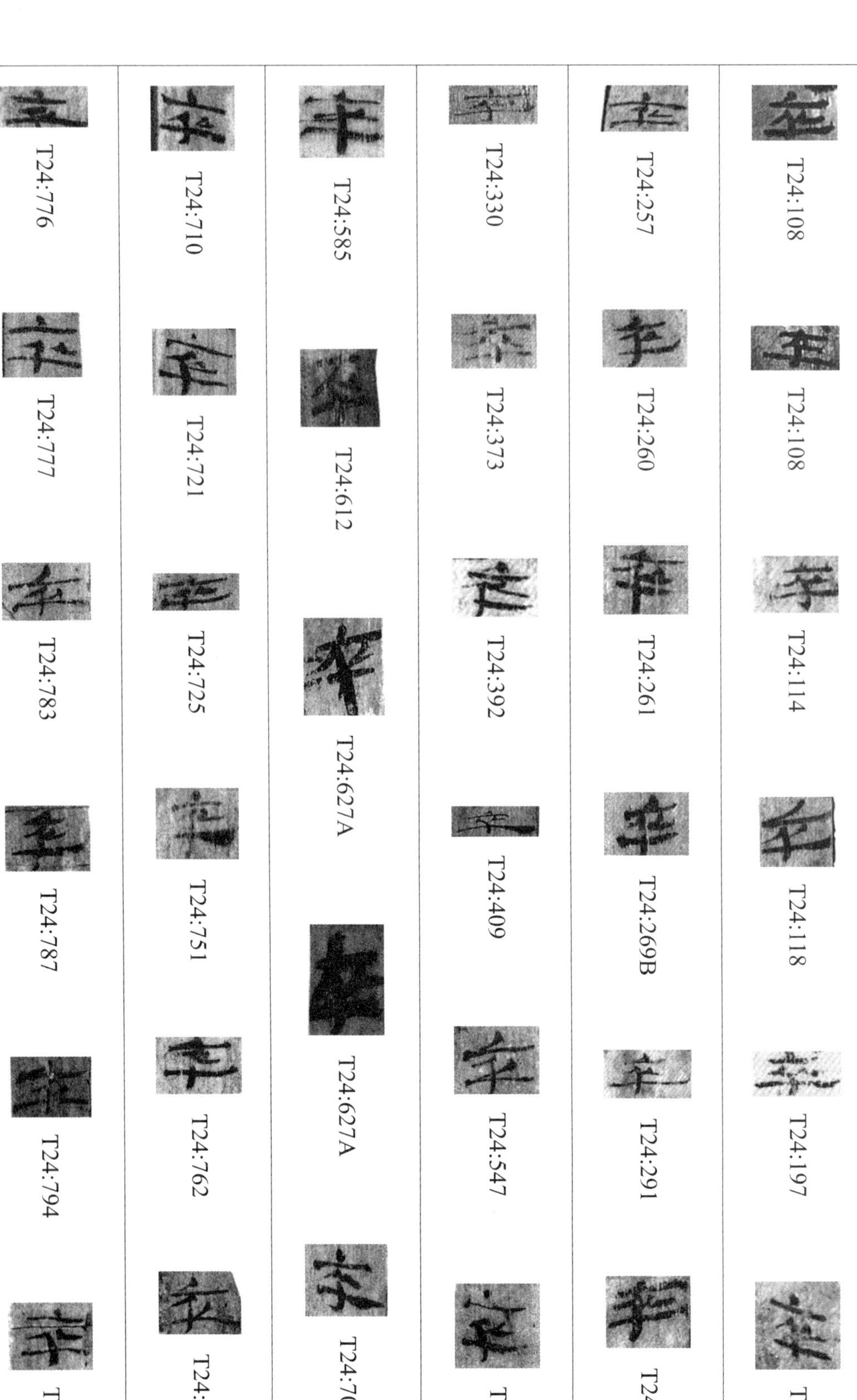
T24:108
T24:108
T24:114
T24:118
T24:197
T24:245
T24:257
T24:260
T24:261
T24:269B
T24:291
T24:299
T24:330
T24:373
T24:392
T24:409
T24:547
T24:548
T24:585
T24:612
T24:627A
T24:627A
T24:701
T24:710
T24:721
T24:725
T24:751
T24:762
T24:773
T24:776
T24:777
T24:783
T24:787
T24:794
T24:822

T24:866
T24:887
T24:923
T24:953
T24:960
T24:965

T24:969
T25:006
T25:020
T25:068
T25:088

T25:101
T25:105
T25:122
T25:133
T25:176

T26:003
T26:003
T26:009
T26:034
T26:052
T26:059

T26:060
T26:084B
T26:103
T26:140
T26:149

T26:181
T27:021
T27:022
T27:024
T27:025

衣部 卒

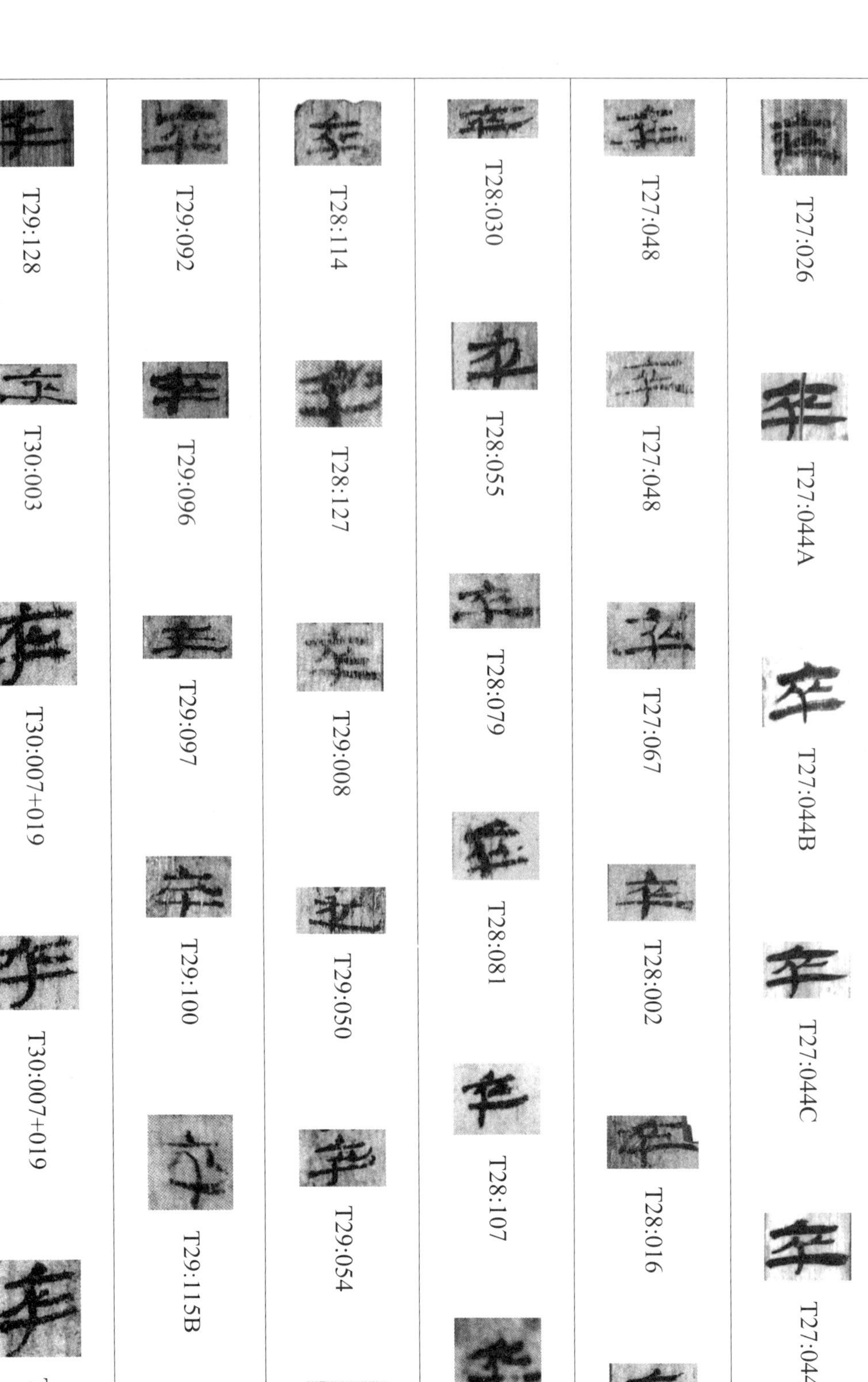

T27:026 T27:044A T27:044B T27:044C T27:044D

T27:048 T27:048 T27:067 T28:002 T28:016 T28:022

T28:030 T28:055 T28:079 T28:081 T28:107 T28:107

T28:114 T28:127 T29:008 T29:050 T29:054 T29:058

T29:092 T29:096 T29:097 T29:100 T29:115B

T29:128 T30:003 T30:007+019 T30:007+019 T30:007+019

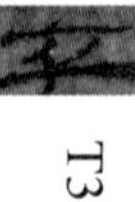
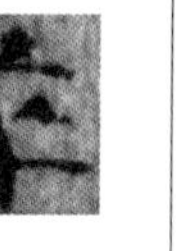
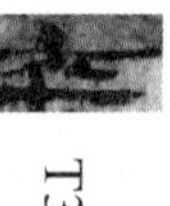
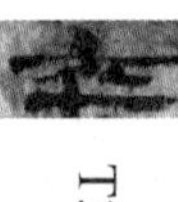

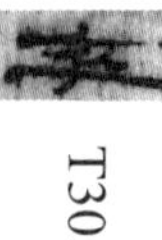

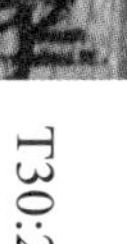

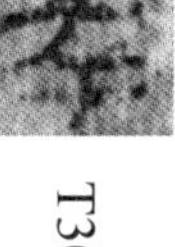

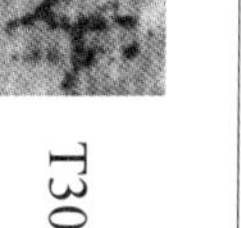

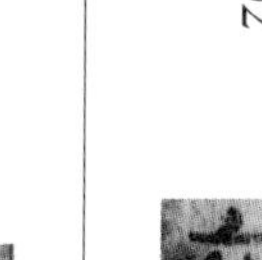

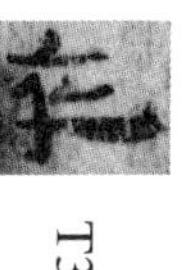
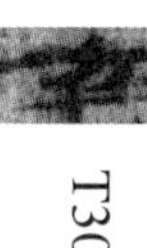

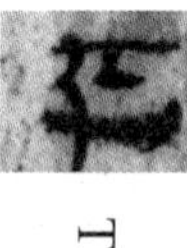
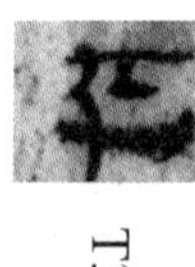
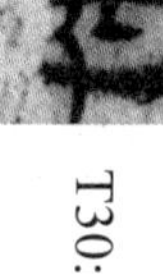

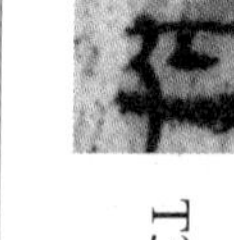
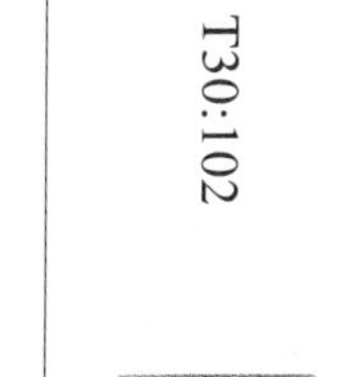
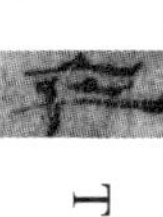

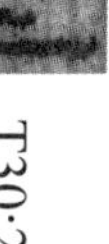
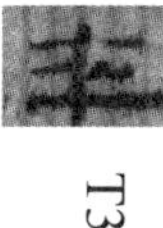

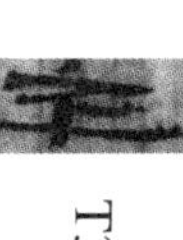
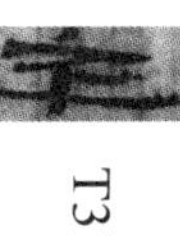
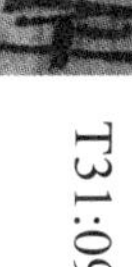
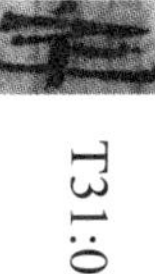
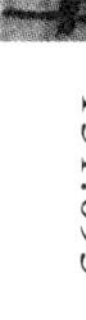
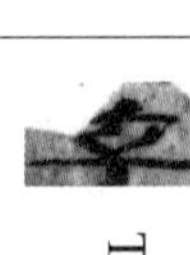

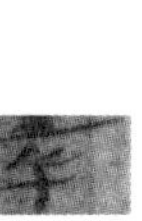

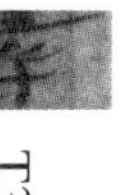

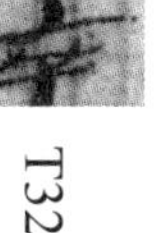

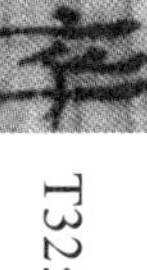

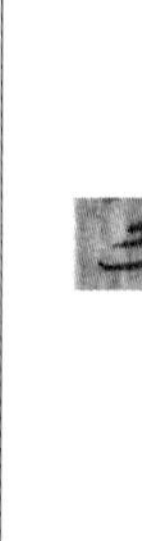

T30:008
T30:012
T30:013
T30:014
T30:025
T30:040

T30:070
T30:074
T30:087
T30:102
T30:102
T30:118

T30:135
T30:140
T30:206
T30:214
T30:263
T30:265

T30:267
T31:003B
T31:026
T31:033
T31:070
T31:093

T31:149
T31:155
T31:198B
T32:002
T32:039
T32:039

T32:047
T32:058
T32:067
T32:068
T33:004

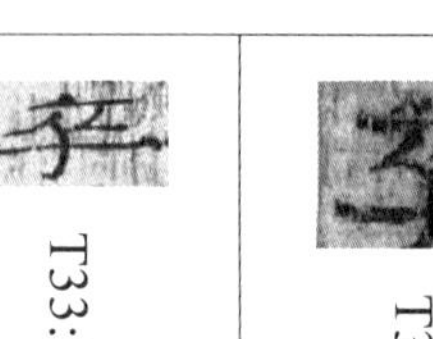
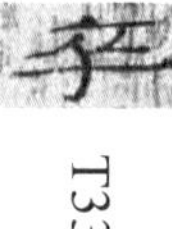
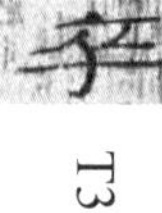

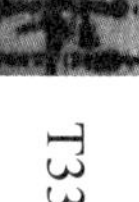

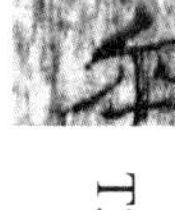
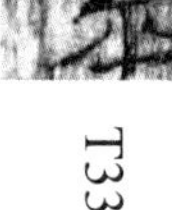

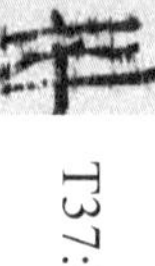

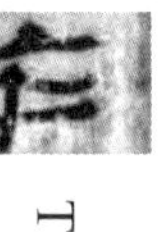
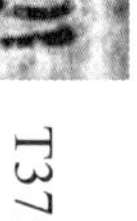

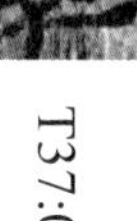

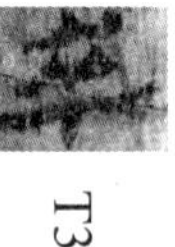
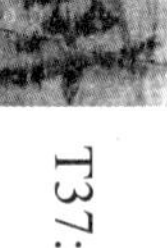
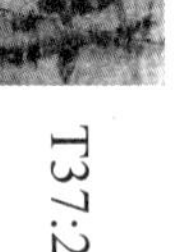

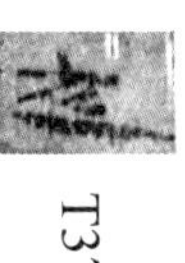

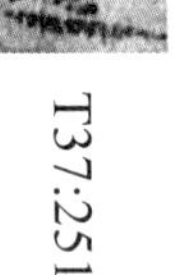
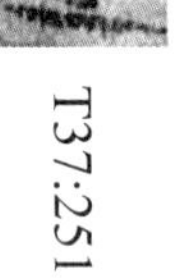

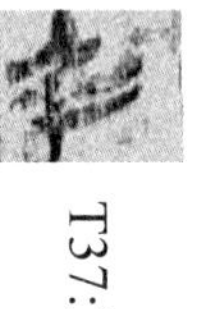

T33:014　T33:015　T33:042　T33:052　T33:053A

T33:055　T33:056A　T33:083　T34:017　T34:030　T34:040

T37:001　T37:010　T37:014　T37:016　T37:029

T37:056　T37:062　T37:076　T37:099　T37:122

T37:124　T37:126　T37:224　T37:231　T37:240

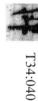

T37:241　T37:242　T37:251　T37:306　T37:332　T37:408

T37:452
T37:460 
T37:485A 
T37:522A 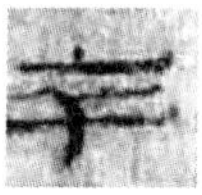
T37:522A 
T37:550 

T37:562
T37:566A 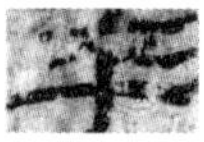
T37:586 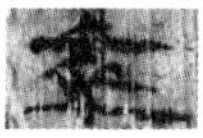
T37:611 
T37:622 
T37:628 

T37:630
T37:670 
T37:673 
T37:738A 
T37:738A 
T37:739 

T37:743
T37:750
T37:766 
T37:767 
T37:783A 
T37:829 

T37:834
T37:849 
T37:866 
T37:888 
T37:889 
T37:898 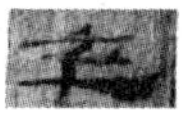

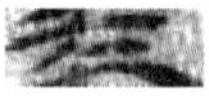

T37:912
T37:960 
T37:982 
T37:987 
T37:1026 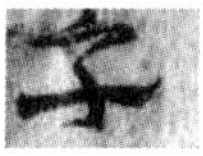
T37:1078

衣部 卒

T37:1106 T37:1111 T37:1151A T37:1151A T37:1151A

T37:1151A T37:1151B T37:1151B T37:1152 T37:1153

T37:1197A T37:1197B T37:1198 T37:1206 T37:1218

T37:1221 T37:1227A T37:1244 T37:1250 T37:1251

T37:1272 T37:1317 T37:1318 T37:1319 T37:1327 T37:1329

T37:1339 T37:1345 T37:1432 T37:1459 T37:1492

T37:1497

T37:1512

T37:1517

T37:1517

T37:1535B

H01:018

H01:039

H01:045

H01:050

H01:052

H01:073A

H01:078

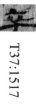

H02:001

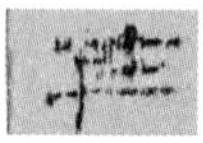

H02:011

H02:019

H02:045

H02:080

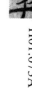

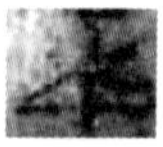

F01:096

F01:122

73EJF2:44

73EJF3:35

73EJF3:36

73EJF3:44

73EJF3:77A

73EJF3:83

73EJF3:84

73EJF3:85

73EJF3:88

73EJF3:112

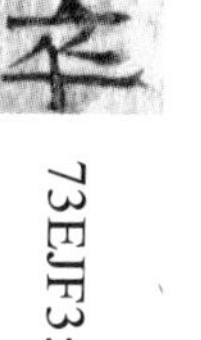

73EJF3:125A

73EJF3:130

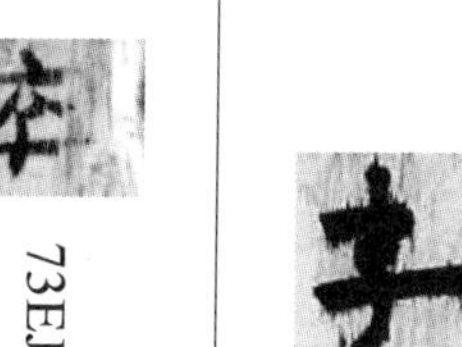

73EJF3:145

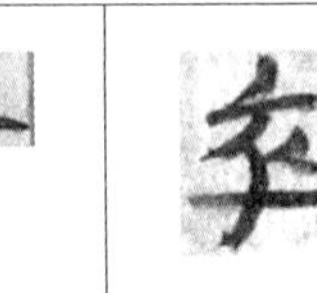
73EJF3:167

73EJF3:171

73EJF3:179B

73EJF3:181

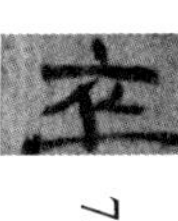
73EJF3:184A

73EJF3:272

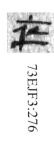

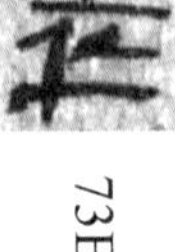
73EJF3:276

73EJF3:279

73EJF3:285

73EJF3:311

73EJF3:311

73EJF3:311

73EJF3:317

73EJF3:318

73EJF3:336+324

73EJF3:346

73EJF3:371

73EJF3:375

73EJF3:377

73EJF3:382A

73EJF3:393

73EJF3:394

73EJF3:408A

73EJF3:420

73EJF3:422

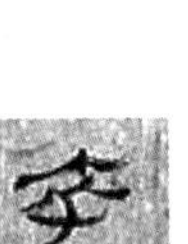
73EJF3:429+434

73EJF3:444

73EJF3:460A

73EJF3:462

73EJF3:465+500

73EJF3:467

73EJF3:508

73EJF3:538

73EJF3:565

73EJF3:592

73EJT4H:63B

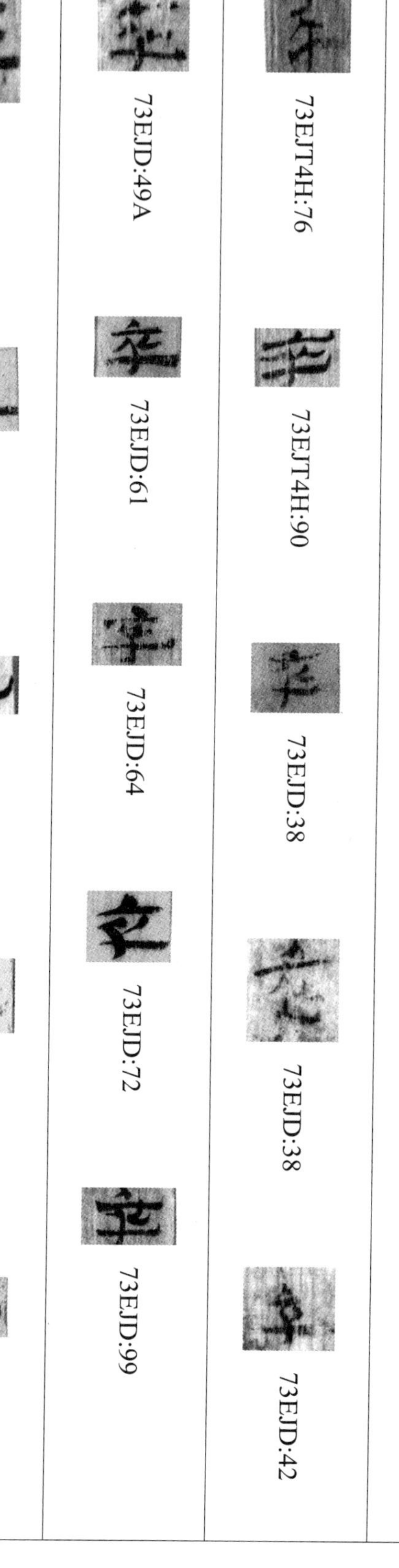

73EJT4H:76

73EJT4H:90

73EJD:38

73EJD:38

73EJD:42

73EJD:49A

73EJD:61

73EJD:64

73EJD:72

73EJD:99

73EJD:101A

73EJD:145

73EJD:154A

73EJD:182A

73EJD:191

73EJD:206

73EJD:207

73EJD:218

73EJD:231

73EJD:233

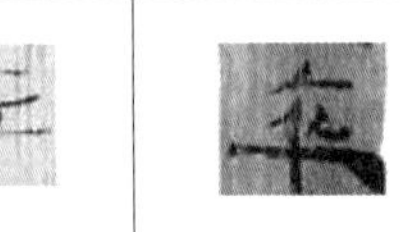
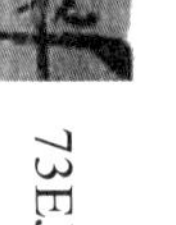
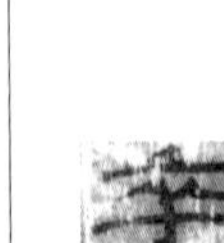
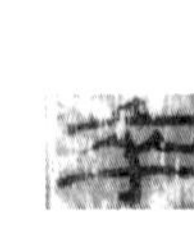
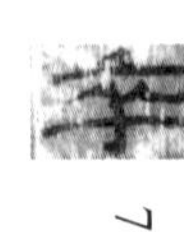

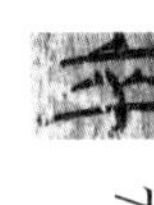

73EJD:287　73EJD:309A　73EJD:309B　73EJD:313A　72EJC:8

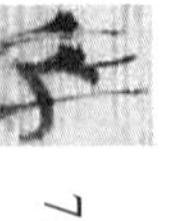

72EJC:18　72EJC:25　72EJC:27　72EJC:33　72EJC:40

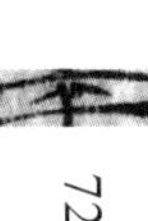
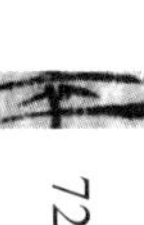

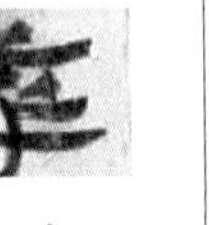

72EJC:49　72EJC:63A　72EJC:141　72EJC:146　72EJC:155A

72EJC:155A　72EJC:155A　72EJC:155A　72EJC:160

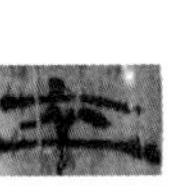
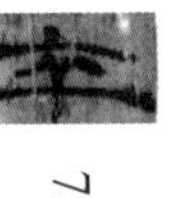
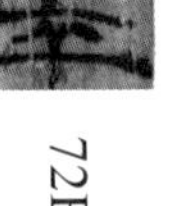
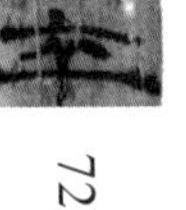
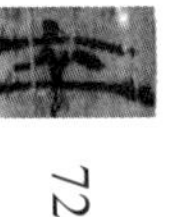
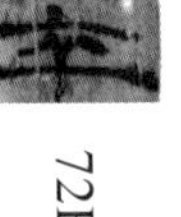
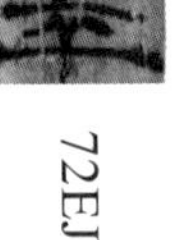
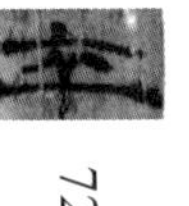

72EJC:182　72EJC:196　72EJC:238　72EJC:258　72EJC:268

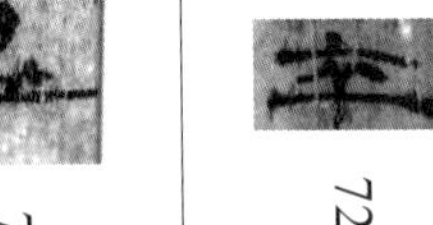
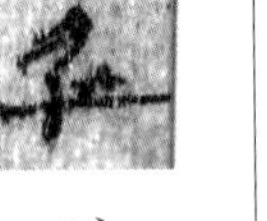

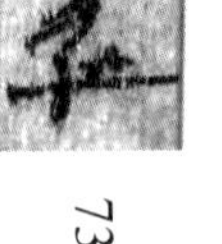
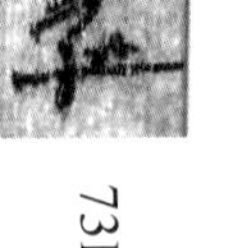
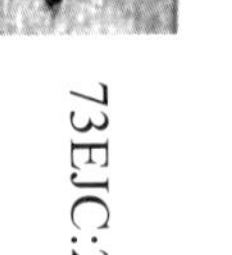
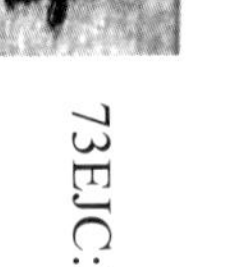
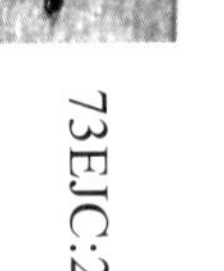

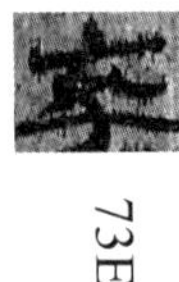

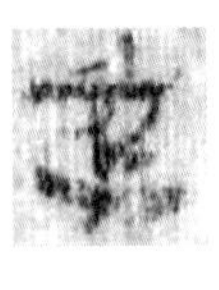

72EJC:280　72EJC:287　73EJC:293　73EJC:303　73EJC:327

73EJC:362

73EJC:363

73EJC:410

73EJC:420

73EJC:422

73EJC:424

73EJC:425

73EJC:427

73EJC:433

73EJC:434

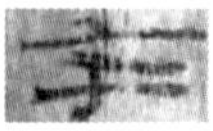
73EJC:438

73EJC:441

73EJC:461

73EJC:479

73EJC:489

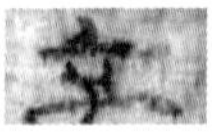
73EJC:491

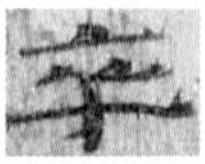
73EJC:603

73EJC:610

73EJC:613

73EJC:630

72EDAC:7

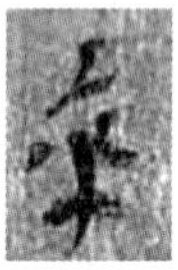
72ECC:1+2A

褚

1261

T27:020

1262 裹

T01:005 T01:020 T01:073 T02:005 T06:167 T21:202 T23:147 T24:147 T24:877 T27:011 T37:051

1263 裚

72EJC:281

1264 襏

73EJF3:179B

1265 裘

T21:084 T24:521 T26:067 T27:024 T23:866B

T37:492

73EJF3:330

73EJF3:518+517　按：《說文》，求「古文。省衣」。

老

1266

T01:002

T04:008

T08:064

T09:092A

T09:332

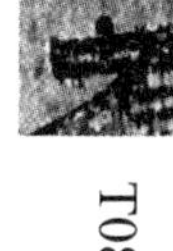
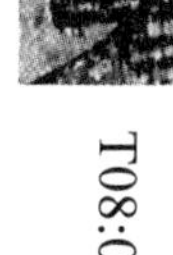
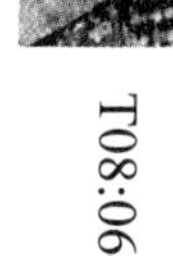

T10:063

T10:124A

T10:229A

T24:121

T30:010

T30:152

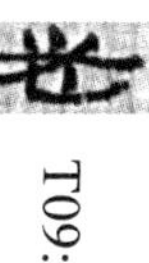

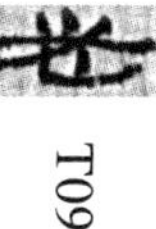
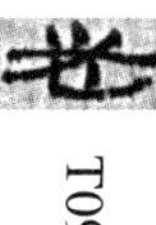
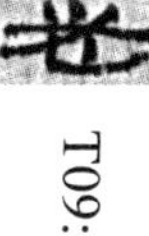
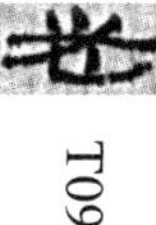
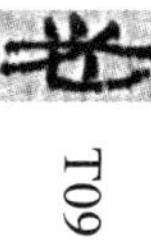

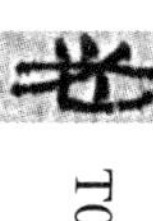

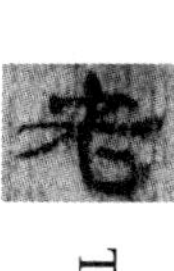

T37:389

T37:468A

T37:519A

T37:522A

T37:527

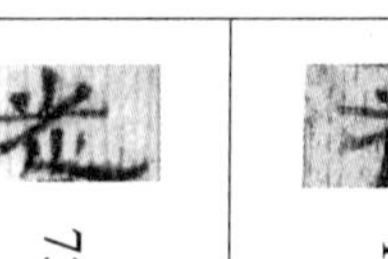

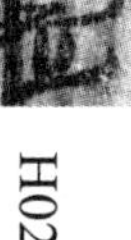

T37:998

T37:1462

T37:1495

H02:056A

F01:118A

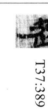

73EJF3:370

73EJF3:537

73EJD:26A

73EJC:313A

73EJC:529A

耆

1267

T10:212

壽

1268

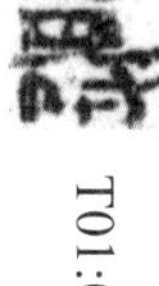
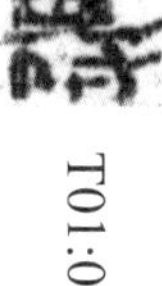

T01:078

T01:088

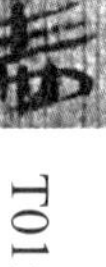

T01:119

T02:082B

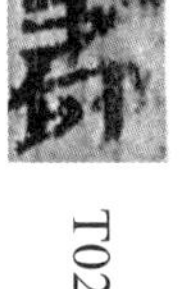

T03:106

T04:017

T05:052

T05:088

T06:072A

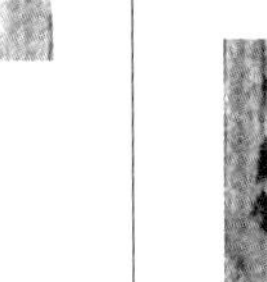

T06:083A

T07:005

T07:058

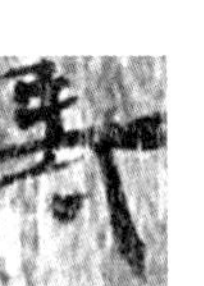

T07:109

T08:024

T09:012A

T09:028

T09:085

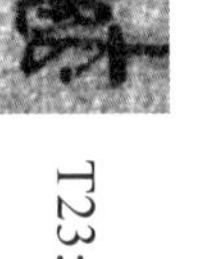
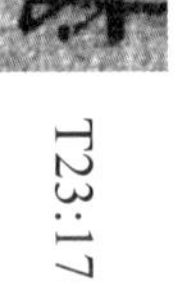

T09:269

T10:278

T10:299

T21:051

T22:047

T23:176

T23:481B

T23:520

老部　壽

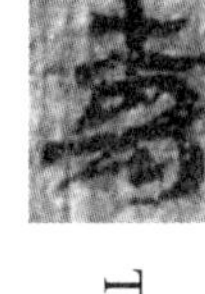

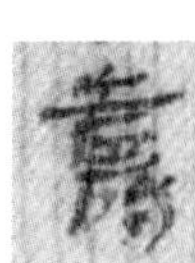

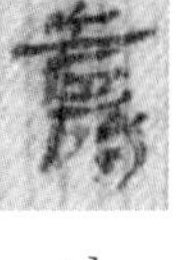

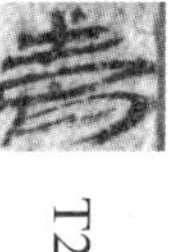

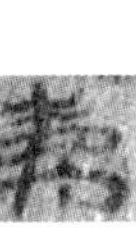

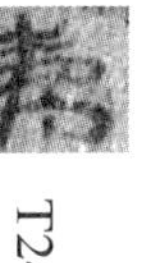
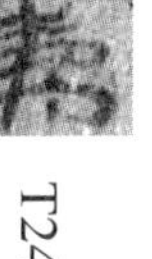
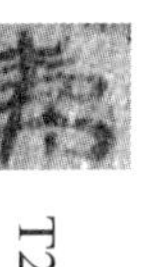
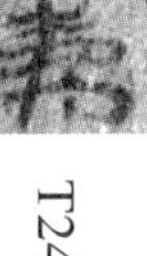
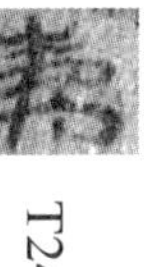

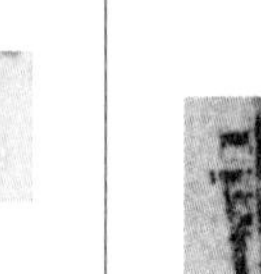

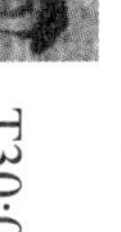

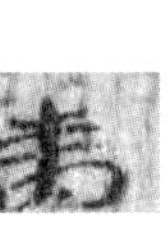
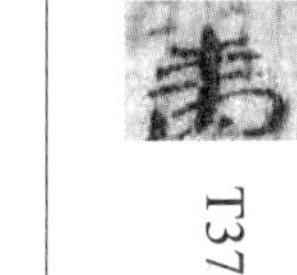

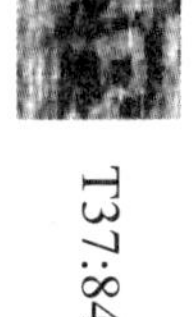

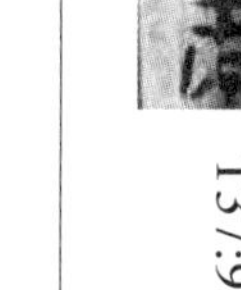

T23:543
T23:774
T23:897A
T23:977
T24:016

T24:138
T24:238
T24:250
T24:264A
T24:300

T24:409
T24:554
T26:054
T26:073
T26:136

T26:193
T28:050
T30:023
T30:105
T30:153A

T37:101
T37:384
T37:757
T37:782
T37:784A

T37:836A
T37:846
T37:952
T37:996
T37:1007

T37:1039A
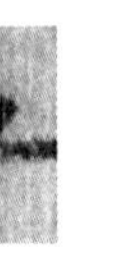

T37:1445

T37:1464

T37:1465
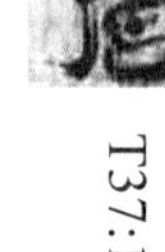

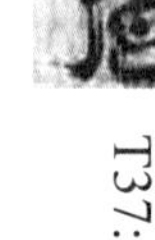
H02:047A
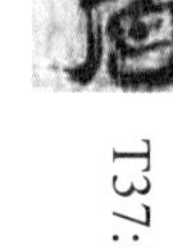

H02:047A

73EJF3:130

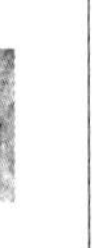
73EJF3:172

73EJF3:343

73EJD:10

73EJD:44

72EJC:76

73EJC:336

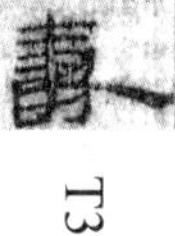
73EJC:414

73EJC:529A

73EJC:529A

73EJC:533

孝
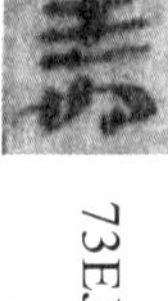
1269

T01:130
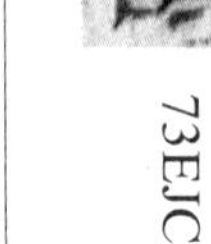
T09:064

T09:085

T09:105

T23:888

T26:031

T26:032

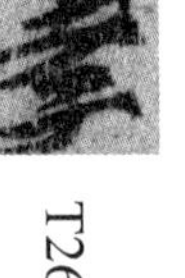
T26:072

T29:013A

T30:022
T30:135

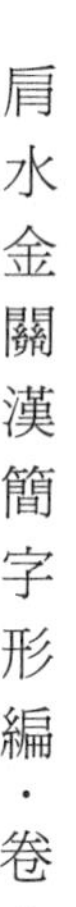

T32:046　T37:223　T37:232　T37:243　T37:654A

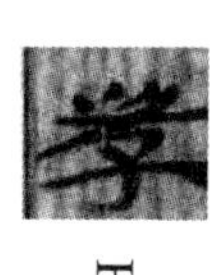

T37:690　T37:763　T37:786A　H02:013　F01:077A+078A

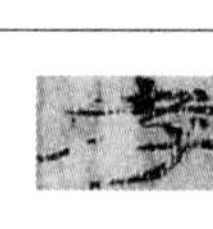

F01:112　73EJF3:117A　73EJF3:538　73EJD:8A　73EJD:23

72ECC:35

毛

1270

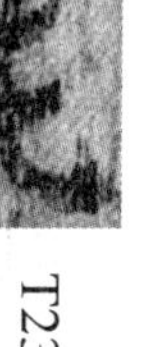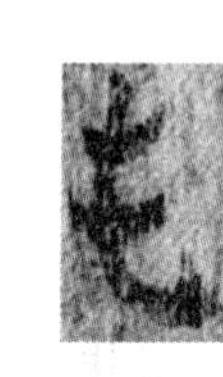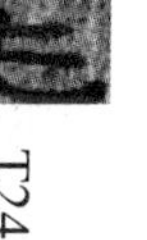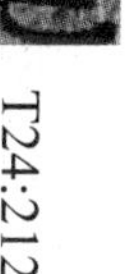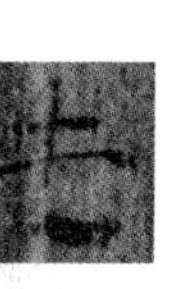

T11:023　T23:275　T24:212　T25:192　T26:145

T37:083　73EJF3:95　73EJF3:260　73EJF3:537　73EJD:31A

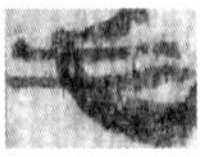

73EJC:621

尸 1271

T37:878A

居 1272

T01:001

T01:002

T01:012

T01:020

T01:083

T01:134

T01:140

T01:151

T02:023

T02:023

T02:023

T02:023

T02:023

T02:044

T02:049

T02:057

T03:005

T03:055

T03:055

T03:057

T04:057

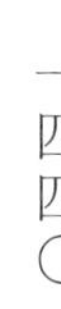

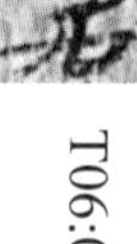

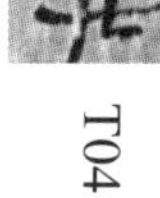

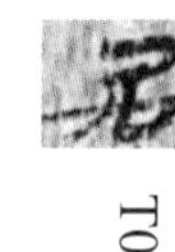

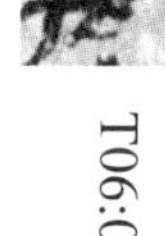

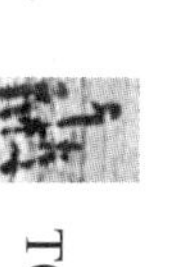

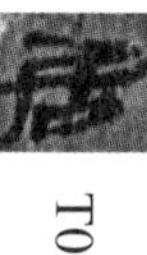

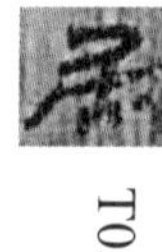

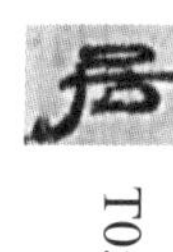

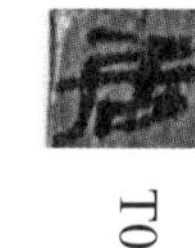

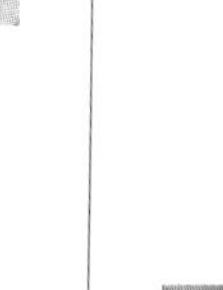
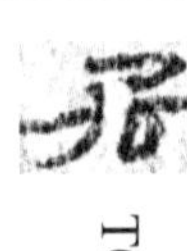
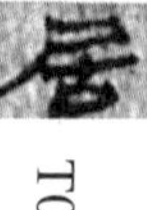

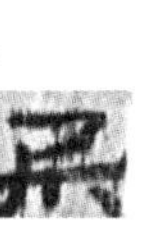

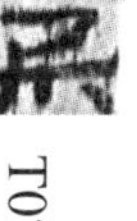

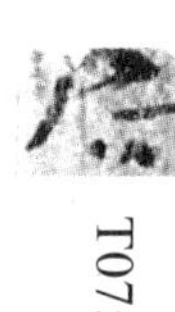
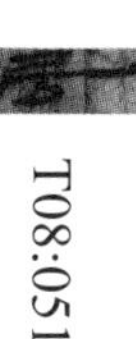

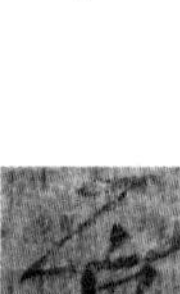
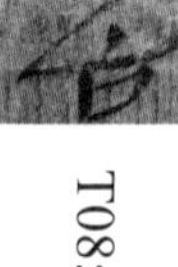

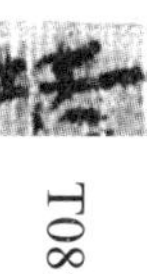

T04:088
T04:089
T04:099
T05:007
T05:023A
T05:027

T06:023A
T06:027A
T06:038A
T06:041A
T06:041A

T06:045A
T06:071A
T06:081B
T06:091
T06:091
T06:130

T07:003
T07:008
T07:022A
T07:032
T07:036
T07:083

T07:097
T07:098A
T07:100B
T07:166A
T08:039
T08:051A

T08:051A
T08:051B
T08:054A
T08:062
T09:001
T09:010

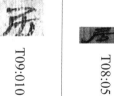

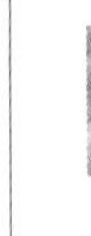
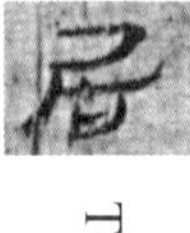

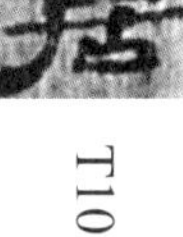

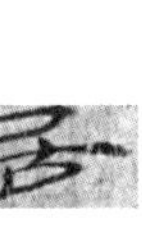

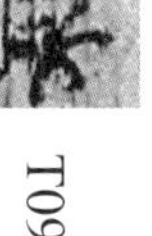

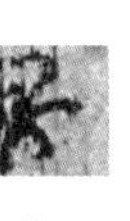

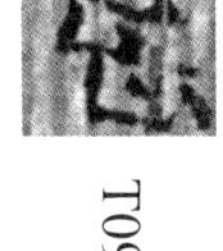
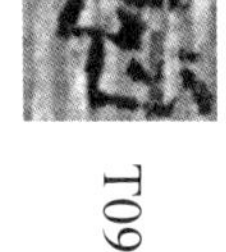

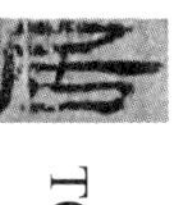
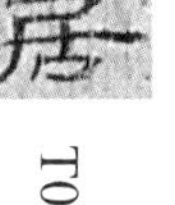
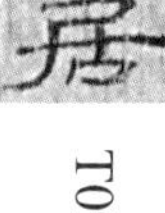
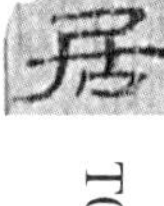
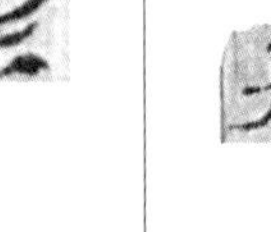
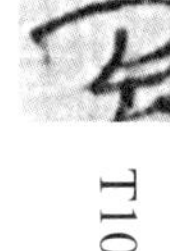

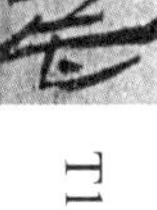

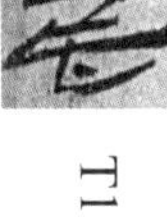
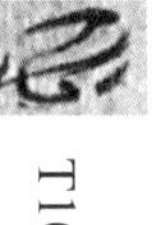
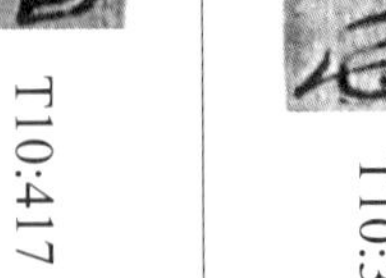
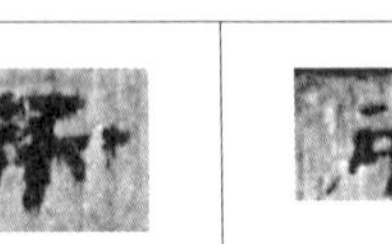
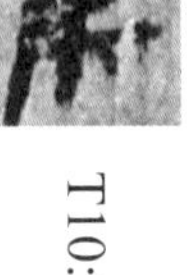

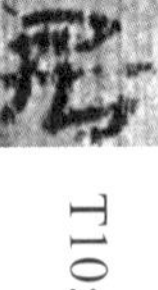
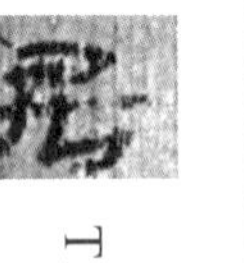

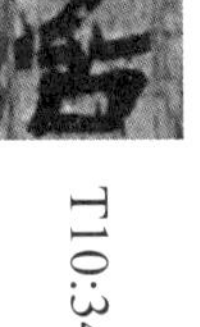

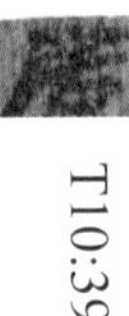

T09:050
T09:052A
T09:054
T09:063B
T09:104
T09:119

T09:125
T09:152A
T09:156
T09:228
T09:231
T09:246

T09:248
T09:278
T10:079
T10:081
T10:120A
T10:121A

T10:135
T10:153
T10:159
T10:185
T10:207
T10:224

T10:226B
T10:263
T10:287
T10:313A
T10:315A
T10:321

T10:334
T10:336
T10:340
T10:370
T10:392
T10:417

尸部 居

T11:004  T14:006  T14:019  T15:007  T15:007  T15:019

T15:022  T21:001  T21:001  T21:021  T21:059  T21:145

T21:160 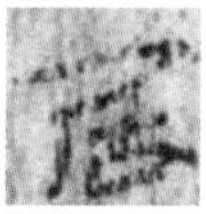 T21:176  T21:180  T21:201  T21:208  T21:223

T21:262  T21:268  T21:310  T21:311 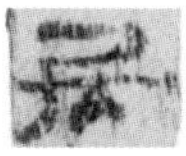 T21:322  T21:368

T21:394  T21:399  T22:013 T22:029  T22:032 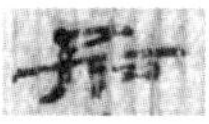 T22:084

T22:099  T22:111A  T22:111A  T22:111A  T22:111A

T22:111A T22:149 T23:015A T23:017A T23:036

T23:123 T23:133A T23:164A T23:242 T23:277

T23:334 T23:345 T23:347 T23:350 T23:359A T23:372

T23:413 T23:414 T23:419 T23:496 T23:502A T23:535

T23:561 T23:620 T23:634 T23:641 T23:660 T23:667

T23:668 T23:669A T23:674 T23:707 T23:746

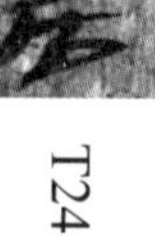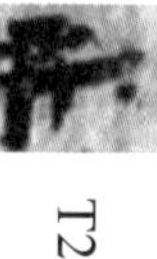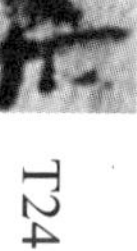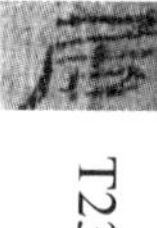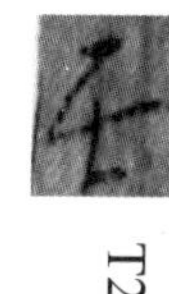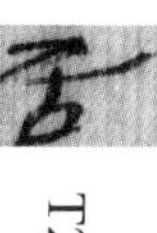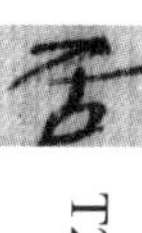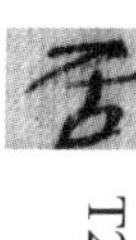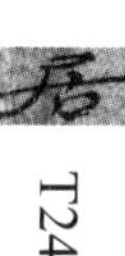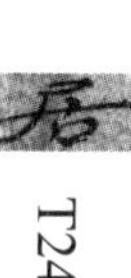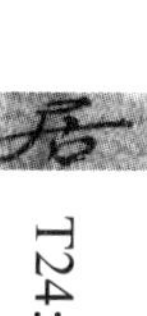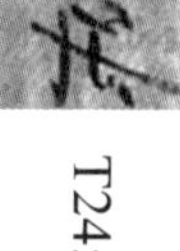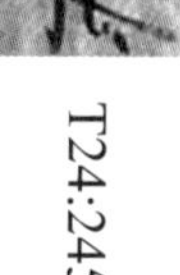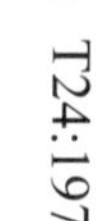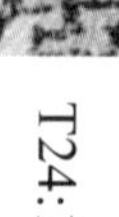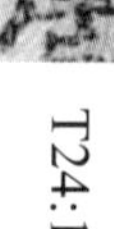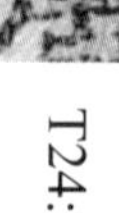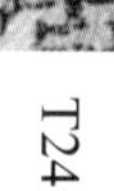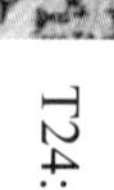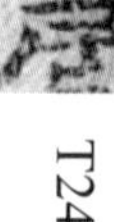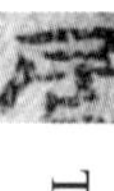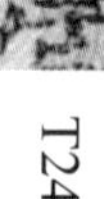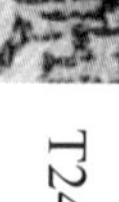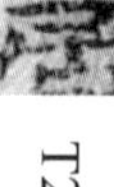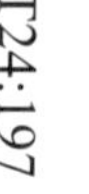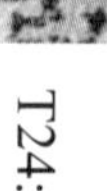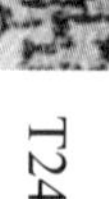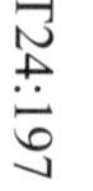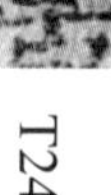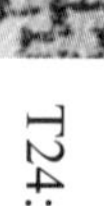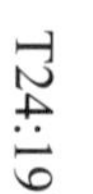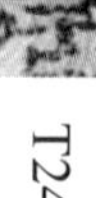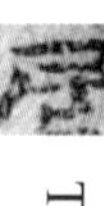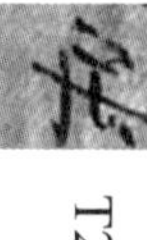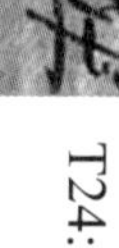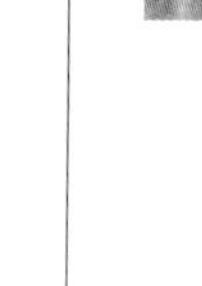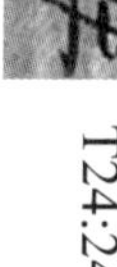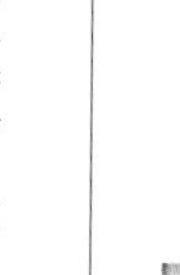

T23:762A

T23:765

T23:770

T23:810

T23:894A

T23:905

T23:907B

T24:007

T24:011

T24:015A

T24:019

T24:026

T24:026

T24:026

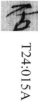

T24:060B

T24:068

T24:078

T24:130

T24:134

T24:149

T24:152

T24:197

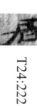

T24:222

T24:239

T24:240A

T24:240B

T24:245

T24:247B

T24:264B

T24:267A

T24:269A

T24:269A

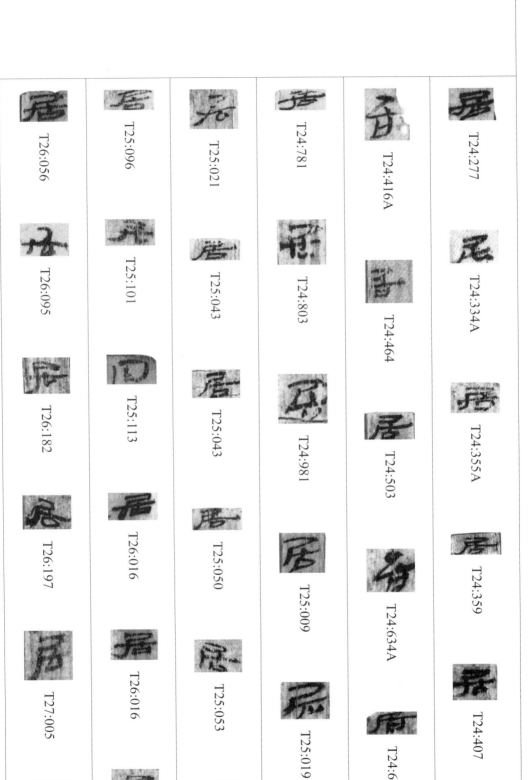

T24:277
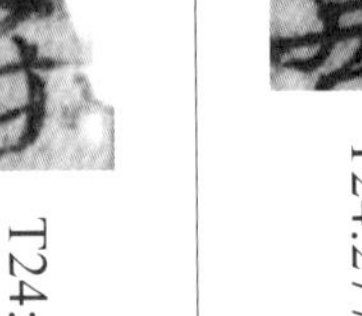
T24:334A

T24:355A

T24:359
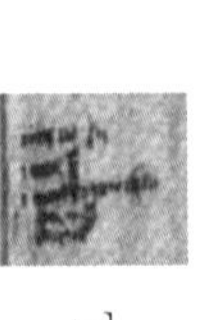
T24:407

T24:416A
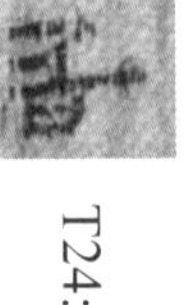
T24:464
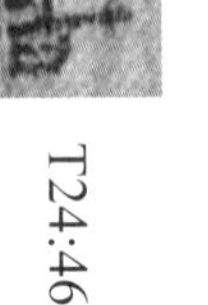
T24:503

T24:634A

T24:677

T24:781

T24:803
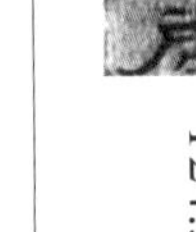
T24:981

T25:009

T25:019

T25:021

T25:043
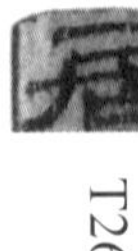
T25:043

T25:050
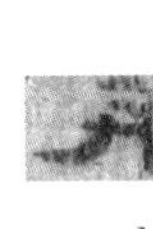
T25:053

T25:055

T25:096

T25:101

T25:113

T26:016

T26:016

T26:025

T26:056

T26:095

T26:182

T26:197

T27:005

T27:011

T27:069

T28:066
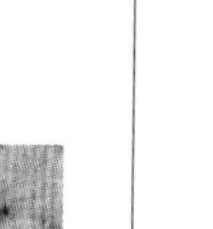
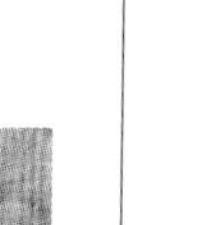
T28:066

T29:131

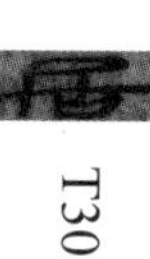

T30:022

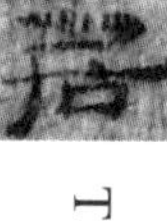
T30:023

T30:032
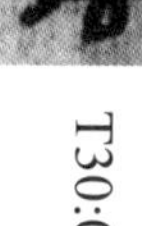

T30:065

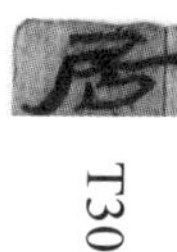
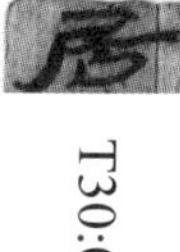

T30:120

T30:206

T30:215+217
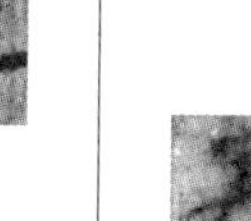
T30:216

T30:254

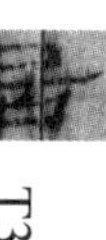

T31:009

T31:027

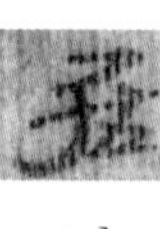
T31:054A

T31:062

T31:066
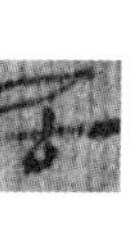
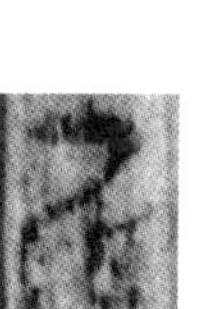
T31:097A

T31:114B

T31:135
T31:148
T31:155
T32:075

T33:040A

T33:041A

T33:044A

T33:048

T33:065A

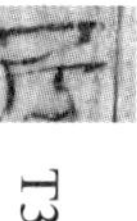

T34:001A

T34:006A

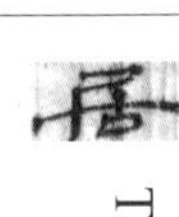

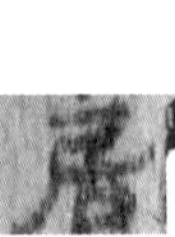

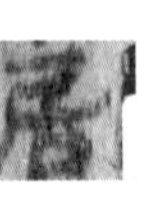

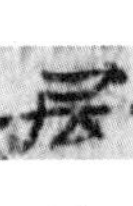
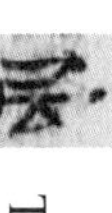

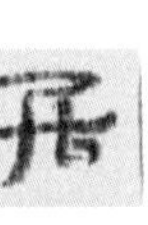
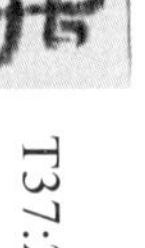

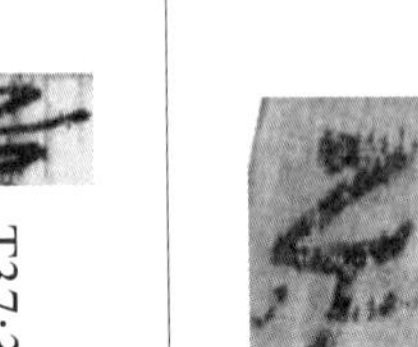

T34:006B
T34:008
T35:008
T37:026
T37:028A

T37:028B
T37:067
T37:089
T37:097
T37:106
T37:151

T37:153
T37:161A
T37:162
T37:169B
T37:199

T37:226
T37:227
T37:233
T37:246A
T37:248

T37:260
T37:271
T37:276B
T37:284
T37:303

T37:315
T37:345
T37:354
T37:384
T37:391
T37:393

T37:400A

T37:418

T37:419

T37:425

T37:451

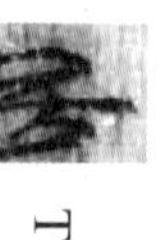
T37:465

T37:480A

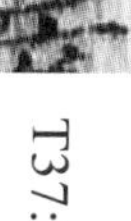
T37:519B

T37:520A

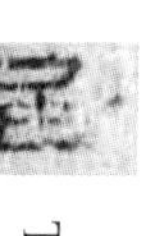
T37:520A

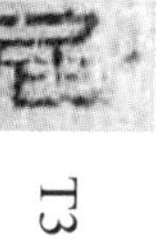
T37:520B

T37:521

T37:521

T37:521

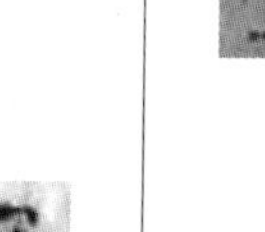
T37:522A

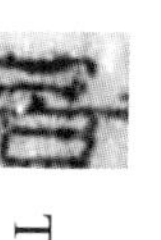
T37:522A

T37:522A

T37:522A

T37:522A

T37:522B

T37:524

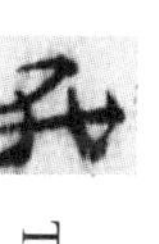
T37:525

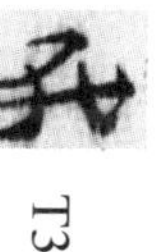
T37:527

T37:527

T37:527

T37:528

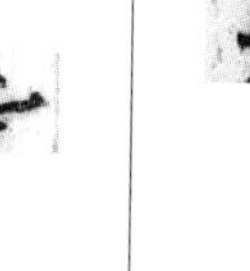
T37:531

T37:547

T37:548

T37:553

T37:615

T37:637

T37:640

T37:671

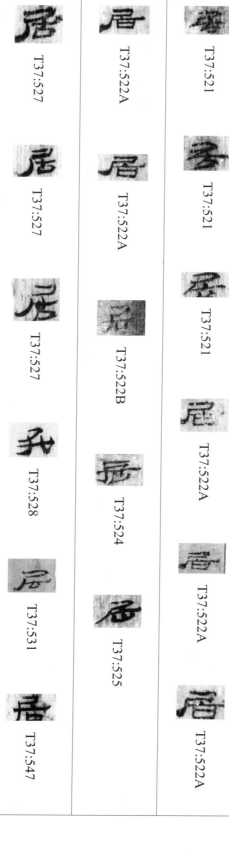

T37:674

T37:678

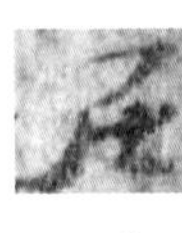
T37:693

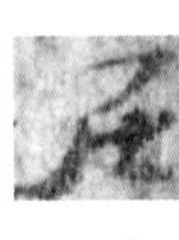
T37:701

T37:704

T37:706

T37:707A

T37:720

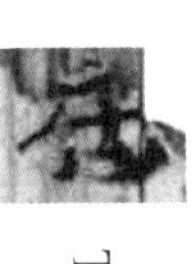
T37:738A

T37:748

T37:748

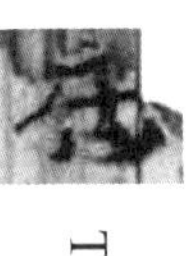
T37:749A

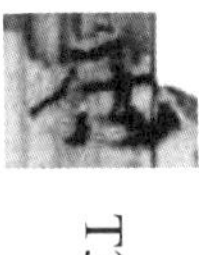
T37:753

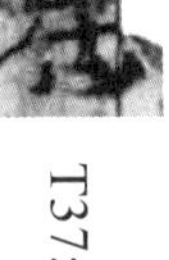
T37:757

T37:760

T37:765

T37:776A

T37:778

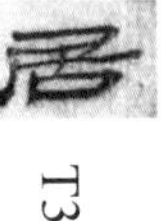
T37:781A

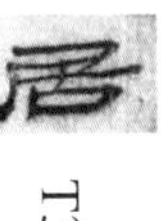
T37:782

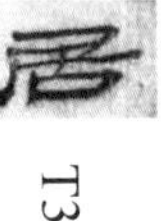
T37:806+816

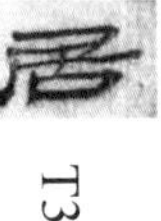
T37:814

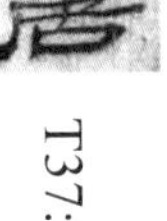
T37:833A

T37:836B

T37:837

T37:871

T37:885

T37:913A

T37:913A

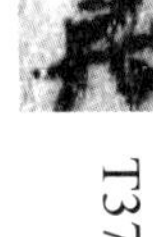
T37:937

T37:938

T37:961

T37:968A

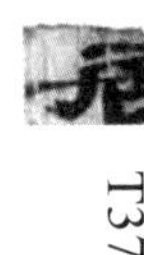

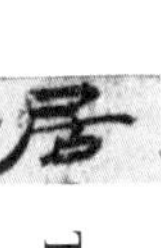

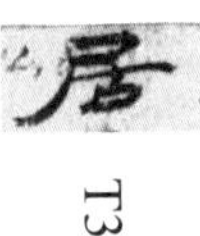
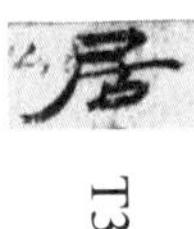

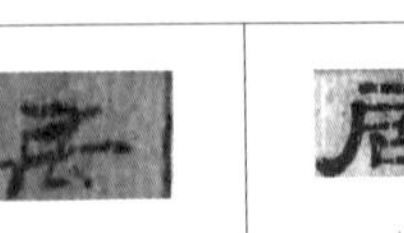
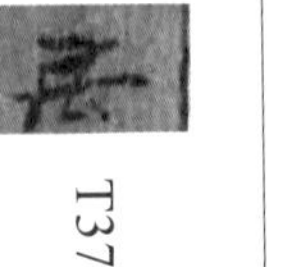

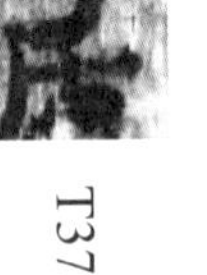

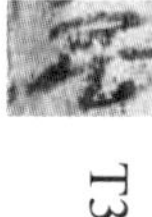

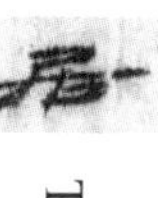
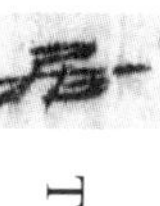
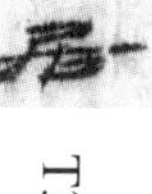
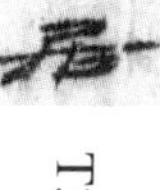
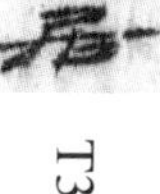
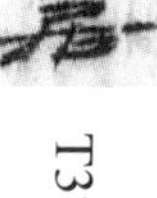
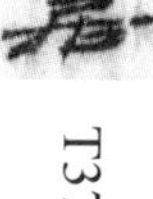

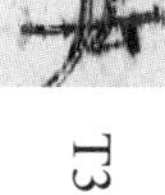

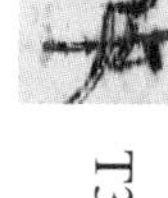
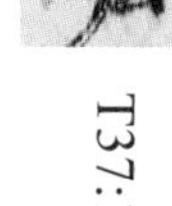

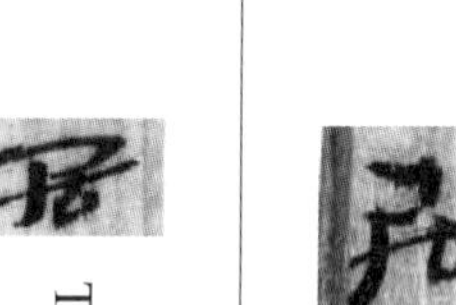

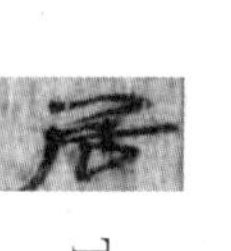
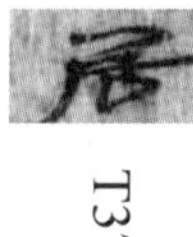

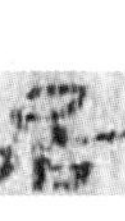
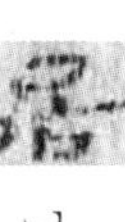
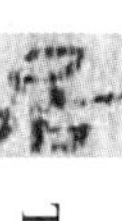

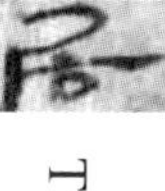

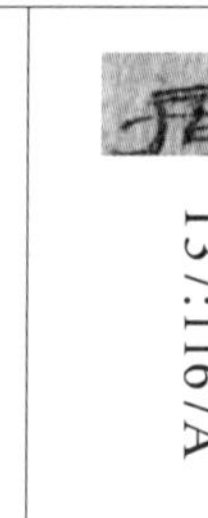

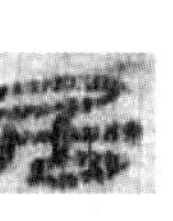

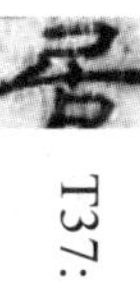
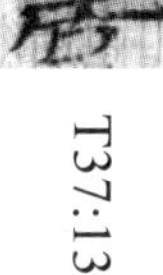

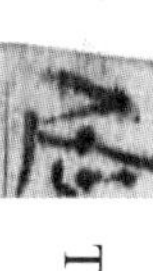

T37:974

T37:975

T37:1013

T37:1020A

T37:1026

T37:1045

T37:1057A

T37:1058

T37:1063

T37:1067A

T37:1070

T37:1076A

T37:1094A

T37:1097A

T37:1101

T37:1105

T37:1108

T37:1113

T37:1120

T37:1132

T37:1159

T37:1167A

T37:1185

T37:1202

T37:1266

T37:1283

T37:1310

T37:1369

T37:1375A

T37:1389

T37:1391

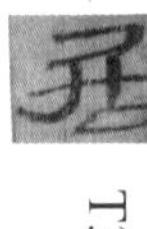
T37:1441A

T37:1443

T37:1450

T37:1454

T37:1468A

T37:1491

T37:1491

T37:1500

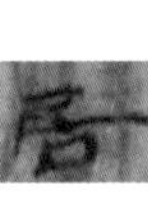
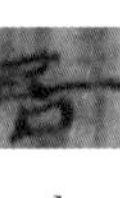
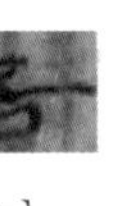

T37:1501

T37:1509

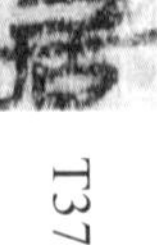

T37:1518

T37:1520

T37:1523

T37:1584

T37:1584

T37:1588

T37:1588

H01:004

H01:012B

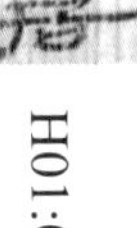
H01:017

H01:025

H01:051

H02:010

H02:013

H02:014

F01:031

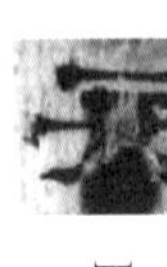
F01:031

F01:082

F01:110

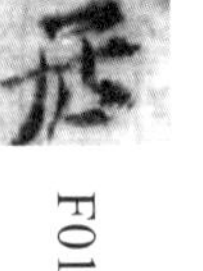

F01:118A

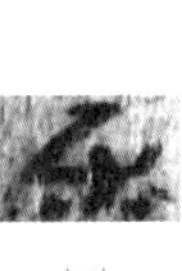

73EJF2:14

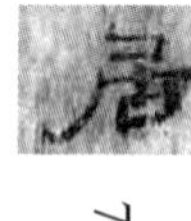
73EJF2:15

73EJF2:38

73EJF3:1

73EJF3:41A

73EJF3:42

73EJF3:43

73EJF3:93

73EJF3:101

73EJF3:106

73EJF3:107

73EJF3:112

73EJF3:117A

73EJF3:118A

73EJF3:118A

73EJF3:120A

73EJF3:127B

73EJF3:131

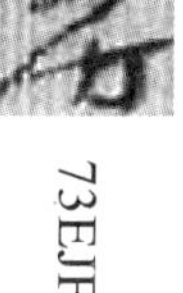
73EJF3:133

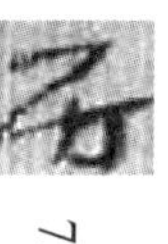
73EJF3:138

73EJF3:158

73EJF3:181

73EJF3:183B

73EJF3:184A

73EJF3:249

73EJF3:430A+263A

73EJF3:270

73EJF3:271

73EJF3:336+324

73EJF3:327

73EJF3:328A

73EJF3:371
73EJF3:400
73EJF3:441
73EJF3:449A
73EJF3:519

73EJF3:553
73EJT4H:89B
73EJD:3
73EJD:19A
73EJD:33A

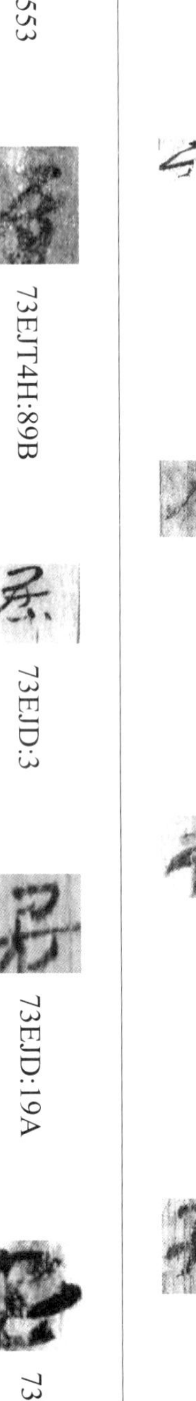

73EJD:33A
73EJD:34
73EJD:40A
73EJD:44
73EJD:45

73EJD:48
73EJD:49A
73EJD:53
73EJD:60
73EJD:65

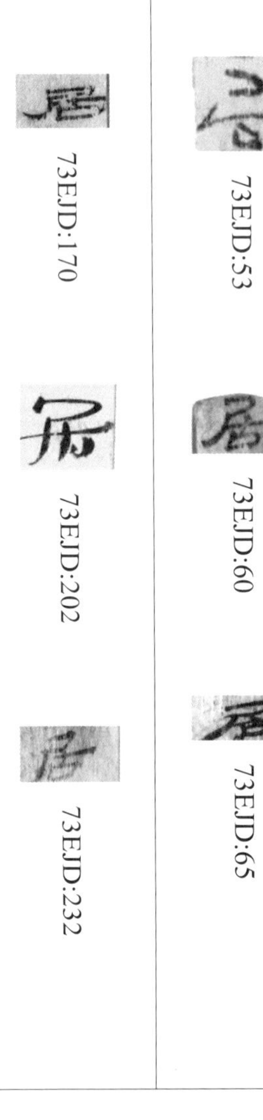

73EJD:73B
73EJD:85
73EJD:170
73EJD:202
73EJD:232

73EJD:307B
73EJD:333
73EJD:357
72EJC:1
72EJC:7

72EJC:37

72EJC:618+47

72EJC:76

72EJC:121

72EJC:159A

72EJC:236

72EJC:236

73EJC:292

73EJC:292

73EJC:295

73EJC:311

73EJC:366

73EJC:433

73EJC:526A

73EJC:534

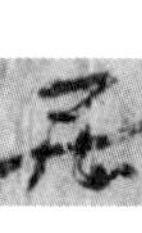
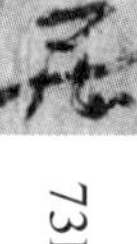

73EJC:537

73EJC:585

73EJC:592A

73EJC:593

73EJC:594

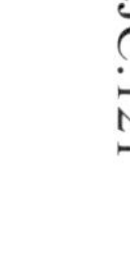

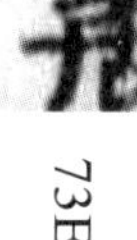

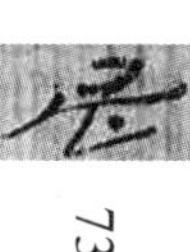

73EJC:599A

73EJC:607

73EJC:617

73EJC:632

72ECC:15A

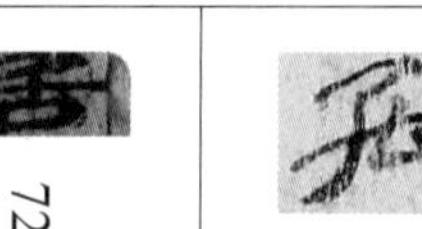

72EDIC:3

72EBS7C:1A

尸部　眉　展　尻　尼　屠　屋

1273 眉	1274 展	1275 尻	1276 尼	1277 屠	1278 屋
T37:826	T22:065	T26:238	T31:141	T01:169	T01:178A
			72EJC:37	T21:194	T04:148
				T30:070	T06:042
				T30:070	T07:004
					T10:292

屖　1280

屛 (小篆) 1279

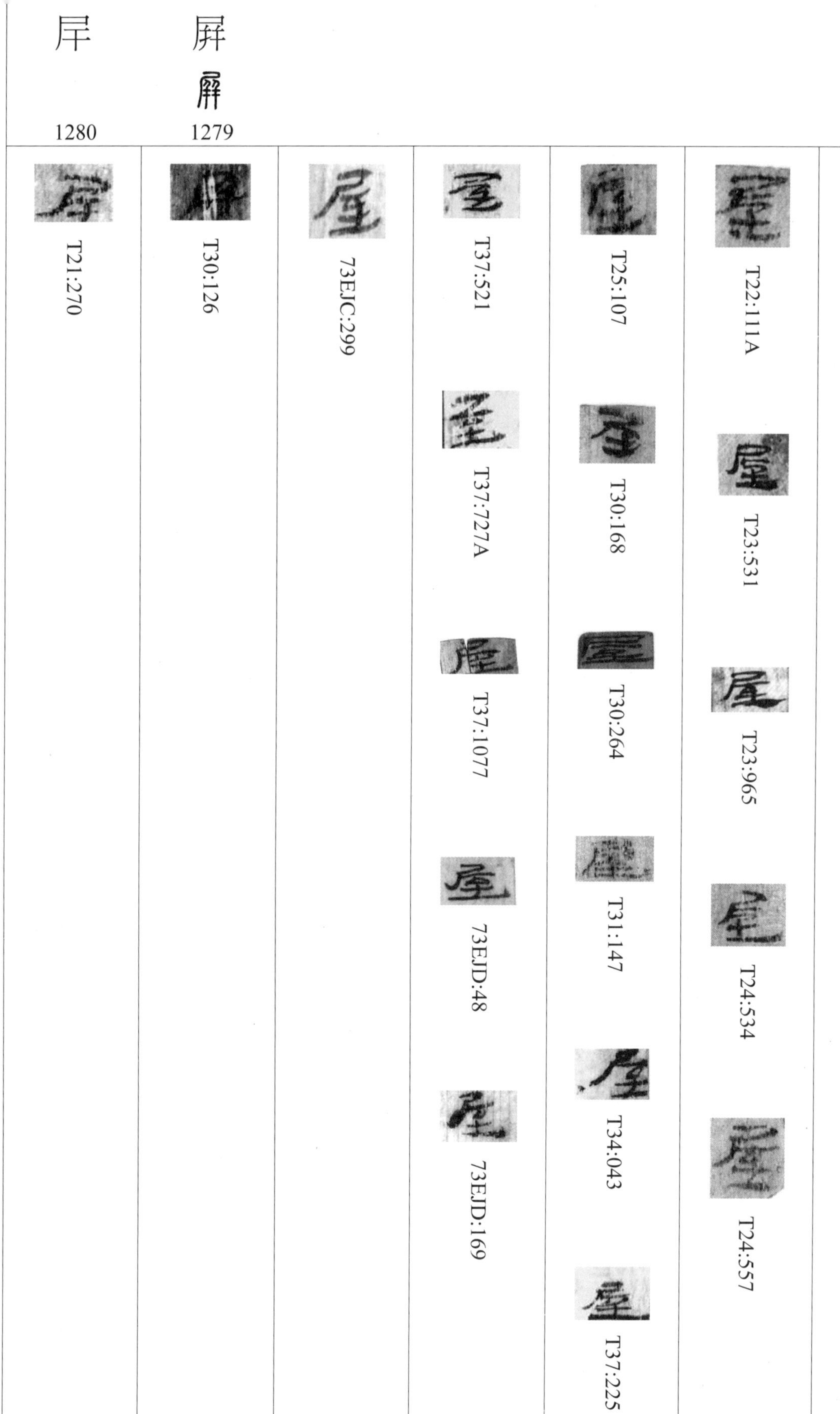

T21:270

T30:126

73EJC:299

T37:521　T37:727A　T37:1077　73EJD:48　73EJD:169

T25:107　T30:168　T30:264　T31:147　T34:043　T37:225

T22:111A　T23:531　T23:965　T24:534　T24:557

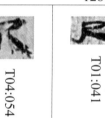

尺

1281

肩水金關漢簡字形編·卷八下

T01:041　T02:090　T03:049　T03:051　T03:095　T04:052

T04:054　T04:077　T04:111　T06:028　T06:031　T06:135B

T07:009　T08:004　T08:035　T08:065　T09:001　T09:028

T09:055　T09:082　T09:098　T09:122　T09:200A　T09:228

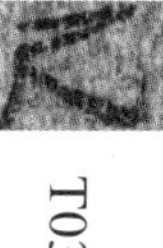
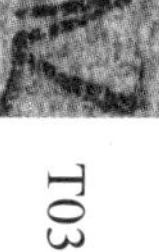
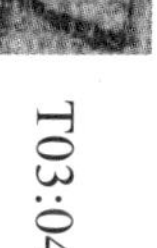

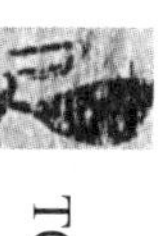

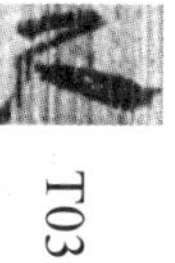

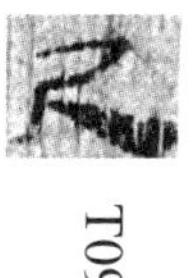
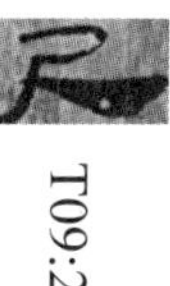

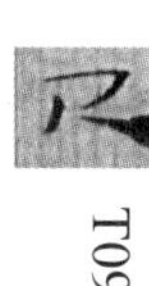
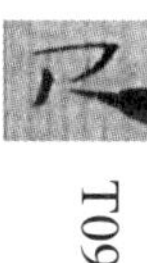
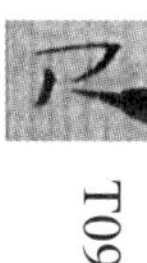
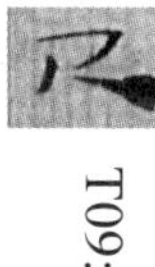

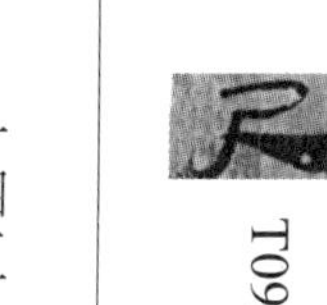

T09:238 T09:274 T10:110A T10:148 T10:181 T10:261

T10:331 T10:385 T14:005 T14:013 T21:048

T21:052A T21:124 T21:124 T21:124 T21:124

T21:205A T21:209 T21:262 T21:386 T21:426

T21:446 T22:024 T22:048 T23:148 T23:346

T23:765 T23:926 T23:985 T24:316 T24:406

T24:420
T24:553
T25:005
T25:050
T25:055
T25:109
T26:023
T26:046
T26:076
T26:108
T26:118
T26:120
T26:196
T26:238
T27:019
T27:063
T27:092
T28:094
T29:080
T29:090
T29:091
T29:108
T30:020
T30:094A
T30:124+96+123
T30:124+96+123
T30:124+96+123
T30:124+96+123
T30:132
T30:266
T32:010
T32:010

T32:010
T32:010
T32:010
T32:010
T33:091
T34:007
T34:013
T34:033
T35:005
T37:003A
T37:017
T37:019
T37:058
T37:076
T37:078
T37:079
T37:087
T37:087
T37:132
T37:350
T37:365
T37:385
T37:414
T37:455
T37:522A
T37:551
T37:563
T37:580
T37:618
T37:623
T37:646
T37:669
T37:672
T37:695

T37:710 T37:712 T37:713 T37:730 T37:742 T37:745

T37:746 T37:751 T37:753 T37:757 T37:759 T37:785

T37:791 T37:794 T37:796 T37:797 T37:797

T37:802 T37:831 T37:833A T37:847 T37:861

T37:873 T37:874 T37:920 T37:983 T37:986 T37:987

T37:992 T37:993 T37:994 T37:995 T37:996 T37:999

尺部　尺

T37:1006

T37:1057A

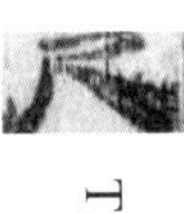
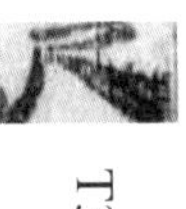
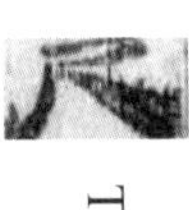
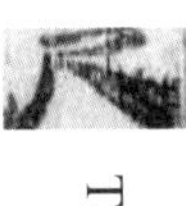

T37:1101

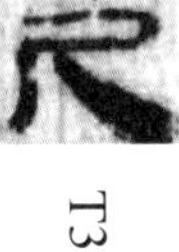
T37:1102

T37:1138

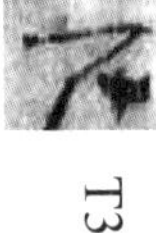
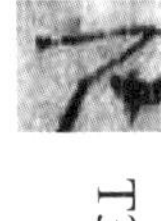
T37:1154

T37:1156

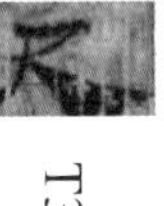
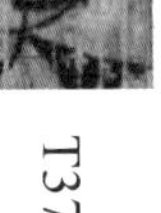

T37:1220

T37:1323

T37:1405

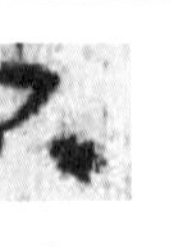
T37:1405

T37:1412

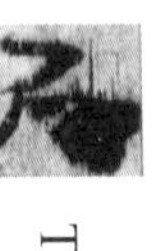
T37:1443

T37:1444

T37:1446

T37:1465

T37:1493

T37:1582

T37:1586

T37:1587

T37:1589

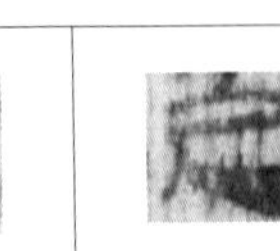
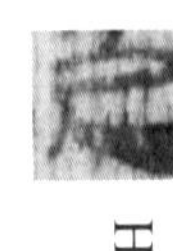
H01:023

H01:064

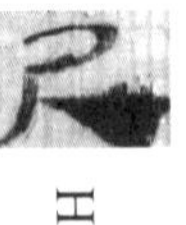

H02:010

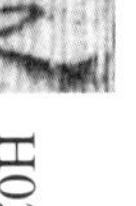

H02:041

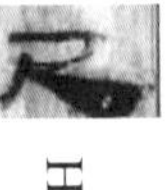
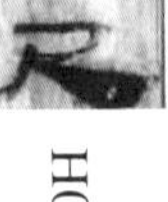

H02:041

H02:048B

73EJF2:8

73EJF2:19

73EJF2:21

73EJF3:290+121

73EJF3:137

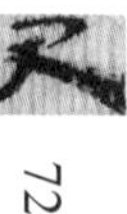

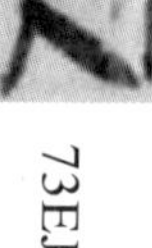

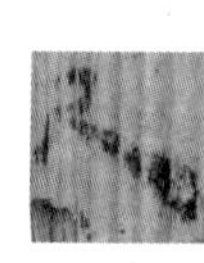

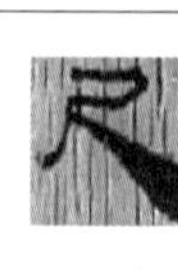
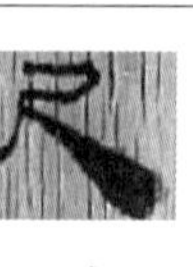

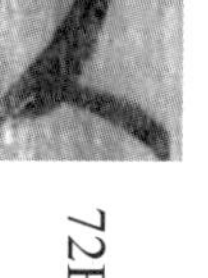

73EJF3:156　73EJF3:256　73EJF3:344　73EJF3:614　73EJT4H:36

73EJD:8A　72EJC:5　72EJC:19　72EJC:20　72EJC:95

72EJC:119　72EJC:154　72EJC:191　73EJC:338　73EJC:375

73EJC:414　73EJC:468　73EJC:546　73EJC:616　73EJC:635

73EJC:642　73EJC:662　72EDAC:6　72ECC:40A

屬

1282

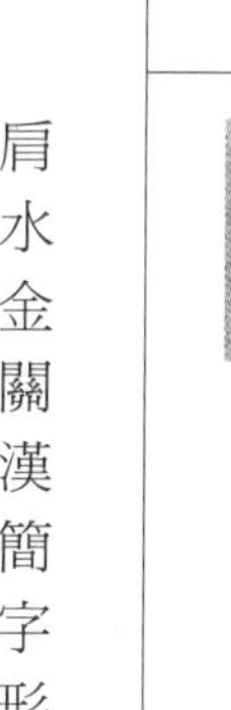

T01:002　T03:031　T03:054A　T03:055　T05:076

尾部 屬

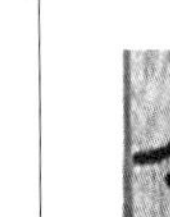

T06:045B T07:092 T07:093 T09:008 T09:050

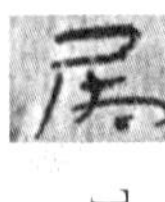

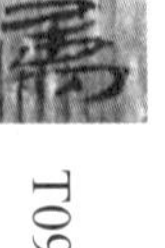

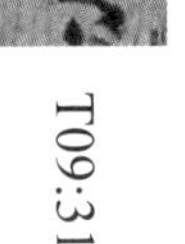

T09:148 T09:273 T09:319A T10:287 T10:313A

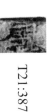

T11:015 T14:002 T21:065 T21:309 T21:387

T23:007A T23:015A T23:017A T23:253A T23:302A

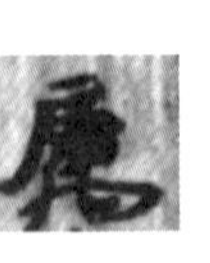
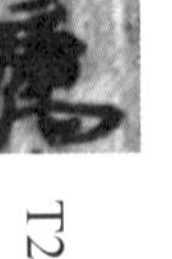

T23:364A T23:878 T23:878 T23:878 T24:010B

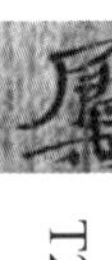

T24:011 T24:130 T24:134 T24:245 T24:264A

尾部 屬

T24:268B

T24:274

T24:470B

T25:009

T25:013

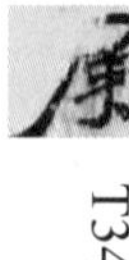
T25:013

T25:050

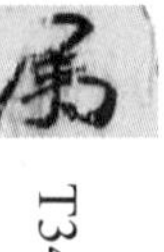
T26:031

T28:008A

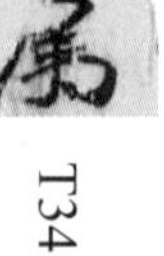
T28:010

T28:124

T29:114A

T30:029B

T30:081B

T30:144

T30:205

T30:205

T31:064

T31:149

T31:149

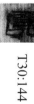

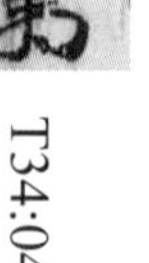
T31:155

T34:041

T37:033

T37:033

T37:097

T37:152

T37:175

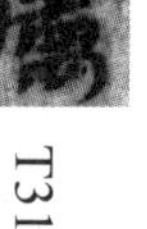
T37:176

T37:177

T37:379

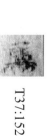

T37:486

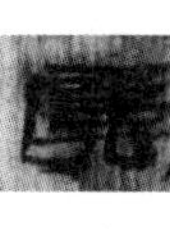

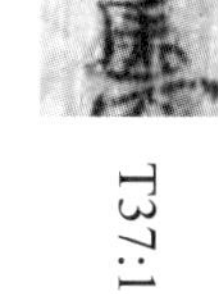

T37:523A

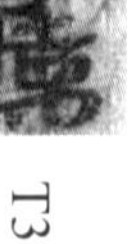
T37:527

T37:710

T37:748

T37:755

T37:756

T37:758

T37:761

T37:762

T37:782

T37:836A

T37:932A

T37:989

T37:1007

T37:1052A

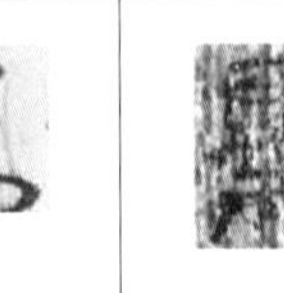
T37:1058

T37:1059

T37:1149

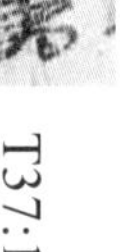
T37:1167A

T37:1176

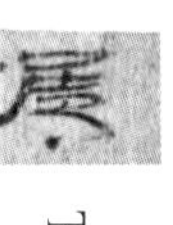
T37:1443

T37:1457

T37:1500

F01:110

73EJF3:117A

73EJF3:120A

73EJF3:147

73EJF3:157

73EJF3:157

73EJF3:187A

73EJF3:336+324

73EJF3:326

73EJF3:355

73EJD:40A

73EJD:88A

73EJD:260B

72EJC:60

73EJC:310B

73EJC:336

73EJC:522

73EJC:599B

屈

1283

T26:269A

T33:052

T37:852

H01:054

72EJC:230

履

1284

T23:207A

T23:975

T24:455

T26:112

T29:114A

72EJC:226

方

1288

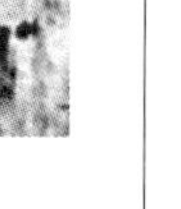
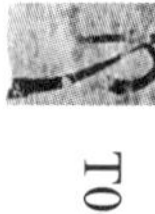

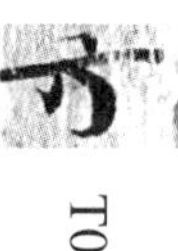

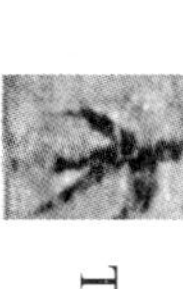
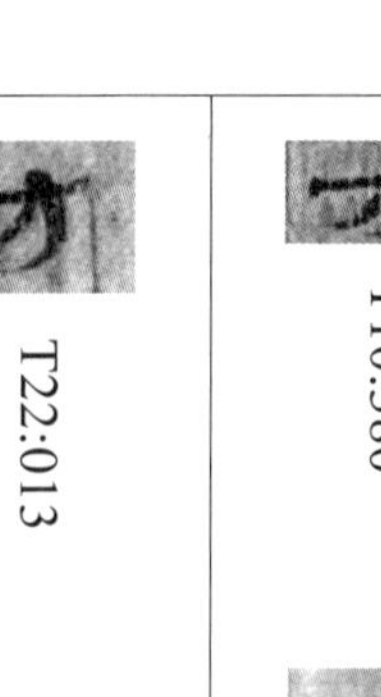

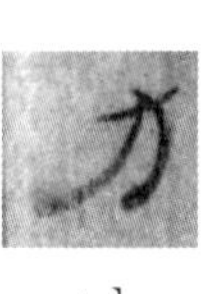
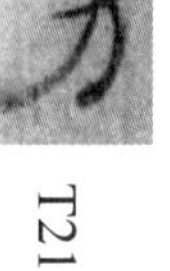
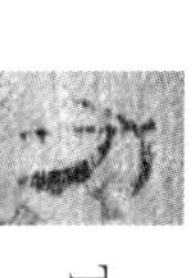

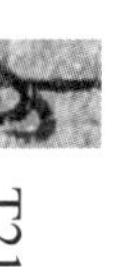

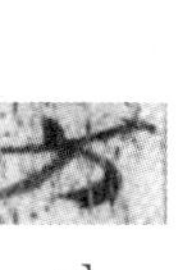

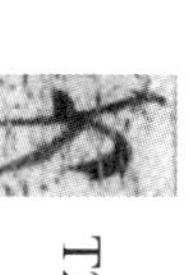

T01:127A　T01:313　T02:028　T03:038A　T04:017

T04:029　T04:091　T05:035　T06:024　T06:151　T07:094

T07:122　T08:076　T09:035　T09:035　T09:046　T09:095

T10:110A　T10:126　T10:151　T10:261　T10:262　T10:297

T10:380　T21:027　T21:028B　T21:270　T21:273　T21:326

T22:013　T23:108　T23:992　T23:992　T23:992　T24:114

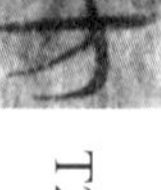

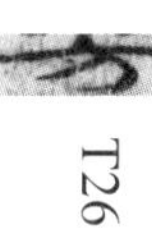
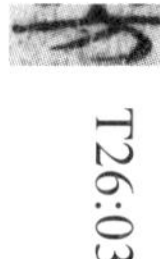

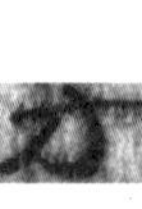
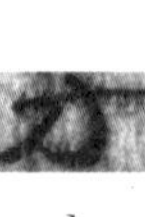

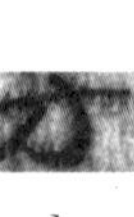
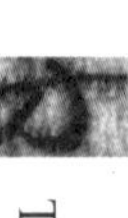

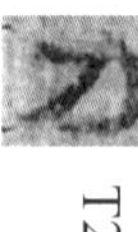

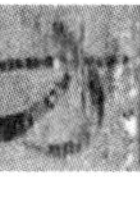

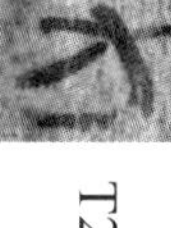
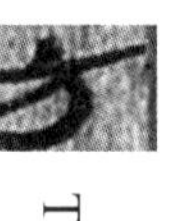

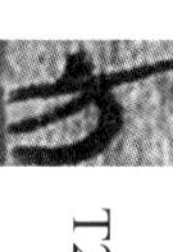
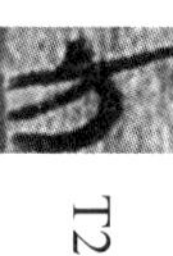

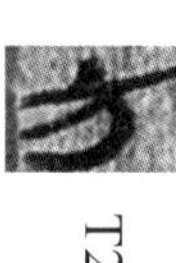

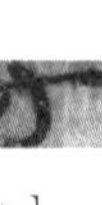

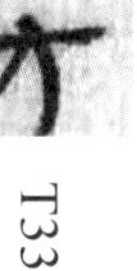

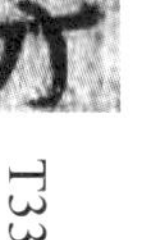

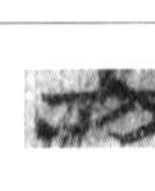

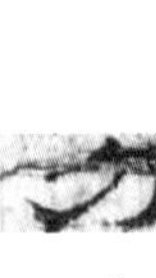

T24:143　T24:256　T24:260　T24:543　T24:547　T24:640

T24:769　T24:899　T26:035　T26:036　T26:228　T26:231

T28:127　T29:109　T30:020　T30:134　T30:151B

T30:172A　T30:266　T33:040A　T33:040A　T33:059A

T35:004　T37:087　T37:123　T37:540　T37:552　T37:856

T37:858　T37:859　T37:925　T37:997　T37:1022

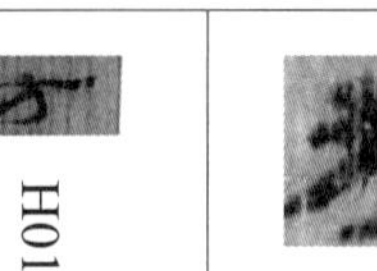
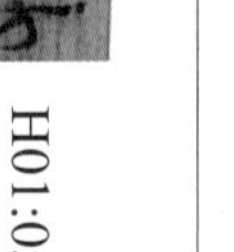
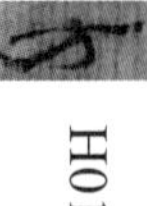
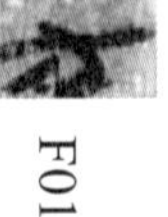

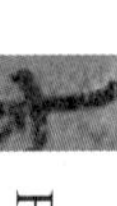
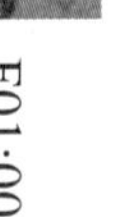
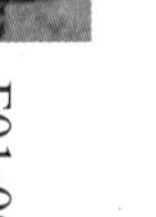

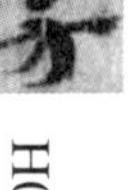
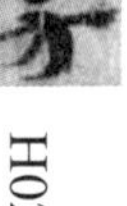
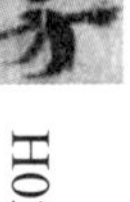
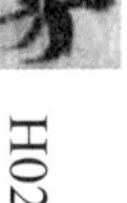

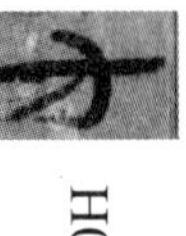
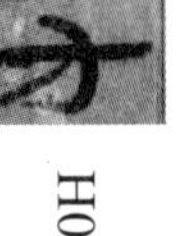

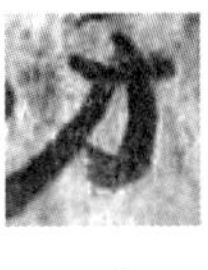
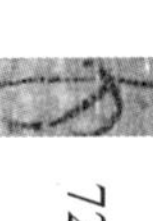
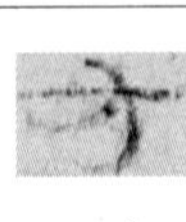
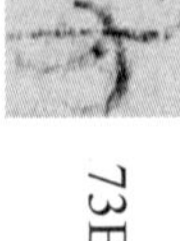
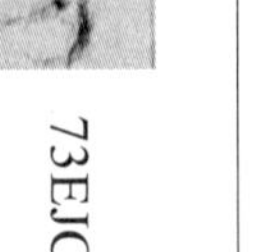

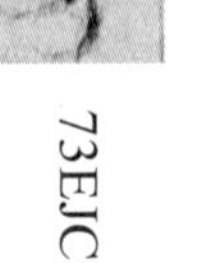

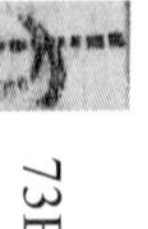

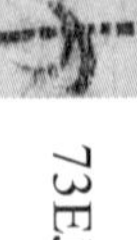

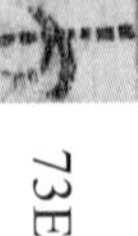

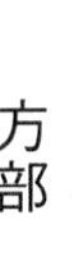

T37:1034
T37:1052A
T37:1151A
H01:005
H01:018

H01:058
H02:003
H02:009
H02:040
H02:041
H02:063

F01:001
F01:001
F01:002
F01:010
F01:012
73EJF3:183B

73EJF3:348A
73EJF3:446
73EJD:58A
73EJD:75A

73EJD:128
73EJD:218
73EJD:286A
73EJD:308
72EJC:285

73EJC:430
73EJC:599B

兒 1289

T24:011

T24:273

T27:021

T37:673

73EJD:107B

72EJC:1

允 1290

T10:212

T24:047

T37:1473

73EJF3:189+421

兌 1291

T05:114

T24:416A

T31:114A

充 1292

T01:001

T01:040

T01:052

T01:171

T04:088

T04:174

T06:038A

T06:087

T09:092A

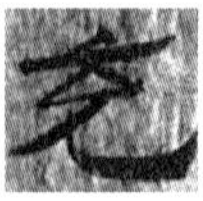

T10:122

T10:123A
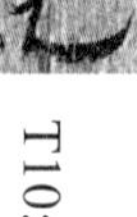
T10:207

T10:294
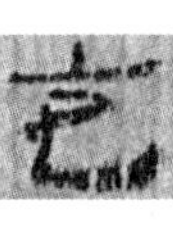

T10:313A
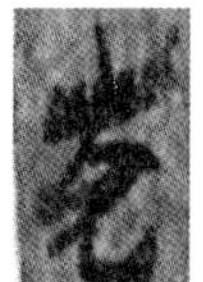

T11:002

T14:002
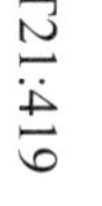
T21:016
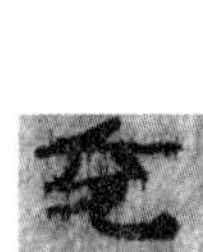
T21:119
T21:170
T21:303

T21:419

T22:032

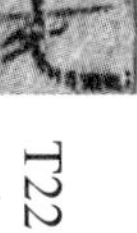

T22:074

T22:074

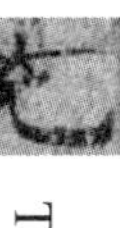

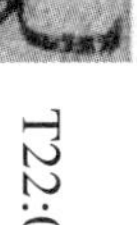
T23:511

T23:621
T23:938
T24:184

T24:253A
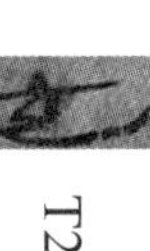
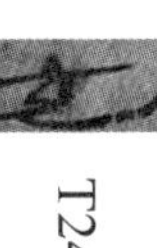

T24:255

T24:264A
T24:545A
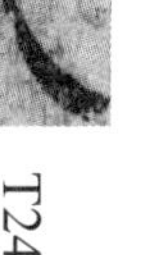
T24:549

T24:555
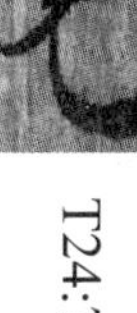

T24:707

T24:798

T24:799
T24:954
T25:049
T27:013

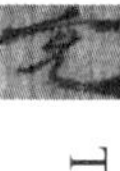
T27:021

T29:020

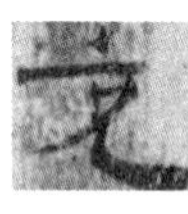
T29:028A

T29:076

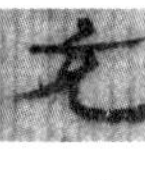
T30:009

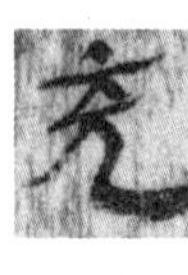
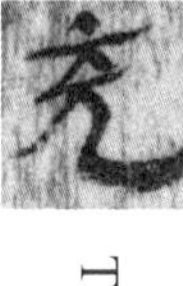
T30:050

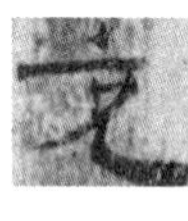

T30:120

T37:076

T37:225

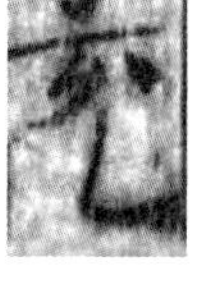
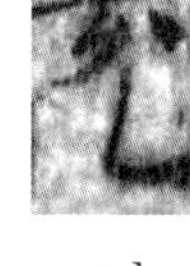
T37:477

T37:523A

T37:774

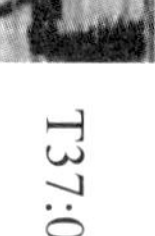
T37:1063

T37:1394

73EJD:214

73EJD:287

72EJC:43+52

免

1293

T01:002

T01:280

T02:071

T03:055

T15:002

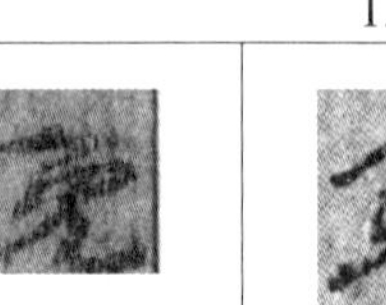
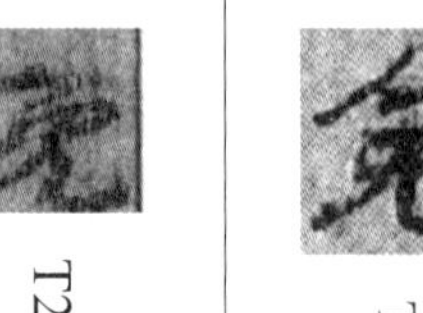
T21:410A

T23:093

T23:206

T23:909B

T23:996A

兄

1294

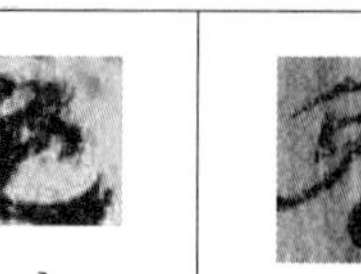

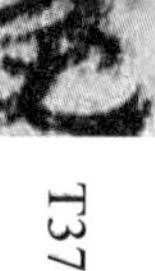

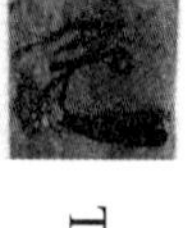
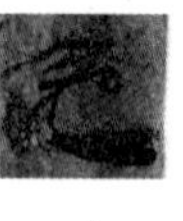
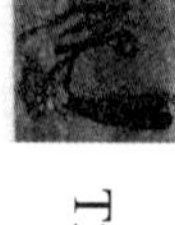

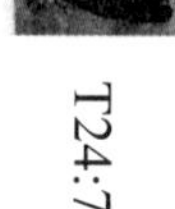

T23:996B

T24:794

T30:139

T34:006A

T37:526

T37:526

73EJD:48

73EJD:246

72ECC:57

T03:003

T06:042

T08:106B

T10:326

T21:376

T23:275

T23:364A

T24:083

T24:723

T25:004

T30:020

T30:145

T31:141

T37:785

T37:1242

T37:1333

T37:1435

T37:1435

T37:1459

73EJD:70

72EJC:180

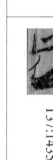

1295 兂

T01:005

T01:020

T01:073

T02:005

T04:088

T06:167

T09:003

T10:242

T21:202

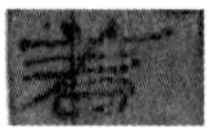

T23:147

T24:147

T24:877

T27:011

T37:051

T37:110

73EJD:6　按：《說文》，「俗兂。从竹，从替」。

1296 皃

73EJF3:284A　按：《說文》，「皃或从頁，豹省聲」；「籀文皃。从豹省」。

1297 先

T02:092

T07:113

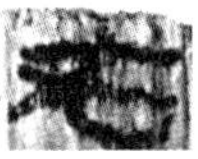

T08:072

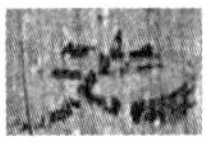

T10:361

T21:047

T21:059

見

1298

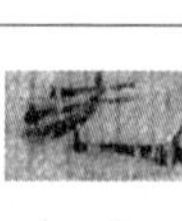

T21:239

T21:404

T21:483

T23:359A

T24:032

T25:105
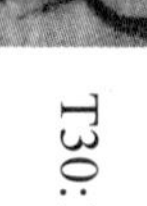
T26:199

T28:038

T30:041

T30:160

T30:174A

T30:176
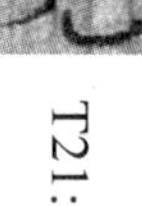
T30:247

T31:104A
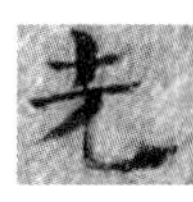
T31:141

T37:015

T37:251

H02:048A

73EJD:271
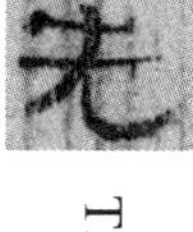
72EJC:37

72EJC:158B
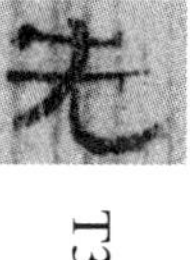
72EJC:288

73EJC:524

T01:242
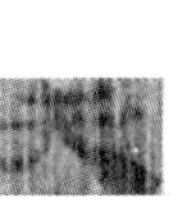

T06:035

T06:063

T06:168

T07:080A

T07:150
T08:016
T08:030
T09:086
T09:264A

T21:010
T21:112
T21:168
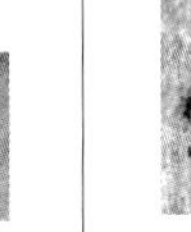

T21:214

T21:304

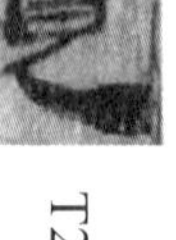
T21:346

T21:348B

T21:348B

T21:404

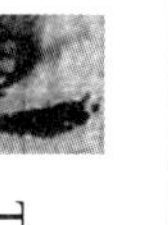

T21:412

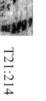

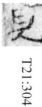

T23:077A
T23:080A
T23:302B
T23:359A

T23:359A

T23:453

T23:554

T23:677

T23:714
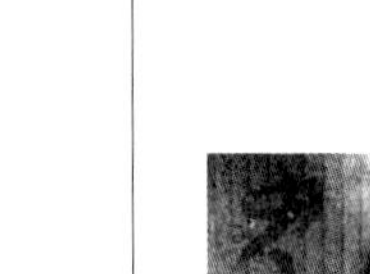
T23:731A

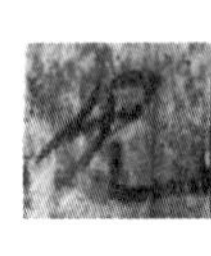

T23:789A

T23:877A

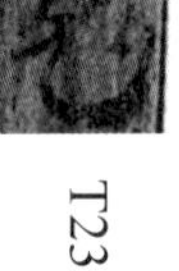

T23:888

T23:896A

T23:896B

T23:954A

T23:995A

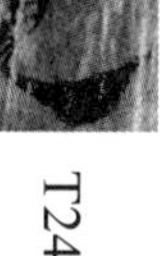
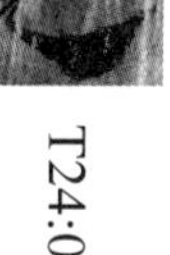

T24:031B

T24:061A

T24:073A

T24:073A

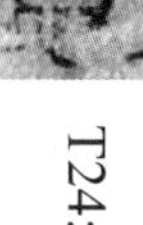

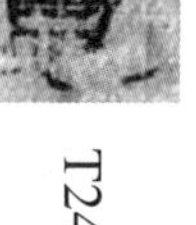
T24:104

T24:197

T24:204B

T24:558

T24:728A

T24:790

T26:033

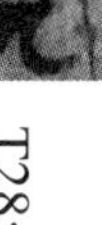
T28:013A

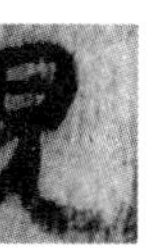
T28:068

T28:081

T28:101

T28:107

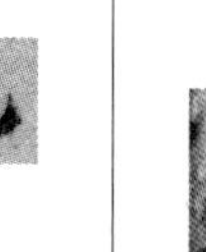

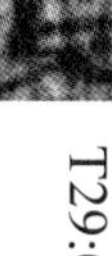
T29:089

T30:018

T30:039

T30:081B

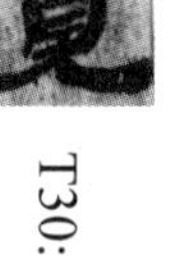
T30:134

T30:143

T30:180

T30:190

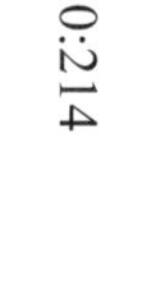
T30:214

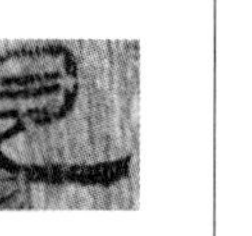
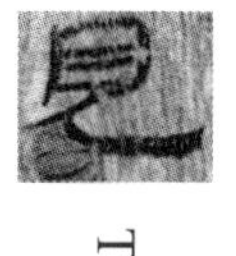
T30:214

T31:064

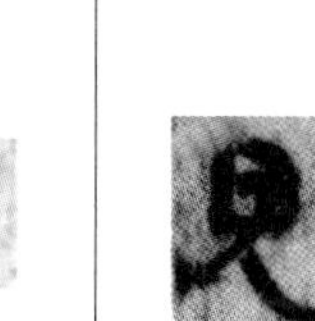

T33:028

見部 見

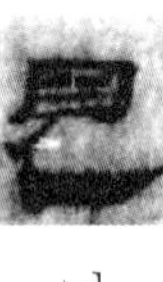
T33:088

T37:124
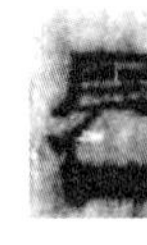
T37:708B
T37:1064
T37:1123

T37:1227A

H02:042

73EJF3:159A

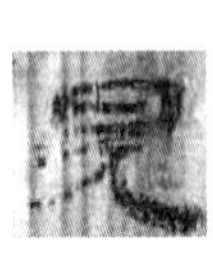
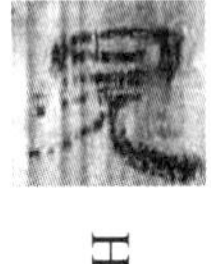
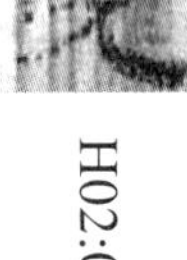
73EJF3:182A

73EJF3:182A

73EJF3:183A

73EJF3:295A

73EJF3:315A

73EJF3:604A

73EJF3:631

73EJD:124B
73EJD:161

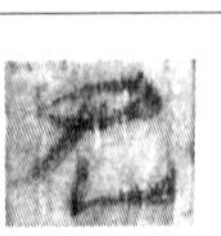
73EJD:262A

72EJC:173

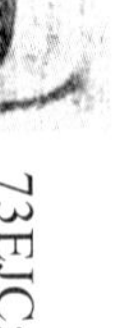
73EJC:447A

73EJC:613

73EJC:661

72ECC:1+2A

72ECC:40A

視 1299

T07:100B

T07:109

T09:025

T21:131B

T21:377

T23:237A

T23:430

T23:643

T23:967

T24:201A

T24:339B

T26:119

T29:114B

T29:116

T37:1498

73EJF3:67

73EJD:42

73EJD:288

73EJC:418

觀 1300

T01:001

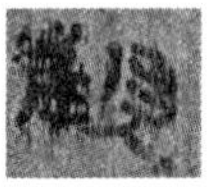

T09:277

73EJD:8A

覽 1301

73EJC:291

覺
覺
1302

T01:002

T21:155

親
親
1303

T02:022

T05:073

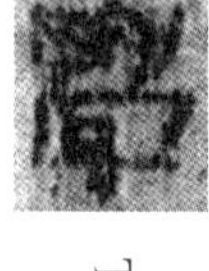
T05:079

T05:112

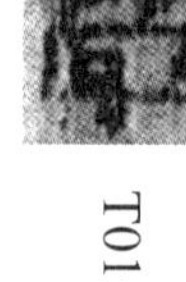
T07:040

T07:061

T09:102A

T09:251

T10:179

T10:214

T21:120

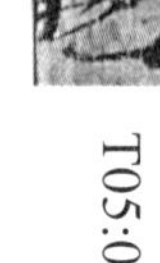
T23:919A

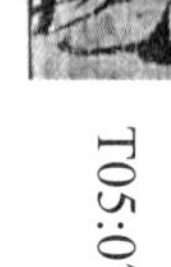
T24:154

T24:156

T24:250

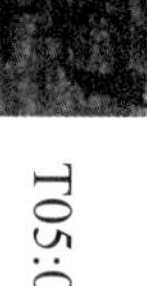
T30:165

T30:263

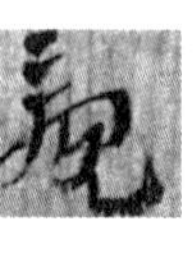
T31:141

T31:144

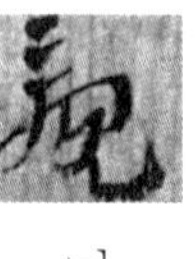
T37:377

T37:448

T37:523A

T37:1064

73EJD:103

72EDAC:7

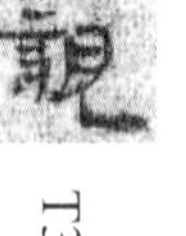

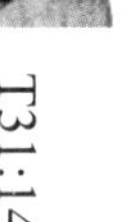

欽 1305　　覓 1304

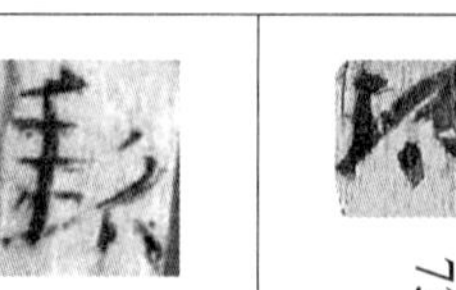
72ECC:35

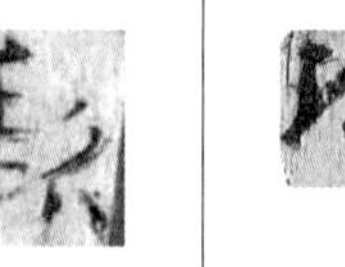
T03:105

T03:073

T23:015A

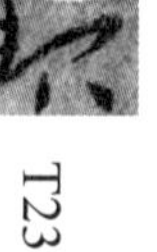
T23:079A

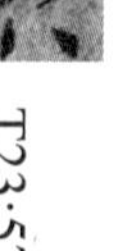
T23:290

T23:353

T23:574

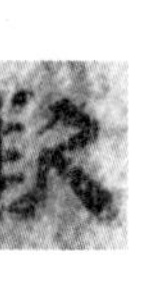
T24:040

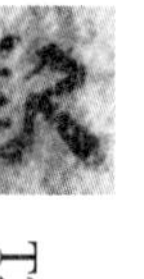
T37:609

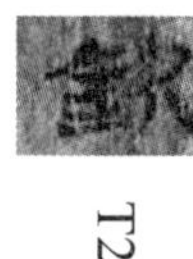
T37:754

T37:755

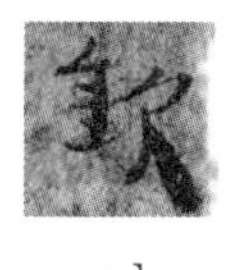
73EJF3:52

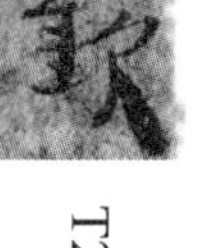
73EJF3:93

73EJF3:116B

73EJF3:120B

73EJF3:132

73EJF3:158

73EJF3:338+201

73EJF3:534+521

73EJF3:541

1306 欣

T10:152

T37:523A

73EJF3:35

1307 欲

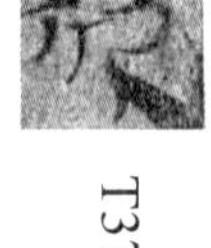
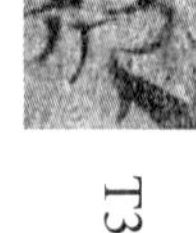
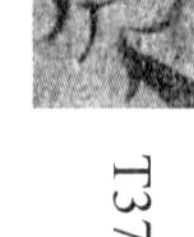

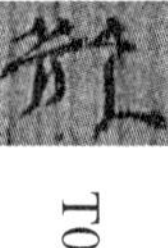
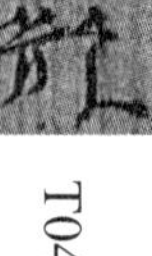
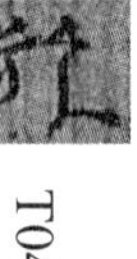
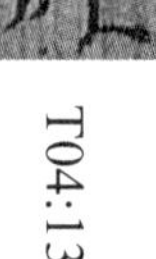

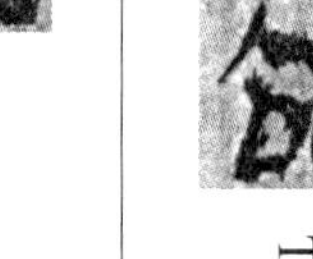
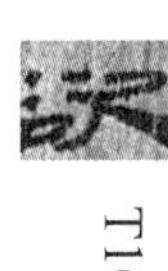

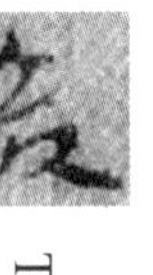

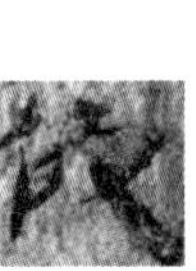
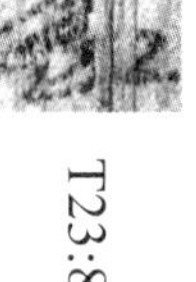

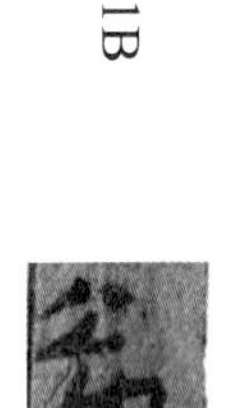

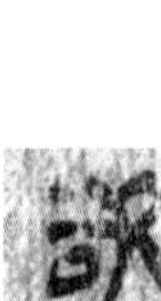

T01:014A

T04:108A

T04:138

T06:067A

T07:117

T09:065

T10:208

T10:221A

T10:229A

T10:409

T21:141

T21:198A

T22:051

T23:140

T23:289

T23:289

T23:359A

T23:359A

T23:364A

T23:453

T23:731B

T23:749

T23:788B

T23:861A

T23:896B

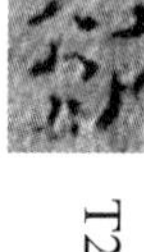

T23:897A

T23:919A

T24:011

T24:073B

T24:142

T24:142

T24:334A

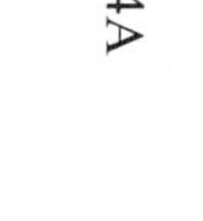

T24:417A

T24:521

T24:979

T24:979

T26:072

T29:064

T29:114B

T33:039

T34:001A

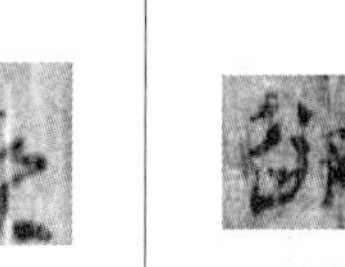
T37:377

T37:527

T37:708A

T37:734B

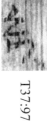

T37:974

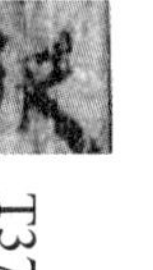
T37:1076A

73EJF3:183A

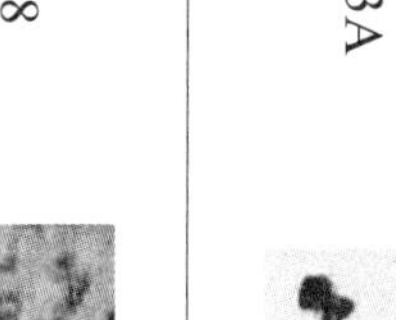
73EJF3:337

73EJF3:505

73EJD:16B

73EJD:75B

73EJD:238

73EJC:531A

73EJC:540

73EJC:600

72ECC:7

歌 1308

T05:011

歐 1309

T01:092

T03:053

T05:073

T21:061

T24:585

T31:149

73EJC:422

欸 1310

T05:070

次 1311

T01:022A

T01:022A

T03:055

T04:098A

T04:102

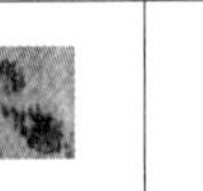
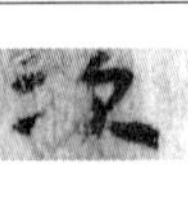

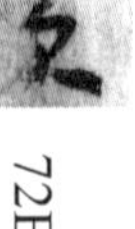

T08:106B

T24:063

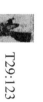

T24:400

T26:001A

T26:233A

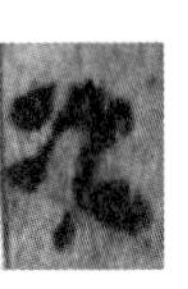

T27:046

T29:109

T29:123

T31:133

T31:167

T37:051

T37:526

T37:695

T37:1056

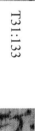

T37:1441A

H01:024

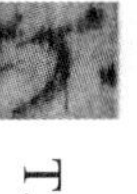

73EJF2:7

73EJD:33A

73EJD:317A

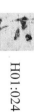

73EJD:319A

72ECC:55

72EBS7C:2A

歆

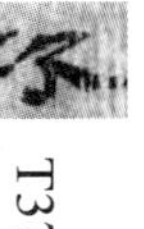

1312

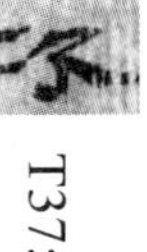

T23:467

T24:011

T37:706

T37:1160

T37:1196

T37:1401

73EJF3:139

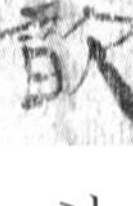
73EJF3:317

73EJF3:377

73EJF3:384B

73EJD:22

歙

1313

T07:081

T28:058

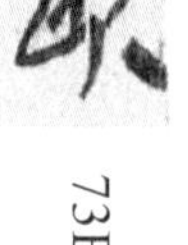
T33:065A

73EJD:26A

72EJC:116A

次

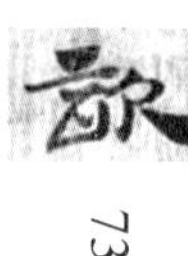
1314

T07:024

72ECC:54A

盜

1315

T05:071

T23:446

T23:566

T23:566

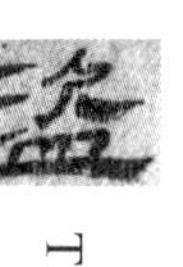
T24:012

T24:131

T28:008A

T37:056

T37:1097A

T37:1198

73EJF3:242

73EJF3:242

73EJF3:402

73EJF3:525A

73EJF3:557

73EJF3:557

73EJD:293

頭

頭（篆）

1316

肩水金關漢簡字形編·卷九上

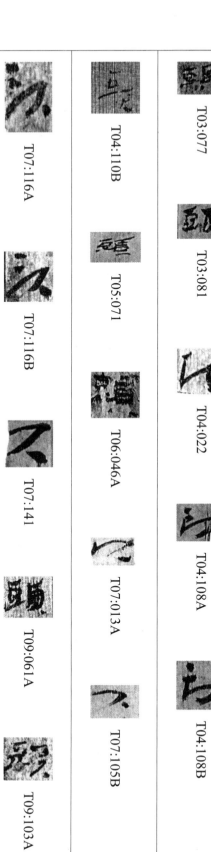

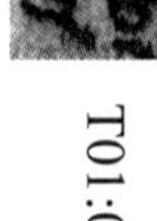
T01:001

T02:008A

T02:010B

T03:054A

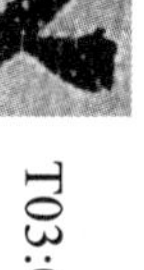

T03:054B

T03:077

T03:081

T04:022

T04:108A

T04:108B

T04:110B

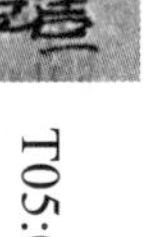
T05:071

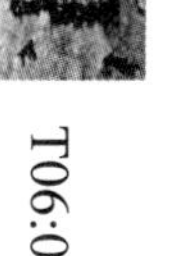
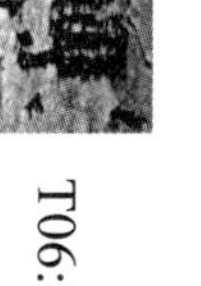

T06:046A

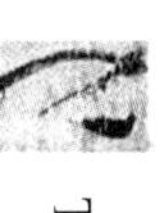
T07:013A

T07:105B

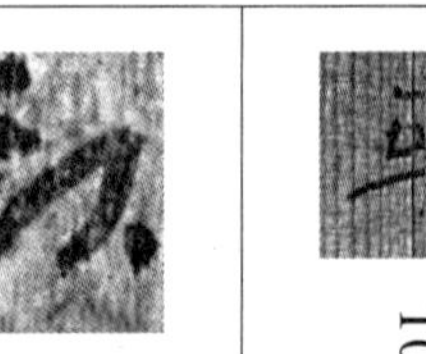
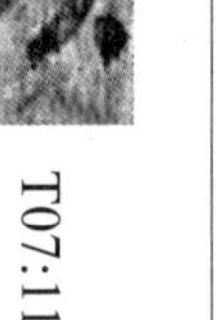
T07:116A

T07:116B

T07:141

T09:061A

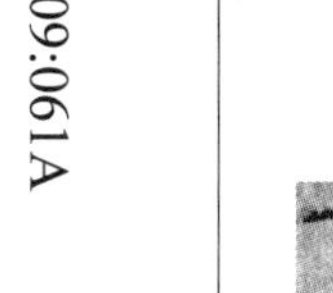

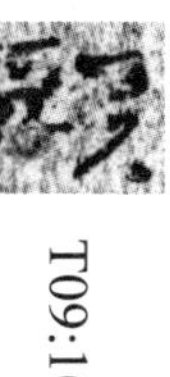
T09:103A

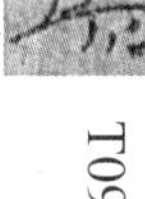
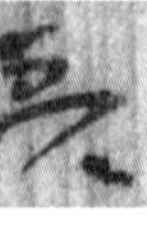
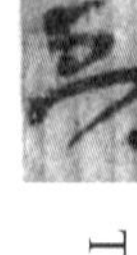

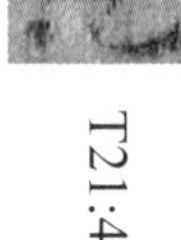

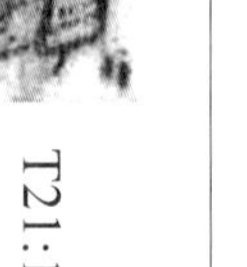

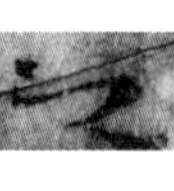
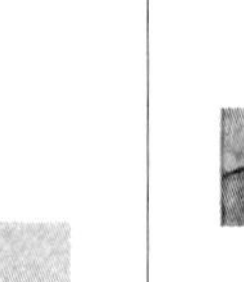

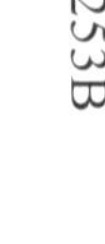

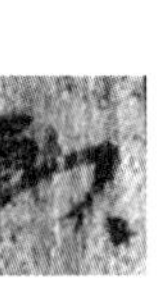

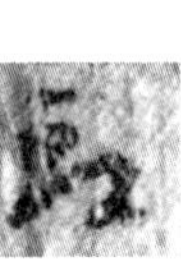

T09:217
T09:264B
T10:221A
T10:221A
T15:002
T15:008B
T15:009
T21:083
T21:198A
T21:361
T21:374A
T21:410A
T21:463
T23:043
T23:206
T23:253B
T23:279A
T23:282B
T23:302A
T23:303
T23:323A
T23:323A
T23:356
T23:359A
T23:360A
T23:364A
T23:364A
T23:406A
T23:412
T23:505
T23:624

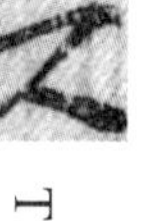

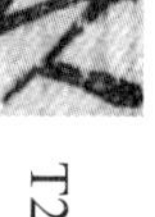

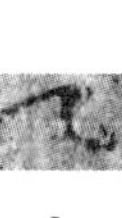
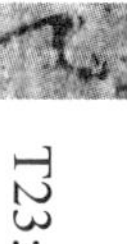

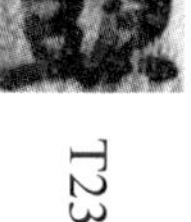

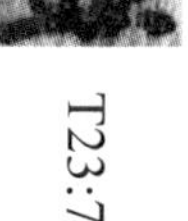

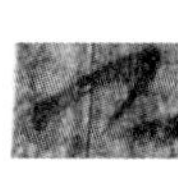
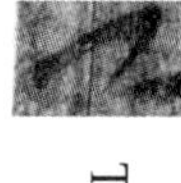
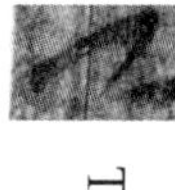

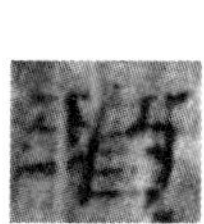

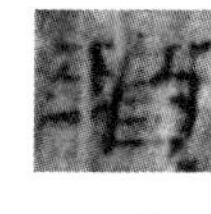
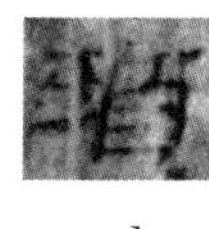
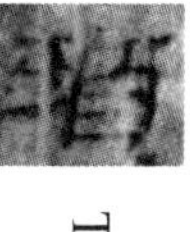
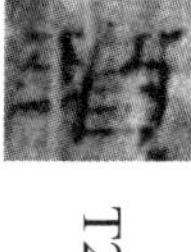

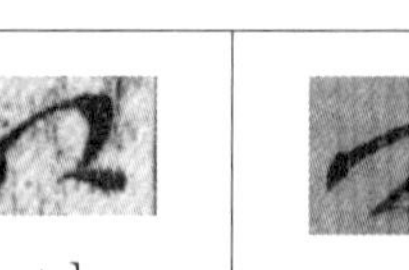

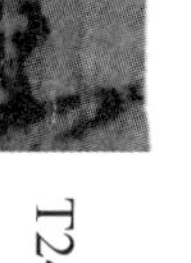
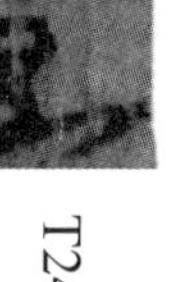

T23:673
T23:731A
T23:788A
T23:789A
T23:804B

T23:807
T23:811A
T23:861B
T23:874
T23:894A

T23:894B
T23:896B
T23:897A
T23:918A
T23:919A

T23:933
T23:938
T23:994B
T23:995A
T24:010B

T24:015A
T24:015B
T24:026
T24:028
T24:029

T24:061B
T24:073A
T24:073B
T24:108
T24:248

T24:443 T24:627A T26:003 T26:039 T26:084A

T26:192 T26:200 T26:238 T27:049 T28:028

T29:114A T29:114B T30:081B T31:106 T31:165

T31:168 T31:200 T33:032 T33:048 T33:068

T33:088 T37:026 T37:058 T37:084 T37:086

T37:127 T37:175 T37:178 T37:407 T37:522A

頁部 頭

T37:583B

T37:684

T37:708B

T37:712

T37:758

T37:761

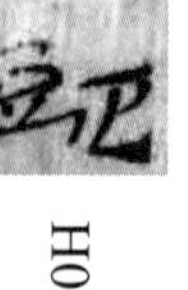
T37:762

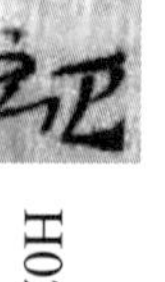
T37:786A

T37:786B

T37:798

T37:841

T37:988

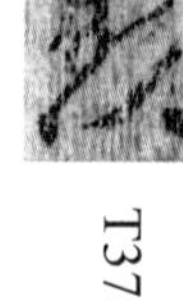
T37:1058

T37:1137

T37:1200A

T37:1275

T37:1375A

T37:1557

H01:019

H01:080A

H02:046

F01:022

F01:022

F01:026

F01:026

73EJF3:56

73EJF3:67

73EJF3:77A

73EJF3:89

73EJF3:105

73EJF3:124B

73EJF3:127A

73EJF3:132

73EJF3:139

73EJF3:140

73EJF3:146

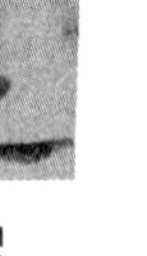
73EJF3:147

73EJF3:159A

73EJF3:164

73EJF3:172

73EJF3:178A

73EJF3:182A

73EJF3:183A

73EJF3:183B

73EJF3:430A+263A

73EJF3:295A

73EJF3:315A

73EJF3:326

73EJF3:329A

73EJF3:346

73EJF3:368

73EJF3:369

73EJF3:370

73EJF3:371

73EJF3:372

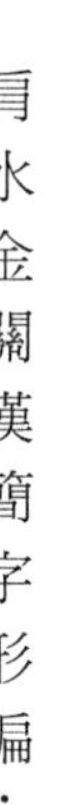

顏

1317

73EJF3:373

73EJF3:392A

73EJF3:392B

73EJF3:536+424

73EJF3:460A

73EJF3:481

73EJF3:570+547

73EJT4H:74A

73EJD:39B

73EJD:187A

73EJD:284A

73EJD:308

73EJD:325
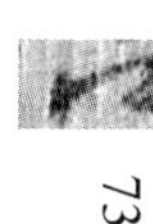
73EJD:360
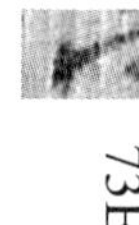
73EJD:363

72EJC:7
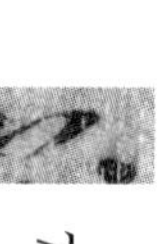
72EJC:91
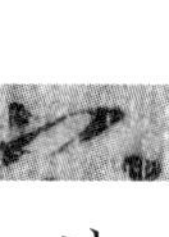
72EJC:284

73EJC:599A
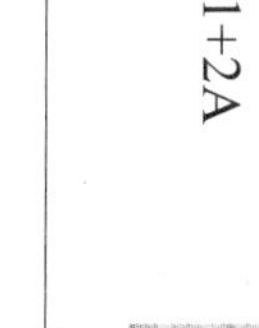
72ECC:1+2A

72ECC:7

72EBS9C:4A+3B

T37:751

73EJF3:28

72ECC:23

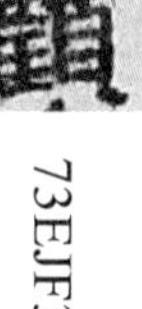

頌

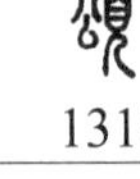

1318

T21:192

顥

1319

T01:217A

T03:054B

T04:042A

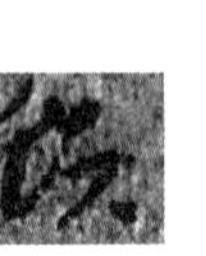

T04:065

T04:119

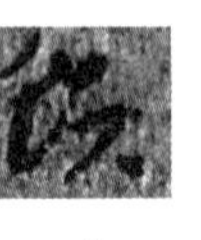

T04:123

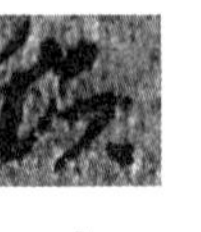

T04:142

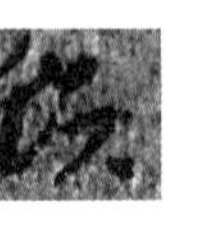

T06:068A

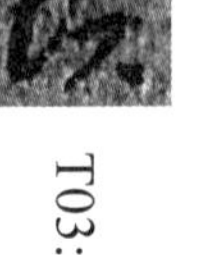

T07:025

T07:139

T07:180A

T09:264A

T10:208

T10:208

T10:218A

T10:221A

T10:309

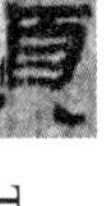

T10:327A

T15:007

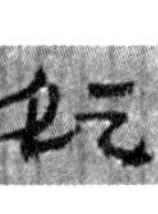

T15:008A

T15:008B

T21:059

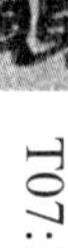

T21:102A

T21:131B

T21:174

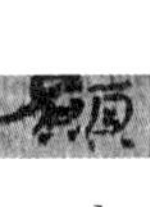
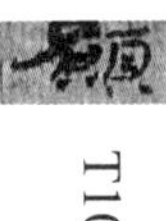
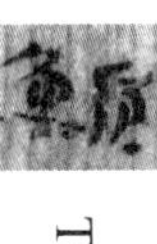

T21:374B

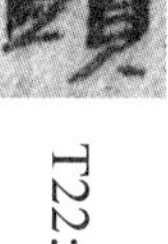
T21:493A

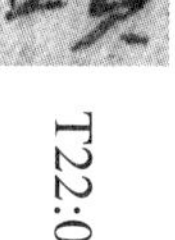
T22:080

T23:076A

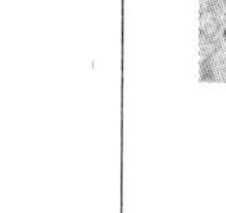

T23:239

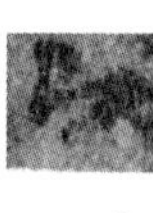

T23:335

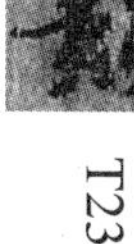
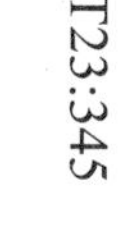
T23:345

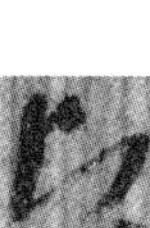

T23:360A

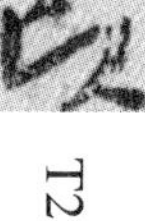
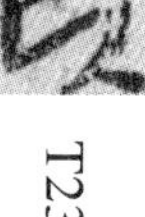
T23:406B

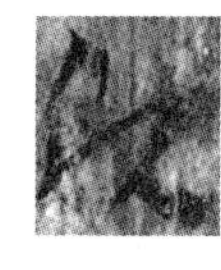

T23:610B

T23:692

T23:788B

T23:808A

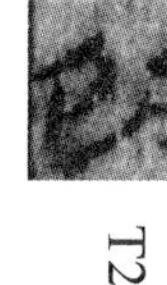
T23:880B

T23:885A

T23:885A

T23:886

T23:894A

T23:896A

T23:896A

T23:896A

T23:909B

T23:917A

T23:917A

T23:919A

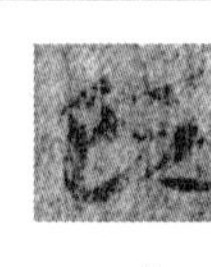
T23:919B

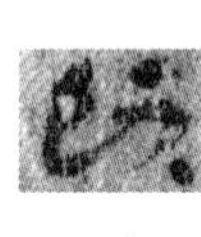
T23:919B

T23:995A

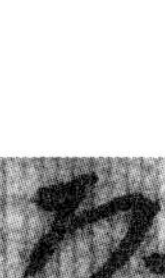
T24:015B

T24:032

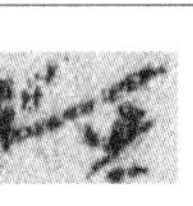
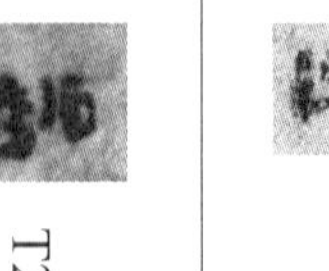

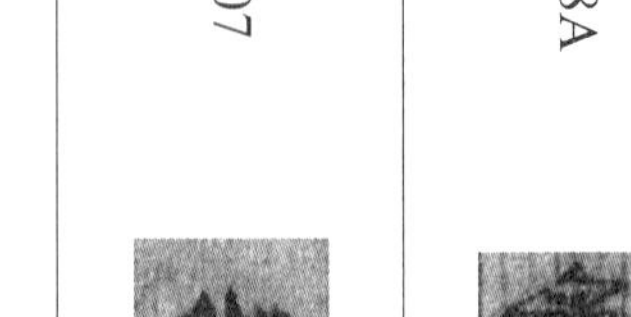
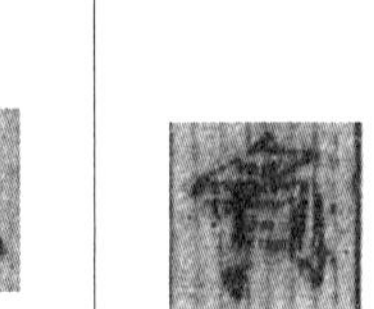
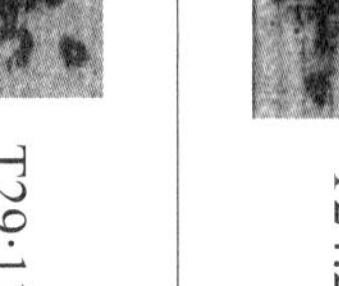
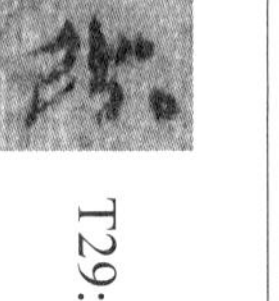

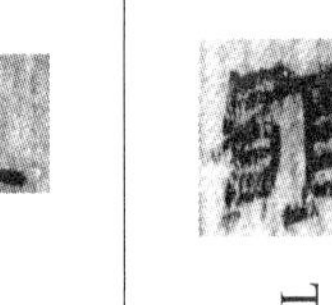

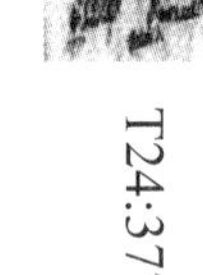
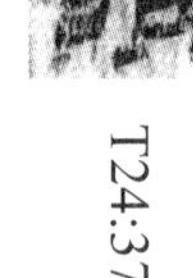

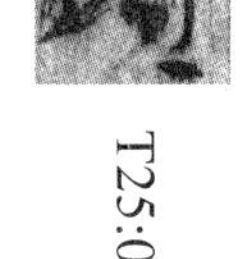

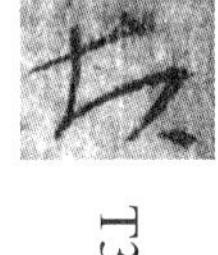
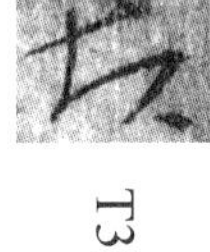

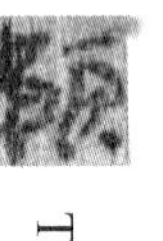

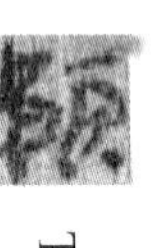

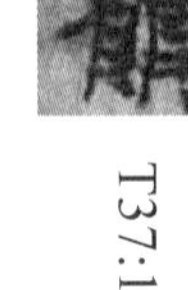

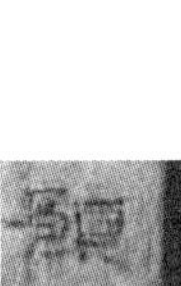

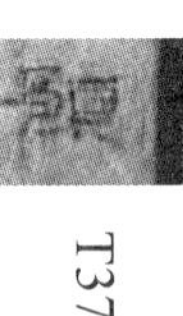

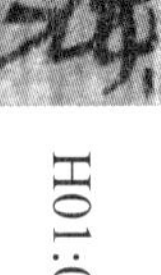

T24:058A T24:216 T24:377 T25:013 T26:200

T28:107 T29:114B T30:028A T30:028A T30:028A

T30:035B T30:081A T30:097 T30:172A T30:235

T31:135 T33:001 T33:028 T33:039 T37:529 T37:530

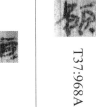

T37:637 T37:776A T37:780 T37:968A T37:1451A

T37:1491 T37:1535B H01:078 H02:047A H02:048B

H02:048B

H02:048B

H02:048B

H02:048B

H02:080

F01:020B

F01:084A

F01:110

73EJF3:159B

73EJF3:182A

73EJF3:182A

73EJF3:329B

73EJF3:335

73EJF3:620

73EJT4H:36

73EJC:366

73EJC:448A

73EJC:599B

題

1320

T31:102A

頸

1321

T10:357

領 1322

T03:104

T05:008A

T21:084

T23:374

T23:934

T23:975

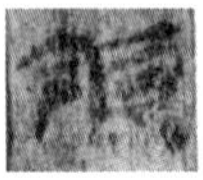

T25:066

T26:054

T26:067

T28:104

T31:105

T37:056

F01:096

73EJF2:15

73EJF3:1

72EJC:130

73EJC:671

72ECC:3

碩 1323

T21:211

顧 1324

T09:086

T10:300

T23:289

T23:289

T37:1029

順

1325

73EJD:258A

T03:050

T08:078

T10:357

T10:384

T21:020

T21:229

T24:127

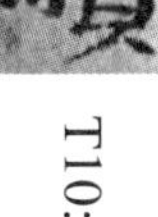
T24:132

T24:132

T24:516A

T29:021

T31:074

T37:455

T37:457

T37:486

T37:523A

T37:938

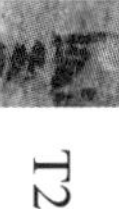
T37:1062A

T37:1139

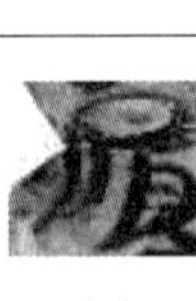
T37:1139

T37:1139

F01:117

F01:117

73EJF2:26

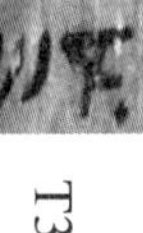
73EJF3:89

73EJF3:537

73EJD:52

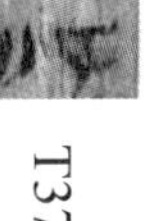
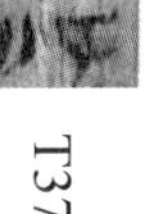

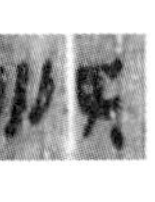
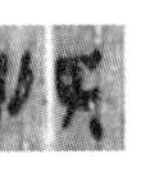

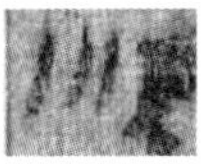

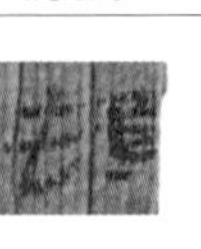

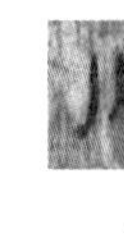

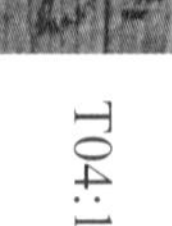

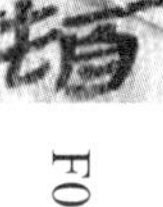

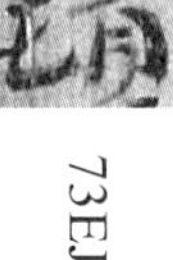

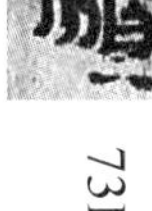

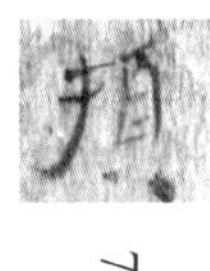
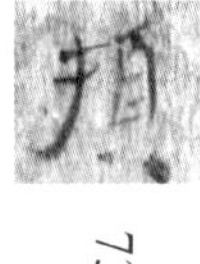

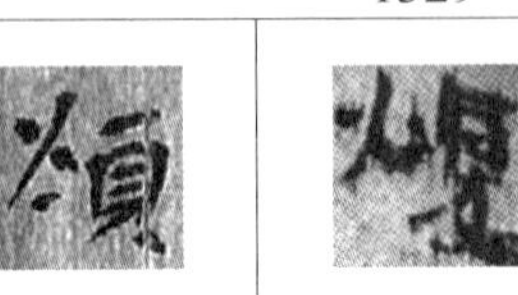
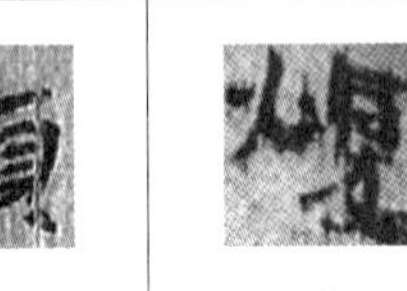

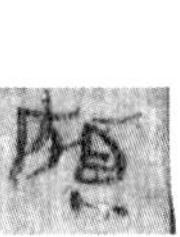
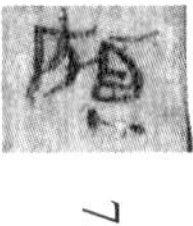

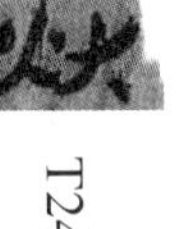
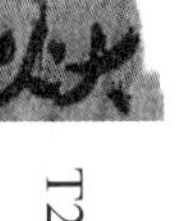
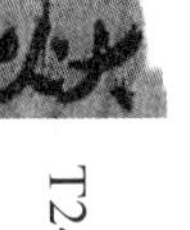

73EJD:118

72EJC:261B

73EJC:604

73EJC:604

73EJC:642

頓 1326

T04:137

T37:776A

F01:002

73EJF3:292A+594B

73EJD:40B

頡 1327

T06:111A

73EJC:634

頗 1328

T26:088A

73EJC:311

73EJC:497

煩 1329

T01:002

T23:994A

T24:707

T26:065

73EJD:266A

72ECC:1+2A

72ECC:3

1330 顯		1331 預	1332 頻	1333 ⿰言頁	1334 額
T23:767	F01:013	F01:004	T01:001	73EJC:631	T01:001
T24:245	73EJF2:10	F01:007	T37:989		
T24:416B	73EJF3:145	73EJF3:576			
T31:064	73EJF3:311				
T37:915	73EJD:244				

面 1335

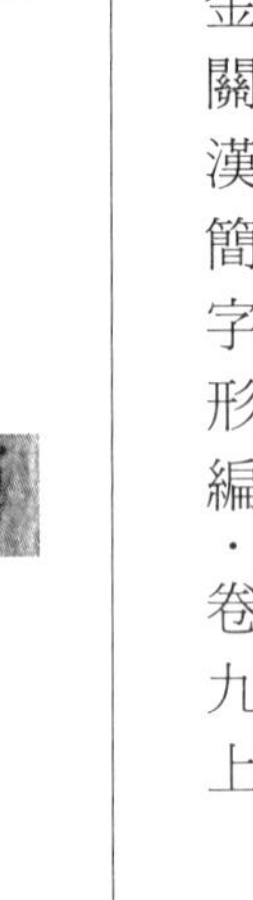

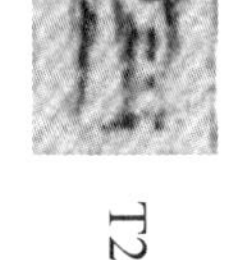
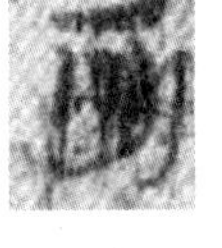

T01:001
T10:362
T23:359A
T24:004
T24:004
T24:004
T37:660
T37:1548
73EJD:8A
72EJC:119
72ECC:25

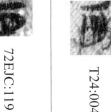

首 1336

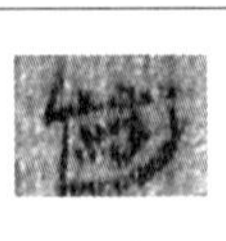
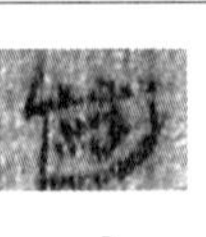
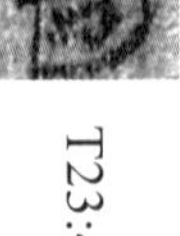

T23:490
F01:002
73EJF3:292A+594B
73EJD:258A

縣 1337

T01:001
T01:002
T01:002
T01:029
T01:050

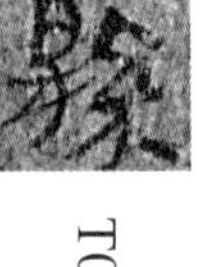
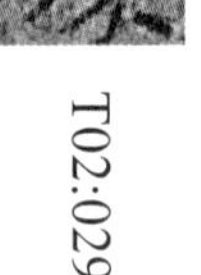

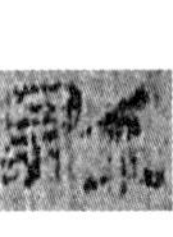

T01:101
T01:169
T02:029A
T02:035
T02:053A

T03:005

T03:053

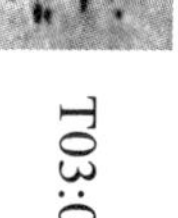

T03:055

T03:055

T03:105

T03:113

T04:064

T04:101

T05:039

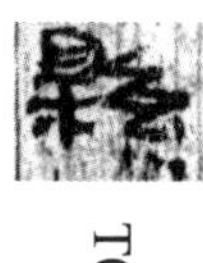

T05:061

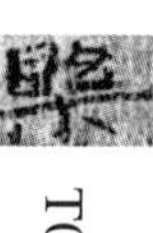

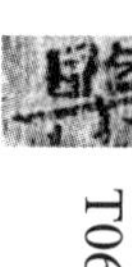
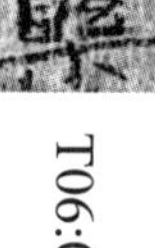
T06:031

T06:037

T06:081A

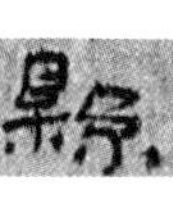
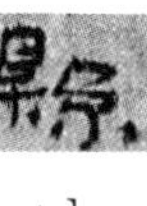
T06:091

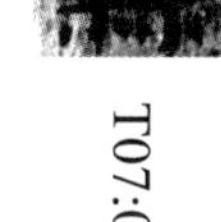
T07:022A

T07:023

T07:054

T07:057

T07:099

T07:159

T08:025

T08:051A

T08:074

T09:007

T09:012A

T09:030

T09:092A

T09:104

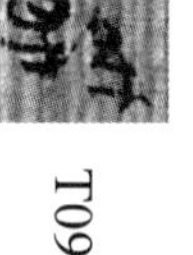
T09:104

T09:124

T09:126

肩水金關漢簡字形編·卷九上　縣部　縣

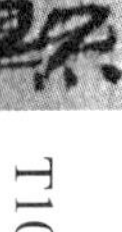
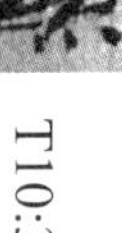
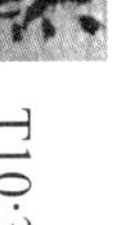

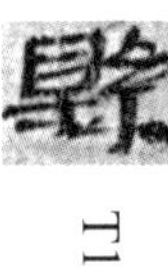

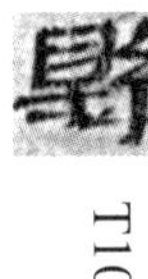
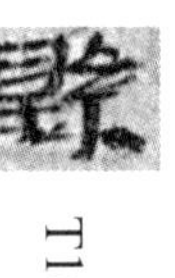
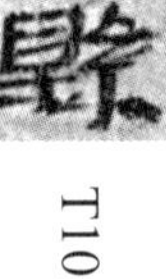

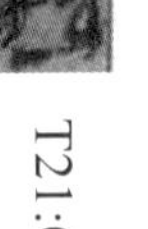

T09:231　T09:231　T09:277　T10:067　T10:120A

T10:135　T10:185　T10:212　T10:222　T10:232A

T10:236A　T10:267A　T10:315A　T10:336　T10:359

T10:389　T10:412　T14:002　T14:015　T14:016　T15:007

T15:029A　T21:047　T21:056　T21:080　T21:104

T21:105　T21:125A　T21:200　T21:229　T21:245

T21:373

T23:015A

T23:018

T23:133A

T23:134A

T23:147

T23:229A

T23:506

T23:621

T23:631

T23:647

T23:658

T23:731B

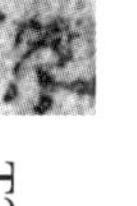
T23:825

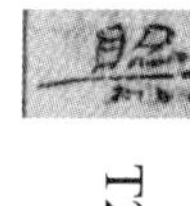
T23:890

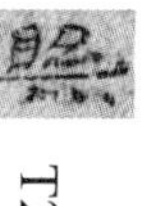
T23:994A

T24:035A

T24:127

T24:131

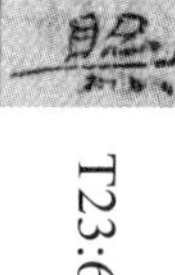
T24:131

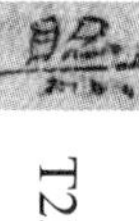
T24:240A

T24:245

T24:249

T24:266A

T24:266A

T24:321

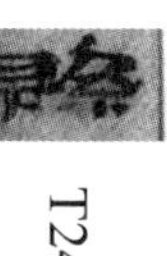
T24:331

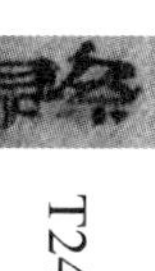
T24:369

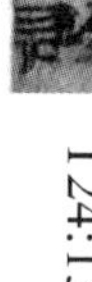
T24:382A

T24:427A

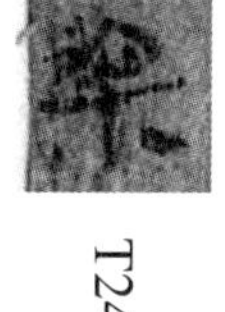

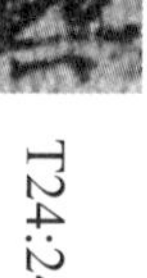

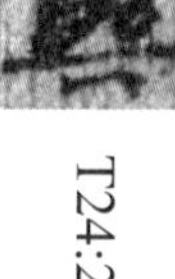

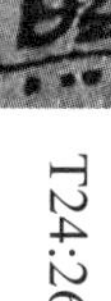
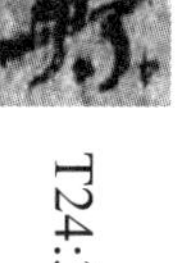

県部 縣

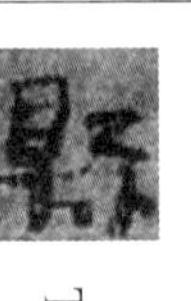

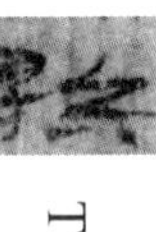

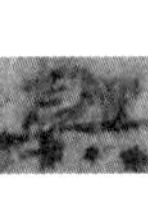
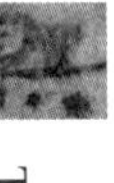

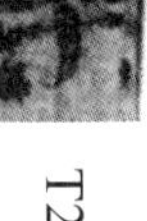
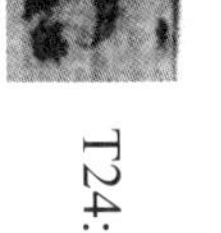
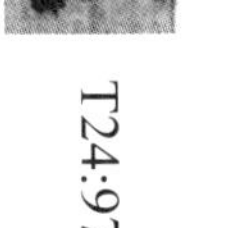

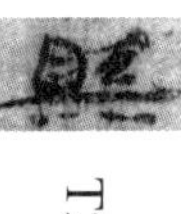

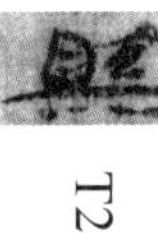

T24:431
T24:525
T24:532A
T24:532A
T24:720

T24:816
T24:897
T24:931
T24:977A
T25:007A

T25:015A
T25:114
T25:178
T26:042
T26:210

T26:210
T26:227A
T27:013
T29:068
T29:074

T29:100
T30:011
T30:016
T30:031
T30:102

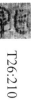

T30:154
T30:205
T30:210A
T31:034A
T31:062

T31:066

T31:069

T31:091

T31:149

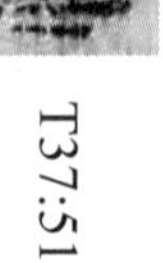
T32:003

T33:040A

T33:077

T34:001A

T34:006A

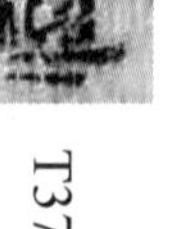
T34:006A

T34:006A

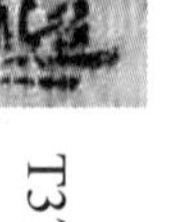
T37:005

T37:007

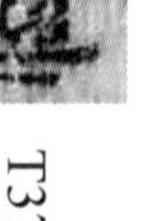
T37:064

T37:067

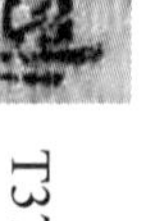
T37:239

T37:285

T37:303

T37:420

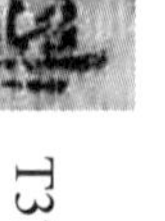
T37:451

T37:519A

T37:519A

T37:523A

T37:526

T37:526

T37:529

T37:529

T37:530

T37:530

T37:530

T37:638

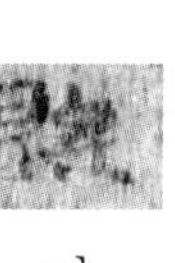
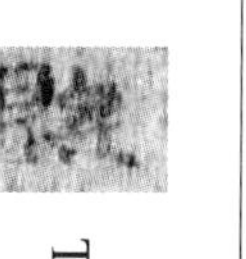
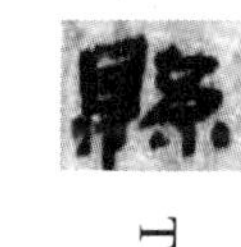

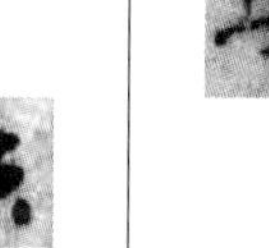
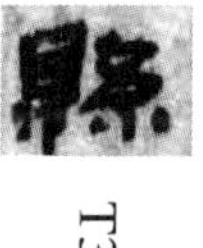
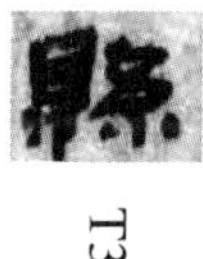

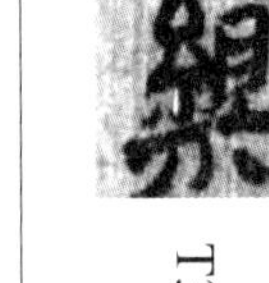

T37:640

T37:678

T37:680

T37:692

T37:693

T37:707A

T37:727A

T37:733

T37:749A

T37:752A

T37:778

T37:780

T37:781A

T37:782

T37:878A

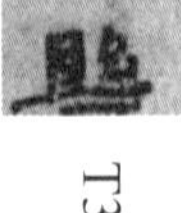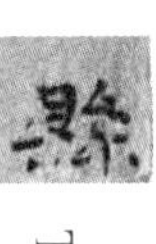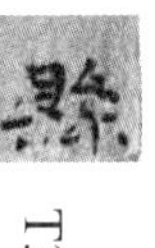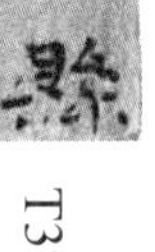

T37:878A

T37:902

T37:909

T37:913A

T37:969

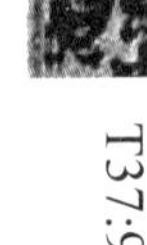

T37:975

T37:993

T37:1013

T37:1020A

T37:1061A

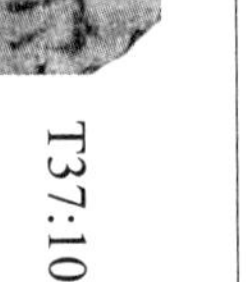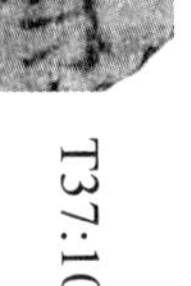

T37:1065A

T37:1066

T37:1067A

T37:1070

T37:1076A

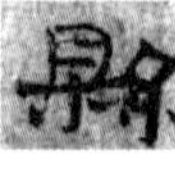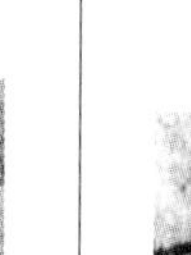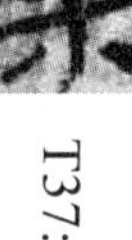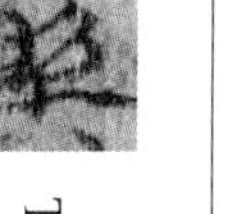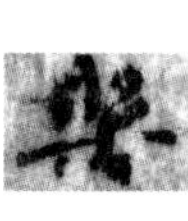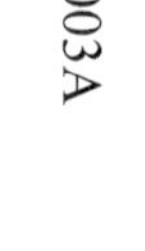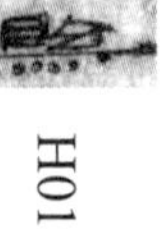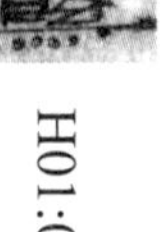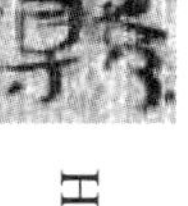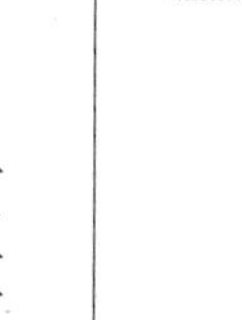

T37:1076A
T37:1095A
T37:1095A
T37:1167A
T37:1184

T37:1188
T37:1216
T37:1310
T37:1311
T37:1401

T37:1441A
T37:1450
T37:1453
T37:1462
T37:1491

T37:1493
T37:1499A
T37:1500
T37:1503A
T37:1518

H01:003A
H01:014
H02:005A
H02:019
F01:025

F01:096
73EJF2:17
73EJF2:27
73EJF3:43
73EJF3:116A

73EJF3:117A

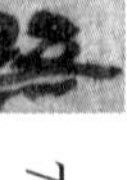
73EJF3:117A

73EJF3:120A

73EJF3:122

73EJF3:137

73EJF3:139

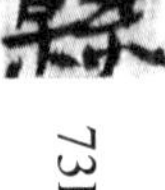
73EJF3:167

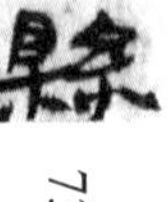
73EJF3:172

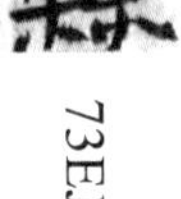
73EJF3:181

73EJF3:298

73EJF3:327

73EJF3:327

73EJF3:370

73EJF3:370

73EJF3:372

73EJF3:441

73EJF3:469

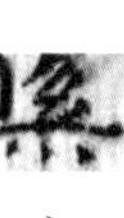
73EJT4H:72

73EJD:40A

73EJD:48

73EJD:64

73EJD:131

73EJD:246

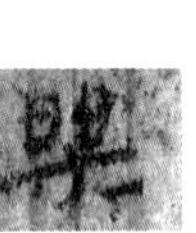
73EJD:307B

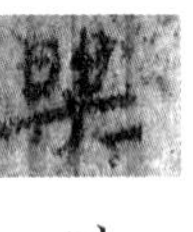
72EJC:2A

72EJC:256+22

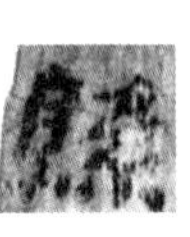

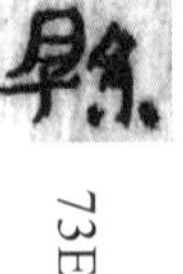

72EJC:65

72EJC:272B

73EJC:292

73EJC:300

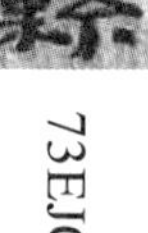

73EJC:360

73EJC:366

73EJC:446A

73EJC:529A

73EJC:534

73EJC:555A

73EJC:665

72EBS7C:1A

須

1338

T14:041

T23:620

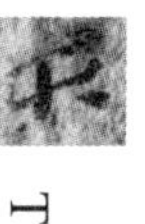
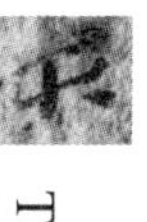
T23:709B

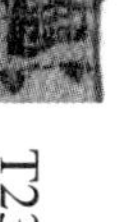
T23:951A

T23:978

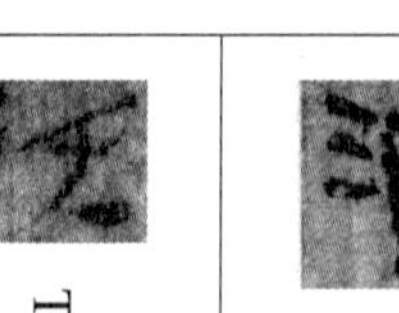

T24:190A

T25:015B

T26:002A

T30:028A

T30:134

T31:097B

T31:101A

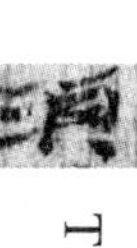
T31:117

T37:646

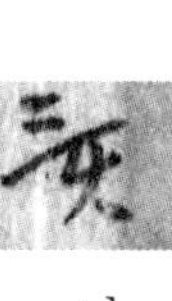
T37:786A

F01:027

F01:027

73EJF3:57A

73EJF3:183B

73EJF3:392A

73EJF3:392B

73EJD:148A

72ECC:57

1339 頾

T37:688

1340 䫇

T37:660

T37:1334

1341 弱

T09:003

T23:692

T23:910

T23:925

T23:994B

T30:139

73EJF3:552

彥 1342

T09:258

文 1343

T03:077
T04:182
T06:016
T06:044B
T06:044B
T06:050
T06:063
T09:207B
T09:235
T10:060
T21:270
T22:038B
T23:365B
T23:767
T23:769A
T23:984B
T24:024A
T24:268B
T24:739
T24:845
T26:088A
T26:145
T30:148A
T30:172A
T30:235
T31:090
T32:046

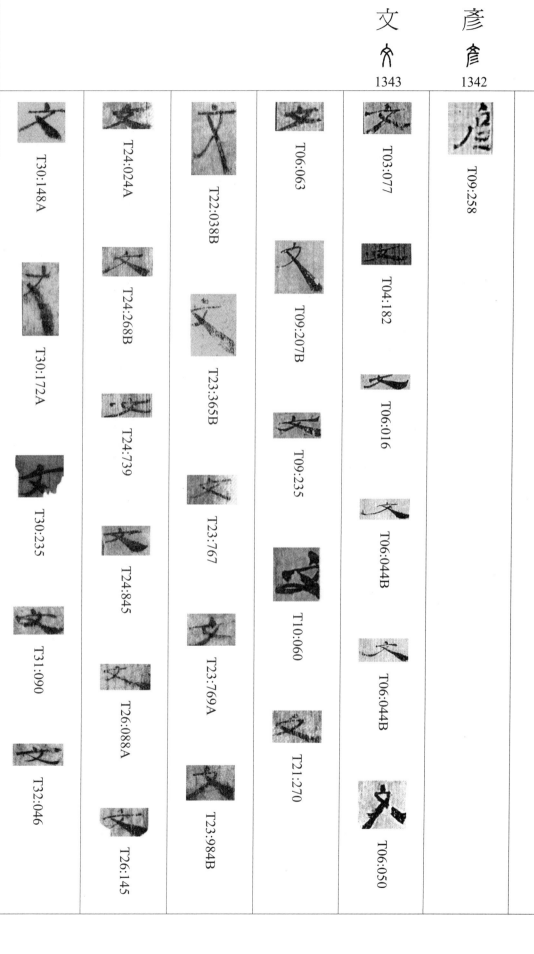

文（續）

T37:540
T37:763
T37:1052A
H02:080
73EJF3:125A

73EJF3:153
73EJF3:327
73EJD:11
72EJC:60
72EJC:261B

73EJC:599B
73EJC:631
72ECC:3
72EBS7C:2A

1344 髮

T01:001
H01:028
73EJD:26A

1345 髡

T08:011
T37:260
T37:522A

1346 后

T01:001
T22:009

司

1347

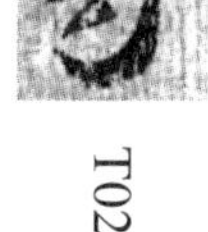

T01:025　T01:116　T01:177　T02:016　T03:098

T08:054A　T09:081　T09:087　T09:156　T10:311　T10:379

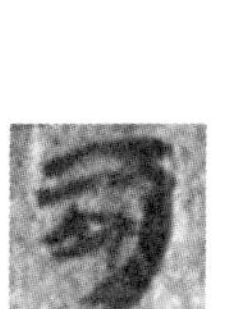
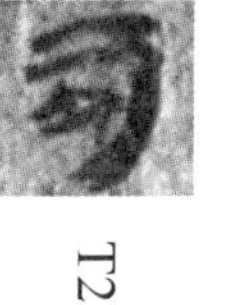

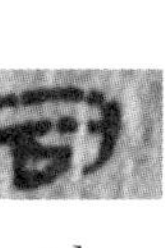

T21:137　T21:180　T22:072　T23:311　T23:496

T23:620　T23:696　T23:707　T23:777　T23:878

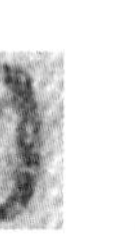

T23:890　T24:249　T24:558　T24:737　T30:079

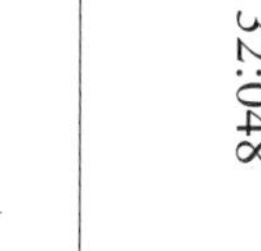

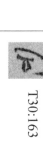

T30:163　T30:167A　T30:206　T31:193　T32:048

T37:035
T37:153
T37:277
T37:547
T37:760
T37:928
T37:1501
T37:1509
H01:003A
H02:077
F01:013
73EJF3:1
73EJF3:2
73EJF3:94
73EJF3:94
73EJF3:109
73EJF3:147
73EJF3:167
73EJF3:183B
73EJF3:433+274
73EJF3:355
73EJD:33A
73EJD:57
72EJC:19
72EJC:49
73EJC:359
72EBS7C:2A

令

1348

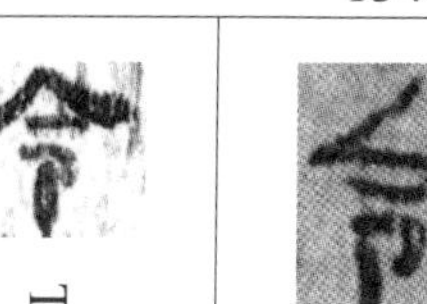

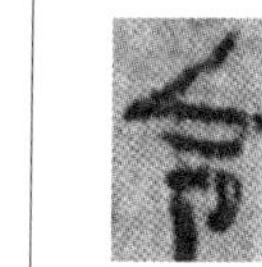
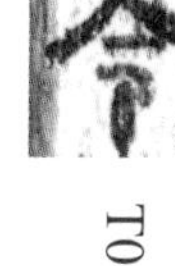
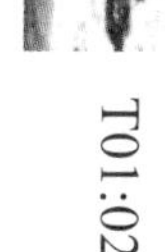

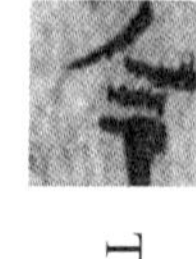
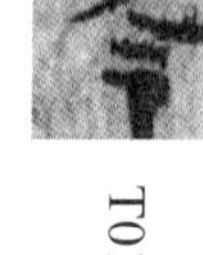
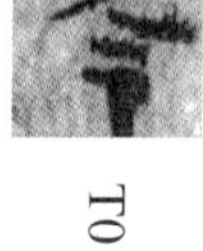

T01:002　T01:002　T01:002　T01:007

T01:023　T01:027　T01:027　T01:029　T01:063

T01:189　T02:022　T02:097　T03:004　T03:021

T03:055　T03:055　T03:055　T03:060

T03:065　T03:065　T03:078　T03:113　T03:114　T03:114

T04:041A　T04:056　T04:056　T04:102　T04:102

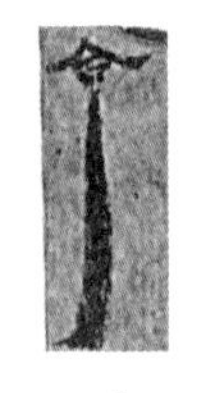

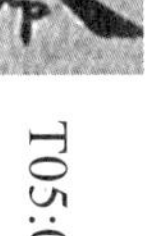

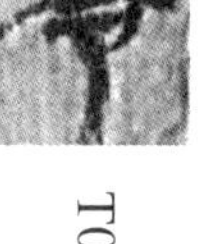
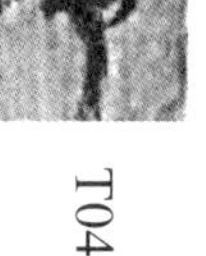

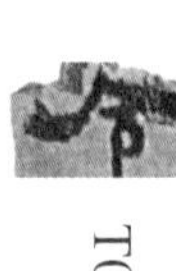

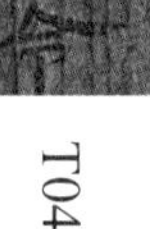

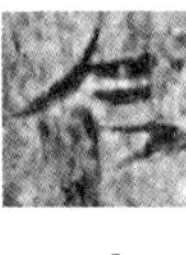

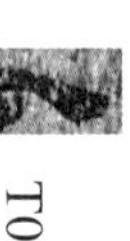

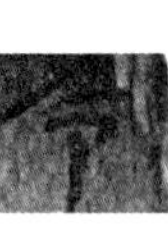

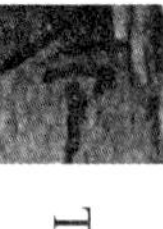

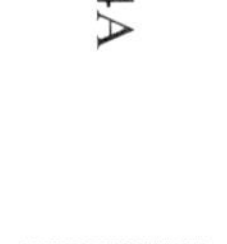

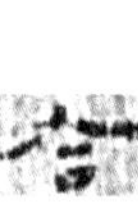
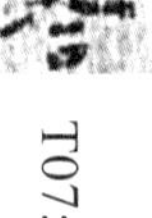

T04:147
T04:147
T04:154
T04:182
T05:028

T05:068A
T05:068A
T05:068A
T05:068B
T05:072

T05:072
T05:076
T05:076
T06:014A
T06:014B

T06:023A
T06:023B
T06:027A
T06:081A
T06:081B

T06:145
T07:022A
T07:025
T07:025
T07:081

T07:083
T07:116A
T07:142
T07:166A
T08:009

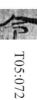

T08:013A

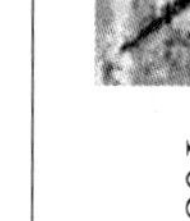
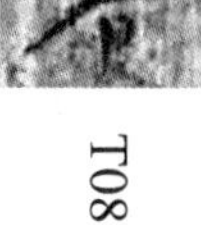
T08:021

T08:050

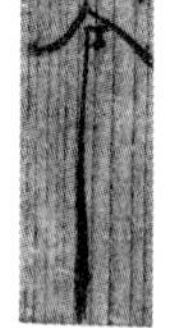
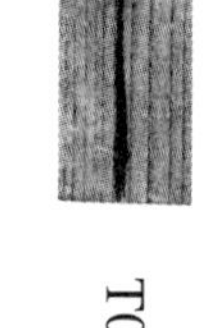
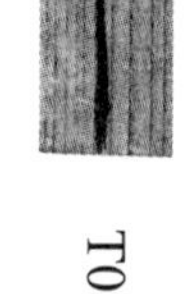
T08:051A

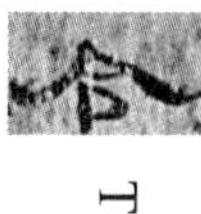

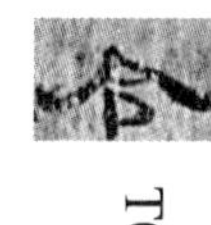
T08:088

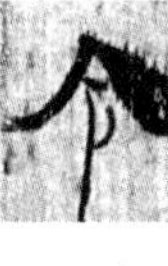
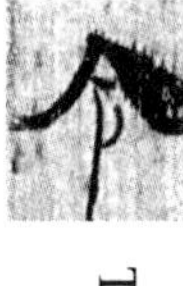
T09:005

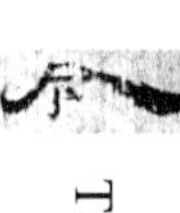
T09:005

T09:062A

T09:069

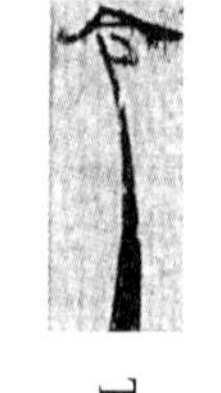
T09:092A

T09:092A

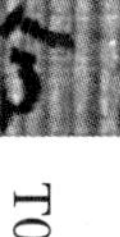
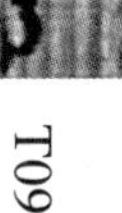

T09:104

T09:104

T09:104

T09:104

T09:133

T09:144A

T09:152A

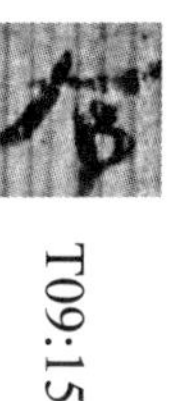
T09:154

T09:175A

T09:189

T09:232A

T09:336

T09:387

T10:115A

T10:120A

T10:120A

T10:156

T10:206

T10:206

T10:207
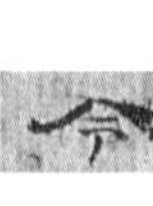
T10:210A

T10:214

T10:218A

T10:222

T10:226B

T10:253

T10:266

T10:303
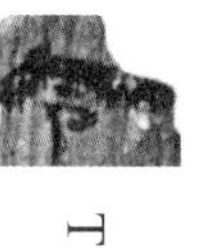
T10:303

T10:304

T10:309

T10:310

T10:313A

T10:313A

T10:398

T10:411

T10:417

T11:015
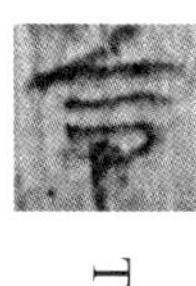
T14:011B
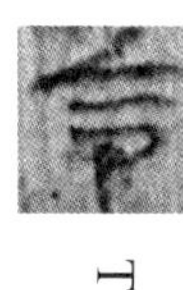
T14:016
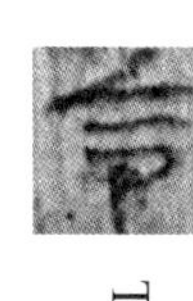
T14:031B

T15:007

T15:013

T15:019

T21:015

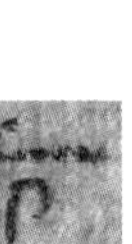
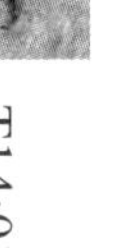

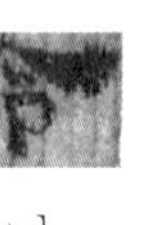
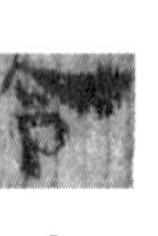
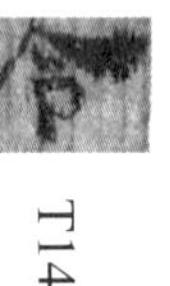
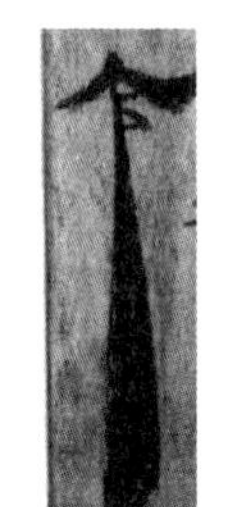

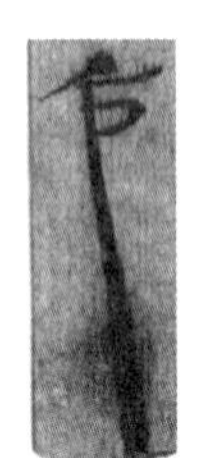
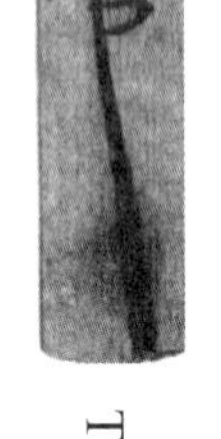

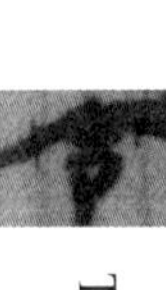

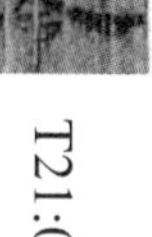

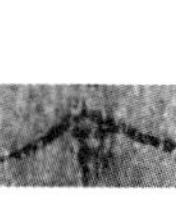
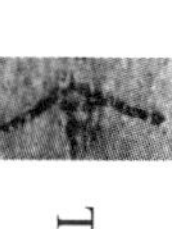

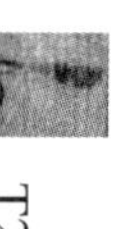

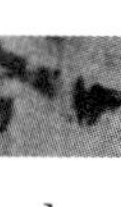
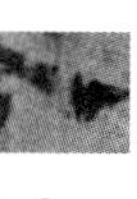

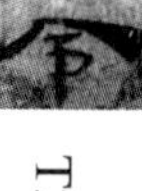

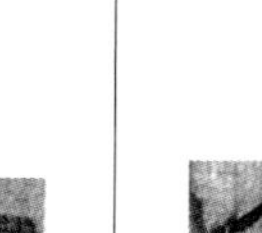
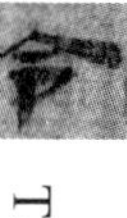
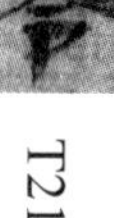
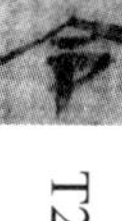
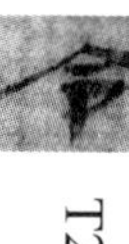
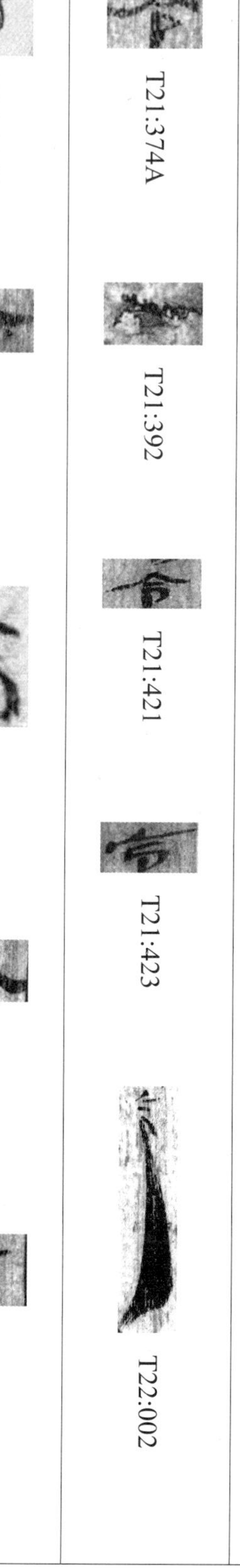

T21:038A　T21:043B　T21:047　T21:056　T21:059

T21:078　T21:102A　T21:102A　T21:103　T21:104

T21:104　T21:104　T21:109B　T21:110　T21:143

T21:175B　T21:179　T21:200　T21:330　T21:330

T21:374A　T21:392　T21:421　T21:423　T22:002

T22:011D　T22:021A　T22:114　T23:015B　T23:019B

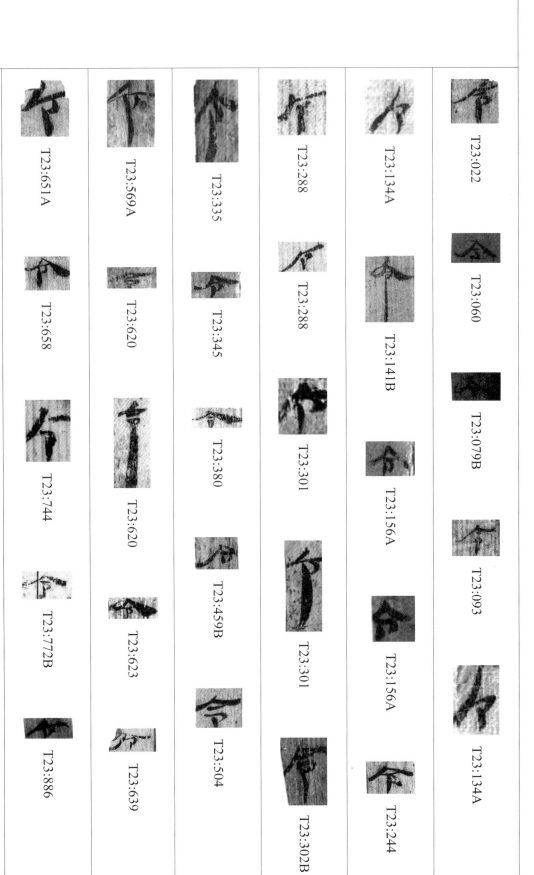

T23:022 T23:060 T23:079B T23:093 T23:134A

T23:134A T23:141B T23:156A T23:156A T23:244

T23:288 T23:288 T23:301 T23:301 T23:302B

T23:335 T23:345 T23:380 T23:459B T23:504

T23:569A T23:620 T23:620 T23:623 T23:639

T23:651A T23:658 T23:744 T23:772B T23:886

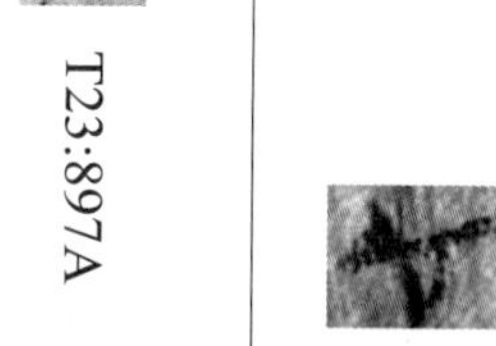
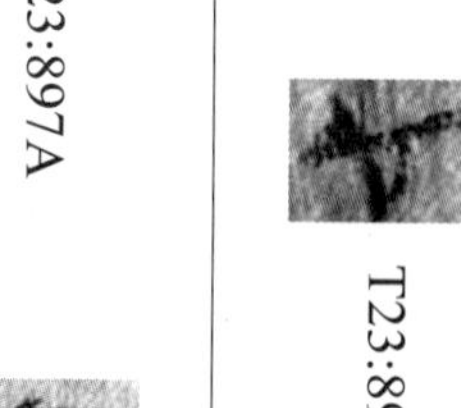
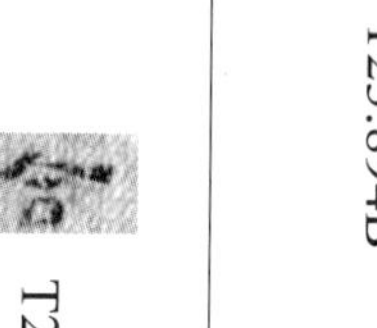
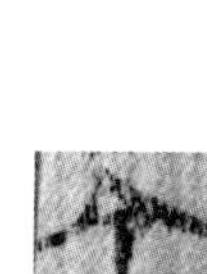
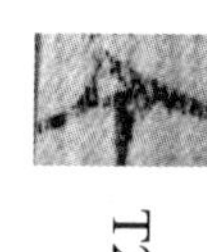

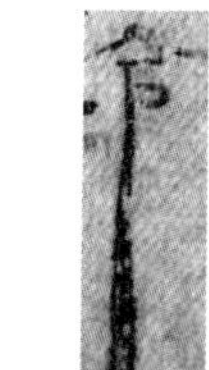
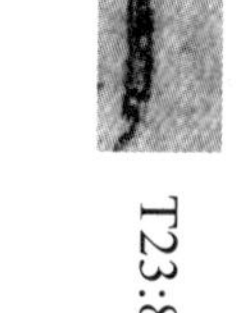

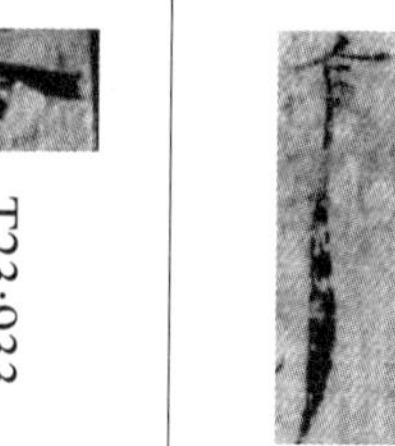

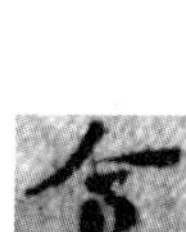

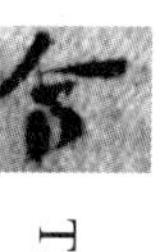

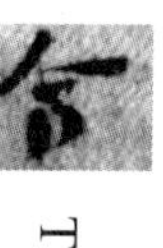
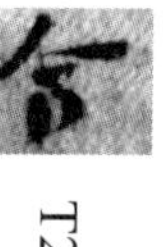
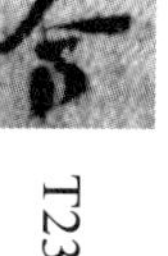
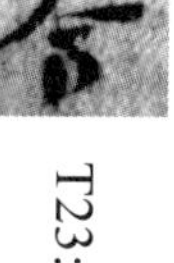
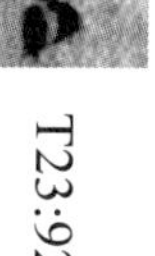

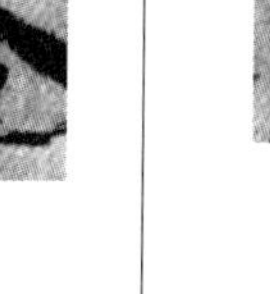

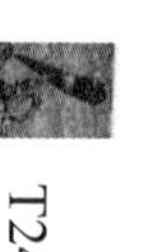

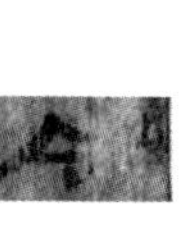
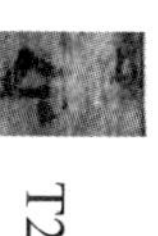

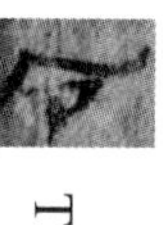

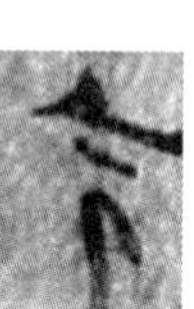
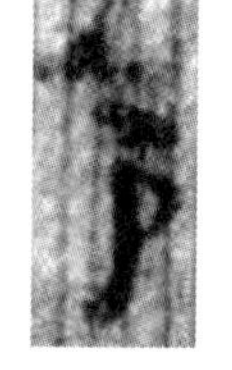

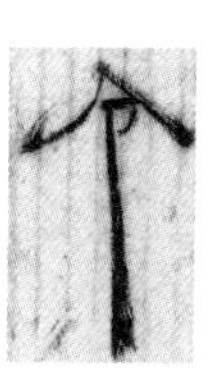

T23:886
T23:894B
T23:896A
T23:897A
T23:897A

T23:897A
T23:897A
T23:929
T23:929
T23:929

T23:933
T23:969
T23:978
T24:011
T24:014

T24:014
T24:023A
T24:032
T24:032
T24:032

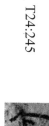

T24:098
T24:111
T24:112A
T24:127
T24:141

T24:245
T24:245
T24:245
T24:250
T24:262

T24:264A　T24:266A　T24:266A　T24:304　T24:318

T24:411　T24:532A　T24:532B　T24:748　T24:767

T24:801　T24:984　T25:030　T25:033　T25:071

T25:149B　T25:176　T26:078　T26:088A　T26:119

T26:140　T26:152　T26:174A　T26:208　T26:210

T27:007A　T27:013　T27:013　T27:013　T27:029

T28:013B
T28:026
T29:048
T29:055A

T29:092
T29:098
T29:125B
T29:125B
T30:016

T30:026
T30:041
T30:043
T30:051
T30:059B

T30:089
T30:091
T30:105
T30:120
T30:163

T30:167A
T30:202
T30:205
T31:012
T31:062

T31:062
T31:062
T31:062
T31:064
T31:064
T31:066

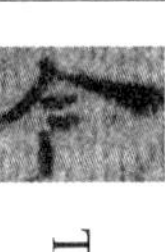
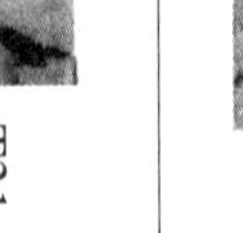

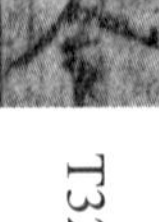

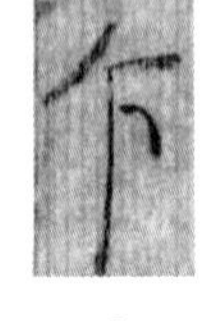

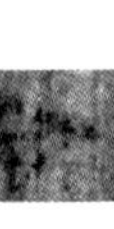
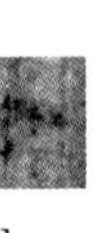
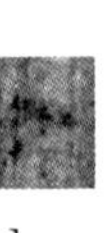

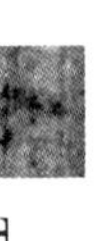

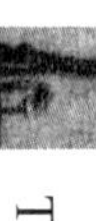

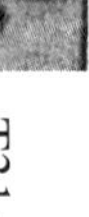
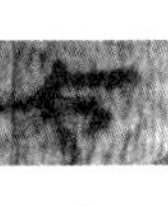
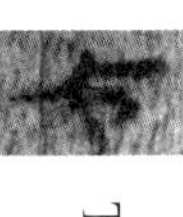
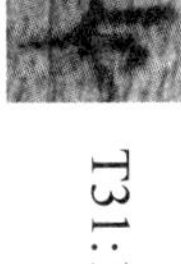

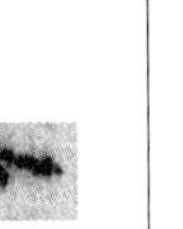

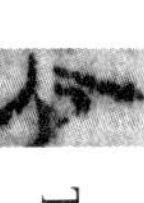
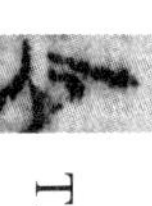
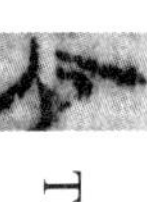
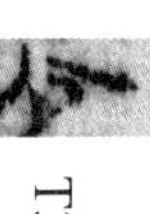
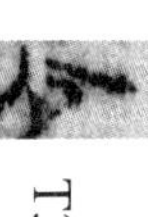
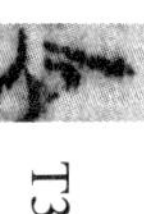
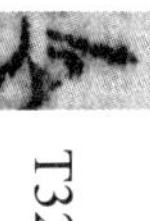

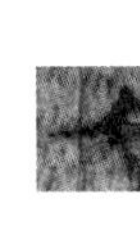

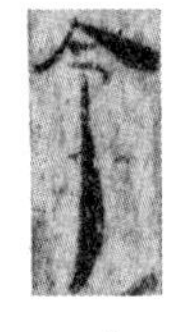

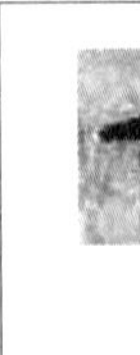

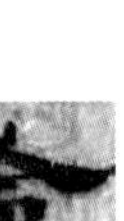

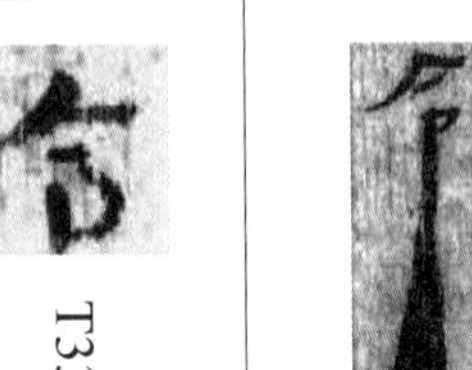

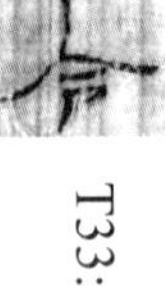

T31:066 T31:066 T31:083 T31:102A T31:135

T31:142 T31:144 T31:148 T32:001 T32:006 T32:056

T32:056 T33:005 T33:005 T33:037 T33:039

T33:039 T33:039 T33:039 T33:039 T33:039

T33:040A T33:040A T33:044A T33:047

T33:047 T33:050 T33:077 T33:077 T33:089

T33:089

T34:001A

T34:006A
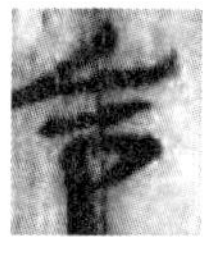
T34:006A

T34:006A

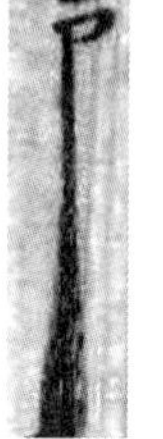
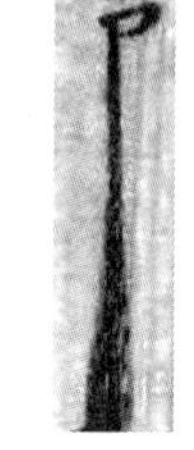
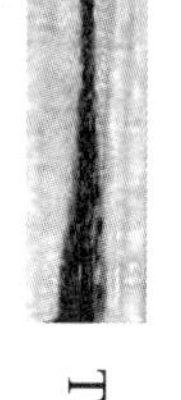
T34:006A

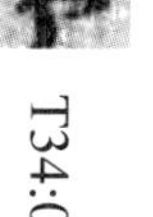
T34:006A

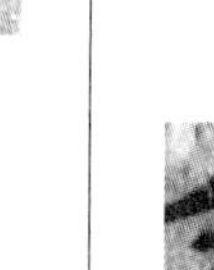
T34:006B
T34:012

T35:003

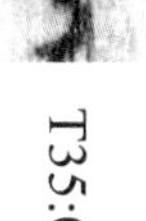
T35:003

T35:007

T35:007
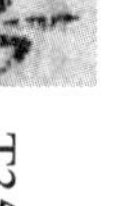
T35:008

T37:002
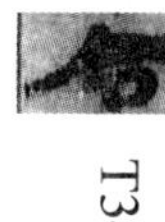
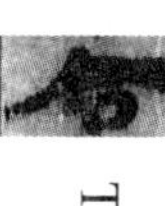
T37:004
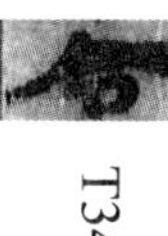

T37:005

T37:011

T37:018

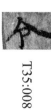

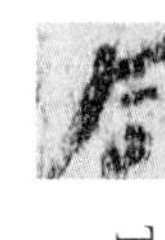
T37:023A

T37:023B
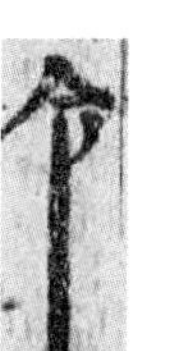

T37:029

T37:055

T37:055
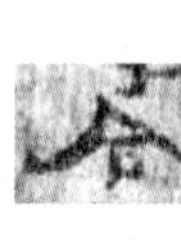
T37:061A
T37:085

T37:089

T37:091A

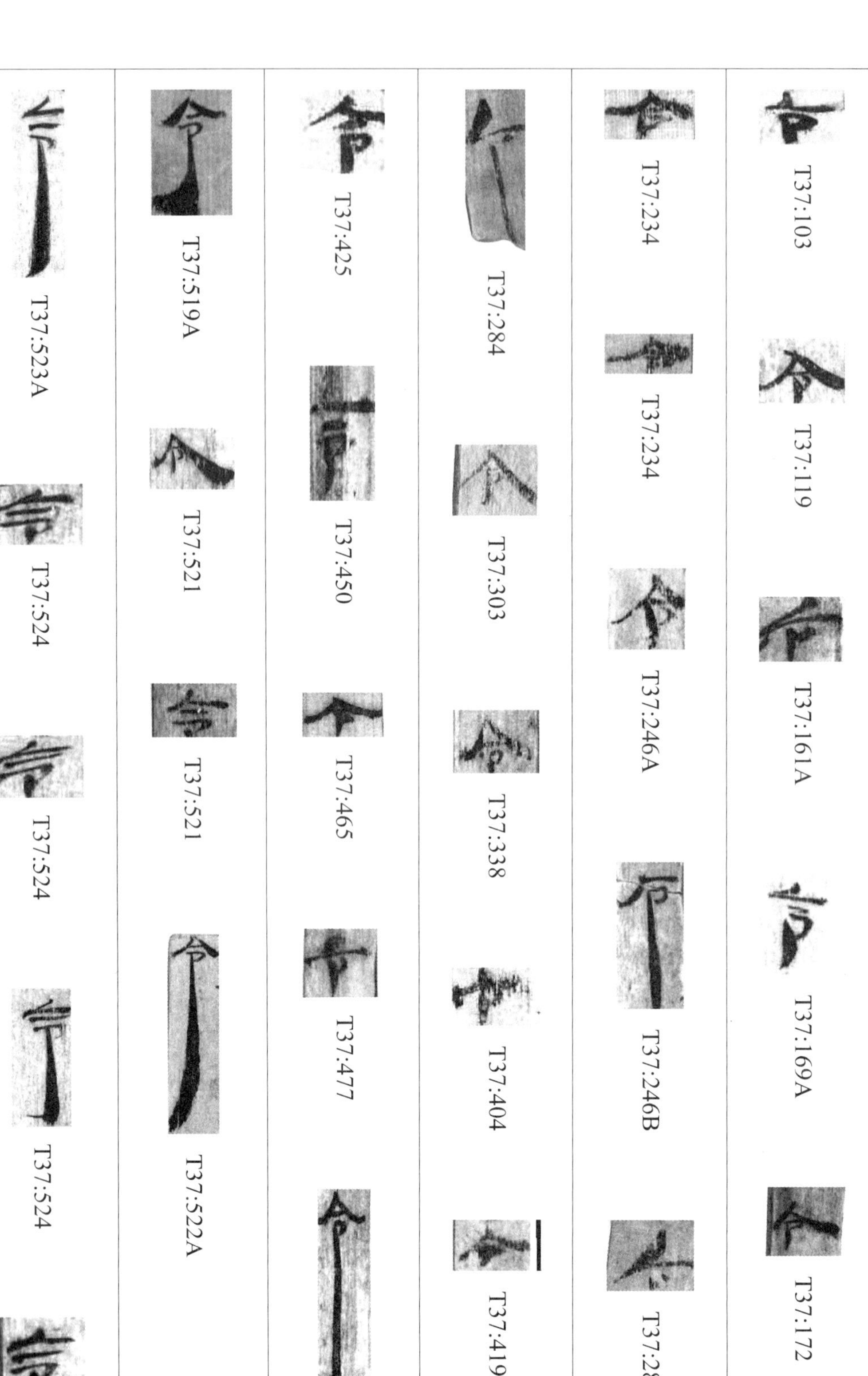
T37:103
T37:119
T37:161A
T37:169A
T37:172
T37:234
T37:234
T37:246A
T37:246B
T37:284
T37:284
T37:303
T37:338
T37:404
T37:419
T37:425
T37:450
T37:465
T37:477
T37:494
T37:519A
T37:521
T37:521
T37:522A
T37:523A
T37:524
T37:524
T37:524
T37:524

T37:524 T37:525 T37:526 T37:527 T37:527

T37:527 T37:527 T37:528 T37:529 T37:529

T37:529 T37:530 T37:531 T37:531 T37:547 T37:549

T37:601 T37:637 T37:645 T37:655 T37:692 T37:692

T37:702A T37:704 T37:706 T37:707A

T37:709 T37:720 T37:722 T37:733 T37:738A

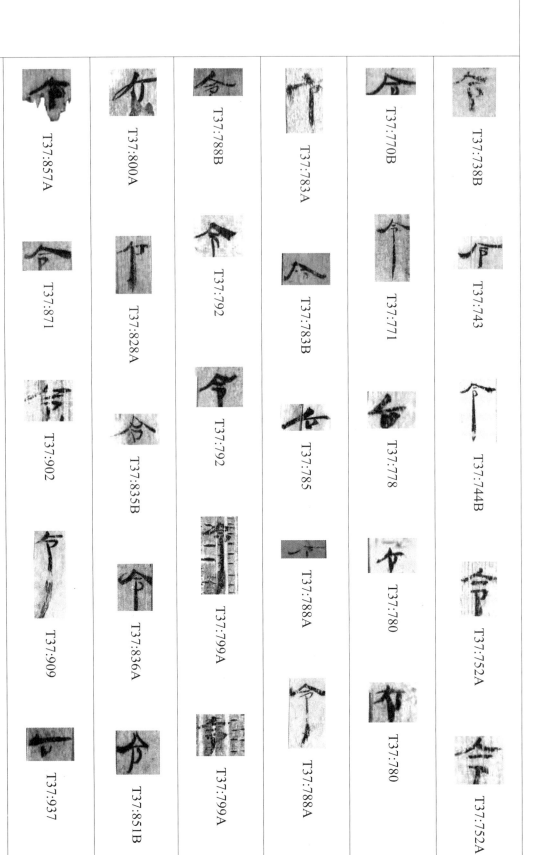

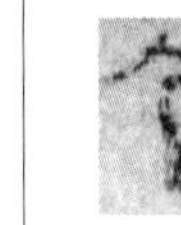

T37:738B

T37:743

T37:744B

T37:752A

T37:752A

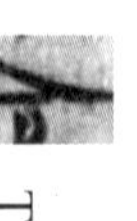
T37:770B

T37:771

T37:778

T37:780

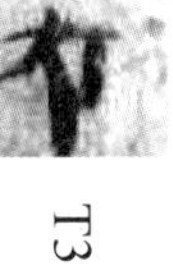
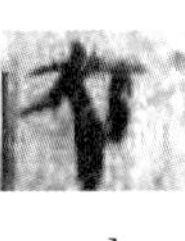

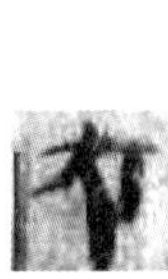

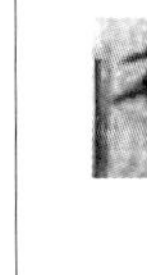
T37:780

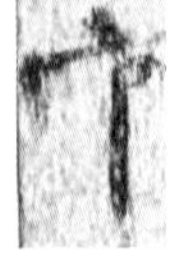

T37:783A

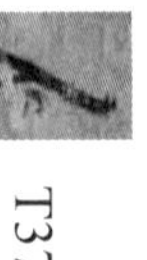
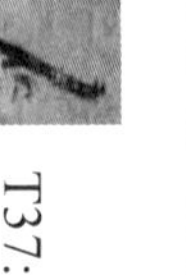
T37:783B

T37:785

T37:788A

T37:788A

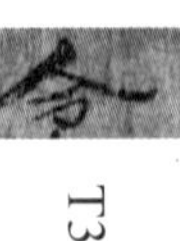
T37:788B

T37:792

T37:792

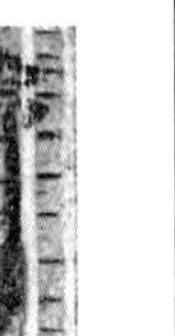
T37:799A

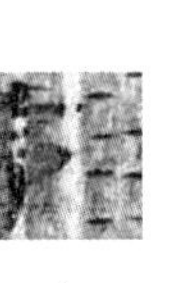
T37:799A

T37:800A

T37:828A

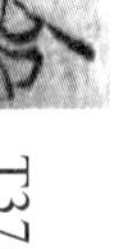
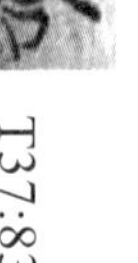
T37:835B

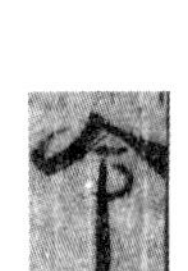
T37:836A

T37:851B

T37:857A

T37:871

T37:902

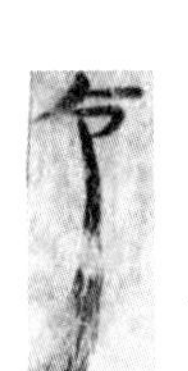
T37:909

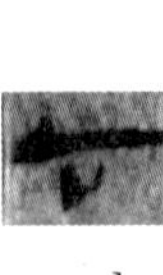
T37:937

T37:938
T37:940
T37:964
T37:968A
T37:976
T37:976
T37:996
T37:1010
T37:1032A
T37:1061A
T37:1061B
T37:1064
T37:1066
T37:1070
T37:1070
T37:1070
T37:1073
T37:1073
T37:1076A
T37:1076A
T37:1076A
T37:1092
T37:1093
T37:1094A
T37:1095A
T37:1095B

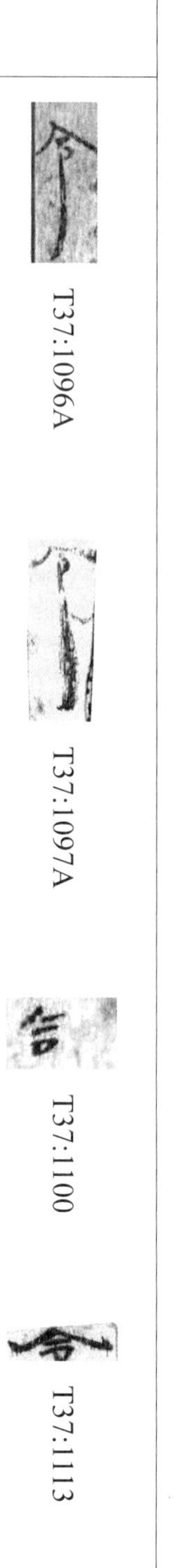

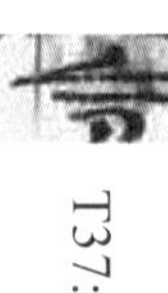

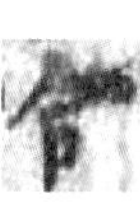

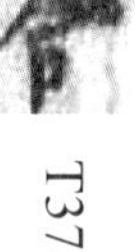
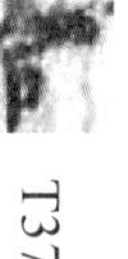

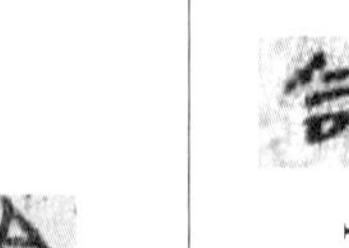

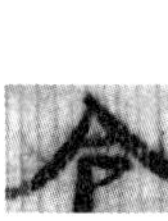
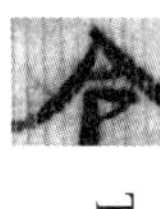
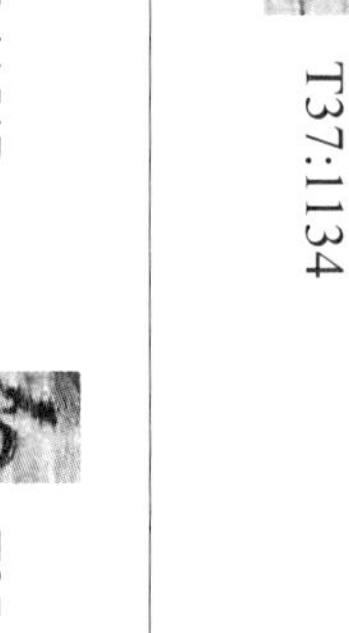
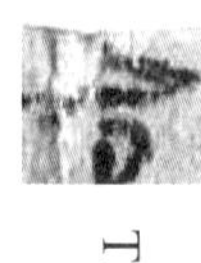

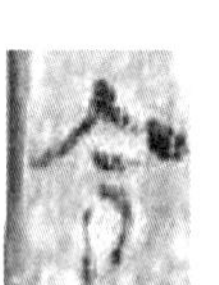

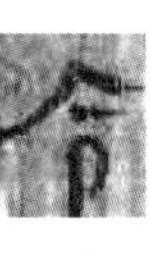
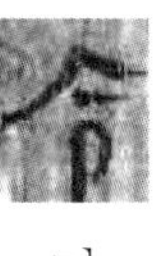
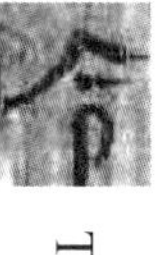
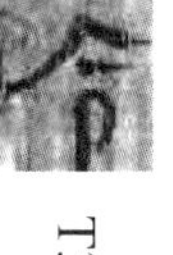

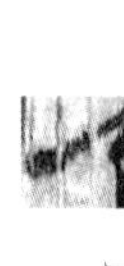

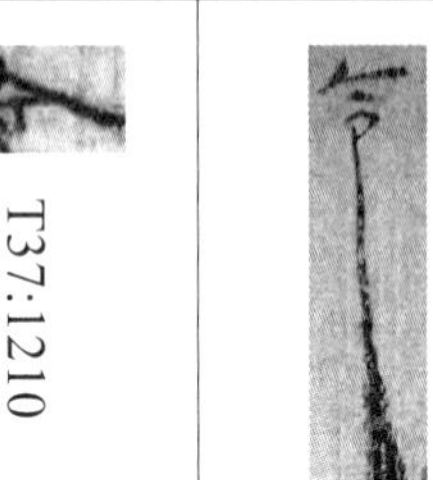

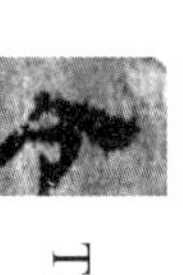
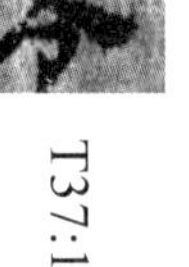

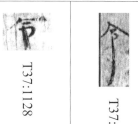

T37:1096A
T37:1097A
T37:1100
T37:1113
T37:1117

T37:1128
T37:1130
T37:1133
T37:1134

T37:1151A
T37:1151A
T37:1151A
T37:1151B
T37:1166

T37:1177
T37:1177
T37:1184
T37:1184

T37:1186A
T37:1188
T37:1191A
T37:1202

T37:1210
T37:1222
T37:1233B
T37:1252
T37:1270

T37:1309

T37:1311

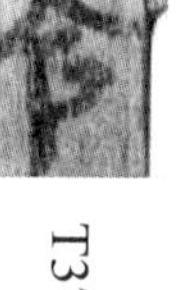
T37:1365

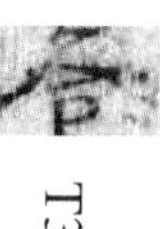

T37:1389

T37:1397A

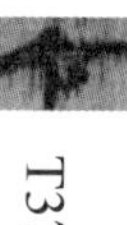
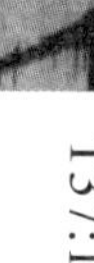
T37:1429A

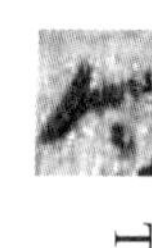
T37:1436

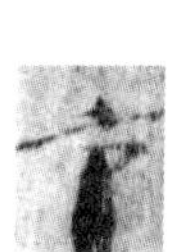

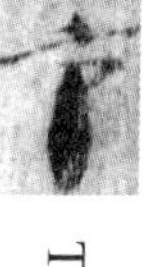
T37:1450

T37:1451A

T37:1460

T37:1468A

T37:1483

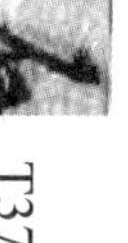
T37:1491

T37:1491

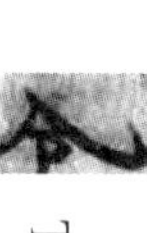
T37:1491

T37:1491

T37:1491

T37:1491

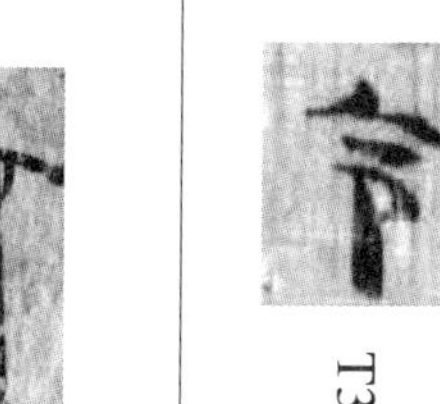
T37:1499A

T37:1499A

T37:1499A

T37:1501

T37:1502A

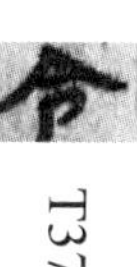
T37:1502B

T37:1503A

T37:1535B

T37:1537B

T37:1588

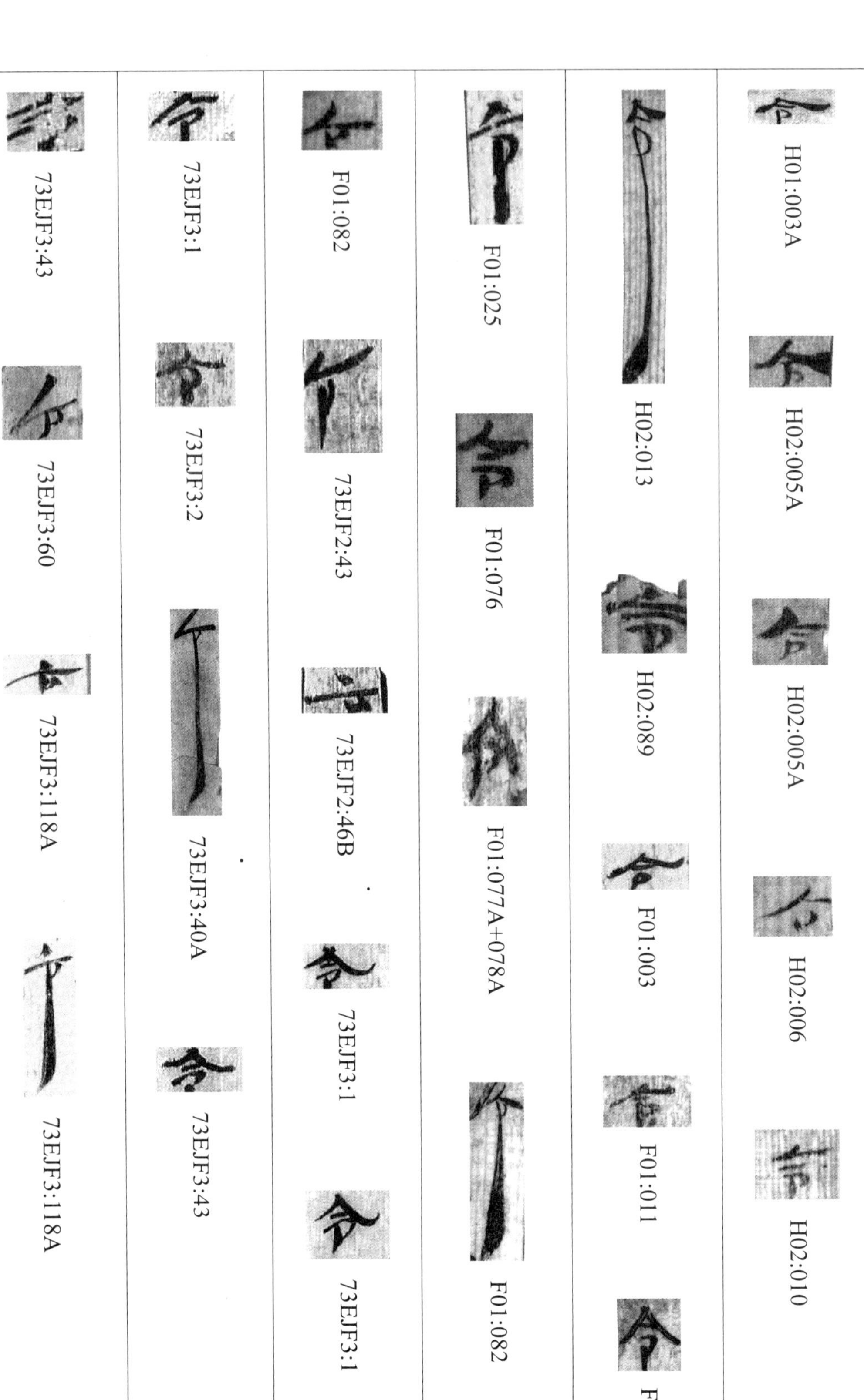
H01:003A
H02:005A
H02:005A
H02:006
H02:010
H02:013
H02:089
F01:003
F01:011
F01:025
F01:025
F01:076
F01:077A+078A
F01:082
F01:082
73EJF2:43
73EJF2:46B
73EJF3:1
73EJF3:1
73EJF3:1
73EJF3:2
73EJF3:40A
73EJF3:43
73EJF3:43
73EJF3:60
73EJF3:118A
73EJF3:118A

73EJF3:118A

73EJF3:120A

73EJF3:122

73EJF3:125A

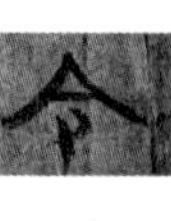
73EJF3:125B

73EJF3:126

73EJF3:153

73EJF3:161

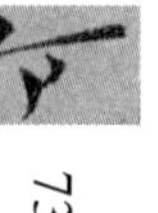
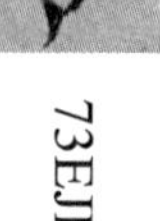
73EJF3:161

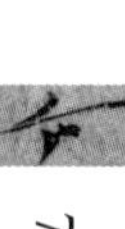
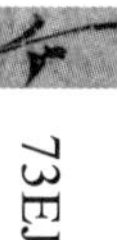
73EJF3:164

73EJF3:169

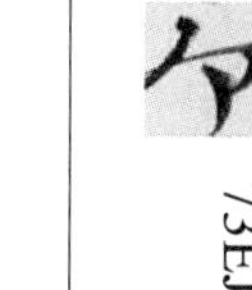
73EJF3:171

73EJF3:179A

73EJF3:180A

73EJF3:180B

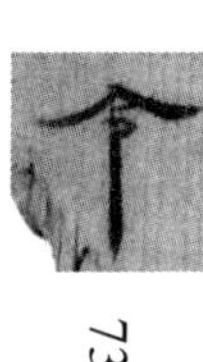
73EJF3:181

73EJF3:181

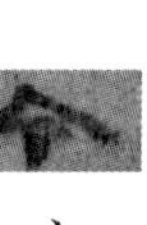
73EJF3:184A

73EJF3:184B

73EJF3:254

73EJF3:258

73EJF3:293

73EJF3:298

73EJF3:330

73EJF3:335

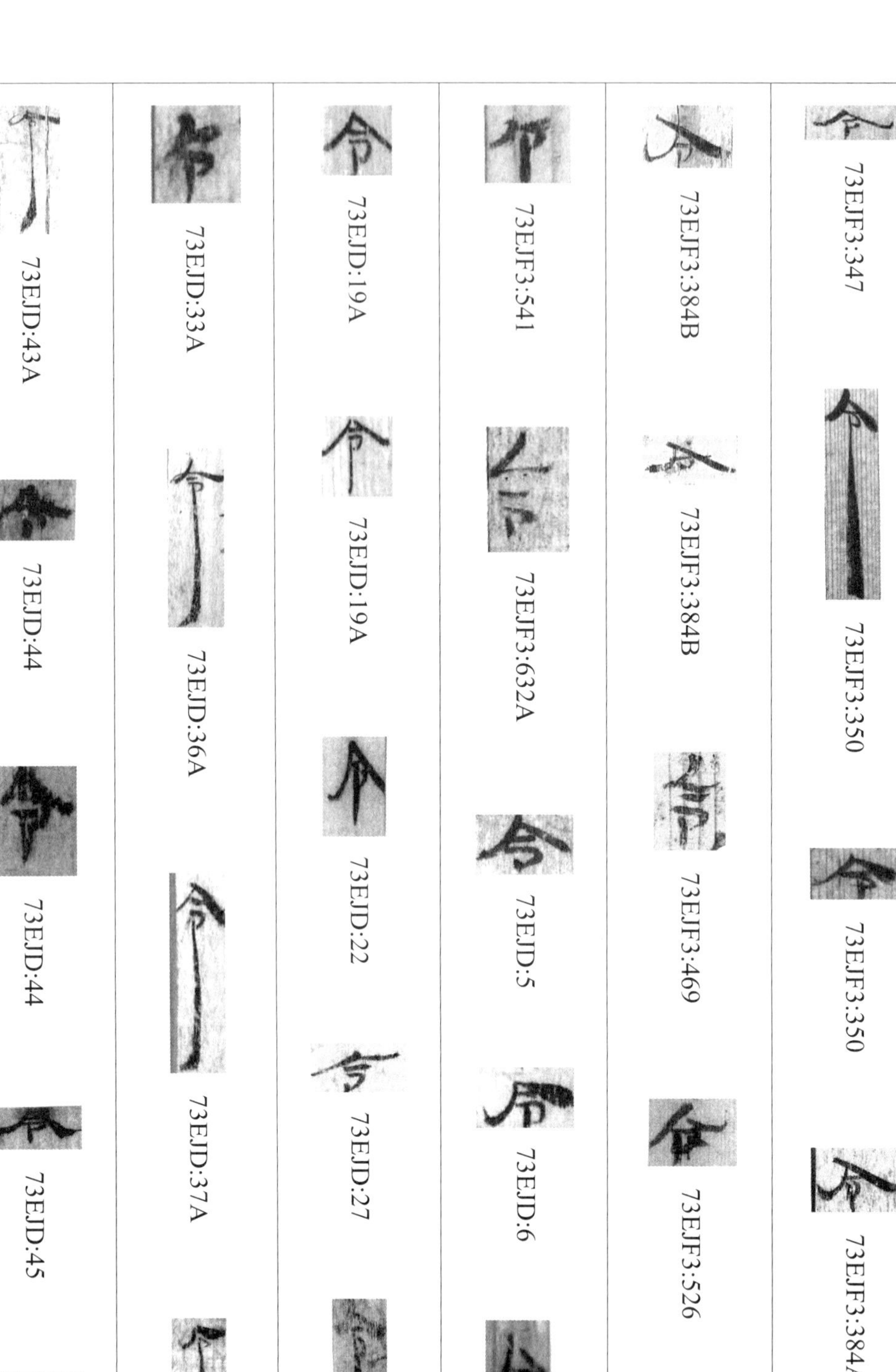

73EJF3:347
73EJF3:350
73EJF3:350
73EJF3:384A

73EJF3:384B
73EJF3:384B
73EJF3:469
73EJF3:526

73EJF3:541
73EJF3:632A
73EJD:5
73EJD:6
73EJD:19A

73EJD:19A
73EJD:19A
73EJD:22
73EJD:27
73EJD:29B

73EJD:33A
73EJD:36A
73EJD:37A
73EJD:42

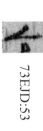

73EJD:43A
73EJD:44
73EJD:44
73EJD:45
73EJD:53

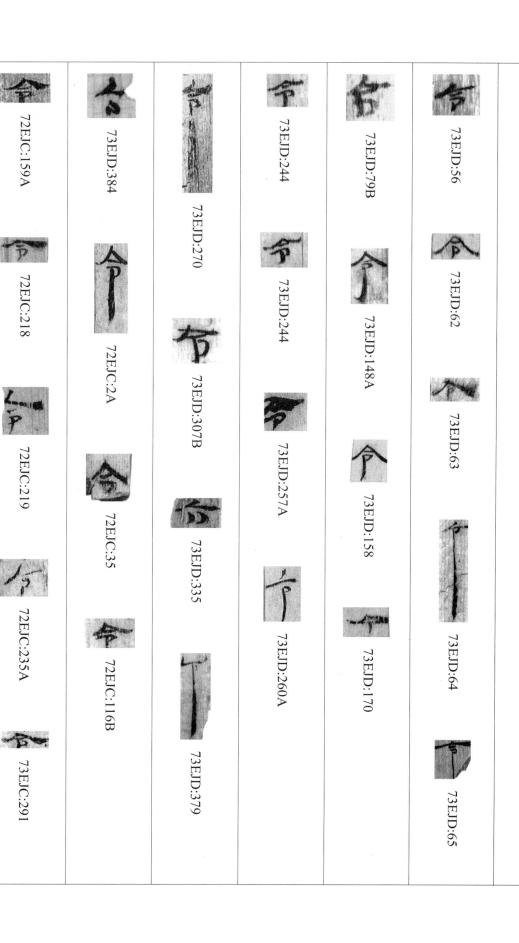

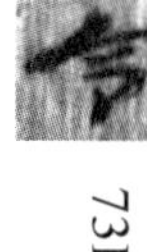

73EJD:56

73EJD:62

73EJD:63

73EJD:64

73EJD:65

73EJD:79B

73EJD:148A

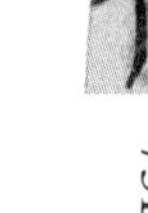
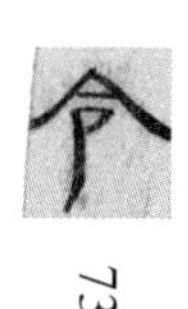

73EJD:158

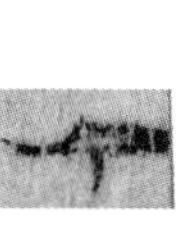
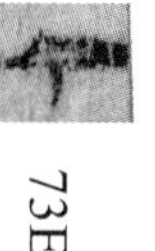

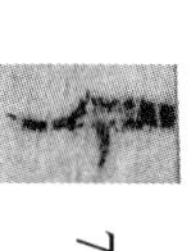
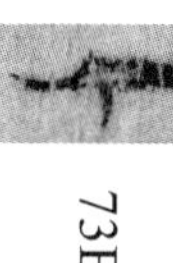
73EJD:170

73EJD:244

73EJD:244

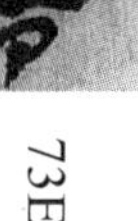

73EJD:257A

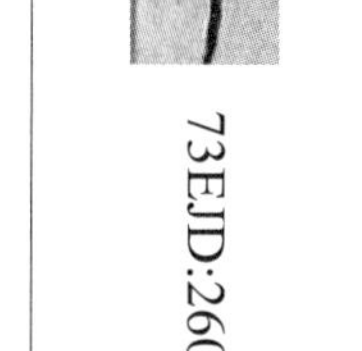
73EJD:260A

73EJD:270

73EJD:307B

73EJD:335

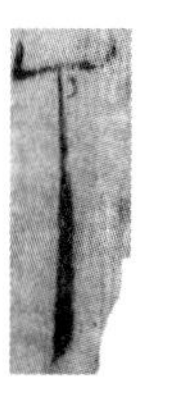
73EJD:379

73EJD:384

72EJC:2A

72EJC:35

72EJC:116B

72EJC:159A

72EJC:218

72EJC:219

72EJC:235A

73EJC:291

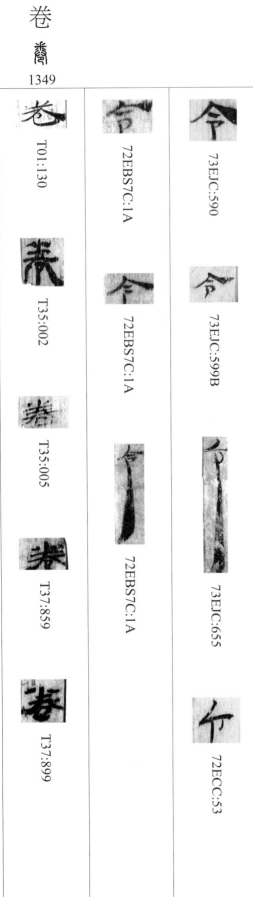

73EJC:291

73EJC:302

73EJC:302

73EJC:316A

73EJC:341

73EJC:435

73EJC:435

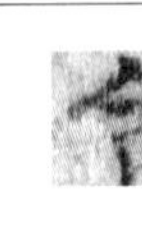
73EJC:436

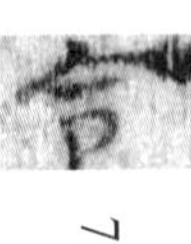
73EJC:445A

73EJC:446A

73EJC:446B

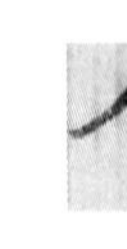
73EJC:449

73EJC:555A

73EJC:590

73EJC:599B

73EJC:655

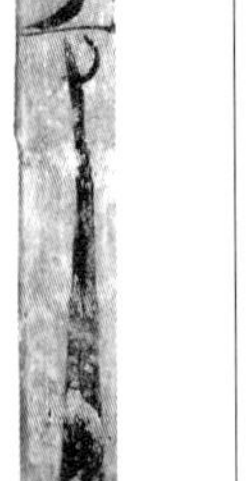
72ECC:53

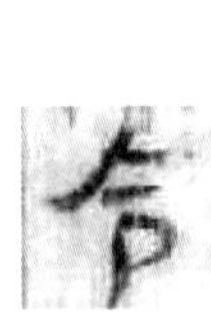
72EBS7C:1A

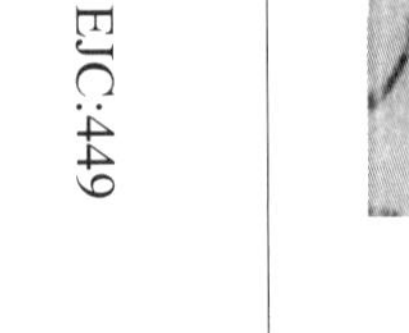
72EBS7C:1A

72EBS7C:1A

卷

1349

T01:130

T35:002

T35:005

T37:859

T37:899

1350 卻

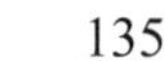

T37:1253A

73EJF3:60

73EJF3:132

72EJC:143

T21:047

T24:032

T24:432

T37:081

T37:1425

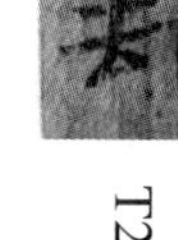
F01:033

1351 卬

T02:008A

T03:054A

T03:054B

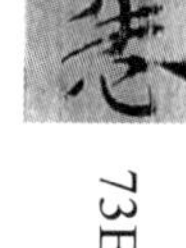
T04:022

T04:108A

T04:108B

T04:110B

T06:046A

T06:046B

T07:013A

T07:105B

T07:116A

T07:116B

T09:061A

T09:103A

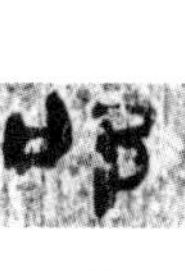

T09:217

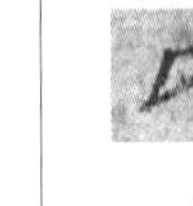
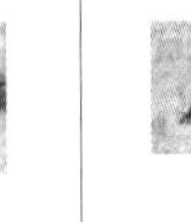
T09:264B

T10:221A

T10:221A

T15:002

T15:008B

T21:410A

T21:463

T23:043

T23:206

T23:253B

T23:279A

T23:281B

T23:302A

T23:323A

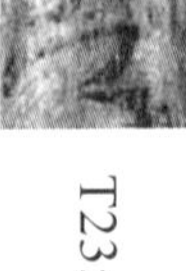
T23:323A

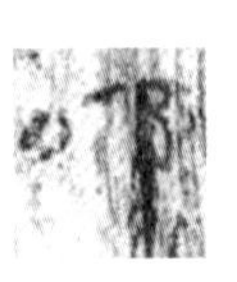
T23:323B

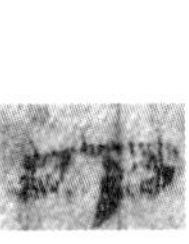
T23:356

T23:359A

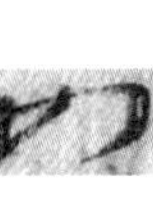
T23:360A

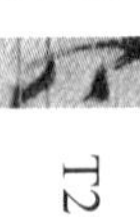
T23:364A

T23:364A

T23:406A

T23:412

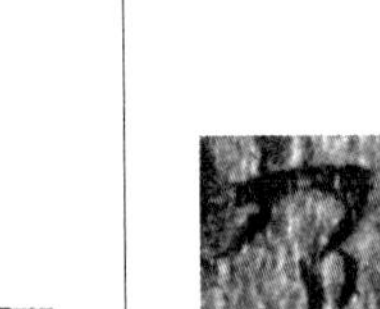
T23:610A

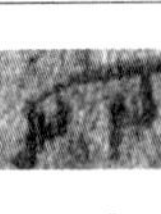
T23:731A

T23:788A

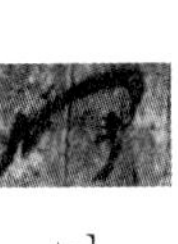
T23:789A

T23:807

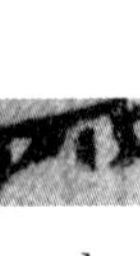
T23:811A

T23:861B
T23:874
T23:894A
T23:894B
T23:896B

T23:918A
T23:994B
T23:995A
T24:010B
T24:015A

T24:015B
T24:065A
T24:073A
T24:073B
T24:377

T24:443
T24:513A
T24:513B
T26:084A
T26:192

T26:200
T27:049
T29:114B
T30:081B
T31:168

T33:032
T37:084
T37:086
T37:407
T37:684

T37:708B

T37:786A

T37:786B

T37:1200A

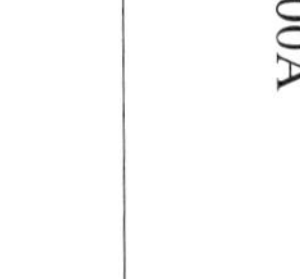

T37:1275

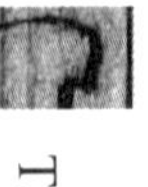
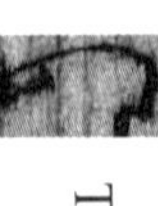

T37:1375A

H01:080A

H02:046

73EJF3:56

73EJF3:67

73EJF3:124A

73EJF3:124B

73EJF3:127A

73EJF3:159A

73EJF3:164

73EJF3:182A

73EJF3:182A

73EJF3:183A

73EJF3:183B

73EJF3:430A+263A

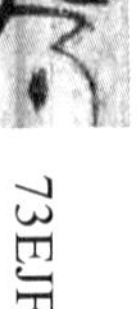
73EJF3:295A

73EJF3:315A

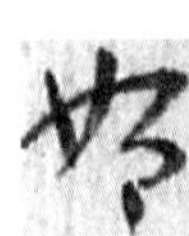
73EJF3:329A

73EJF3:392A

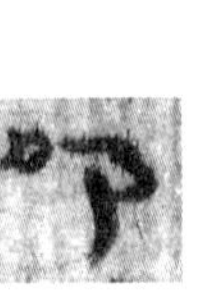
73EJF3:392B

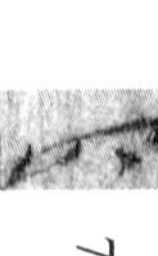
73EJF3:514A

印

1352

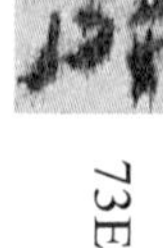
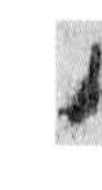

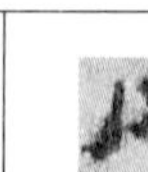
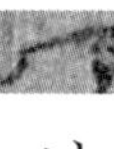
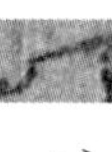

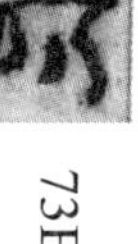
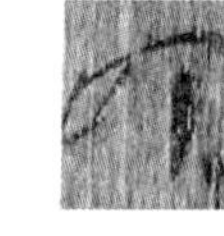
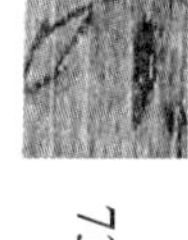
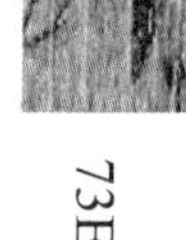

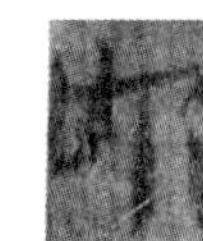

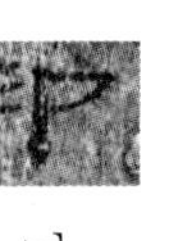
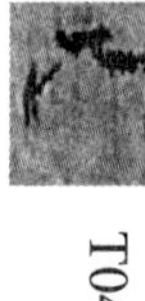

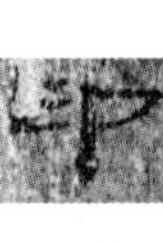

73EJF3:514B
73EJT4H:5A
73EJT4H:5A
73EJT4H:43A

73EJT4H:74A
73EJD:39B
73EJD:284A
73EJD:308
73EJD:325

73EJD:360
73EJD:363
72EJC:7
72EJC:91
73EJC:599A

73EJC:599B
72ECC:1+2A

T02:023
T04:042B
T06:014A
T06:038A
T06:039B

T06:081B
T07:022B
T07:071B
T07:083
T07:129A

T08:031

T08:051B

T09:019A

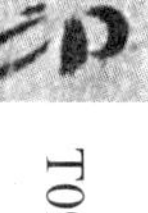

T09:056A

T09:059A

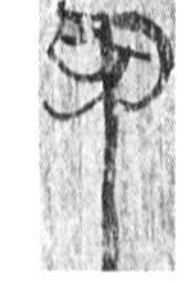
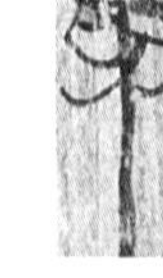
T09:062B

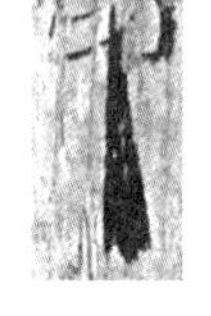
T09:063B

T09:152B

T09:263A

T10:120B

T10:205B

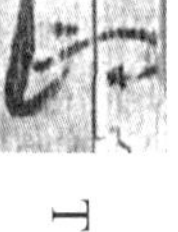
T10:211

T10:213B

T10:226B

T10:229B

T10:267B

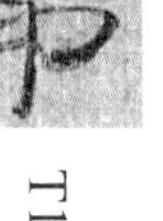
T10:315B

T11:017

T11:017

T11:031B

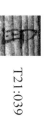

T14:014

T14:031A

T21:039

T21:042A

T21:047

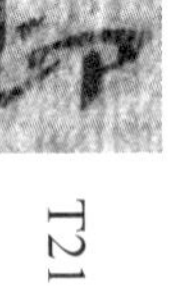
T21:071B

T21:103

T21:143

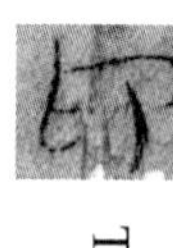

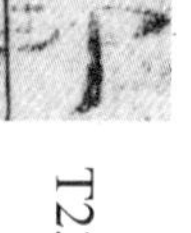
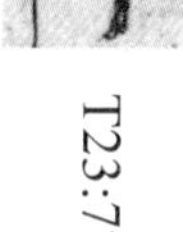

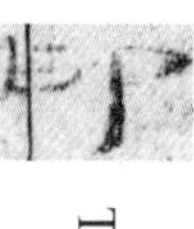

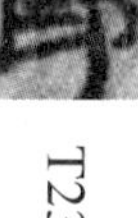

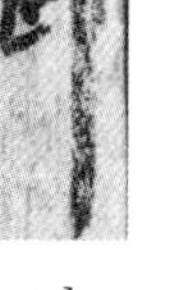
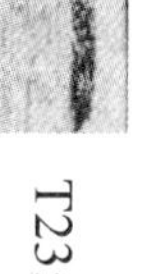

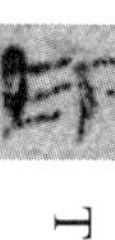

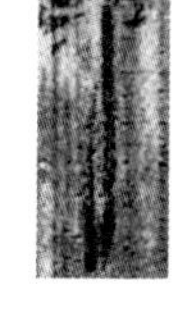

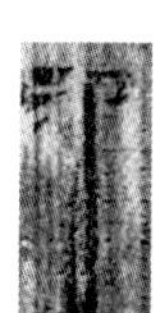

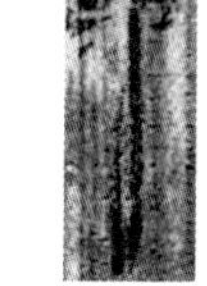
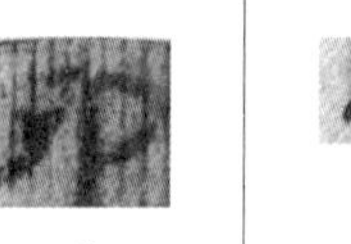
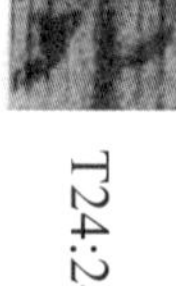
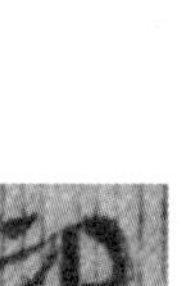

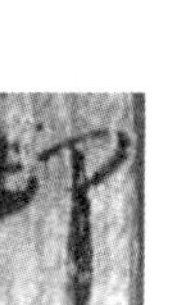
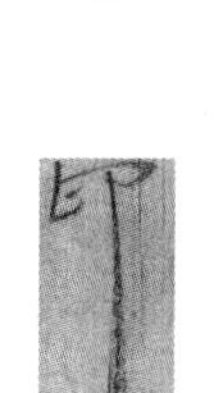

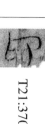

T21:370 T23:131 T23:131 T23:155 T23:175A

T23:292 T23:341 T23:569B T23:620 T23:738

T23:772B T23:824 T23:855B T23:896A T23:897B

T23:905 T23:907B T23:933 T23:933 T23:938

T24:023B T24:025 T24:060B T24:212 T24:222

T24:240B T24:240B T24:248 T24:266B T24:532B

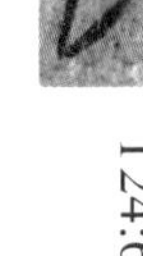
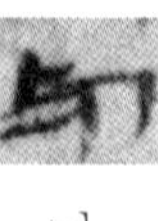

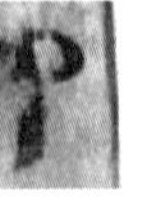

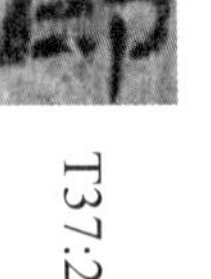

T24:634B
T25:166A
T25:175
T26:001B
T26:109

T28:066
T29:029
T30:057B
T30:059B
T30:206

T30:206
T30:243B
T31:034B
T31:034B

T31:054B
T31:088
T31:114B
T31:114B
T33:040B

T33:048
T33:054B
T34:006B
T37:028B
T37:028B

T37:029
T37:169B
T37:246A
T37:272B
T37:279B

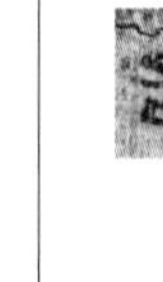
T37:346

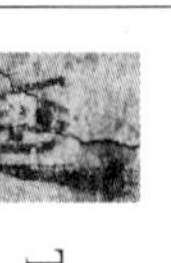
T37:519B

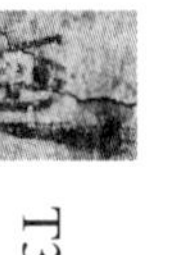
T37:520B

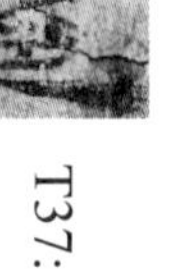
T37:522B

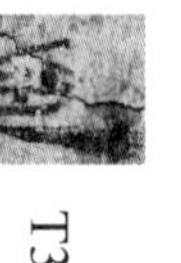
T37:52B

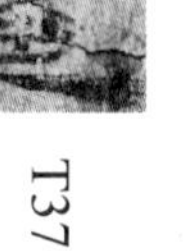
T37:530

T37:647

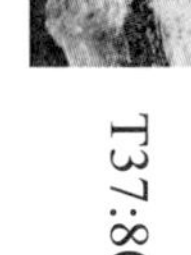
T37:738B

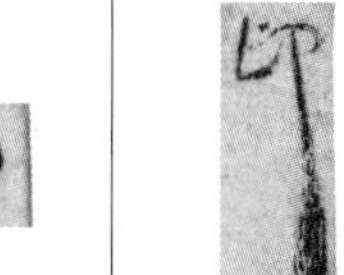
T37:752B

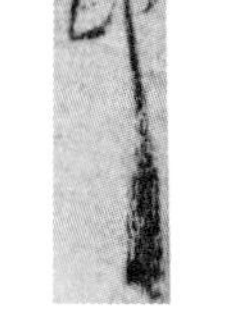
T37:760

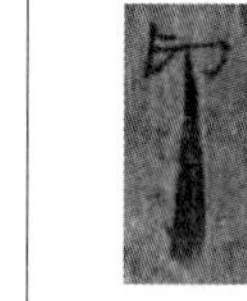
T37:795

T37:800B

T37:835A

T37:1013

T37:1061B

T37:1075B

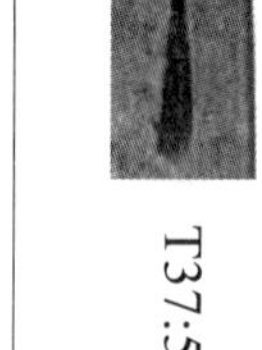
T37:1076B

T37:1092

T37:1094B

T37:1482

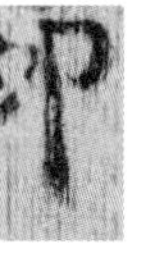
T37:1503B

T37:1585B

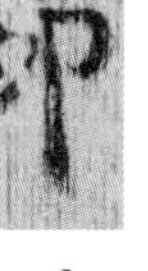
H01:040

H02:005B

73EJF2:46A

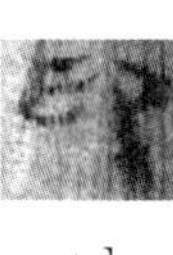
73EJF3:39B

73EJF3:76+448B

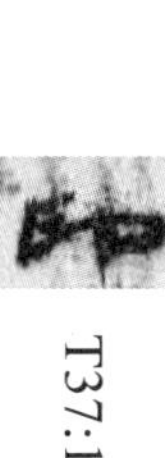
73EJF3:117B

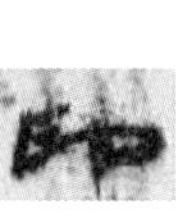
73EJF3:120B

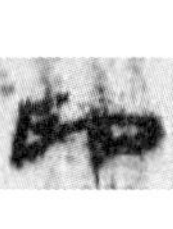

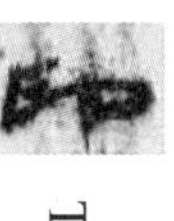

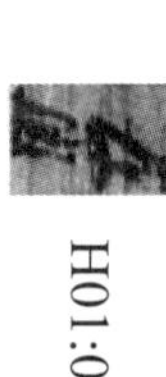
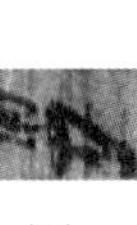
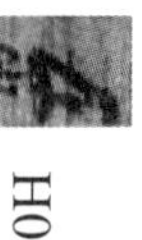

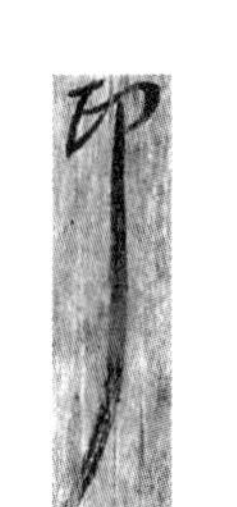

73EJF3:123B

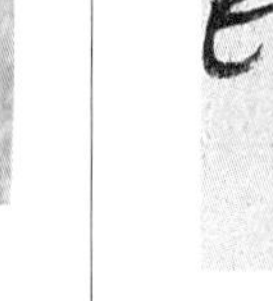
73EJF3:125A

73EJF3:125B

73EJF3:153

73EJF3:184B

73EJF3:327

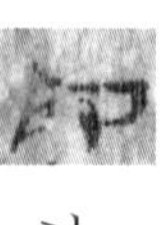
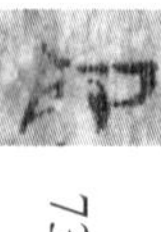
73EJF3:350

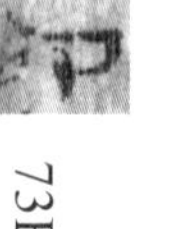
73EJF3:449B

73EJF3:526

73EJD:2

73EJD:33A

73EJD:42

73EJD:43B

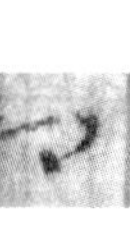
73EJD:280+250A

72EJC:2B

72EJC:4

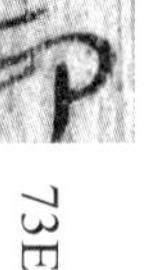
72EJC:15B

72EJC:267B

73EJC:311

73EJC:311

73EJC:316B

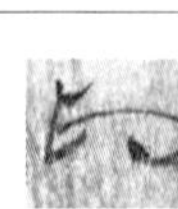
73EJC:519

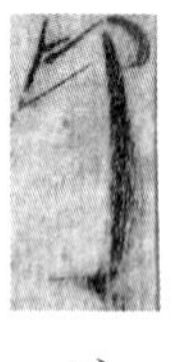
73EJC:529B

73EJC:531B

73EJC:589

色

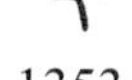

1353

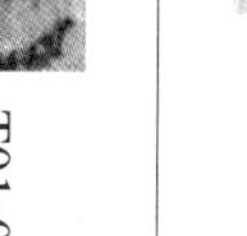
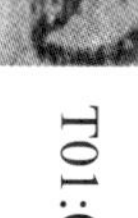

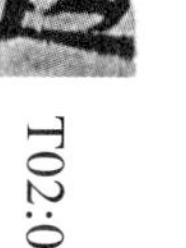

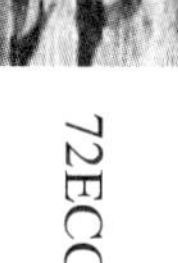

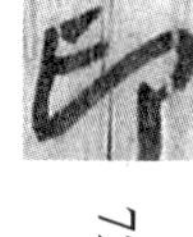

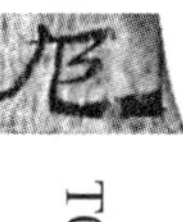
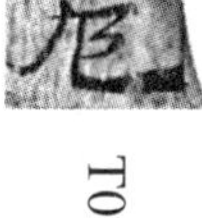

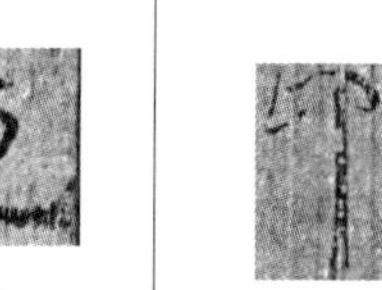
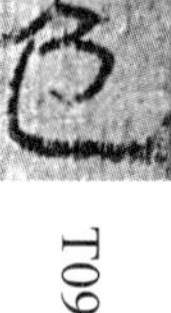
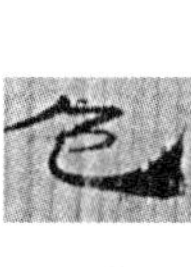

73EJC:604　72ECC:13　72ECC:22　72ECC:76

T01:001　T02:003　T02:060　T04:037　T04:052　T04:066

T04:081　T04:111　T05:035　T05:055A　T06:062A

T06:135B　T07:047　T07:196　T08:004　T08:012

T08:035　T08:037　T08:071　T08:091　T09:003

T09:021　T09:028　T09:054　T09:057　T09:082

色部 色

T09:087

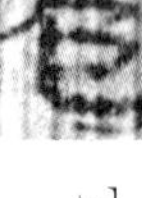
T09:090

T09:098

T09:122

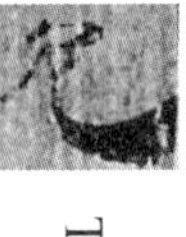

T09:129

T09:141

T09:381

T10:118A

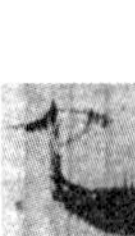
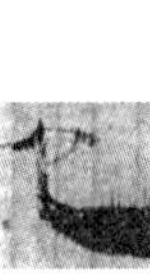

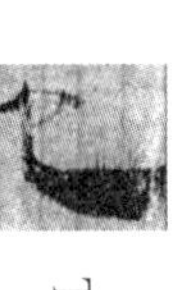
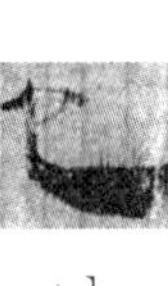

T10:148

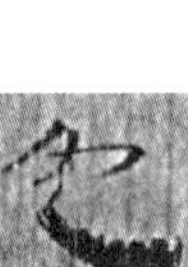

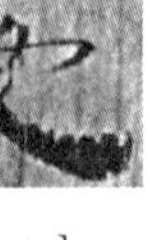
T10:255

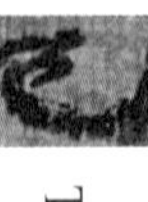
T10:261

T10:279

T10:331

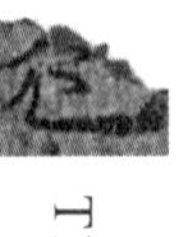
T10:385

T10:393

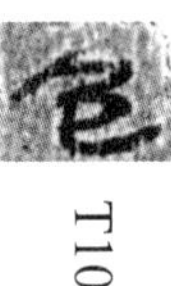
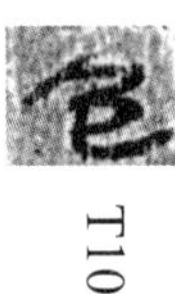

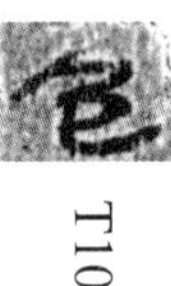

T10:454

T11:004

T14:003

T15:023

T21:099

T21:203

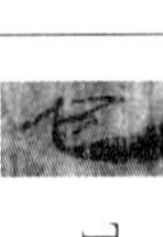
T21:205A

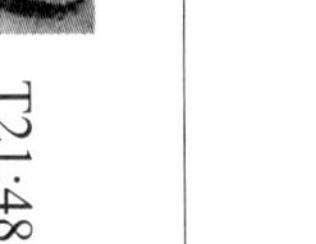
T21:225

T21:262

T21:386

T21:402

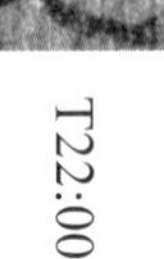
T21:489

T22:001

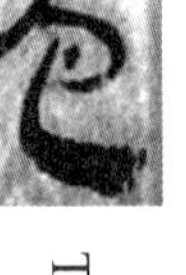
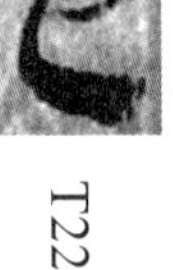
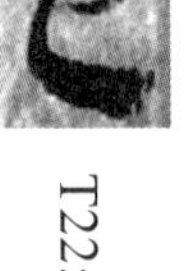

T22:024

T22:048

T23:148

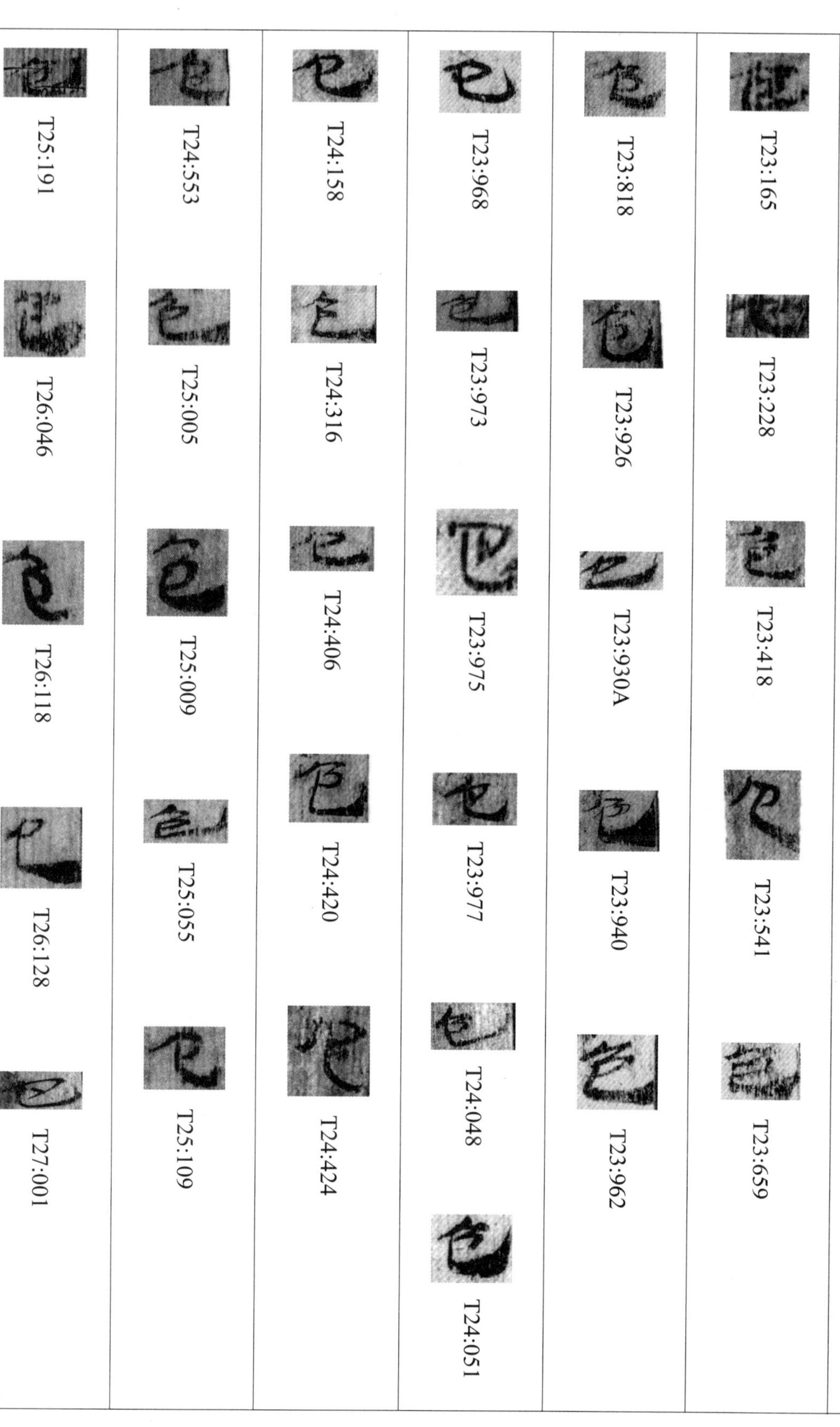
T23:165
T23:228
T23:418
T23:541
T23:659
T23:818
T23:926
T23:930A
T23:940
T23:962
T23:968
T23:973
T23:975
T23:977
T24:048
T24:051
T24:158
T24:316
T24:406
T24:420
T24:424
T24:553
T25:005
T25:009
T25:055
T25:109
T25:191
T26:046
T26:118
T26:128
T27:001

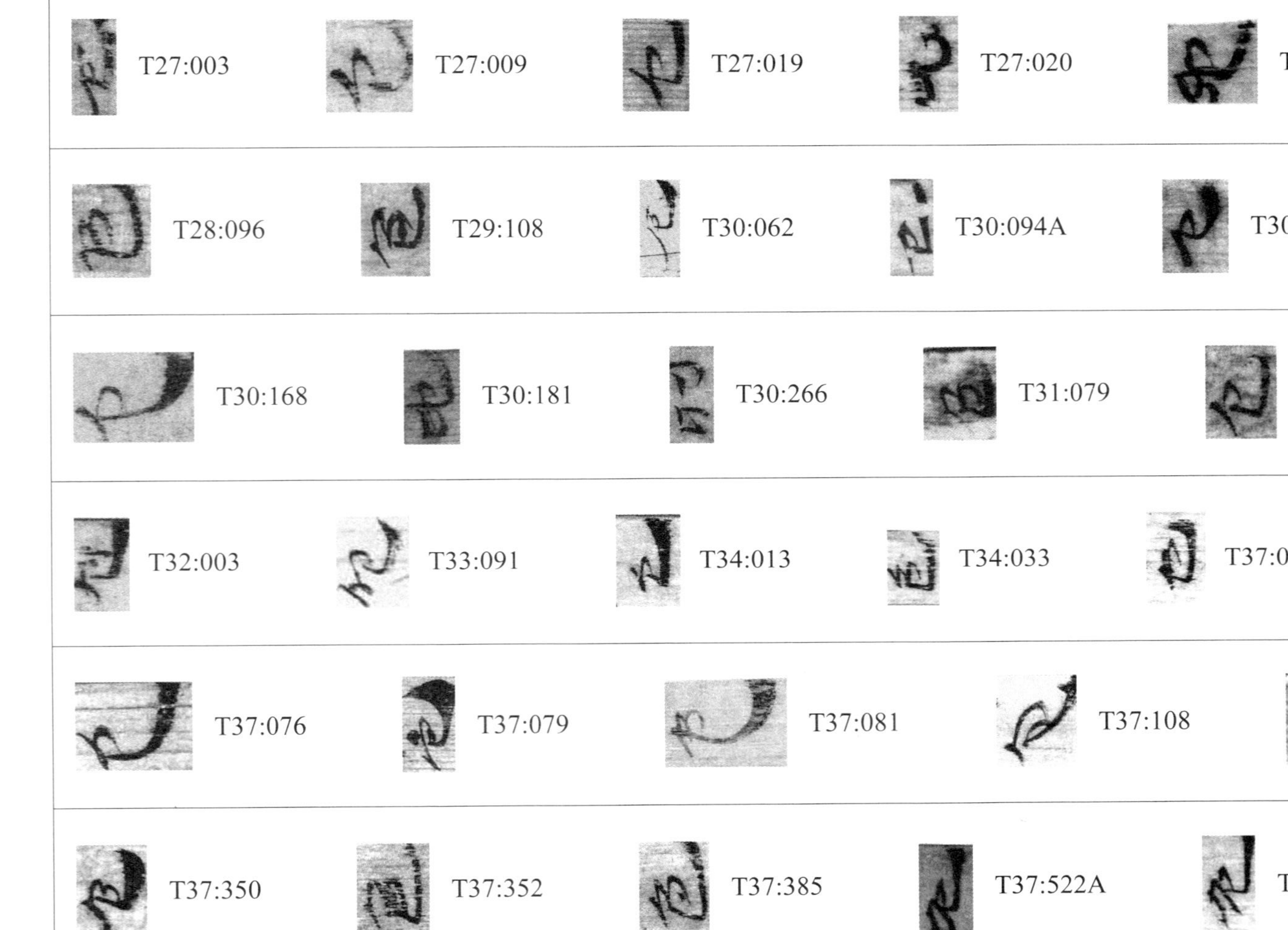

T27:003 T27:009 T27:019 T27:020 T27:092

T28:096 T29:108 T30:062 T30:094A T30:132

T30:168 T30:181 T30:266 T31:079 T31:090

T32:003 T33:091 T34:013 T34:033 T37:017 T37:058

T37:076 T37:079 T37:081 T37:108 T37:132

T37:350 T37:352 T37:385 T37:522A T37:522A

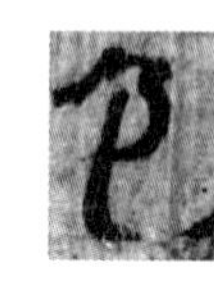

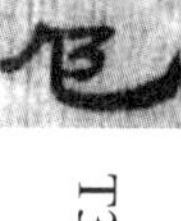

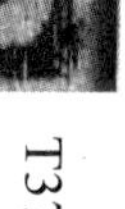

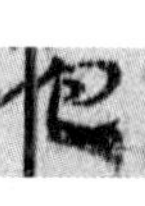
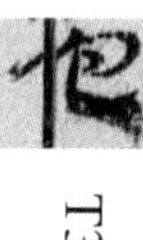
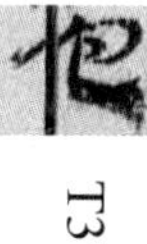

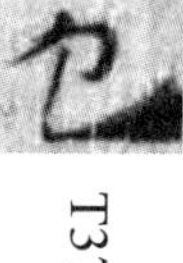

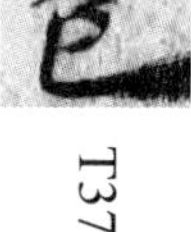

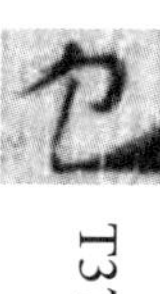
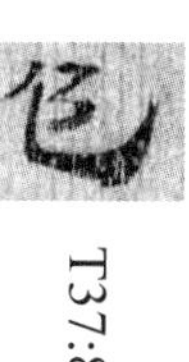

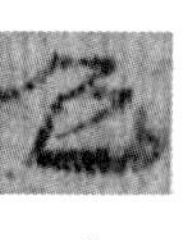

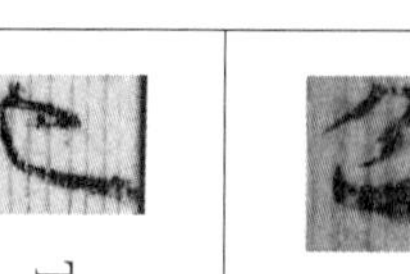
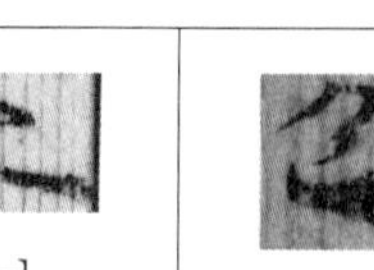
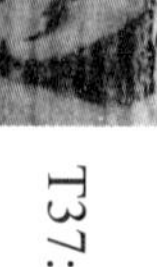

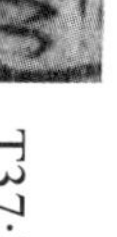

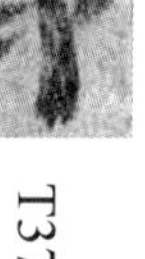

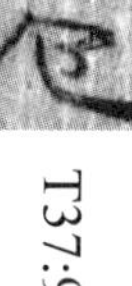

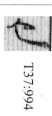

T37:551

T37:580

T37:653

T37:711

T37:713

T37:717

T37:730

T37:742

T37:745

T37:746

T37:753

T37:757

T37:759

T37:796

T37:802

T37:833A

T37:847

T37:873

T37:874

T37:920

T37:921

T37:922

T37:983

T37:986

T37:991

T37:992

T37:993

T37:994

T37:995

T37:996

T37:1006

T37:1030

T37:1057A

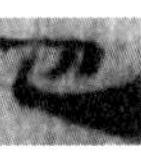

T37:1101
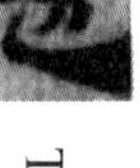
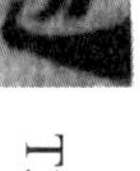

T37:1102
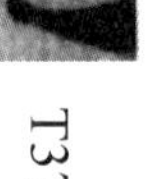
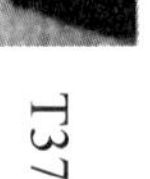

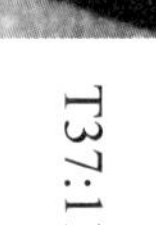
T37:1130

T37:1157

T37:1158
T37:1334

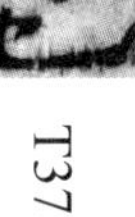

T37:1382

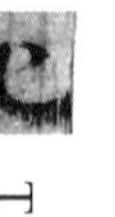

T37:1390

T37:1444

T37:1492
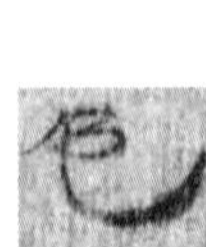

T37:1493

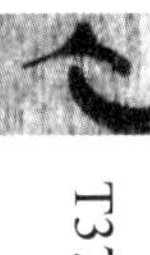
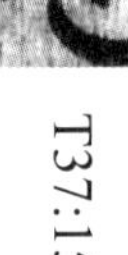
T37:1582

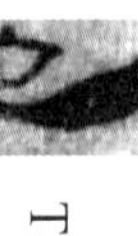

T37:1586

T37:1587

T37:1589
H01:023
H01:057
H02:010

H02:017

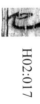

H02:041
73EJF2:21
73EJF3:57A

73EJF3:137

73EJD:8A

73EJD:60

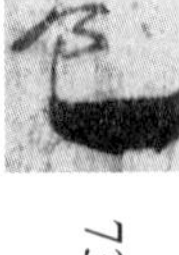
73EJD:146

72EJC:5

72EJC:19

72EJC:43+52

73EJC:352

73EJC:414

73EJC:468

卿

1354

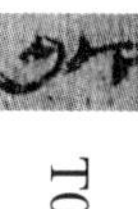
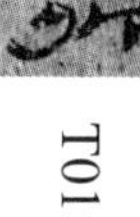

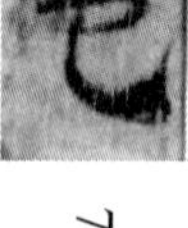
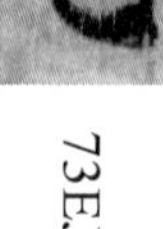

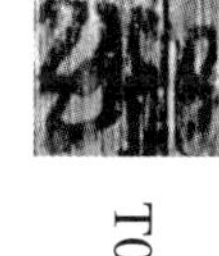
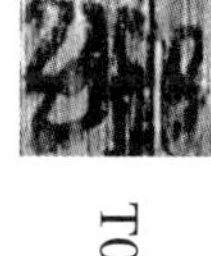
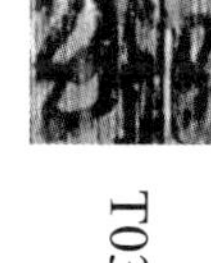
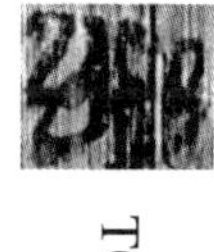
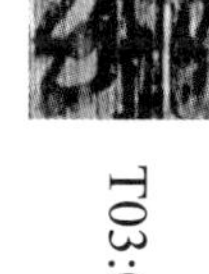
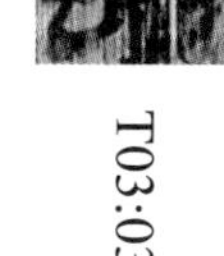

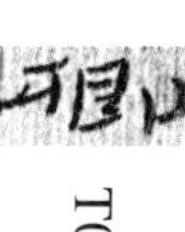
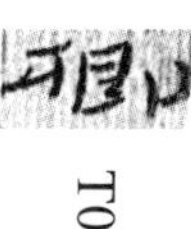
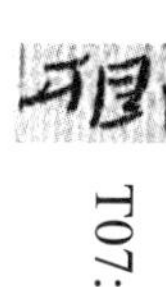

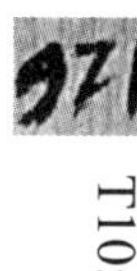
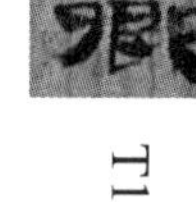
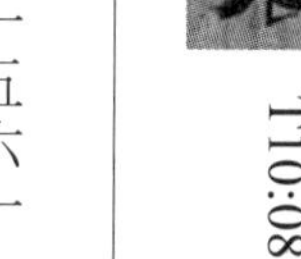

T01:001

T01:048

T03:028A

T03:038A

T04:014

T04:043

T04:050

T04:108A

T04:110B

T04:121

T05:018

T05:052

T05:078

T06:067A

T06:067A

T07:121

T07:135

T09:229

T09:239

T09:319A

T09:379B

T10:066

T10:069

T10:070

T10:071

T10:077

T10:079

T10:081

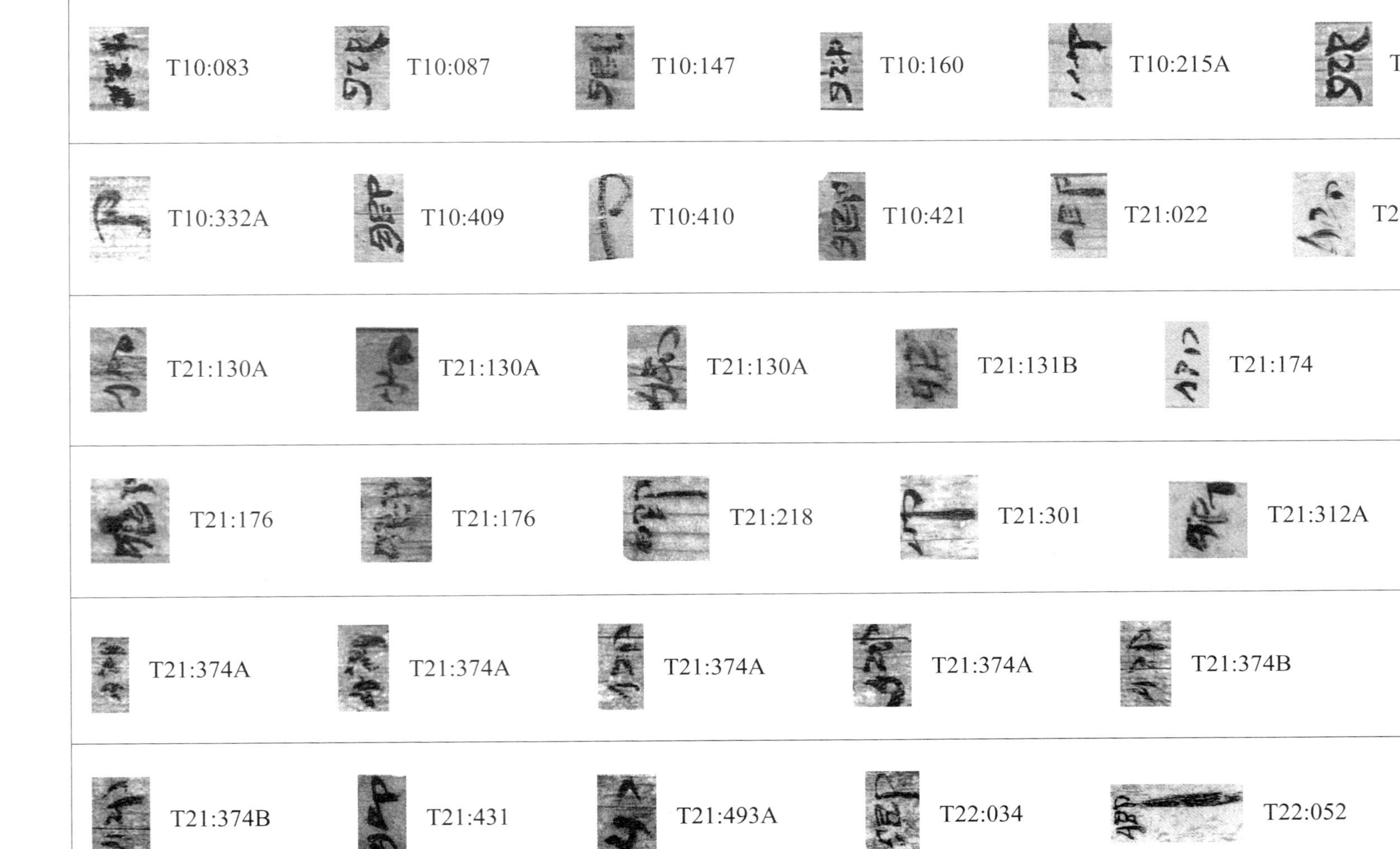

T10:083　T10:087　T10:147　T10:160　T10:215A　T10:308

T10:332A　T10:409　T10:410　T10:421　T21:022　T21:125A

T21:130A　T21:130A　T21:130A　T21:131B　T21:174

T21:176　T21:176　T21:218　T21:301　T21:312A

T21:374A　T21:374A　T21:374A　T21:374A　T21:374B

T21:374B　T21:431　T21:493A　T22:034　T22:052

T22:063
T22:086
T22:086
T22:131B
T23:019B
T23:066A
T23:076A
T23:076B
T23:296A
T23:302A
T23:344
T23:356
T23:356
T23:359A
T23:359B
T23:481B
T23:554
T23:726
T23:726
T23:726
T23:726
T23:726
T23:726
T23:808B
T23:866B
T23:883
T23:885A
T23:896A
T23:896A
T23:969
T23:980

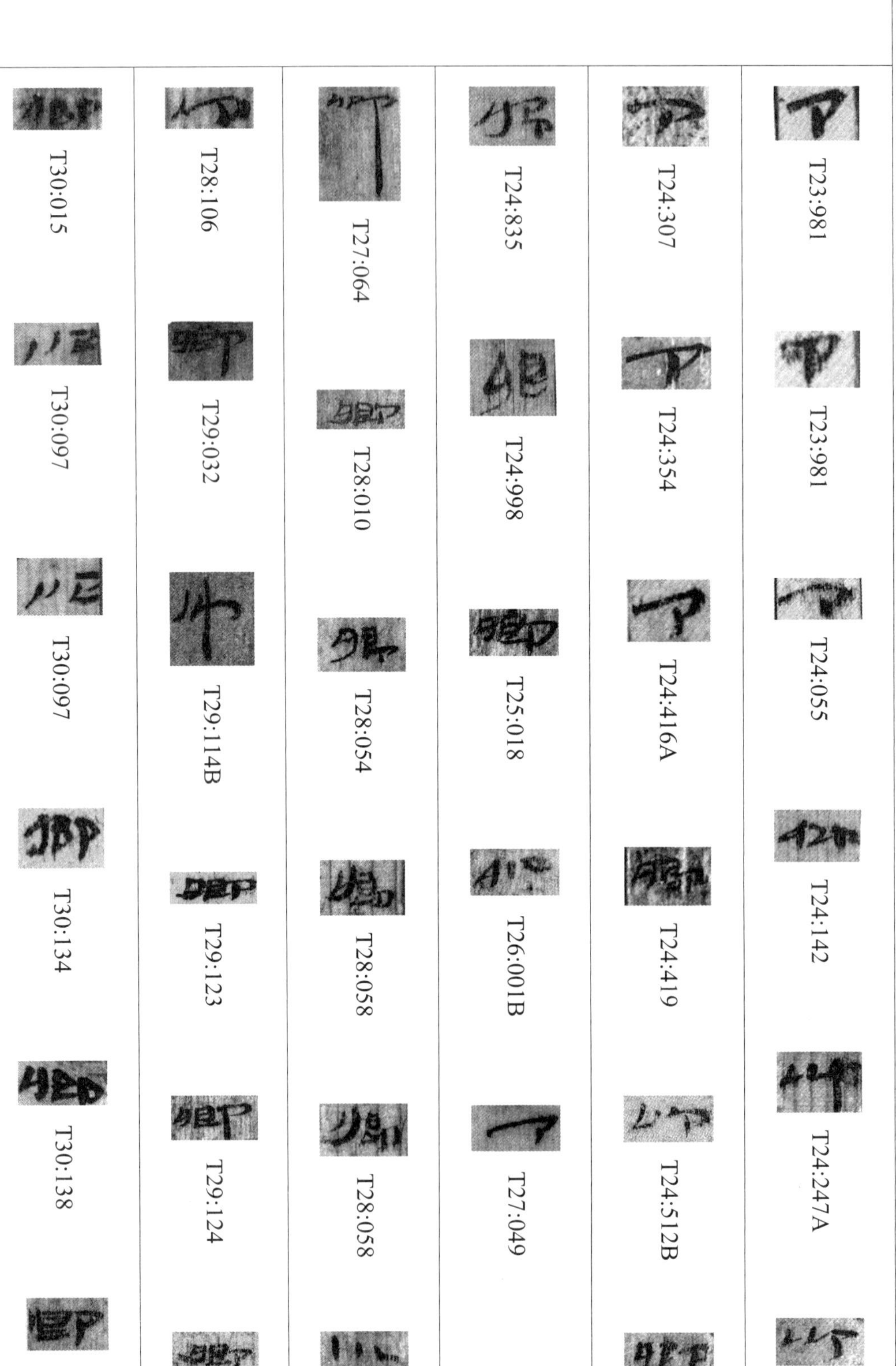

T23:981 T23:981 T24:055 T24:142 T24:247A T24:268B

T24:307 T24:354 T24:416A T24:419 T24:512B T24:772

T24:835 T24:998 T25:018 T26:001B T27:049

T27:064 T28:010 T28:054 T28:058 T28:058 T28:095

T28:106 T29:032 T29:114B T29:123 T29:124 T29:127

T30:015 T30:097 T30:097 T30:134 T30:138 T30:169

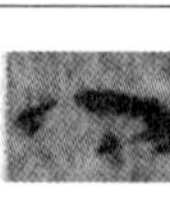

T30:179

T30:179

T30:250

T31:003B

T31:003B

T31:019B

T31:051A

T31:051A

T33:070

T37:024A

T37:242

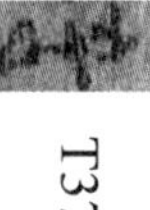

T37:371

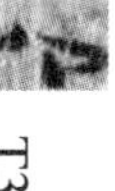

T37:532

T37:700

T37:739

T37:782

T37:786A

T37:1029

T37:1052A

T37:1052A

T37:1052A

T37:1052A

T37:1203A

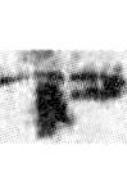

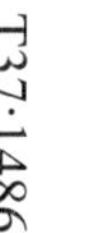
T37:1486

H02:048A

H02:048B

H02:075

73EJF3:124A

73EJF3:336+324

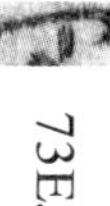
73EJD:1

73EJD:5

73EJD:31A

73EJD:31B

73EJD:39A

73EJD:88A

73EJD:171

73EJD:261A

73EJD:293

73EJD:296

73EJD:301

73EJD:306A

73EJD:308

73EJD:317A

73EJD:360

72EJC:2A

73EJC:308

73EJC:308

73EJC:370

73EJC:447A

73EJC:675

72ECC:14B

辟

1355

T04:063A

T04:063A

T06:077A

T08:016

T10:304

T10:313A

T21:311

T22:005

T23:578

T23:768

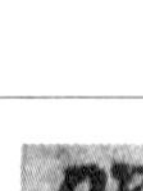
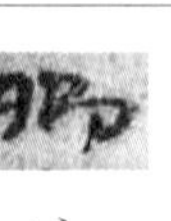

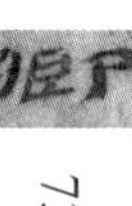
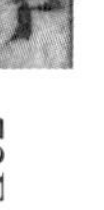
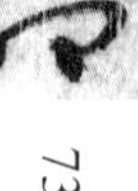

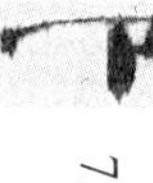

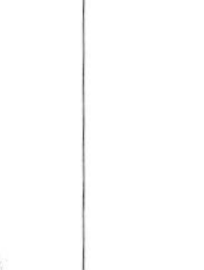

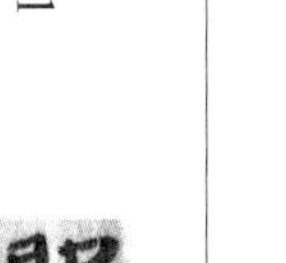
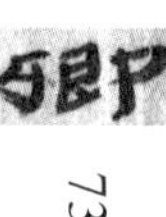

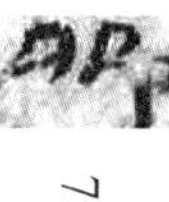

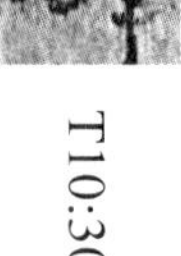
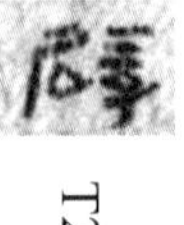
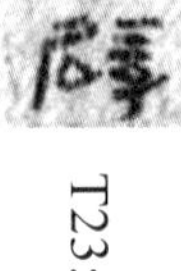

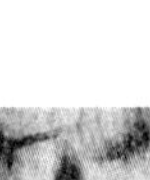

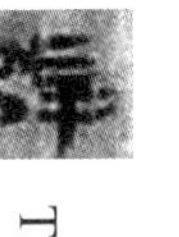

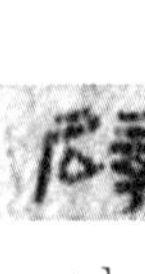

T24:213

T26:174B

T26:195A

T30:035A

T30:035A

T30:214

T31:071

T33:040A

T33:040A

H02:047A

73EJF3:87

73EJF3:525A

73EJD:61

72EJC:18

旬

1356

T24:327

匈

1357

T01:156

T06:022A

T23:293B

T23:711

T30:201

冢

1358

F01:044

72EJC:200A

敬

1359

T04:008

T05:039

T10:063

T10:124A

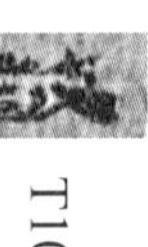
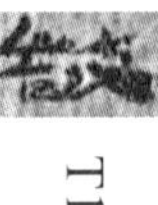
T10:326

T23:731A

T24:121

T25:020

T30:010

T30:152

T31:139

T33:029

T37:389

T37:468A

T37:522A

T37:998

T37:998

T37:1333

T37:1458A

T37:1495

F01:118A

73EJF3:370

73EJF3:537

72EJC:180

72EJC:180

73EJC:313A

鬼

1360

T03:053

T10:178

T23:827

T37:520A

T37:526

醜 1361	魋 1362	厶 1363	篡 1364	巍 1365
T37:758	T24:888	T04:068	73EJC:607	T01:157
		73EJD:4		T01:311
				T02:003
				T02:045
				T03:055
				T05:018
				T05:054
				T06:094
				T06:094
				T06:100
				T06:106
				T06:150

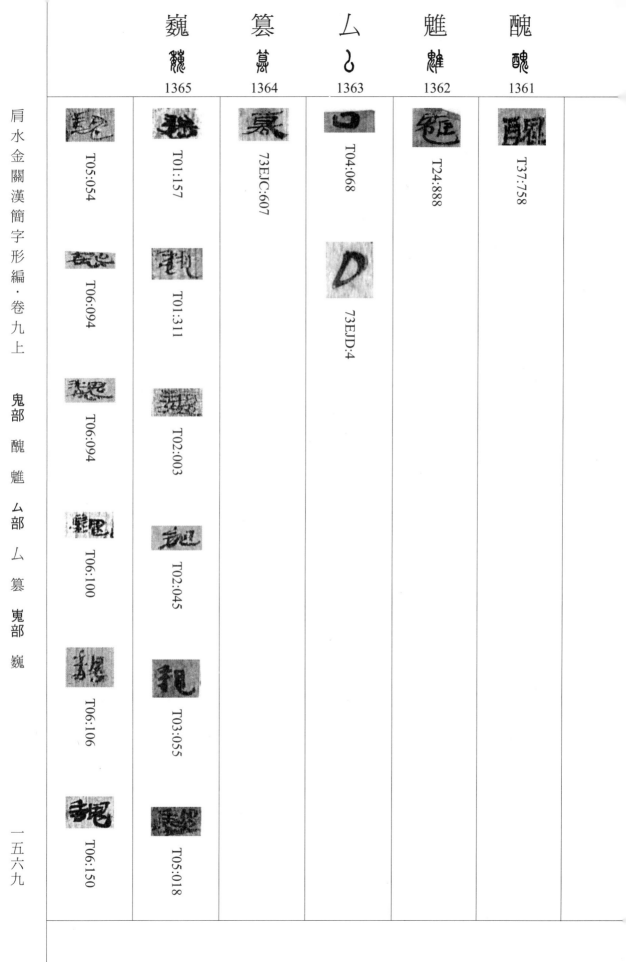

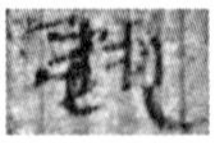

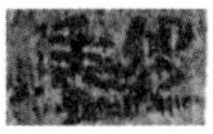

T07:009
T08:081
T09:088
T09:099
T09:235

T09:262
T10:108
T10:122
T21:095
T21:095
T21:195

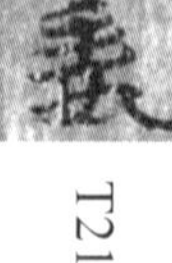
T21:438

T23:028

T23:249
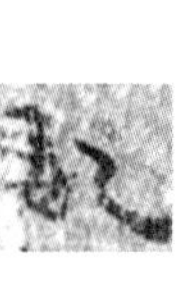
T23:250
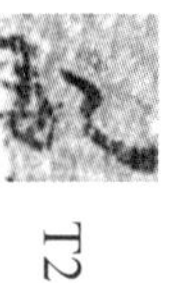
T23:496

T24:005

T24:145
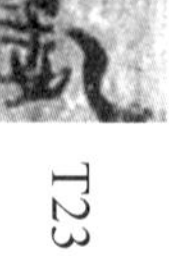
T24:279

T25:089
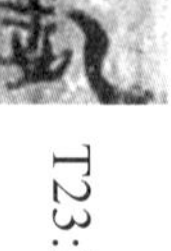
T25:127

T29:128
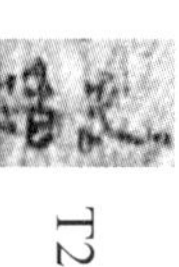
T30:117
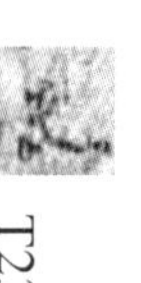
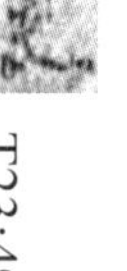

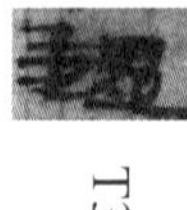
T31:093
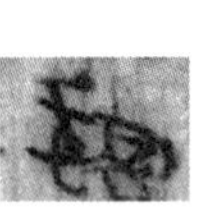
T32:074

T37:654B

T37:740A

T37:994

T37:1394

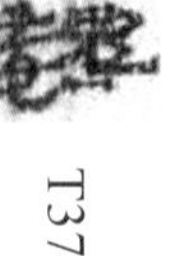

H01:003A

73EJD:19A

72EJC:27

72EJC:51
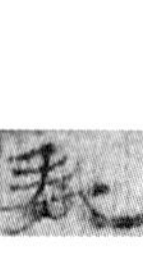

72EJC:160

73EJC:304

73EJC:424　按：金關簡或省「山」。

山

1366

肩水金關漢簡字形編·卷九下

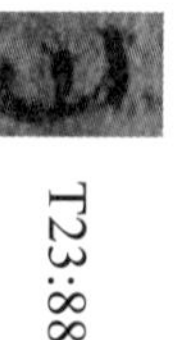

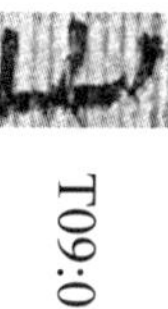
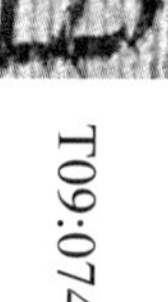

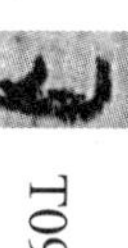

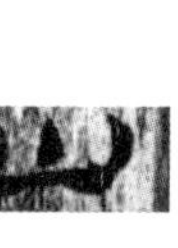
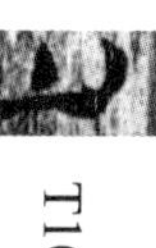
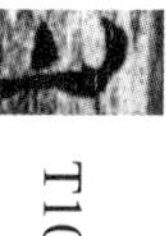
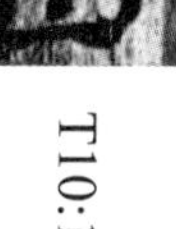

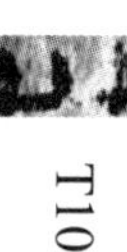

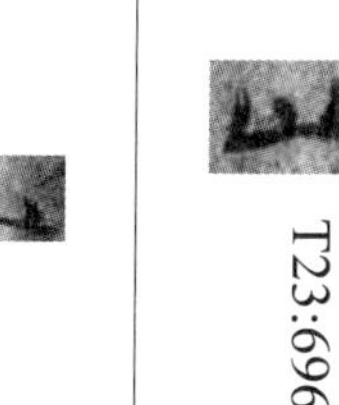

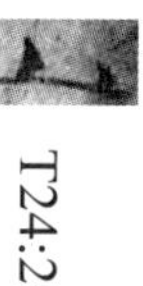

T01:092
T01:160
T03:051
T04:057
T04:110A
T07:003

T07:051
T09:074
T09:157
T10:124A
T10:158
T21:017

T21:459
T22:135
T23:061
T23:177A
T23:408
T23:696

T23:885A
T24:138
T24:150
T24:216
T24:270
T24:291

T24:327
T25:059
T25:150A
T26:059
T26:149
T26:156
T26:165
T27:048
T28:010
T29:050
T29:058
T30:007+019
T30:023
T30:026
T30:035A
T30:074
T30:102
T31:051A
T31:127
T33:056A
T37:232
T37:1087
H01:018
F01:004
F01:123
73EJF3:19
73EJF3:95
73EJF3:140
73EJF3:280
73EJF3:359
73EJF3:365
73EJF3:367
73EJF3:427
73EJT4H:90
73EJD:39B

72EJC:137

72EJC:644

72ECC:18

岑 1367

73EJF3:119A

73EJF3:153

73EJF3:178A

73EJF3:438

密 1368

T01:002

T06:138

T32:041

T37:014

T37:241

T37:408

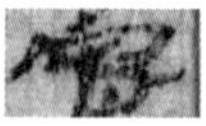

T37:766

崇 1369

T10:213A

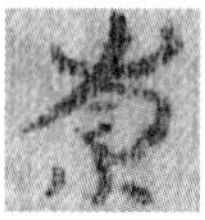

T23:918A

T37:008

T37:928

73EJF2:44

73EJF3:27

73EJF3:88

73EJF3:241

73EJF3:346

73EJF3:354

73EJF3:366

1370 崔

T07:040

T10:029A

T34:001B

1371 嵩

T32:032A

1372 崩

73EJF3:110

1373 广

T37:470

1374 府

T01:068

T01:156

T01:189

T02:016

T02:083

T03:012

T03:013A

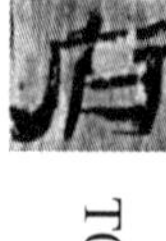
T03:013A

T03:027A

T03:032

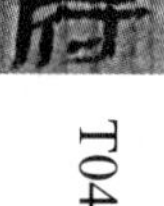
T03:060

T04:064

T04:099

T04:148

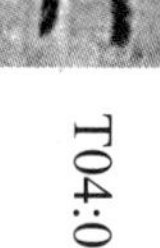
T05:076

T05:076

T06:067A

T07:010

T07:014

T07:025

T07:089A

T07:139

T08:021

T08:051A

T09:212B

T09:213

T10:064

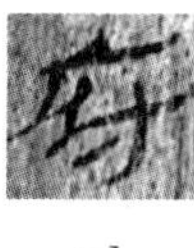
T10:081

T10:146A

T10:147

T10:210A

T10:215A

T10:215B

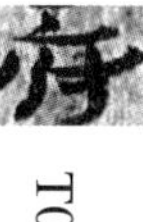
T10:304

T10:321

T21:047

T21:059

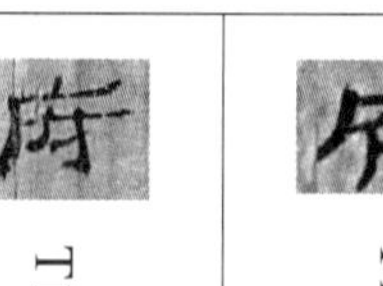

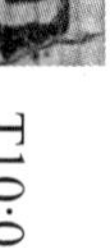

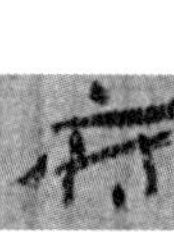

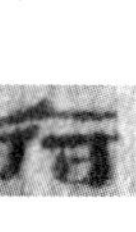

T21:201 T22:011C T22:011D T22:012 T22:017

T22:069 T23:123 T23:170 T23:187 T23:292

T23:330 T23:349A T23:351 T23:359A T23:413

T23:413 T23:454 T23:494 T23:496 T23:620

T23:620 T23:635 T23:642 T23:645 T23:762A

T23:764 T23:770 T23:873 T23:883 T23:895

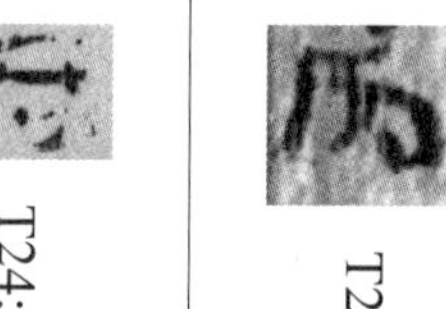

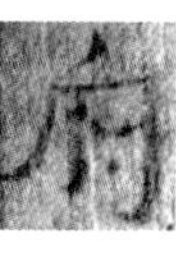
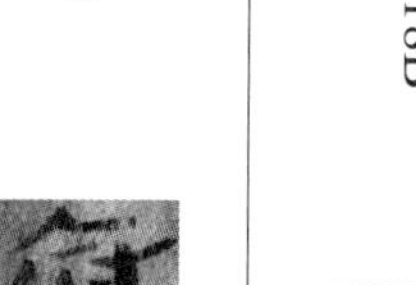
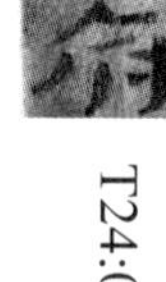

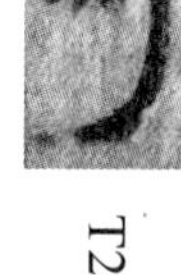

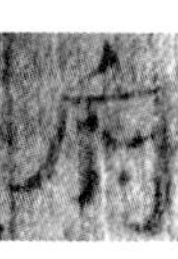

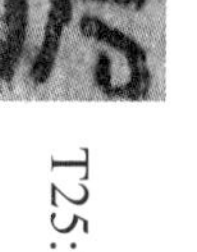

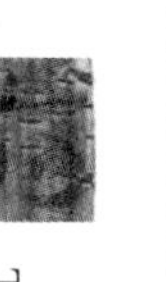

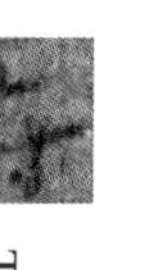
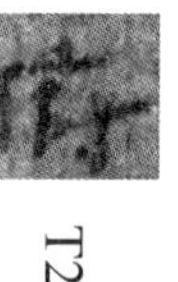

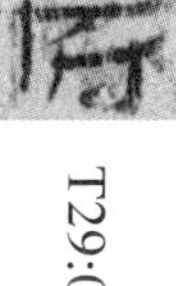
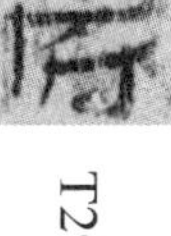

T23:918B
T24:010B
T24:011
T24:013
T24:025

T24:026
T24:032
T24:059
T24:090A
T24:397

T24:555
T24:627B
T24:841
T25:006
T25:060

T25:105
T25:156
T26:002A
T26:011
T26:024

T26:058
T26:233A
T27:008
T27:024
T27:069

T28:052
T28:058
T29:015A
T30:007+019
T30:017

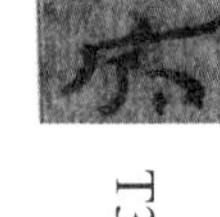
T30:026

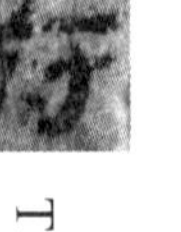
T30:028A

T30:205

T30:220

T31:029

T31:062

T31:096

T31:097A

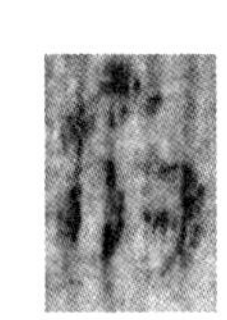
T31:142

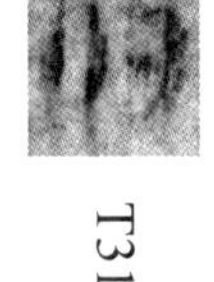
T33:011

T33:048

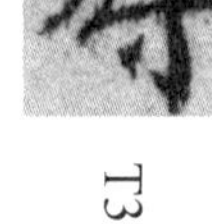

T37:049B

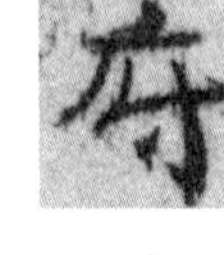
T37:082

T37:136

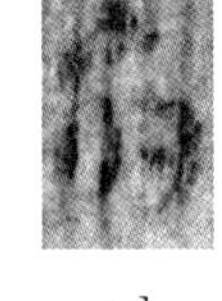
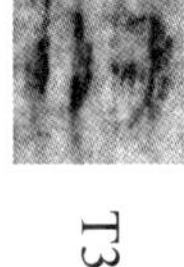
T37:276A

T37:519A

T37:520A

T37:520A

T37:595

T37:615

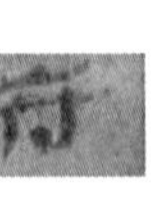
T37:726

T37:743

T37:770A

T37:775

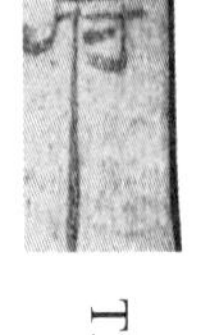
T37:780

T37:783A

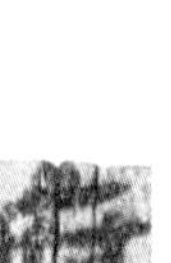

T37:836A

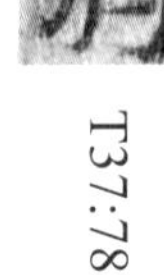

T37:841

T37:1029

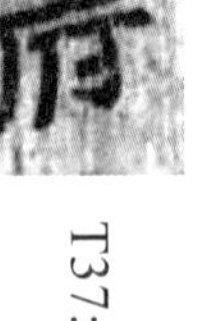

T37:1065A

T37:1078

T37:1151A

T37:1200A

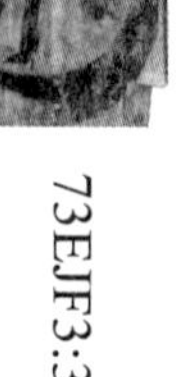
T37:1424

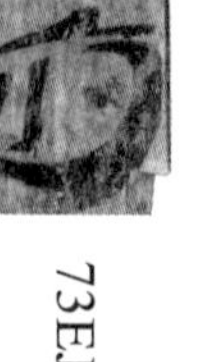
T37:1499A

T37:1503A

T37:1507

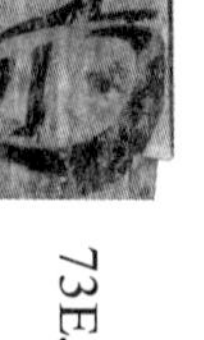
H02:028

F01:012

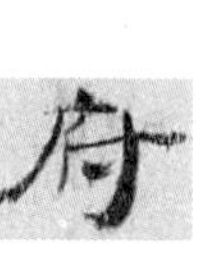
F01:027

73EJF3:39A

73EJF3:56

73EJF3:105

73EJF3:152

73EJF3:182A

73EJF3:249

73EJF3:258

73EJF3:277

73EJF3:311

73EJF3:330

73EJF3:348A

73EJF3:349

73EJF3:510A

73EJT4H:89B

73EJD:33A

73EJD:33A

73EJD:34

73EJD:35
73EJD:35
73EJD:45
73EJD:64
73EJD:79B

73EJD:96
73EJD:125A
73EJD:279
73EJD:319C
73EJD:382

72EJC:35
72EJC:140
73EJC:292
73EJC:370
73EJC:652

72ECC:11
72ECC:22
72ECC:36
72EDIC:11

庳

1375

T21:269
73EJF3:558

廬

1376

T24:321
T30:144
T30:262

庭 1377

T04:089

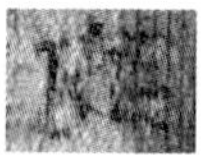

T23:879

T37:1058

H01:025

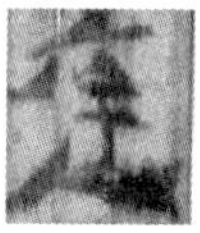

73EJF3:170

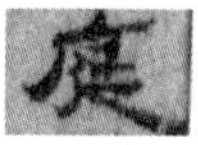

73EJD:6

73EJD:205

庵 1378

T24:247B

T24:268B

廚 1379

T06:023A

T06:134

T07:009

T09:019B

T23:153

T23:304

T23:717A

T30:065

H01:075

73EJF3:343

73EJD:31B

73EJC:338

庫

1380

T04:099

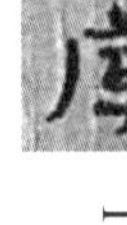
T04:102

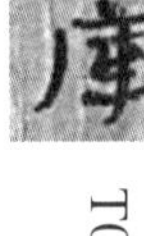
T06:071A

T07:098B

T07:140

T08:051A

T08:051B

T09:054

T21:064

T23:857A

T24:983

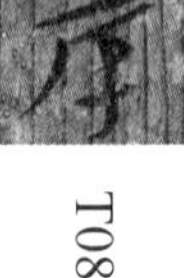
T29:092

T30:071

T37:089

T37:120

T37:205

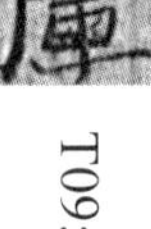
T37:285

T37:909

T37:1406

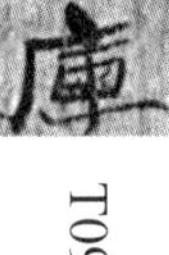
73EJF3:105

73EJF3:327

73EJF3:450B

73EJC:341

廄

1381

T03:068

T03:082

T03:098

T05:007

T07:008

T07:084

廏

T09:013
T10:062
T10:095
T10:107
T10:150
T10:209
T10:213A
T10:215B
T10:295
T14:011A
T23:729
T24:194
T37:1530
73EJD:126
73EJC:299
73EJC:563

序

1382

T23:767

廣

1383

T01:001
T01:022A
T01:028
T01:041
T01:073

广部 廣

T01:084 T01:118 T01:121 T01:173 T02:002

T04:077 T04:083 T04:097 T04:112 T05:007

T05:018 T05:073 T06:041A T06:041A T06:086A

T07:006 T07:043 T07:109 T08:038 T08:106A

T09:035 T09:149 T09:196 T10:072 T10:134

T10:177A T10:263 T10:265 T10:354 T10:401

T11:004

T14:001

T14:031A

T14:031B

T15:014

T21:124

T21:281
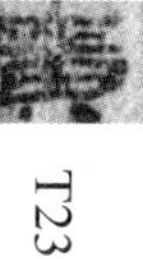
T21:282
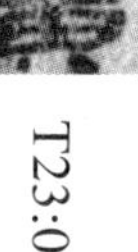
T21:420
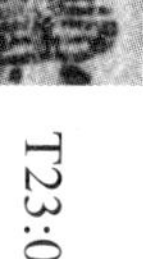
T22:011C
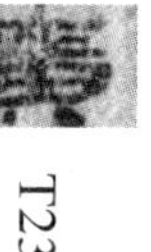
T22:111A
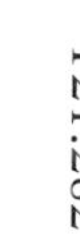
T22:127

T23:004

T23:015A

T23:200:②

T23:226

T23:354A
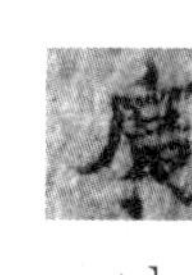
T23:385
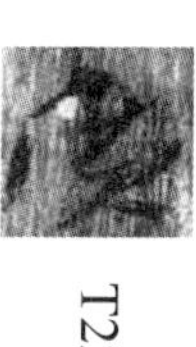
T23:392

T23:482

T23:519

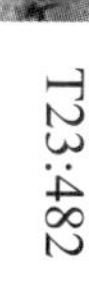
T23:532

T23:562
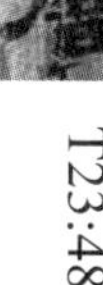

T23:562

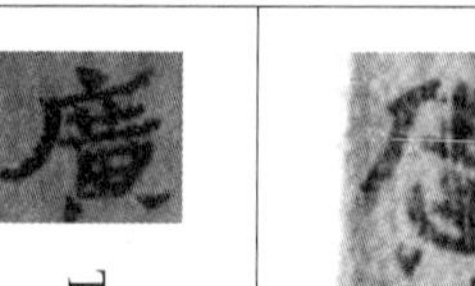
T23:635

T23:661
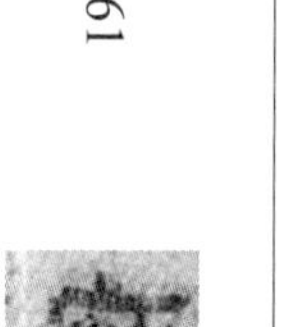
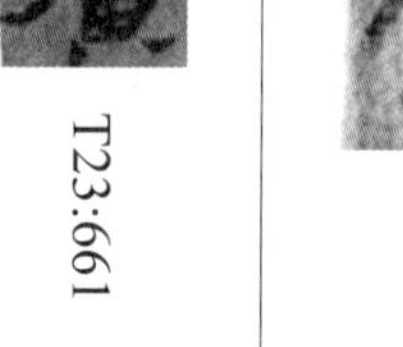
T23:770
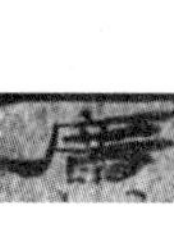

T23:778

T23:804B

T23:815

广部 廣

  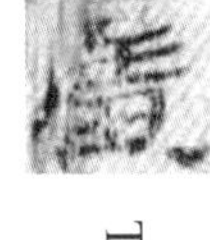             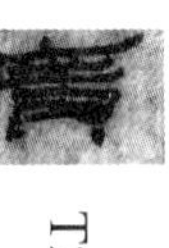  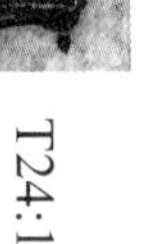       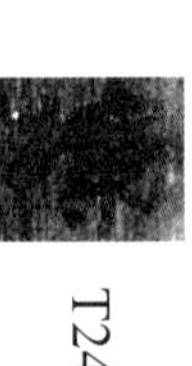                     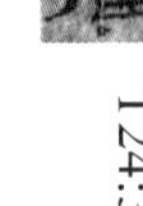      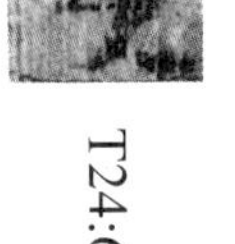     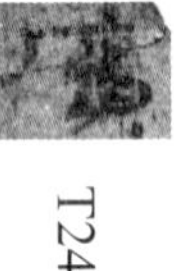 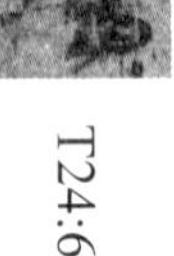     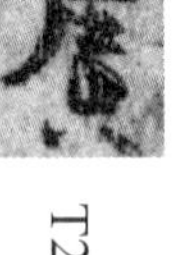 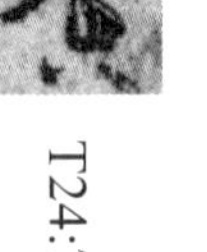   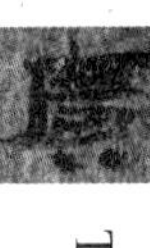  

T23:884
T23:897A
T23:938
T23:965
T23:975

T23:977
T24:023A
T24:026
T24:026
T24:026

T24:070A
T24:099
T24:113A
T24:165
T24:205

T24:247A
T24:248
T24:260
T24:275A
T24:303A

T24:312
T24:416B
T24:516A
T24:541
T24:557

T24:658A
T24:694
T24:765
T24:770
T24:796

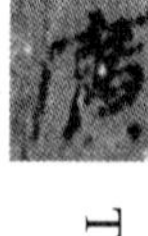

T24:836

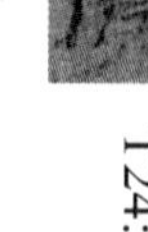
T24:870

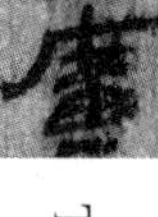
T24:877

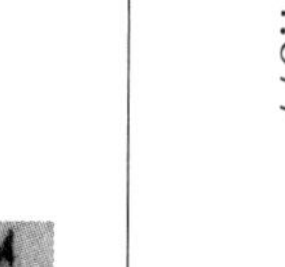
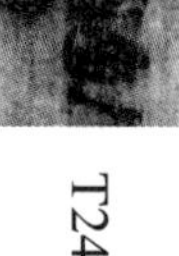

T24:972

T25:006

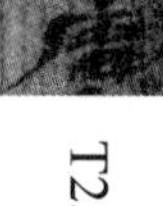
T25:130

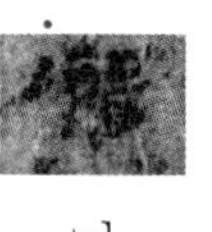
T25:162

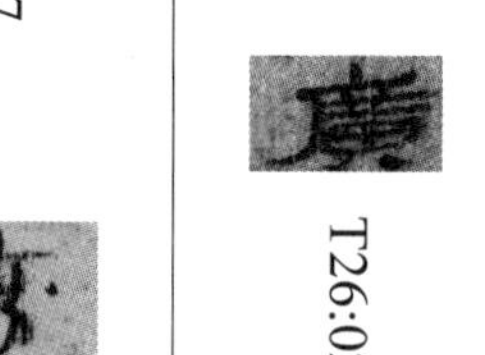
T26:027

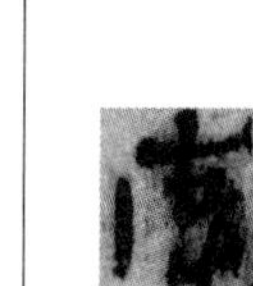
T26:083

T26:095

T26:142

T26:257

T27:017A

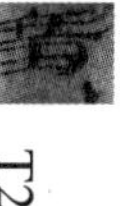
T28:001

T28:013B

T28:020

T28:029

T28:055

T28:077

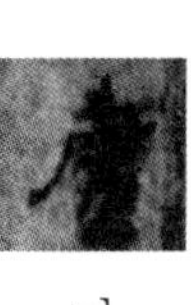

T28:078

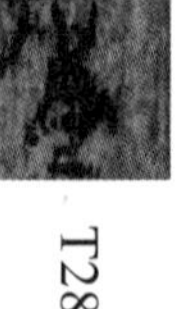
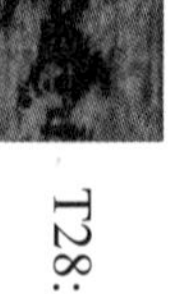

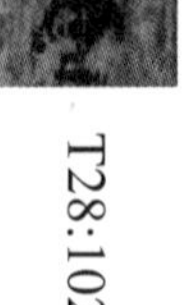

T28:102

T29:041

T29:043

T29:099

T29:115A

T29:115B

T29:120

T30:007+019

T30:017

T30:020

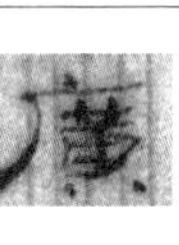
T30:021A
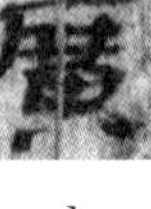
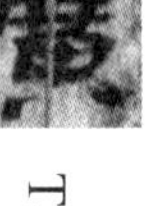
T30:025
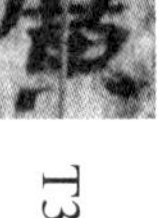
T30:040

T30:041

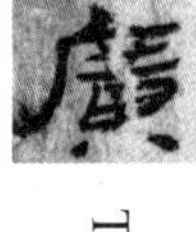
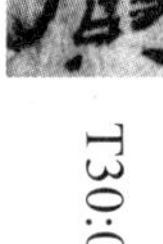
T30:057B

T30:131

T30:189
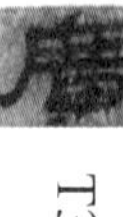

T30:206

T30:244

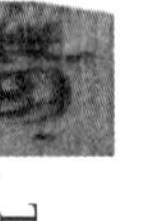
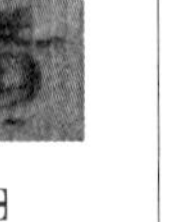
T31:094

T31:128
T31:146
T31:151A
T32:022
T32:074

T33:040A
T34:008
T37:082
T37:099
T37:146A

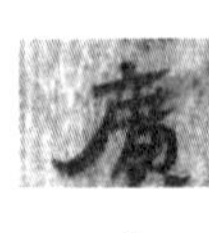
T37:151

T37:224

T37:229
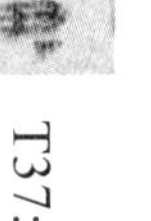
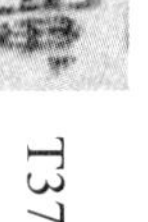

T37:243

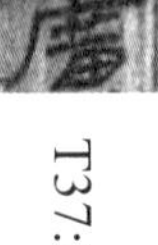

T37:384

T37:422

T37:457

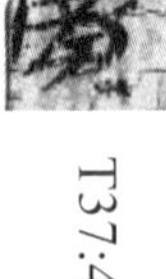
T37:464A

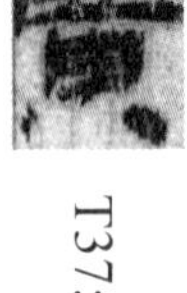
T37:490

T37:519A

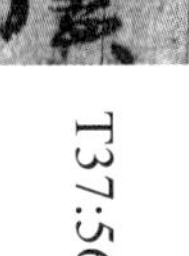
T37:562

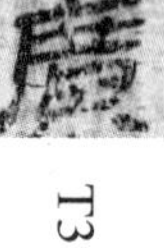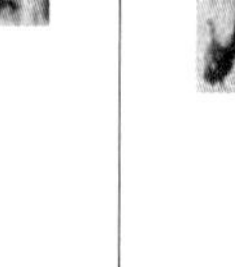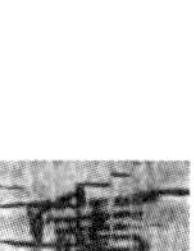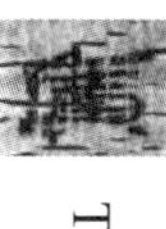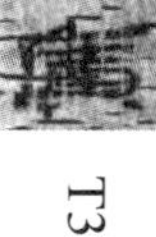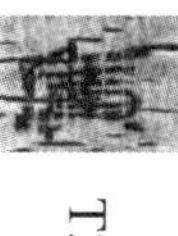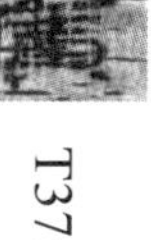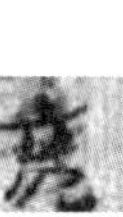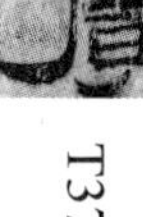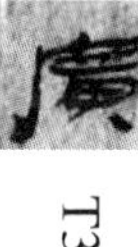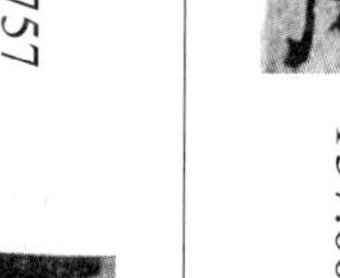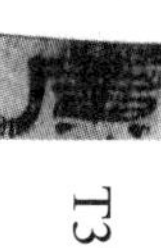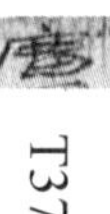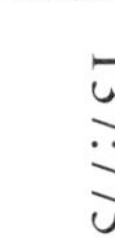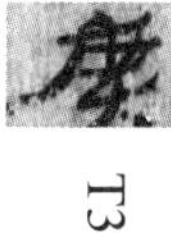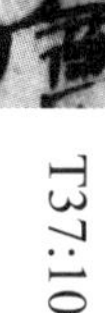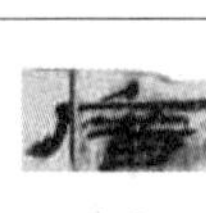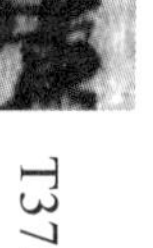

T37:566A

T37:593

T37:644

T37:666

T37:669

T37:704

T37:716A

T37:718

T37:742

T37:757

T37:759

T37:767

T37:775

T37:800A

T37:800B

T37:800B

T37:833A

T37:835A

T37:912

T37:1018

T37:1057A

T37:1062A

T37:1076A

T37:1085

T37:1100

T37:1124

T37:1130

T37:1177

T37:1184

T37:1359

T37:1379A

广部 廣

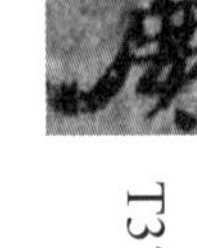
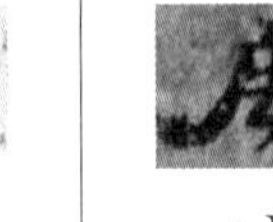
T37:1502A

T37:1503A

T37:1503B

H01:012B

H01:025

H02:030

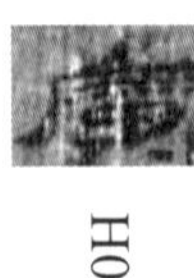

H02:045

H02:053A

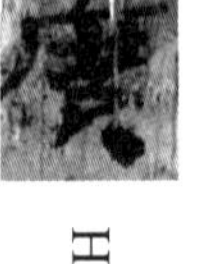
H02:076

73EJF2:42

73EJF3:24

73EJF3:95

73EJF3:106

73EJF3:123A

73EJF3:123B

73EJF3:125A

73EJF3:138

73EJF3:278

73EJF3:373

73EJF3:376

73EJD:43A

73EJD:43B

73EJD:93

73EJD:221

73EJD:245

73EJD:270

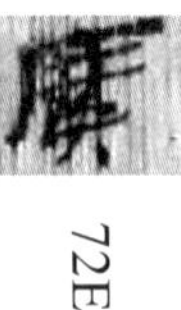
72EJC:32

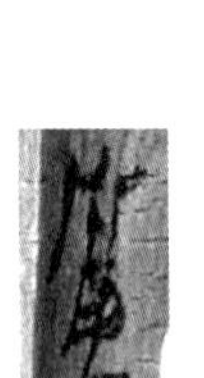

72EJC:137

广部 廣 廥 庾 廯 廉

72EJC:155A

72EJC:160

73EJC:298

73EJC:338

73EJC:437

73EJC:437

73EJC:482

73EJC:522

73EJC:589

72ECC:56

廥 1384

T33:038

庾 1385

T07:081

T21:047

T26:110

T37:1442B

廯 1386

T23:378

T37:1058

廉 1387

T06:041A

T06:075

T09:114

T24:043

T37:361

（廉）

H01:016B

F01:035

73EJF3:336+324

73EJF3:326

73EJD:256

龐

1388

T01:013

T01:115

T24:078

T37:015

T37:418

73EJF3:344

73EJD:42

庇

1389

T07:024

T22:024

庶

1390

T03:055

T23:260

T24:235

T24:983

T26:032

T34:006A

T37:526

73EJF3:325

73EJF3:328A

字頭	編號	出處
廢	1391	T30:204
庰	1392	 T01:280、T21:195、T23:768、T23:996A、T26:181、T32:074、73EJF3:94、73EJF3:165
廖	1393	T01:081
廆	1394	 T01:001、T08:100、T09:090、T24:909、T28:087
廋	1395	 T23:620、T23:955、T23:955、73EJF3:261、73EJD:217

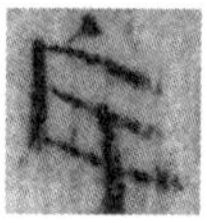

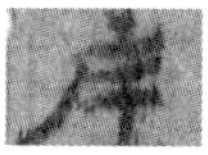

厂部 厲 厤 丸部 丸 危部 危 石部 石

厲	厤	丸		危	石
1396	1397	1398		1399	1400
T21:271B	T10:108	T01:006	73EJD:47	T26:005B	T01:039
	T29:100	T01:024		T31:044A	T01:110
		T04:189			T01:152
		T30:193			T02:075
		T30:265			T02:077
		T37:773			T03:071

石部 石

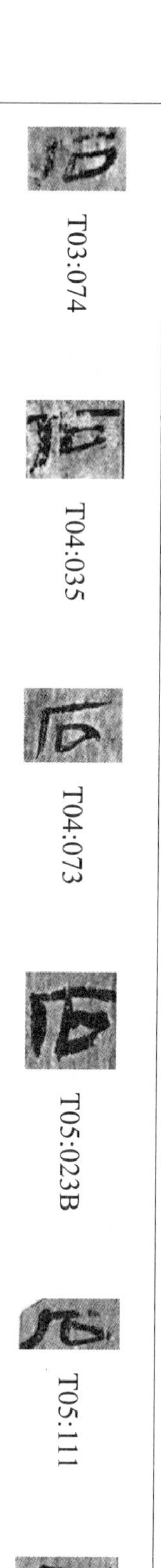
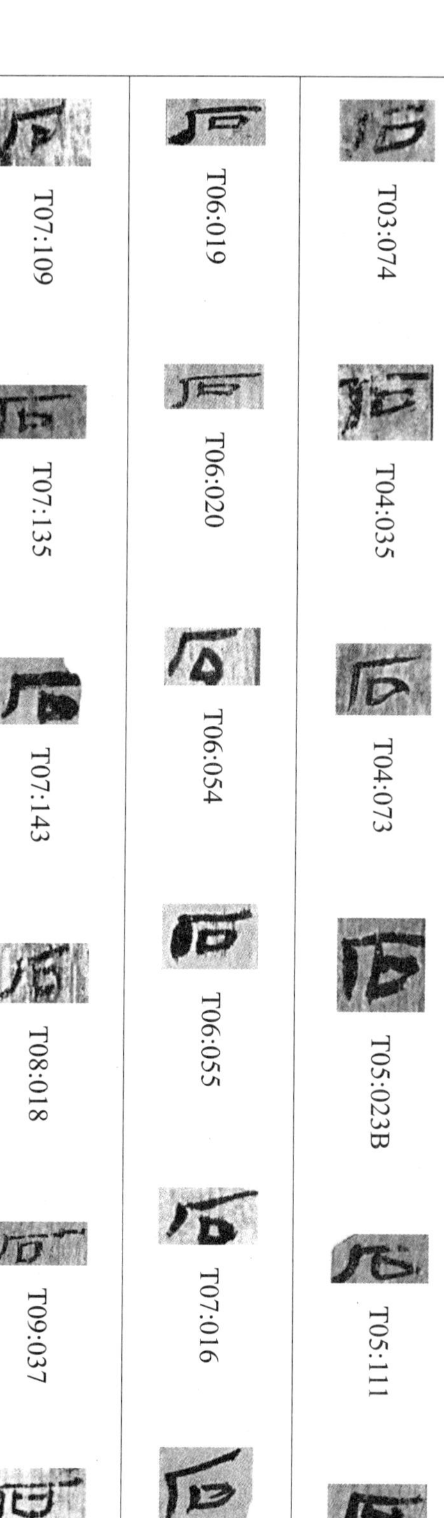

T03:074 T04:035 T04:073 T05:023B T05:111  T05:113

T06:019 T06:020 T06:054 T06:055 T07:016 T07:100A

T07:109 T07:135 T07:143 T08:018 T09:037 T09:087

T09:101  T09:105  T10:052  T10:066  T10:067  T10:067

T10:067  T10:067  T10:068  T10:068  T10:069  T10:069

T10:070  T10:070  T10:071 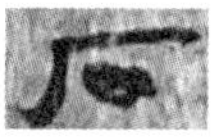 T10:071 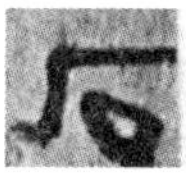 T10:073  T10:073

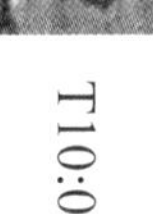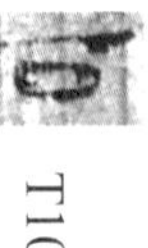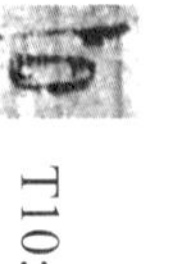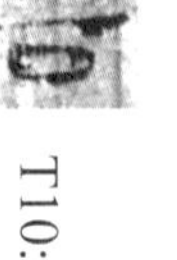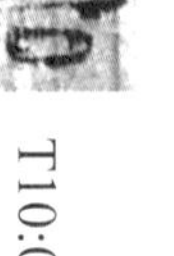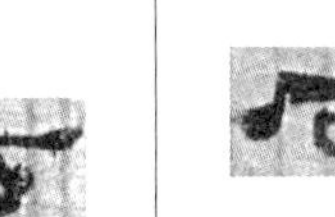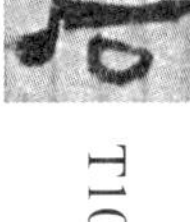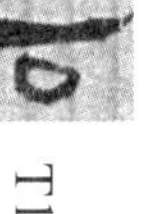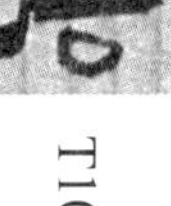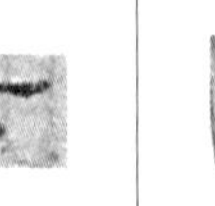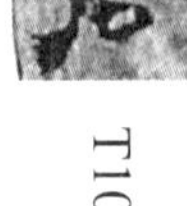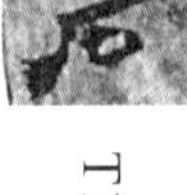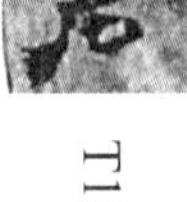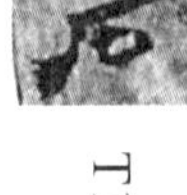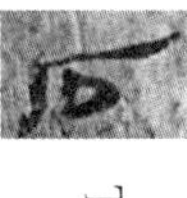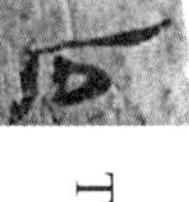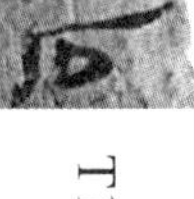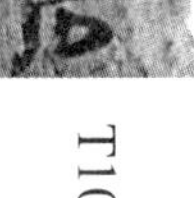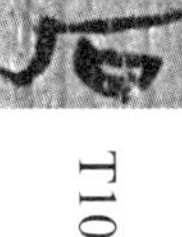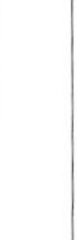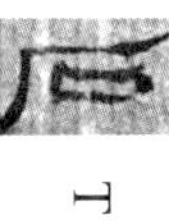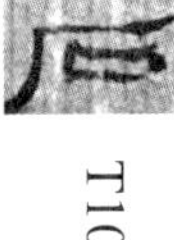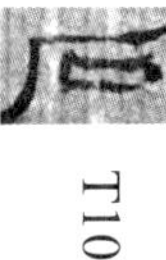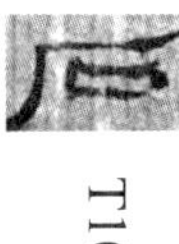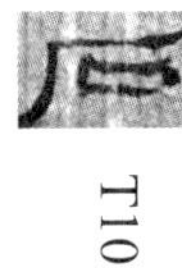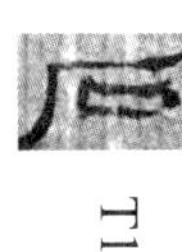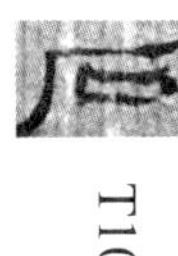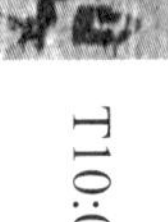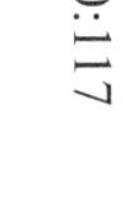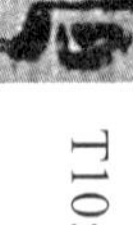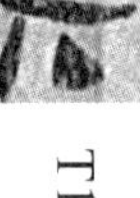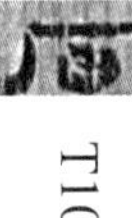

T10:073
T10:074
T10:074
T10:075
T10:075
T10:078

T10:079
T10:079
T10:080
T10:080
T10:082
T10:082

T10:082
T10:083
T10:084
T10:084
T10:085
T10:085

T10:085
T10:086
T10:086
T10:087
T10:087
T10:092

T10:092
T10:095
T10:095
T10:096
T10:116
T10:116

T10:117
T10:117
T10:161
T10:165
T10:165
T10:167

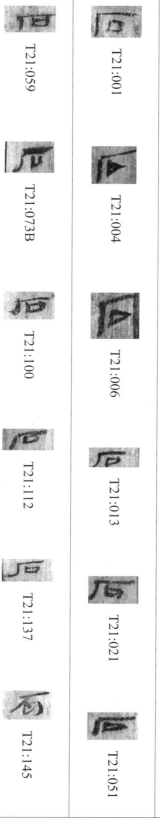

石部　石

T10:168　T10:168　T10:170　T10:170　T10:171　T10:171

T10:172 　T10:172 　T10:175 　T10:175 　T10:180 　T10:277

T10:306 　T10:306 　T10:316 　T10:316 　T10:342 　T10:397

T21:001 　T21:004 　T21:006 　T21:013 　T21:021 　T21:051

T21:059 　T21:073B 　T21:100 　T21:112 　T21:137 　T21:145

T21:156 　T21:166 　T21:188 　T21:189 　T21:233 　T21:279

T21:284 T21:284 T21:284 T21:350A T21:382 T21:427

T21:445 T22:007 T22:024 T22:033 T22:089 T22:095

T22:103 T23:004 T23:038 T23:145 T23:153 T23:284

T23:355 T23:378 T23:561 T23:584 T23:619 T23:662

T23:688 T23:748 T23:896A T23:917A T24:003

T24:003 T24:016 T24:043 T24:044 T24:052 T24:169

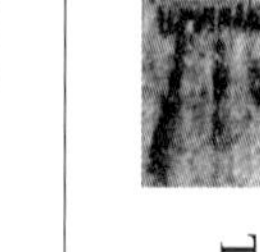
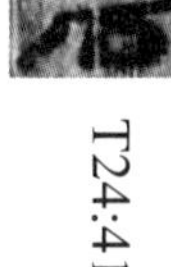

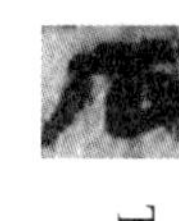
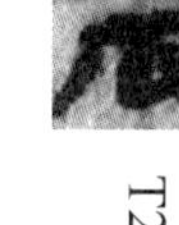
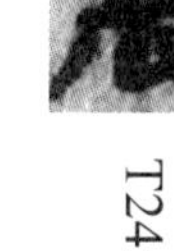
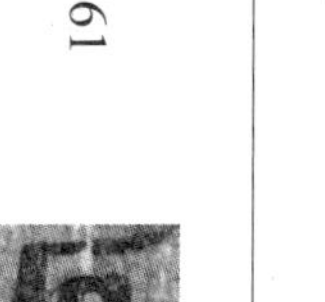
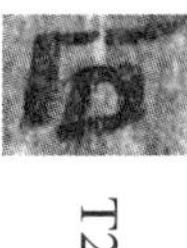
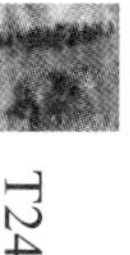
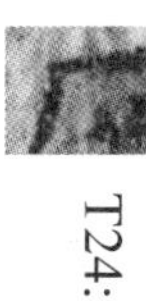
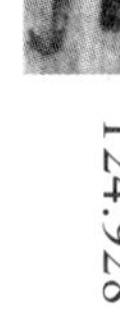
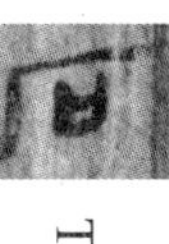

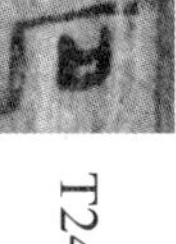

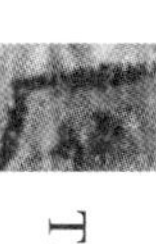
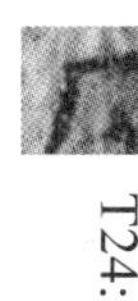

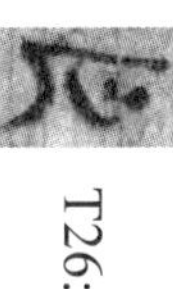

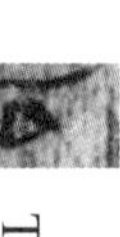

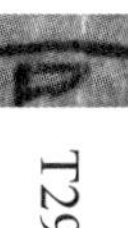
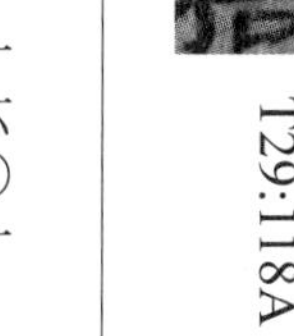

T24:192
T24:206
T24:208
T24:277
T24:326

T24:415
T24:494
T24:537
T24:539
T24:561
T24:601

T24:621
T24:632
T24:721
T24:757
T24:928
T24:981

T24:981
T24:985
T25:049
T26:061
T26:063
T26:124

T26:157
T26:171
T26:182
T27:036
T28:032
T29:001

T29:013A
T29:048
T29:051
T29:051
T29:099
T29:118A

T29:126A
T30:024B
T30:024B
T30:032
T30:040
T30:045
T30:085
T30:178
T30:178
T30:256
T31:016A
T31:033
T31:093
T32:057
T34:020
T34:022A
T37:111
T37:724
T37:724
T37:742
T37:762
T37:765
T37:780
T37:939
T37:1169
T37:1472
T37:1539
T37:1540
T37:1541
T37:1553
T37:1554
T37:1557
H01:026
H01:034
H01:047
F01:012

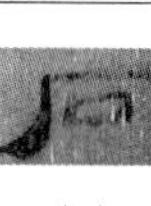
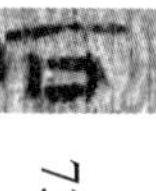
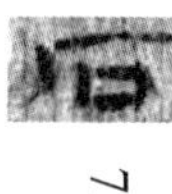

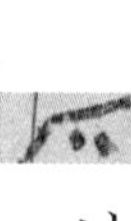

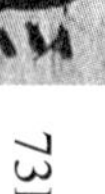

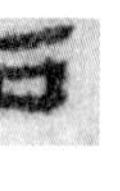

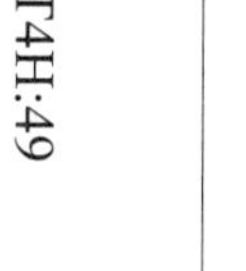
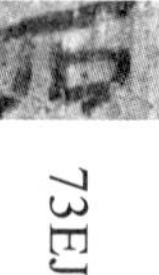

F01:023A　F01:123　73EJF2:7　73EJF3:86　73EJF3:90　73EJF3:90

73EJF3:100　73EJF3:101　73EJF3:106　73EJF3:106　73EJF3:107

73EJF3:108　73EJF3:110　73EJF3:159A　73EJF3:159B　73EJF3:225

73EJF3:249　73EJF3:268　73EJF3:361　73EJF3:394　73EJF3:404

73EJF3:405　73EJF3:405　73EJF3:418　73EJF3:437　73EJF3:446

73EJT4H:49　73EJD:5　73EJD:82　73EJD:88B　73EJD:304A

73EJD:305A　73EJD:306A　73EJD:309A　73EJD:309B　73EJD:314A

73EJD:314B　72EJC:89A　72EJC:137　72EJC:192　72EJC:198

72EJC:277　72EJC:278　72EJC:287　72EJC:290　73EJC:299

73EJC:303　73EJC:318　73EJC:348　73EJC:410　73EJC:417

73EJC:427　73EJC:481　73EJC:540　72EDAC:7　72EDAC:7

磿

1401

T05:121　T21:188　T23:317　T33:012B

破

1402

H02:001　按：从「林」，與石磨之「磨」同形。

T04:098B

T06:188

T07:024

T07:194

T10:244

T23:094

T23:242

T23:917A

T24:346

T24:416B

T24:687

T30:004

T37:482

T37:710

T37:805A

T37:805A

T37:1130

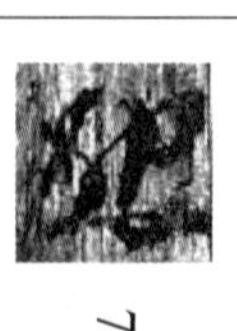
73EJF3:42

73EJF3:295B

73EJF3:443

73EJC:311

73EJC:366

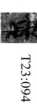

磑

1403

T24:007

研 1404

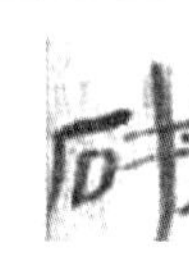
73EJF3:226+247B

73EJF3:226+247B

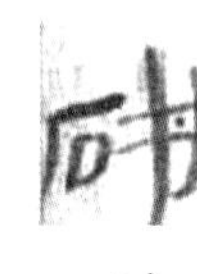
73EJF3:226+247B

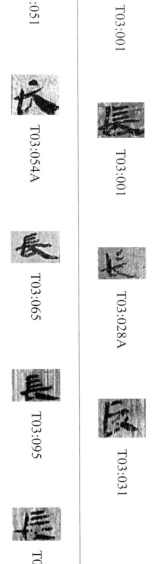

長 1405

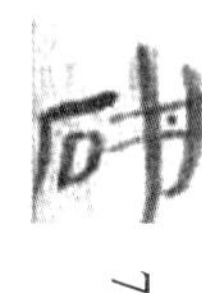

T01:001

T01:001

T01:001

T01:013

T01:041

T01:048

T01:089

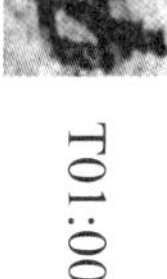
T01:174B

T01:208

T01:211

T02:003

T02:016

T02:053A

T02:088

T02:090

T02:093

T03:001

T03:001

T03:028A

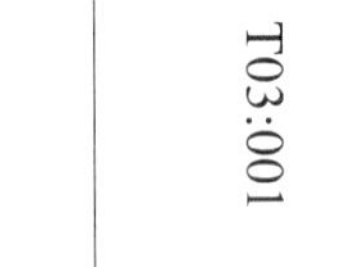
T03:031

T03:049

T03:051

T03:054A

T03:065

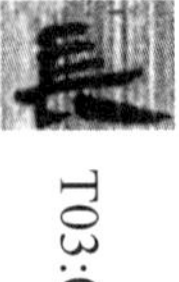
T03:095

T03:099

長部 長

T04:018

T04:030

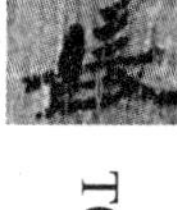

T04:066

T04:083

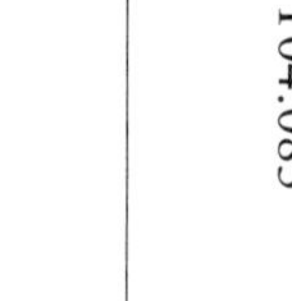

T04:102

T04:110A

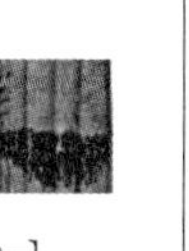
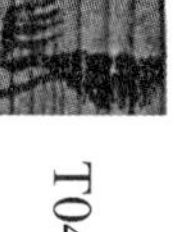
T04:111

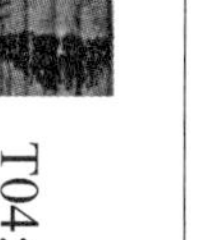
T04:111

T04:116

T04:188

T04:189

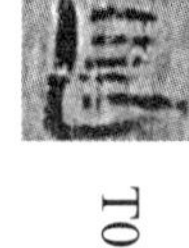

T05:018

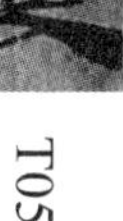
T05:030

T05:088

T05:115

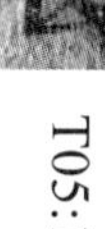
T05:115

T05:115

T06:019

T06:019

T06:027A

T06:028

T06:031

T06:038A

T06:041A

T06:042

T06:045A

T06:048

T06:055

T06:068A

T06:073B

T06:083A

T06:086A

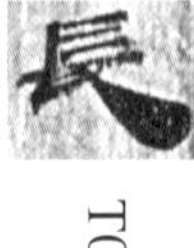

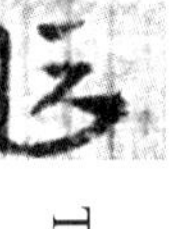
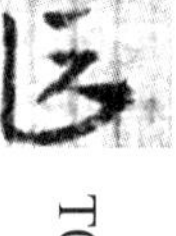

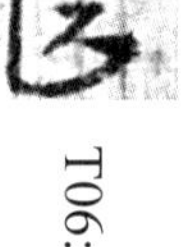

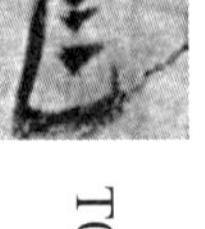
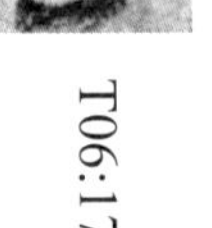

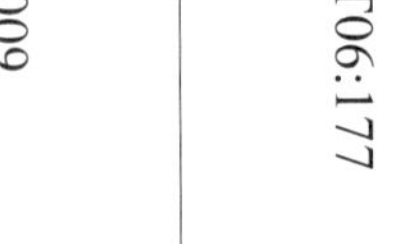

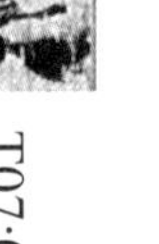
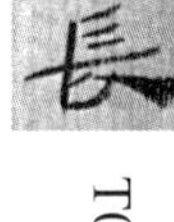

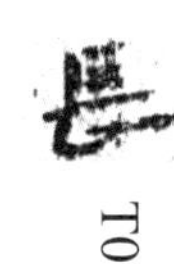

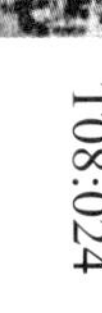

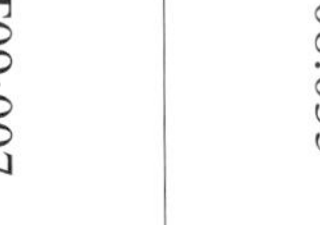

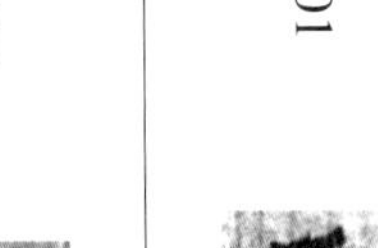
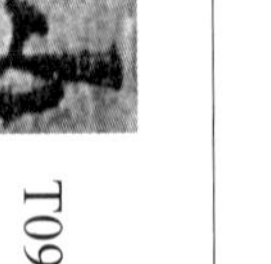

T06:087　T06:130　T06:135B　T06:177　T06:195

T07:004　T07:005　T07:009　T07:009　T07:021　T07:023

T07:025　T07:026B　T07:028　T07:051　T07:090　T07:091

T07:095　T07:129A　T08:004　T08:016　T08:020　T08:024

T08:035　T08:047　T08:065　T09:001　T09:003　T09:006

T09:007　T09:019A　T09:028　T09:061B　T09:069　T09:082

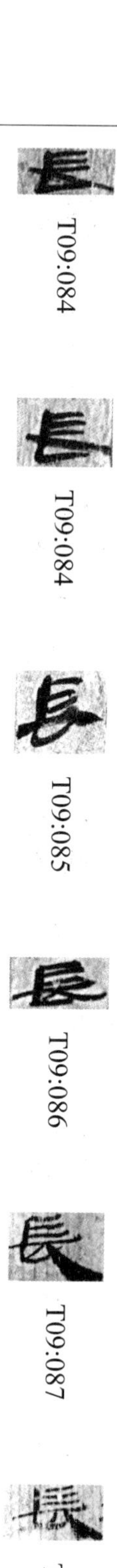

T09:084

T09:084

T09:085

T09:086

T09:087

T09:087

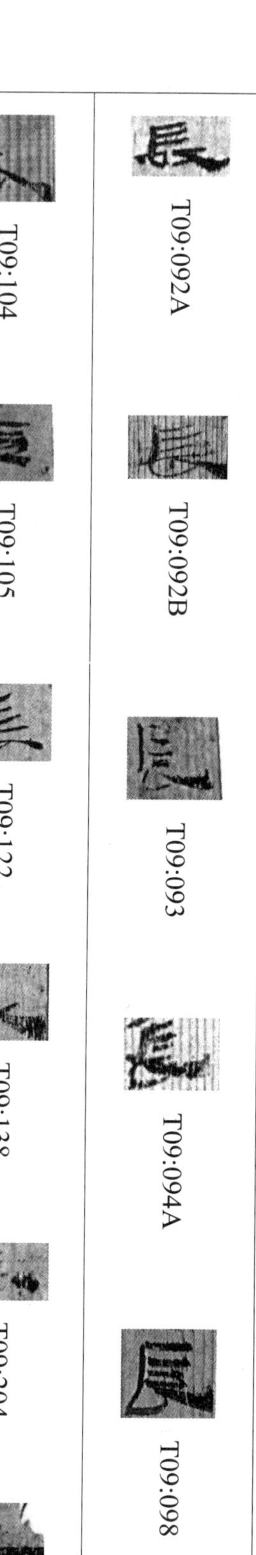

T09:092A

T09:092B

T09:093

T09:094A

T09:098

T09:104

T09:105

T09:122

T09:138

T09:204

T09:208

T09:228

T09:229

T09:238

T09:238

T09:241

T09:250

T09:281

T09:304

T10:118A

T10:125

T10:131

T10:148

T10:152

T10:181

T10:181

T10:206

T10:206

T10:261

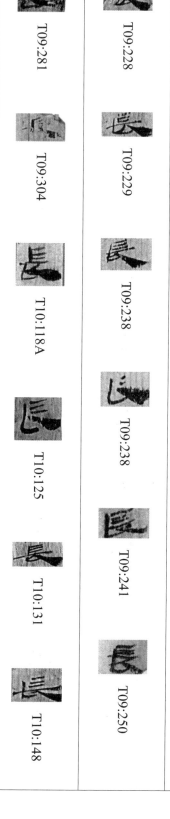

T10:289
T10:289
T10:298
T10:312A
T10:381
T11:003

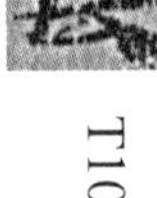

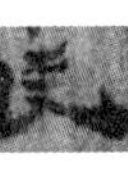

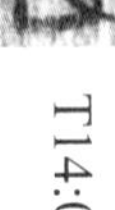

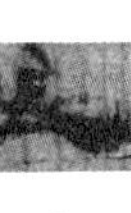

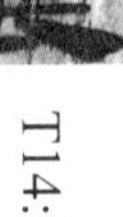

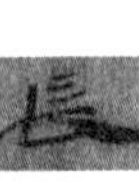

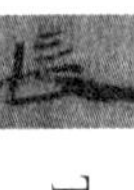
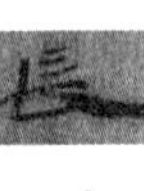
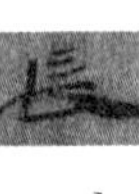
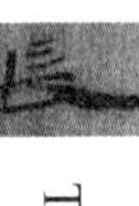
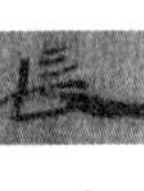
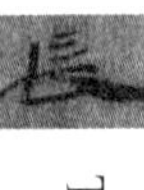

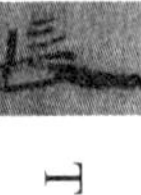
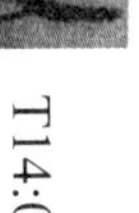

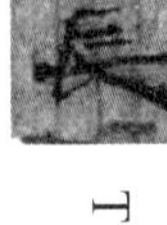
T11:008
T14:005
T14:016
T14:025
T14:034
T14:039

T21:039
T21:040
T21:043A
T21:046
T21:059
T21:062

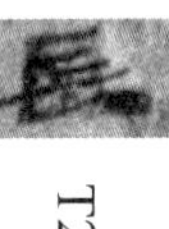
T21:069A
T21:086A
T21:089B
T21:096
T21:100
T21:103

T21:117
T21:120
T21:124
T21:124
T21:124

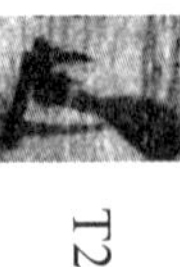

T21:125A
T21:130A
T21:130A
T21:130A
T21:131B

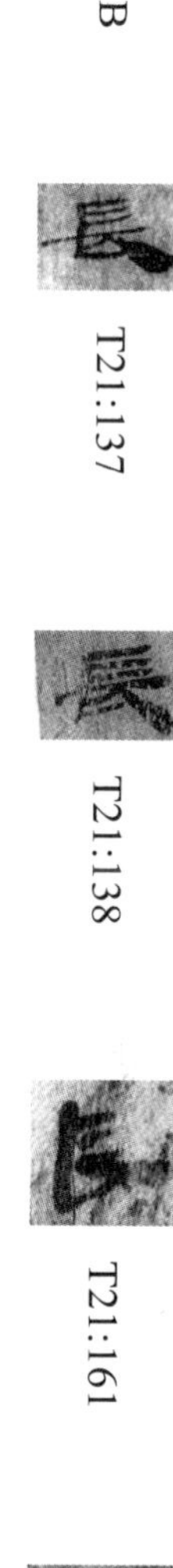

T21:131B

T21:137

T21:138

T21:161

T21:173

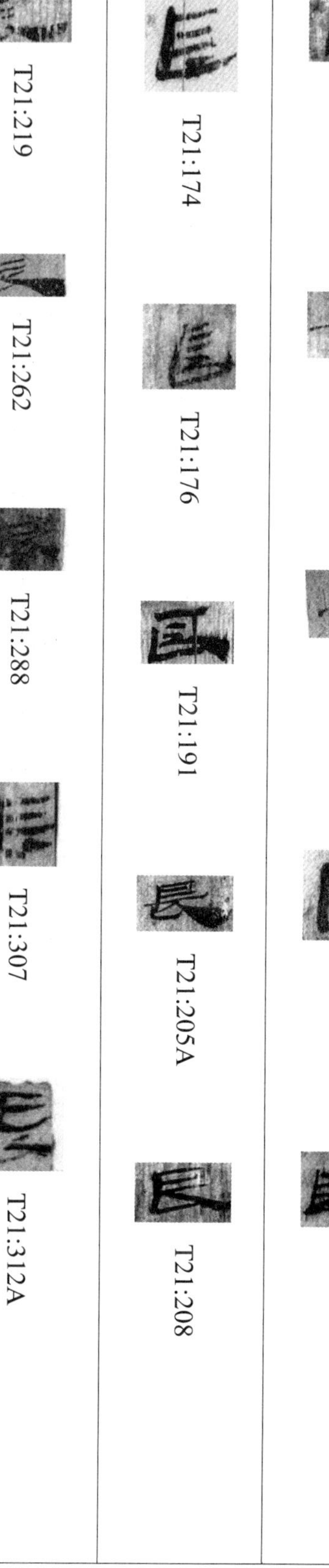

T21:174

T21:176

T21:191

T21:205A

T21:208

T21:219

T21:262

T21:288

T21:307

T21:312A

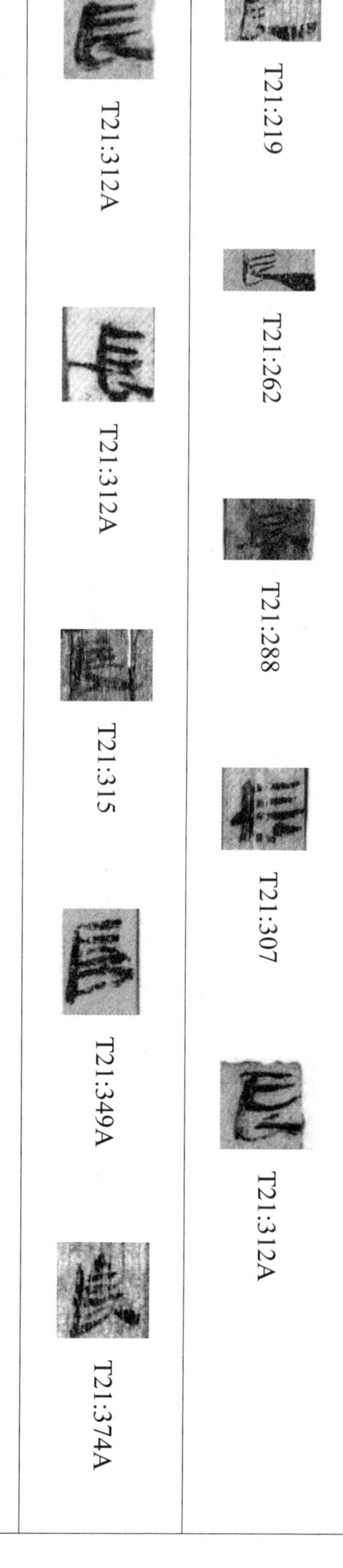

T21:312A

T21:312A

T21:315

T21:349A

T21:374A

T21:374A

T21:374A

T21:374A

T21:374B

T21:374B

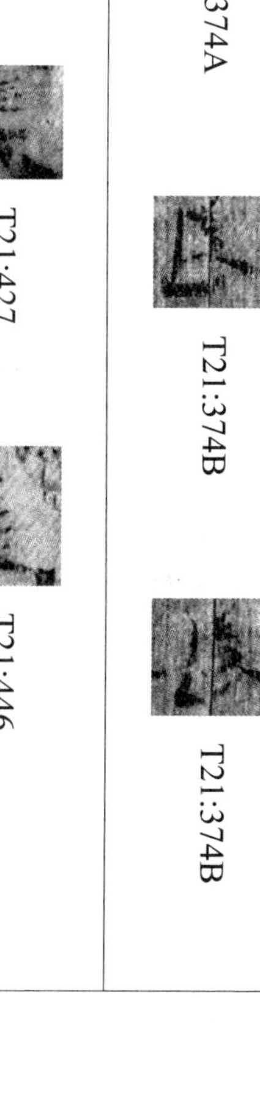

T21:376

T21:386

T21:420

T21:427

T21:446

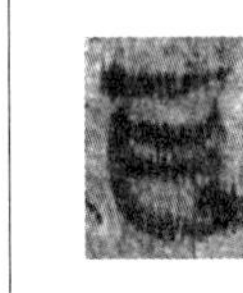

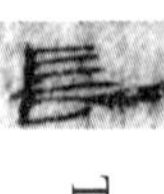

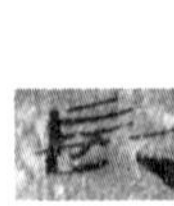

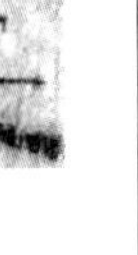

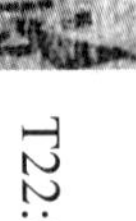

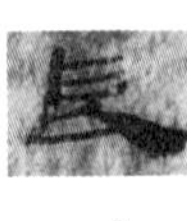

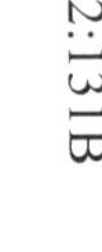

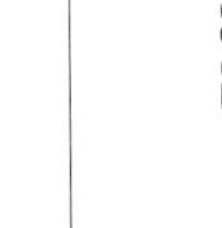

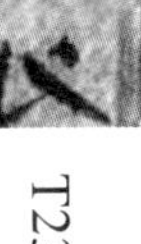
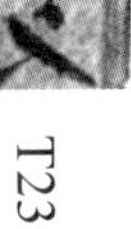

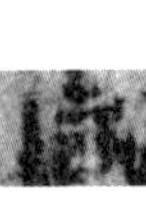

T21:493A
T22:001
T22:001
T22:002
T22:005

T22:005
T22:005
T22:011A
T22:022
T22:024

T22:033
T22:034
T22:036A
T22:048
T22:052

T22:060
T22:063
T22:070
T22:074
T22:111A

T22:131B
T22:133
T22:151
T23:014
T23:079A

T23:081
T23:082
T23:131
T23:148
T23:162
T23:165

長部　長

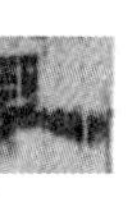
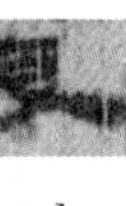

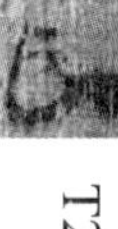

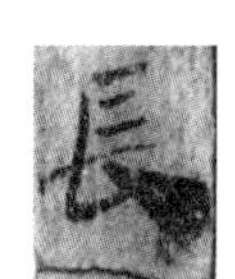
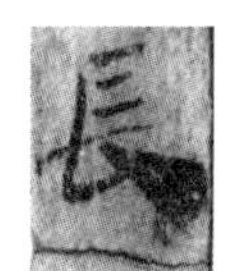

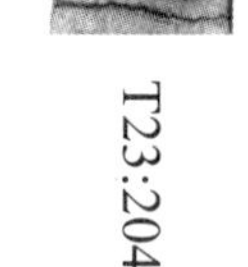
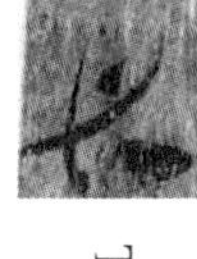
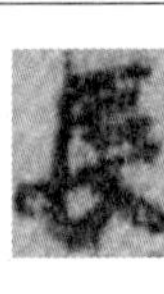

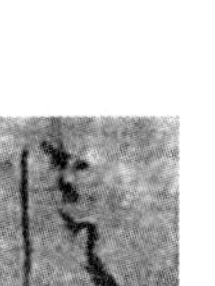
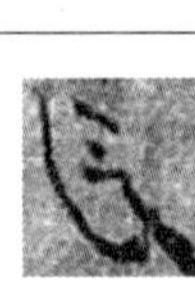

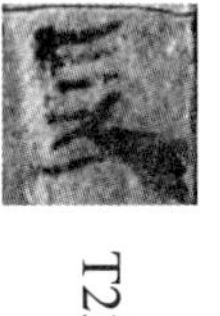
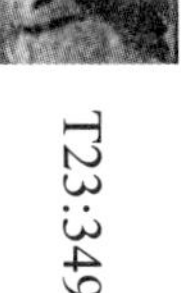
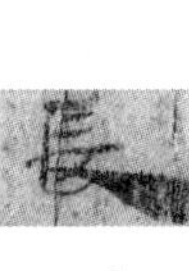

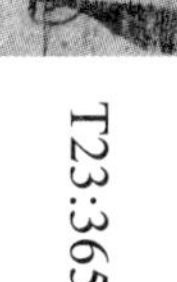

T23:175A
T23:176
T23:177A
T23:204
T23:227

T23:228
T23:232A
T23:236
T23:249
T23:259

T23:260
T23:268
T23:272
T23:287A
T23:287A

T23:287A
T23:288
T23:289
T23:301
T23:308

T23:328
T23:335
T23:335
T23:344
T23:344

T23:344
T23:349A
T23:365A
T23:375
T23:390

長部 長

T23:392

T23:392

T23:408

T23:408

T23:481B

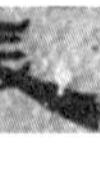

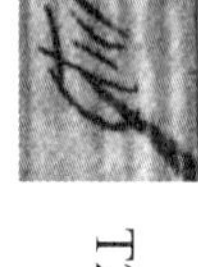
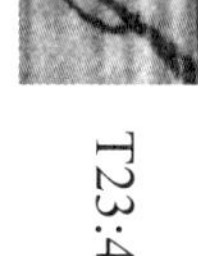

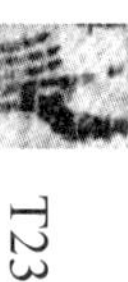

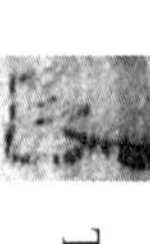
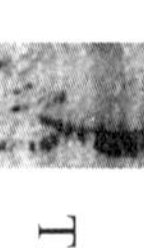
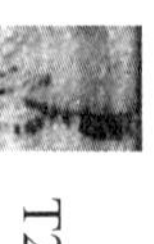
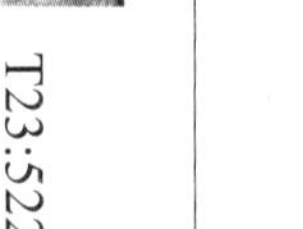

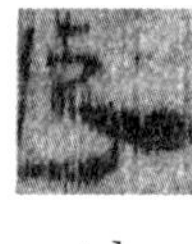

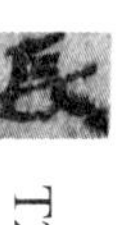

T23:481B

T23:489

T23:503

T23:522

T23:525A

T23:531

T23:536

T23:555

T23:573

T23:585

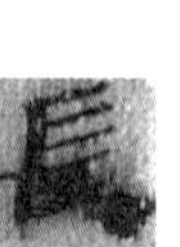

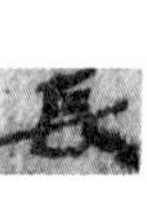

T23:594

T23:596

T23:627

T23:628

T23:629A

T23:633

T23:648

T23:667

T23:672

T23:672

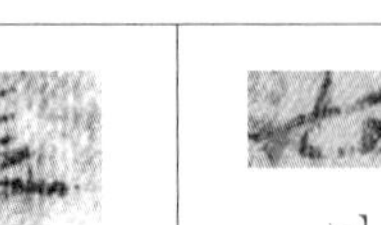

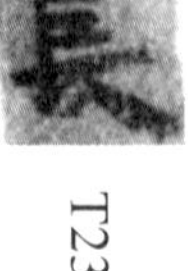

T23:697

T23:698

T23:704

T23:776

T23:777

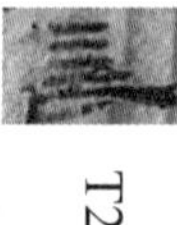
T23:779

T23:784

T23:797B

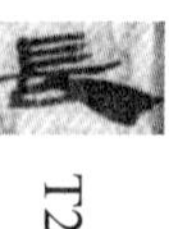
T23:815

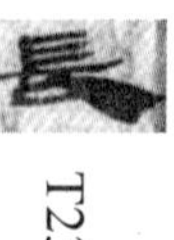
T23:847

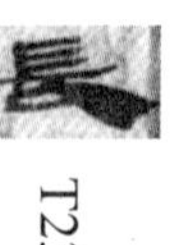
T23:848B

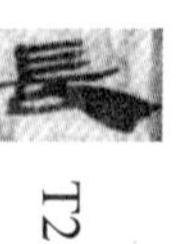
T23:855A

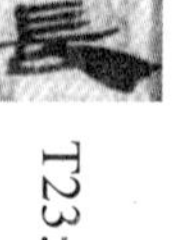
T23:877A

T23:885A

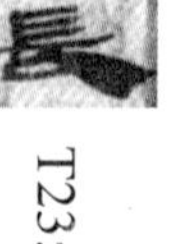
T23:896B

T23:906A

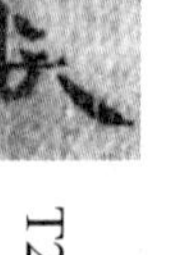
T23:906B

T23:918B

T23:923

T23:926

T23:928

T23:929

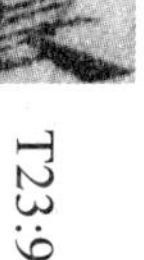
T23:930A

T23:932

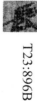

T23:963

T23:965

T23:966

T23:968

T23:974

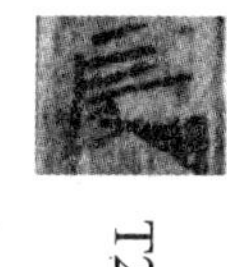
T23:977

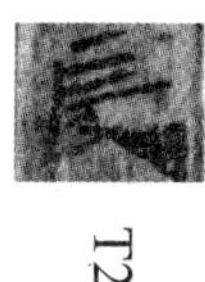
T24:013

T24:021

T24:022

T24:024A

T24:024A

T24:040

長部 長

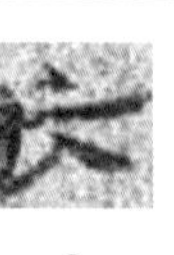

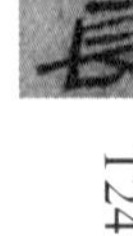
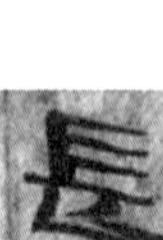
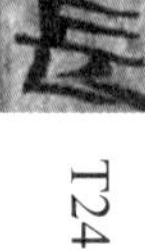

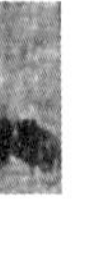

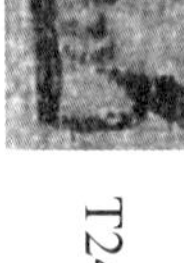
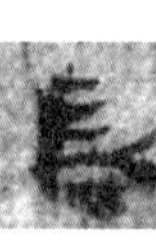

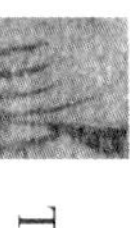

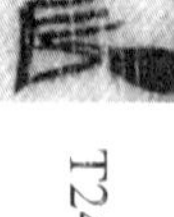

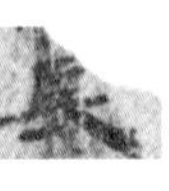

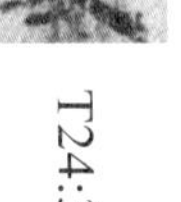

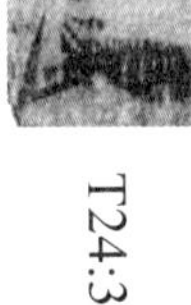

T24:046 T24:051 T24:054 T24:079 T24:100

T24:117 T24:121 T24:127 T24:132 T24:138

T24:138 T24:138 T24:138 T24:191 T24:205

T24:247A T24:250 T24:268B T24:275A T24:307

T24:316 T24:327 T24:333 T24:344 T24:359 T24:372

T24:379 T24:381 T24:385 T24:387 T24:397

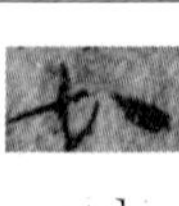
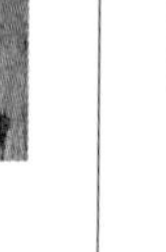

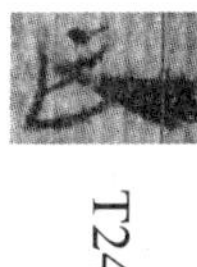
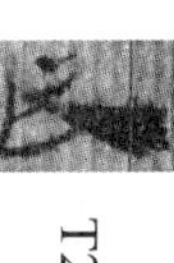
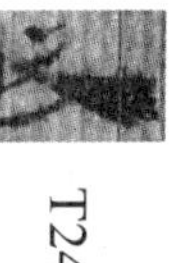
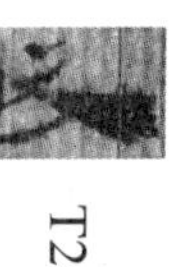
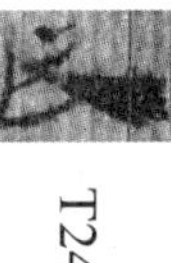
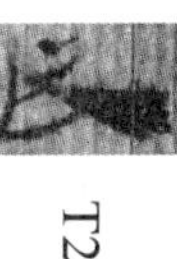
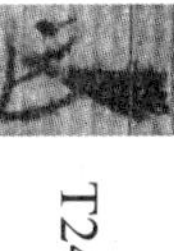
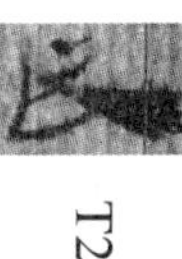
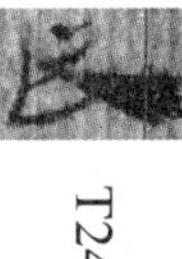
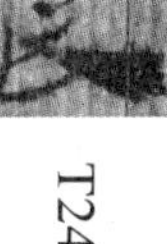
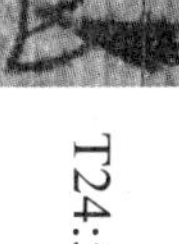

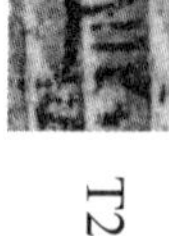
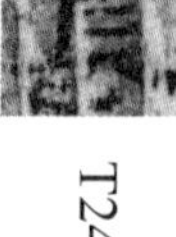

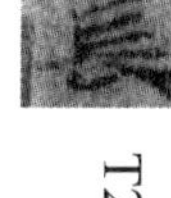

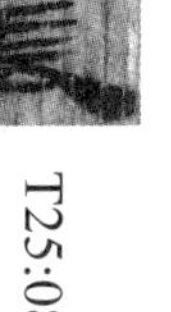

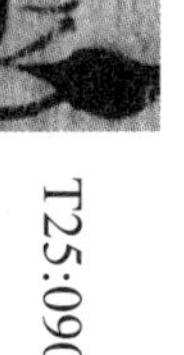

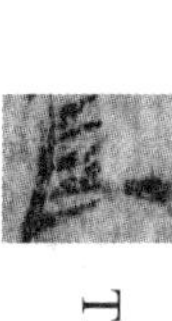

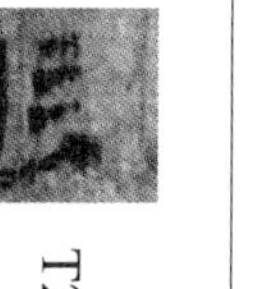

T24:399
T24:406
T24:420
T24:431
T24:515
T24:523

T24:531
T24:557
T24:557
T24:558
T24:578
T24:590

T24:592
T24:596
T24:718
T24:739
T24:815

T24:896A
T24:954
T24:956
T24:973
T24:992

T25:004
T25:005
T25:005
T25:006
T25:018
T25:030

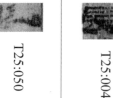

T25:050
T25:055
T25:087
T25:090
T25:107
T25:109

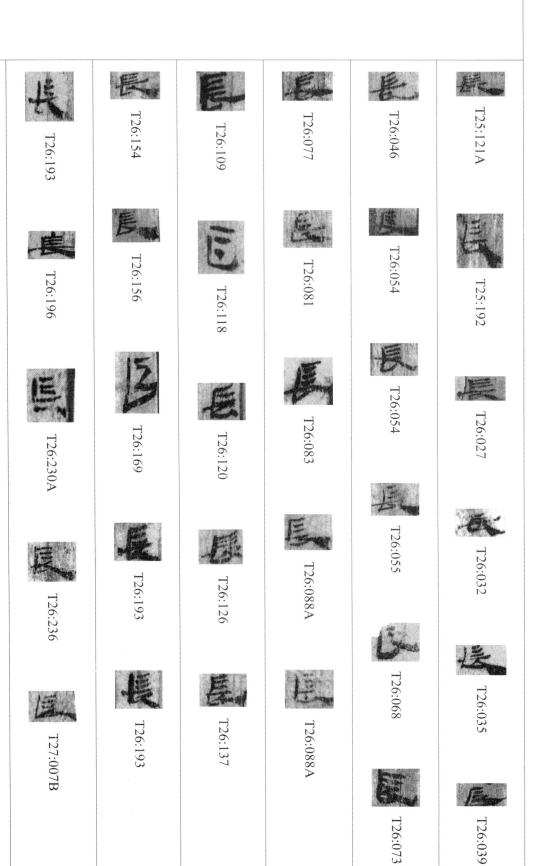

T25:121A
T25:192
T26:027
T26:032
T26:035
T26:039

T26:046
T26:054
T26:054
T26:055
T26:068
T26:073

T26:077
T26:081
T26:083
T26:088A
T26:088A

T26:109
T26:118
T26:120
T26:126
T26:137

T26:154
T26:156
T26:169
T26:193
T26:193

T26:193
T26:196
T26:230A
T26:236
T27:007B

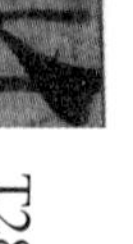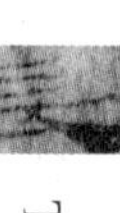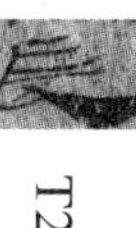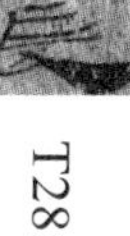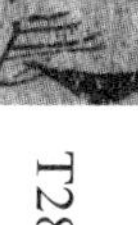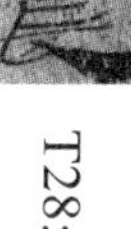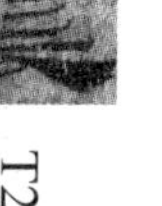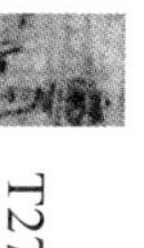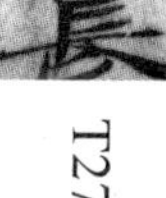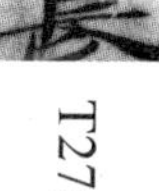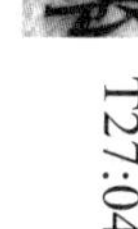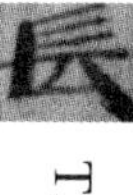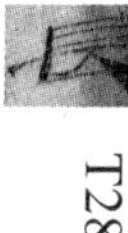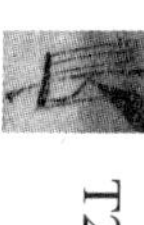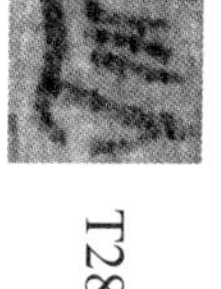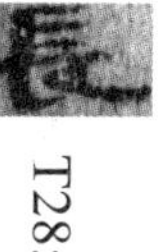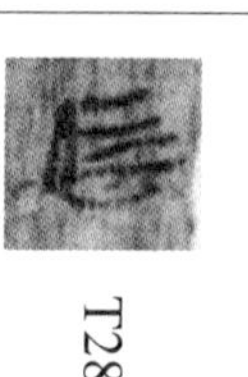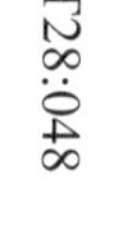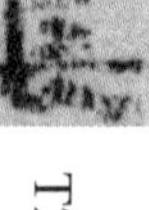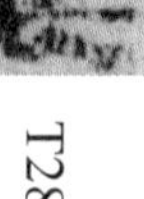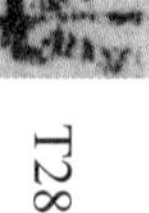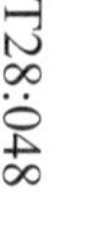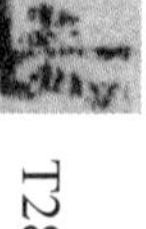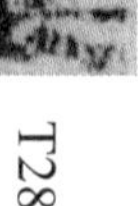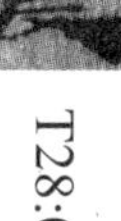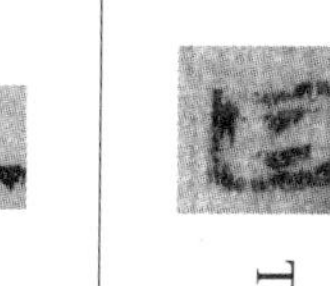

T27:013 T27:019 T27:020 T27:046 T27:046 T27:047

T27:049 T27:059 T27:107 T27:110 T28:001

T28:005 T28:007 T28:010 T28:010 T28:013B

T28:016 T28:020 T28:029 T28:030 T28:039 T28:047

T28:048 T28:054 T28:094 T28:097 T28:113

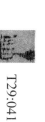

T28:128 T29:005 T29:016 T29:041 T29:042

長部　長

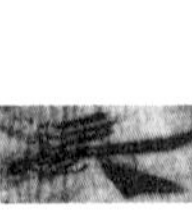

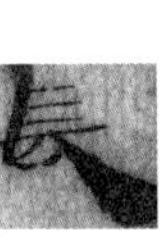
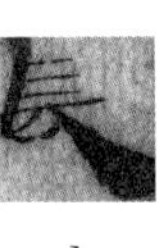

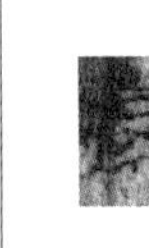

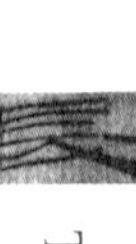
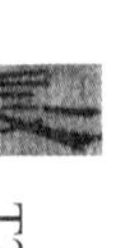

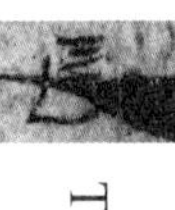
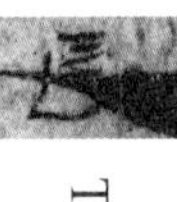
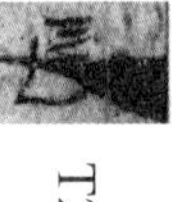

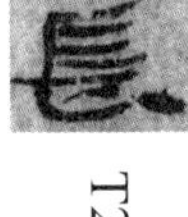
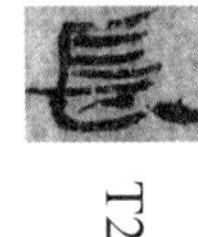

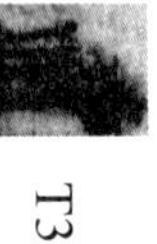

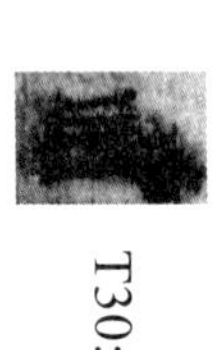

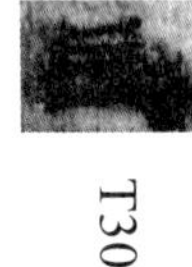
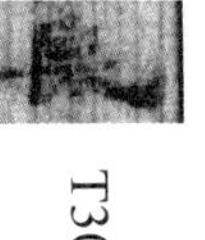

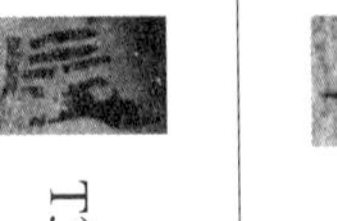

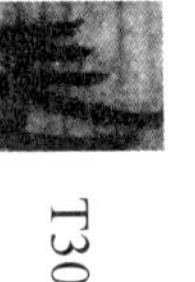
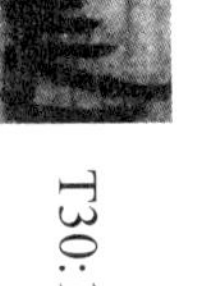

T29:045　T29:046　T29:090　T29:091　T29:098　T29:108

T29:109　T29:109　T29:115A　T29:120　T29:122

T29:123　T29:124　T29:126B　T30:001　T30:001　T30:002

T30:002　T30:008　T30:023　T30:026　T30:034A　T30:039

T30:039　T30:048　T30:062　T30:062　T30:070　T30:078

T30:094A　T30:097　T30:106　T30:116A　T30:131

長部 長

T30:132

T30:138

T30:141

T30:153A

T30:158

T30:159

T30:178

T30:182

T30:184

T30:189

T30:191

T30:214

T30:266

T30:267

T31:059A

T31:066

T31:069

T31:069

T31:090

T31:114B

T31:127

T31:149

T31:149

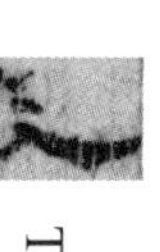

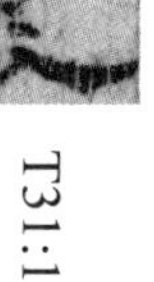

T31:160

T31:167

T31:185

T32:003

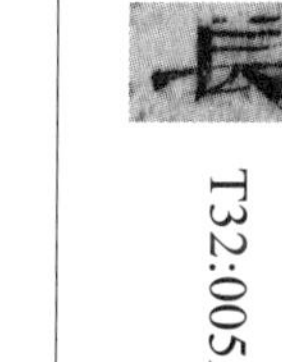

T32:005A

T32:012

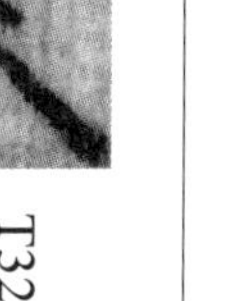

T32:020

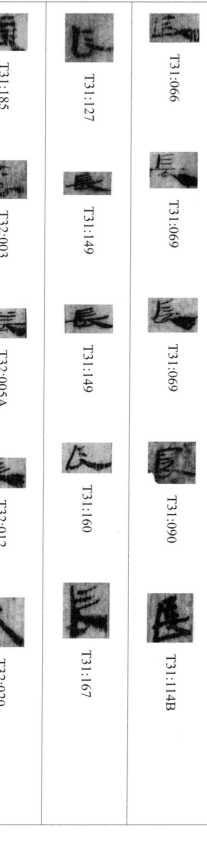

長部 長

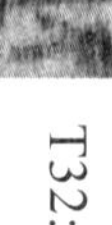
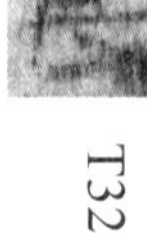

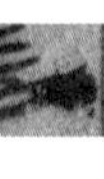

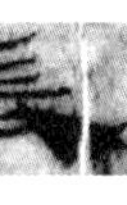
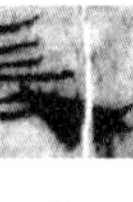
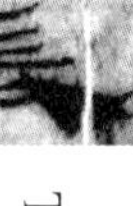
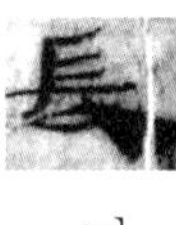
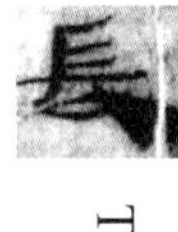

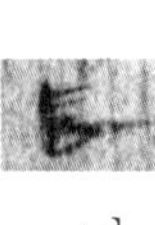

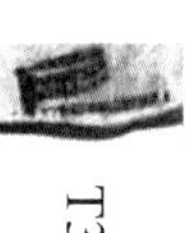
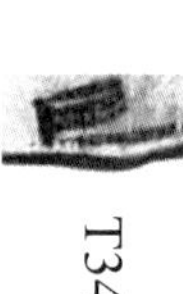
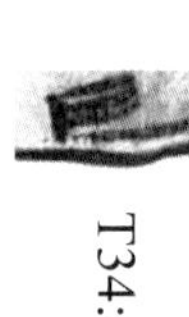
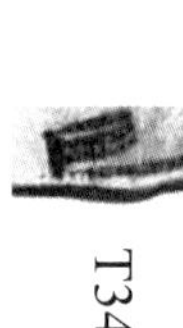
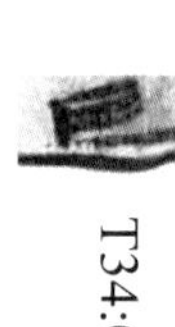

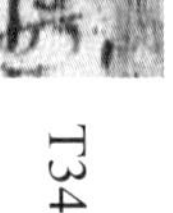

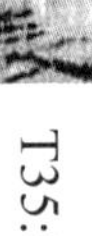

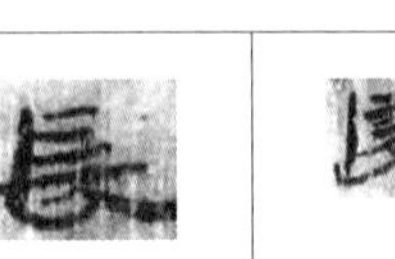

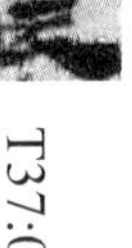

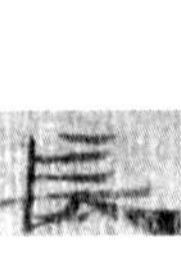

T32:024
T32:026
T32:034
T32:049
T33:028

T33:040A
T33:040B
T33:066
T33:068
T33:068

T33:070
T33:091
T34:007
T34:013
T34:017
T34:019

T34:023
T34:033
T34:043
T34:048
T35:005
T35:009A

T37:017
T37:019
T37:026
T37:057
T37:057

T37:058
T37:076
T37:078
T37:079
T37:081
T37:082

T37:089

T37:101

T37:105

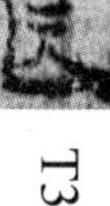
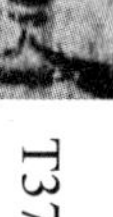

T37:110

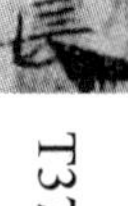

T37:115

T37:130

T37:132

T37:152

T37:175

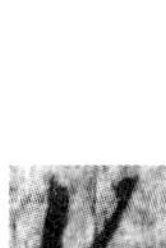

T37:179A

T37:194

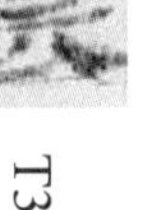
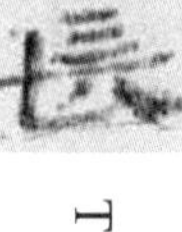
T37:229

T37:243

T37:248

T37:254

T37:295

T37:303

T37:340

T37:384

T37:414

T37:451

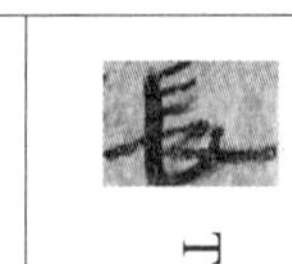

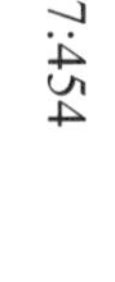

T37:454

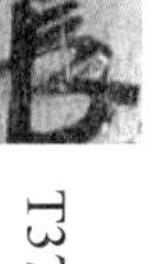

T37:454

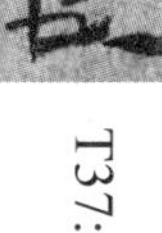
T37:455

T37:459

T37:485A

T37:519A

T37:522A

T37:522A

T37:527

T37:529

T37:551　T37:560　T37:563　T37:603　T37:618

T37:629　T37:641　T37:641　T37:644　T37:646　T37:648A

T37:655　T37:660　T37:669　T37:672　T37:692　T37:695

T37:698　T37:710　T37:713　T37:718　T37:719　T37:727A

T37:730　T37:732　T37:740A　T37:740B　T37:742

T37:745　T37:746　T37:749A　T37:751　T37:752A

T37:753
T37:754
T37:756
T37:757
T37:757
T37:759
T37:760
T37:761
T37:762
T37:765
T37:774
T37:779
T37:787
T37:787
T37:791
T37:795
T37:796
T37:797
T37:797
T37:798
T37:802
T37:814
T37:833A
T37:833A
T37:836A
T37:843
T37:846
T37:846
T37:847
T37:862
T37:865
T37:874
T37:909

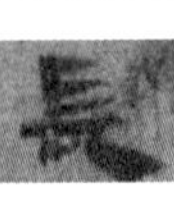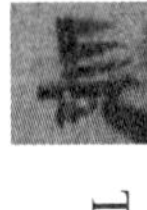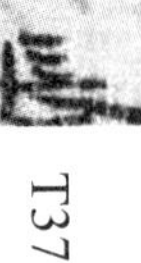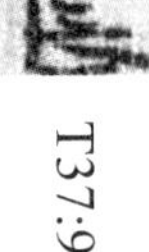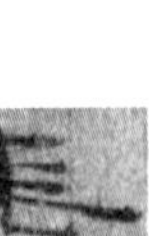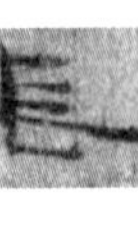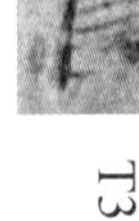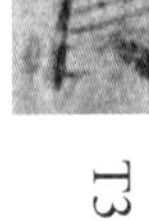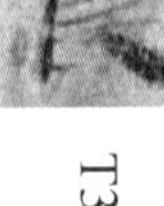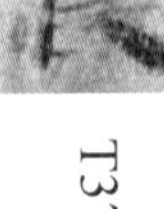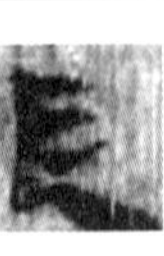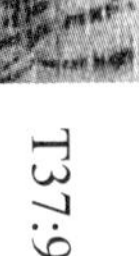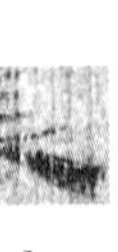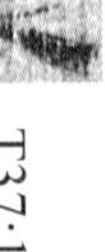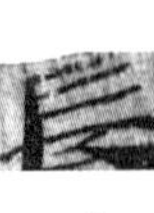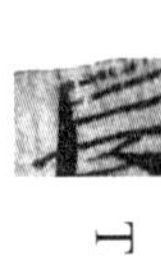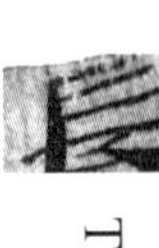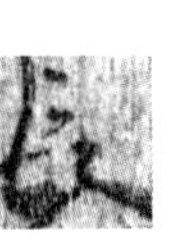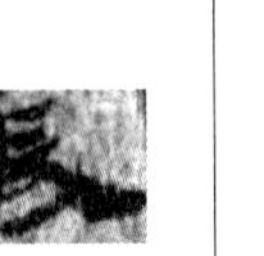

T37:920　T37:927　T37:928　T37:958　T37:972　T37:983

T37:986　T37:987　T37:992　T37:993　T37:994

T37:995　T37:996　T37:997　T37:1006　T37:1007　T37:1022

T37:1039A　T37:1057A　T37:1057A　T37:1059　T37:1061A

T37:1063　T37:1063　T37:1070　T37:1076A　T37:1078

T37:1081　T37:1094A　T37:1100　T37:1101　T37:1102

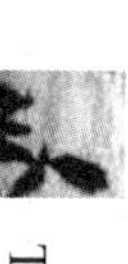

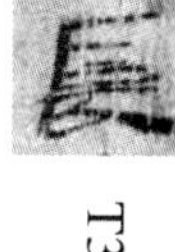
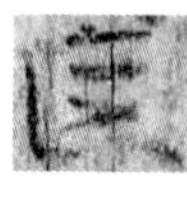

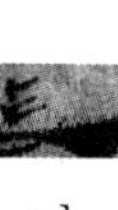

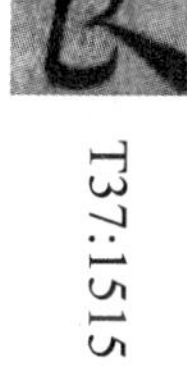
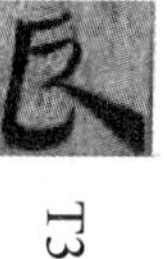
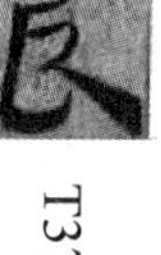

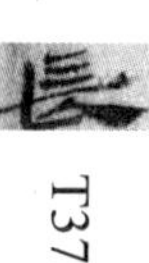

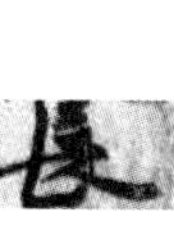

T37:1106
T37:1121
T37:1133
T37:1154
T37:1155

T37:1156
T37:1157
T37:1196
T37:1209
T37:1220

T37:1223
T37:1311
T37:1325
T37:1345
T37:1368

T37:1381
T37:1390
T37:1397A
T37:1405
T37:1444

T37:1446
T37:1458A
T37:1465
T37:1483
T37:1493

T37:1501
T37:1512
T37:1515
T37:1516
T37:1518
T37:1523

長部 長

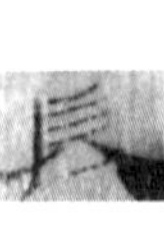

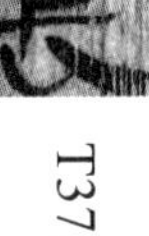

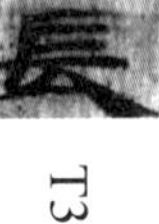

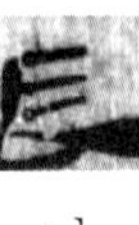

T37:1528
T37:1535A
T37:1540
T37:1550
T37:1553

T37:1554
T37:1557
T37:1582
T37:1586
T37:1587

T37:1589
H01:012B
H01:014
H01:019
H01:023

H01:024
H01:025
H01:027
H01:052
H01:054

H01:056
H01:064
H01:068
H01:068
H01:075
H02:007

H02:010
H02:012
H02:014
H02:017
H02:018
H02:024

H02:041

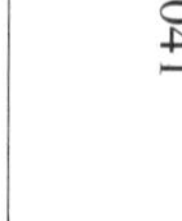
H02:041

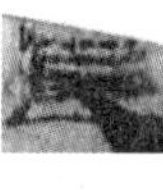

H02:047A

H02:047A

H02:047B

H02:048A

H02:048B

H02:048B

H02:048B

H02:056A

H02:066

H02:088

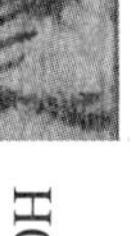
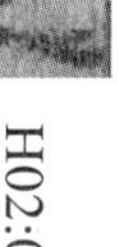
H02:090

F01:002

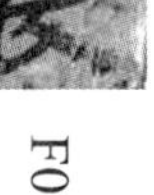

F01:010

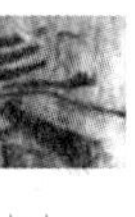

F01:013

F01:022

F01:025

F01:025

F01:027

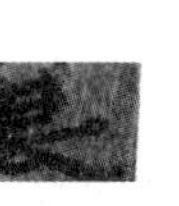

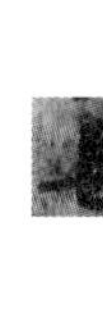
F01:037

F01:037

F01:091A

F01:118A

73EJF2:2

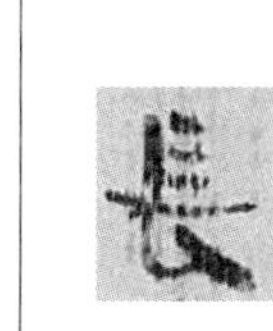
73EJF2:8

73EJF2:14

73EJF2:16

73EJF2:19

73EJF2:21

73EJF3:51

73EJF3:52

73EJF3:86

73EJF3:87

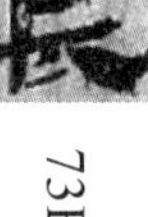
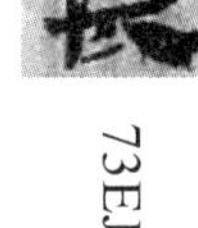
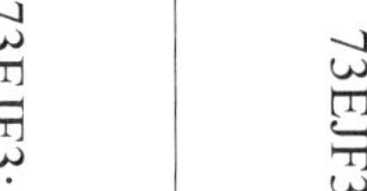

73EJF3:94

73EJF3:95

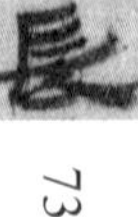

73EJF3:108

73EJF3:110

73EJF3:112

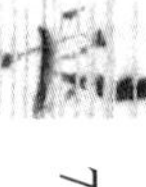
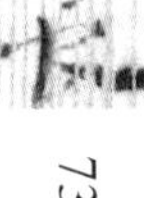

73EJF3:112

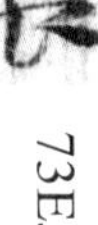

73EJF3:112

73EJF3:113

73EJF3:120B

73EJF3:125A

73EJF3:130

73EJF3:137

73EJF3:137

73EJF3:138

73EJF3:140

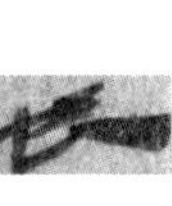
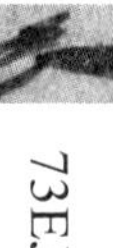
73EJF3:157

73EJF3:164

73EJF3:165

73EJF3:165

73EJF3:165

73EJF3:172

73EJF3:277

73EJF3:278

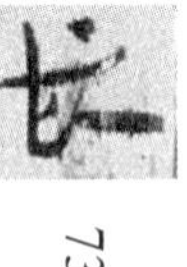
73EJF3:287B

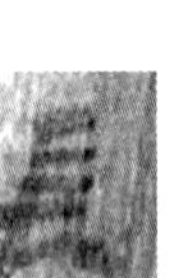
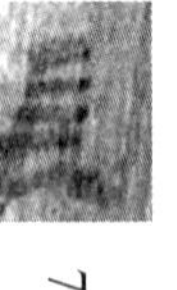

73EJF3:289

73EJF3:359

73EJF3:366

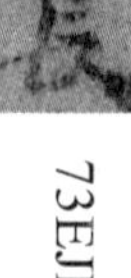
73EJF3:373

73EJF3:376
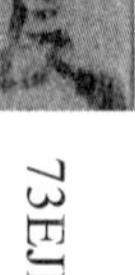
73EJF3:427
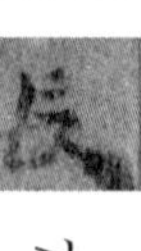
73EJF3:427
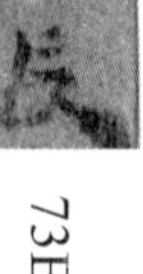
73EJF3:458

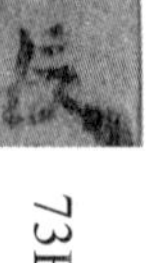
73EJF3:473

73EJF3:522

73EJF3:528
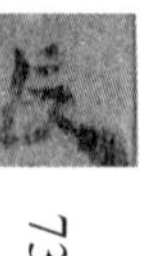
73EJF3:535
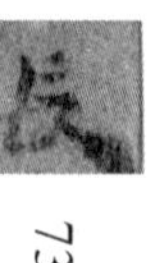
73EJF3:551

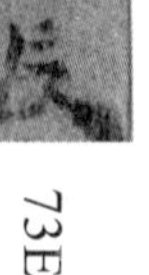
73EJF3:634
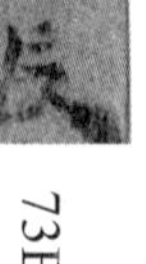
73EJT4H:5A
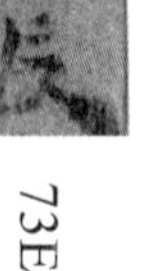
73EJT4H:67

73EJT4H:73

73EJD:2

73EJD:4

73EJD:8A

73EJD:8A

73EJD:28A

73EJD:34

73EJD:38

73EJD:41B

73EJD:44

73EJD:44

73EJD:45

73EJD:54

73EJD:56

73EJD:60

73EJD:68

73EJD:70

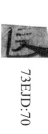

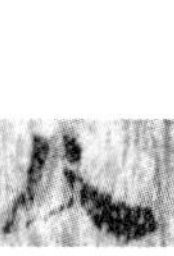
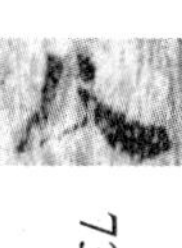

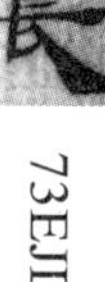

73EJD:73B

73EJD:79A

73EJD:89A

73EJD:105

73EJD:105

73EJD:105

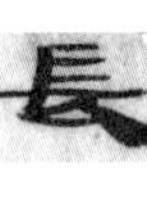

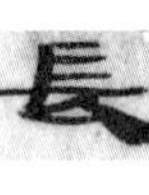

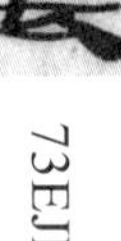

73EJD:159

73EJD:160

73EJD:171

73EJD:191

73EJD:201

73EJD:206

73EJD:211

73EJD:214

73EJD:230

73EJD:258A

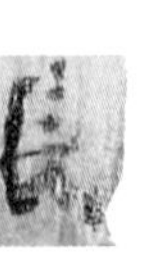
73EJD:258A

73EJD:258A

73EJD:288

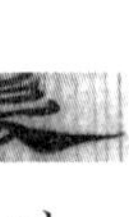

73EJD:293

73EJD:295

73EJD:296

73EJD:297

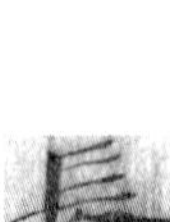
73EJD:301

73EJD:302

73EJD:308

73EJD:308

73EJD:318A

73EJD:331

73EJD:353

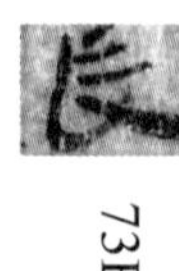
73EJD:360

73EJD:360

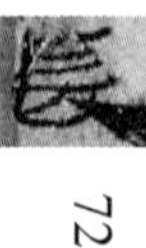
73EJD:391

72EJC:1

72EJC:2A

72EJC:3

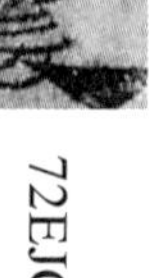
72EJC:3

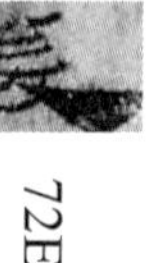
72EJC:5

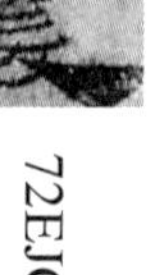
72EJC:6

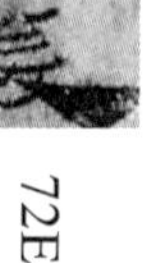
72EJC:19

72EJC:20

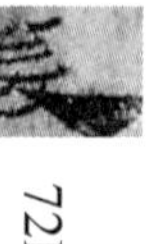
72EJC:46

72EJC:75

72EJC:95

72EJC:121

72EJC:154

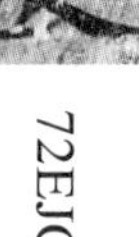
72EJC:154

72EJC:191

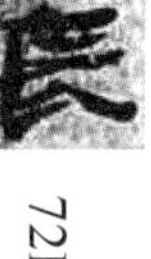
72EJC:198

72EJC:201

72EJC:206

72EJC:263

72EJC:266

72EJC:274

72EJC:284

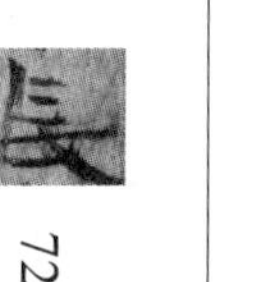
73EJC:293

73EJC:294

73EJC:300

73EJC:306

73EJC:316A

73EJC:316B
73EJC:335
73EJC:338
73EJC:352
73EJC:376
73EJC:414
73EJC:418
73EJC:504
73EJC:508
73EJC:513
73EJC:529B
73EJC:530
73EJC:530
73EJC:546
73EJC:549A
73EJC:585
73EJC:588
73EJC:591
73EJC:603
73EJC:604
73EJC:632
73EJC:635
73EJC:642
73EJC:649A
73EJC:653
73EJC:653
73EJC:662
72EDAC:7
72EDIC:10
72EBS7C:1A

肆 1406

勿 1407

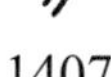

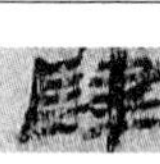
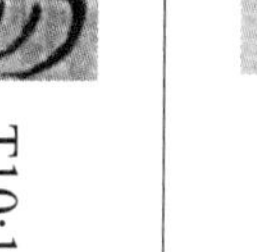

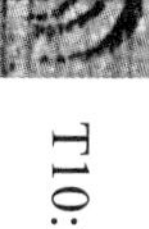

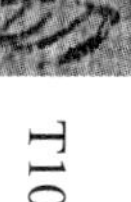
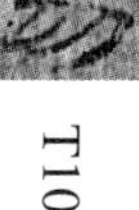
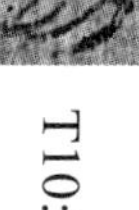
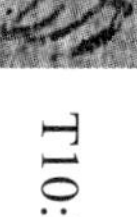
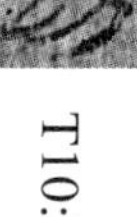
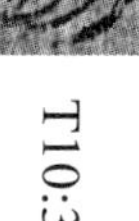
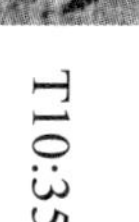

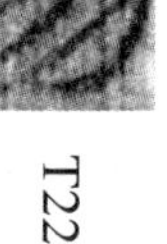

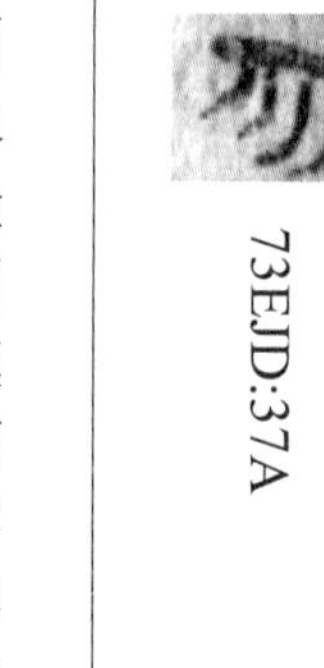
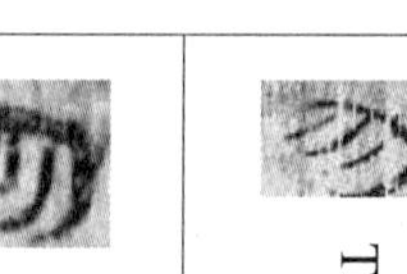

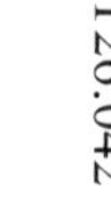

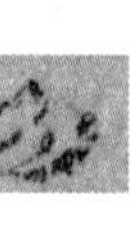

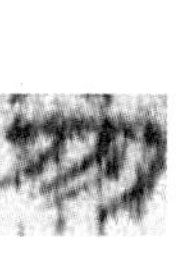

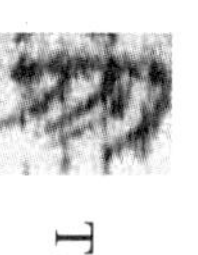

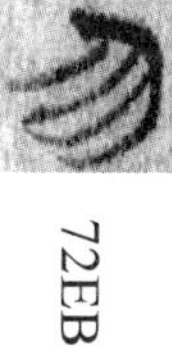

肆：

73EJC:599A

73EJC:599B

勿：

T10:120A

T10:313A

T10:339

T10:359

T22:137

T23:896A

T24:023A

T24:266A

T24:266A

T24:728A

T24:977A

T26:042

T29:074

T31:066

T37:680

T37:733

T37:902

T37:1010

T37:1075A

T37:1184

73EJF3:182A

73EJD:37A

72EJC:15A

72EBS7C:1A

易 1408

T21:464

毋 1409

T31:077

而 1410

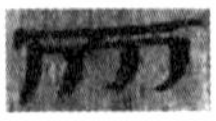

T21:058

T21:065

T23:364B

T23:861B

T24:275A

T24:712

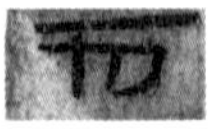

T24:800

T30:028A

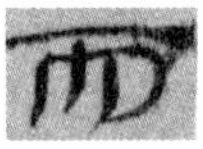

T30:148A

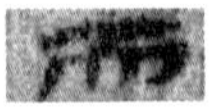

T31:102A

T31:141

T34:021

T34:024

73EJF3:236

73EJF3:525A

72EJC:116A

73EJC:600

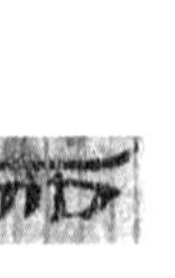

73EJC:607

72ECC:14A

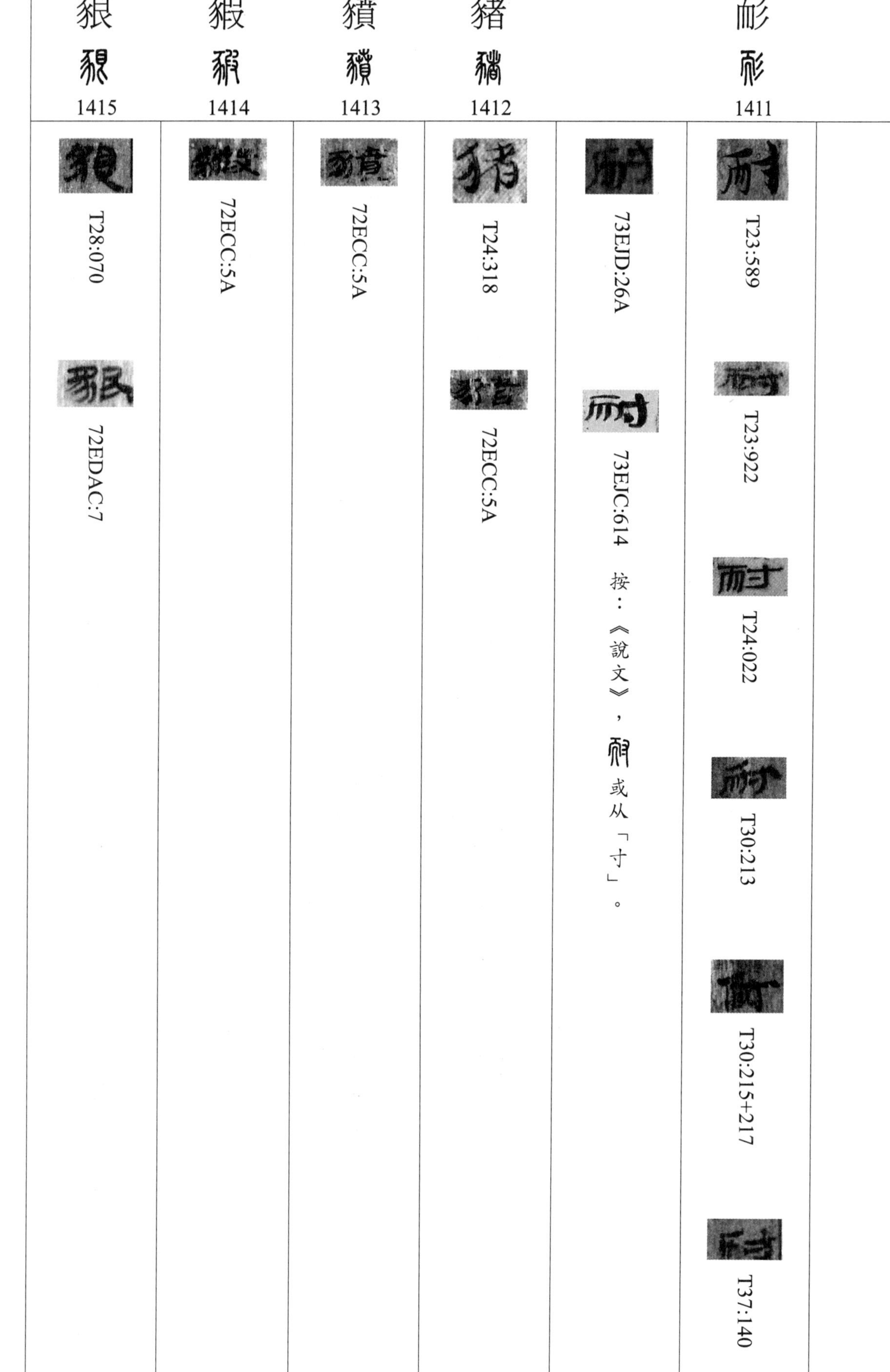

1411 耏		1412 豬	1413 豶	1414 豭	1415 豤
T23:589	73EJD:26A	T24:318	72ECC:5A	72ECC:5A	T28:070
T23:922	73EJC:614 按：《說文》，耏或从「寸」。	72ECC:5A			72EDAC:7
T24:022					
T30:213					
T30:215+217					
T37:140					

1416 彙
T21:195
T34:021
T34:021
T37:1585A
F01:010

1417 彘
72ECC:5A

1418 彖
T30:124+96+123
T30:124+96+123
T32:010
T32:010

1419 豚
T10:069
T21:131A
T21:131B
T26:300
73EJC:304
72ECC:5A

1420 豹
T23:920

豻
1421

T05:014

貂
1422

T25:172

貍
1423

T05:096B

T26:182

易
1424

T07:176A

T21:294

T21:401

T22:006

T22:006

T23:921

T28:018

T29:050

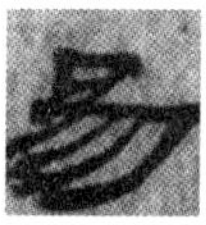

T30:031

F01:077A+078A

73EJD:88A

73EJD:363

73EJC:291

72ECC:16

豫 𧰼 1425

F01:004

馬

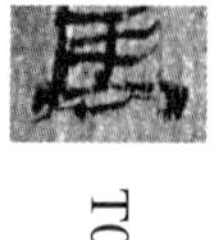

1426

肩水金關漢簡字形編・卷十上

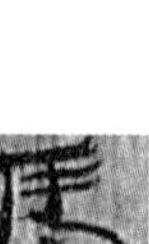
T01:001

T01:025

T01:025

T01:034

T01:042

T01:116

T01:169

T01:177

T01:285

T02:016

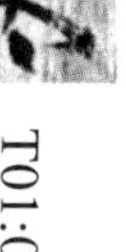
T03:068

T03:098

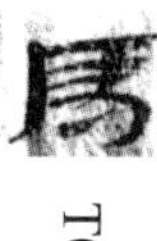
T03:098

T03:098

T03:112

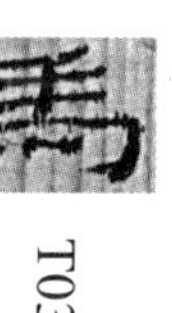
T04:072

T04:081

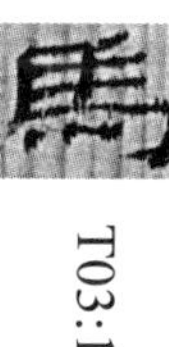
T04:111

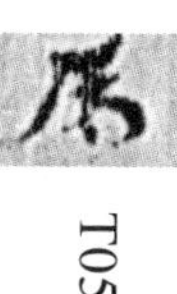
T05:025

T05:064

馬部　馬

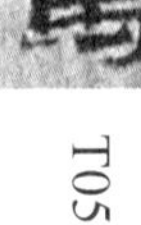

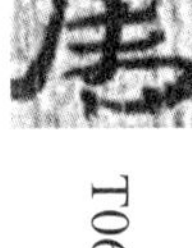
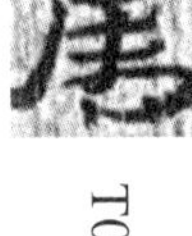

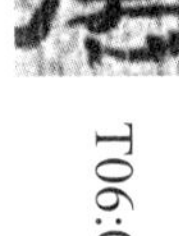
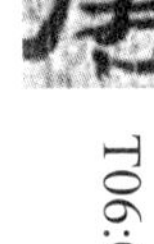
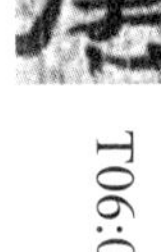

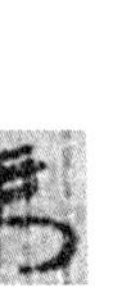

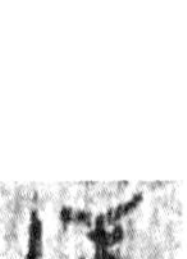
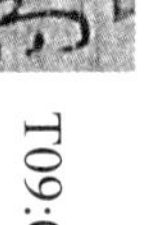

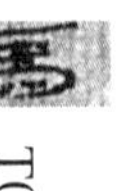

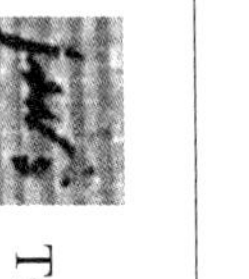

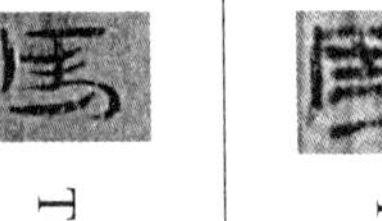

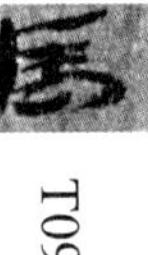

T05:071
T05:079
T06:041A
T06:063
T06:173

T07:036
T07:059
T07:072
T07:101
T07:103

T08:001
T08:054A
T08:054A
T08:061
T08:063

T08:068
T08:076
T09:043
T09:046
T09:048
T09:081

T09:082
T09:087
T09:093
T09:095
T09:097
T09:104

T09:122
T09:156
T09:203
T09:208
T09:240

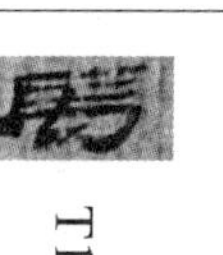  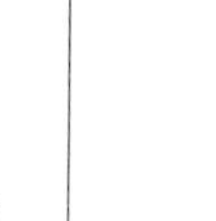   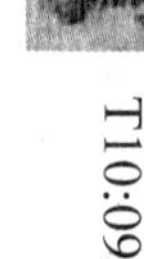   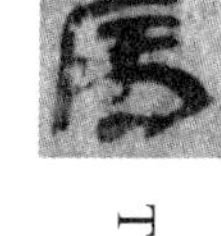  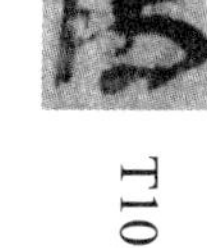   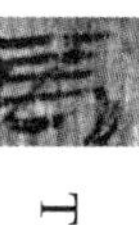    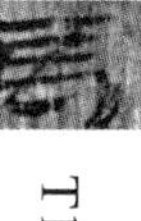 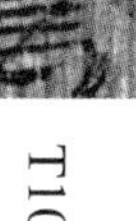      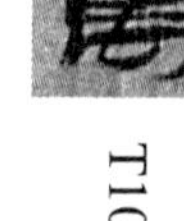  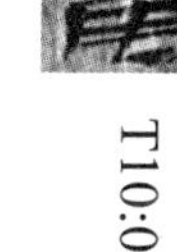 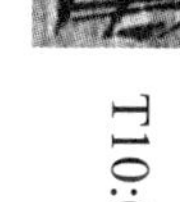   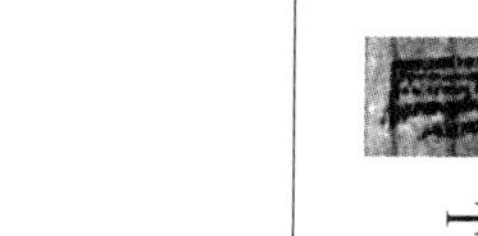   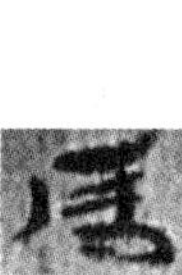   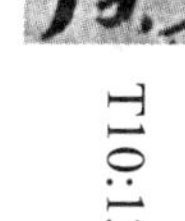                  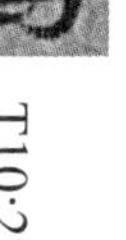        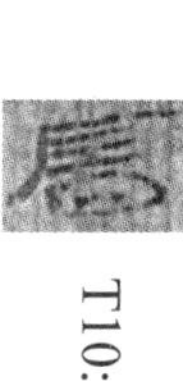   

T10:063 T10:067 T10:067 T10:079 T10:080 T10:083

T10:088 T10:092 T10:099 T10:106 T10:110A

T10:119 T10:126 T10:133 T10:134 T10:146A T10:147

T10:151 T10:160 T10:171 T10:173 T10:208 T10:261

T10:262 T10:269 T10:279 T10:282 T10:297

T10:320 T10:324A T10:380 T10:404 T11:011

T14:009

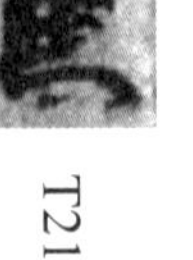
T14:013

T21:048

T21:050

T21:136

T21:137

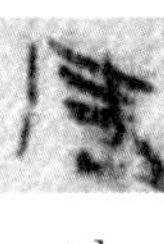
T21:180

T21:209

T21:278A

T21:396

T21:407

T21:441

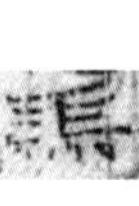
T22:054

T22:114

T23:059

T23:153

T23:311

T23:349A

T23:350

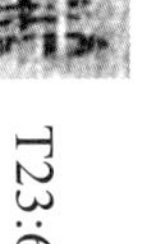
T23:570B

T23:576

T23:620

T23:623

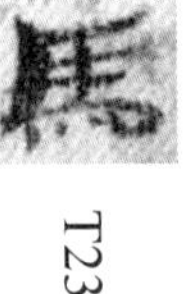
T23:623

T23:660

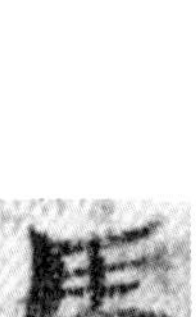
T23:727

T23:775

T23:777

T23:816

T23:897A

T23:897A

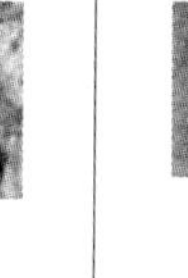

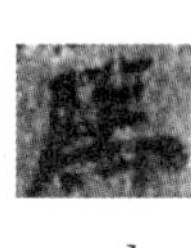

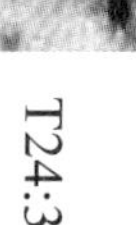
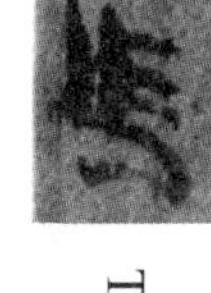

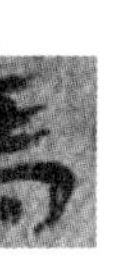

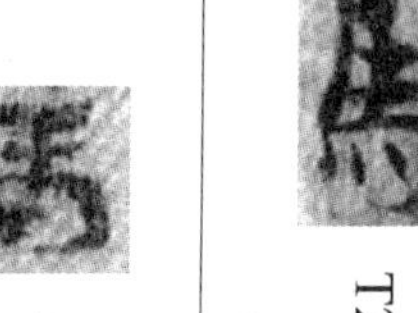

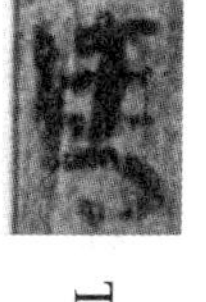

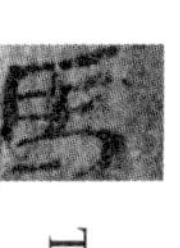

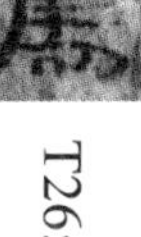

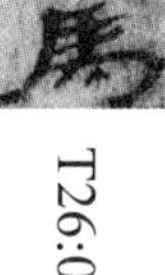

T23:905
T23:968
T23:973
T24:051
T24:150
T24:165
T24:195
T24:198
T24:206
T24:249
T24:249
T24:304
T24:374
T24:412
T24:412
T24:430
T24:552
T24:558
T24:730
T24:737
T24:740
T24:804
T24:915
T25:013
T25:024
T25:168
T26:031
T26:031
T26:035
T26:036
T26:240

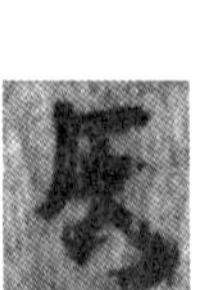

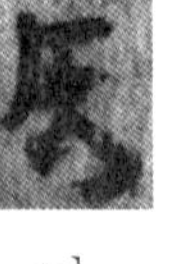

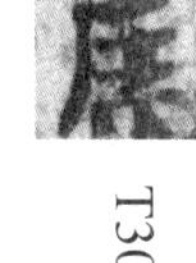

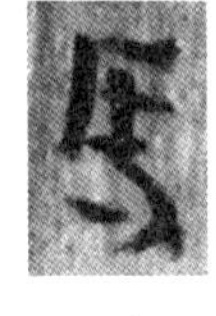

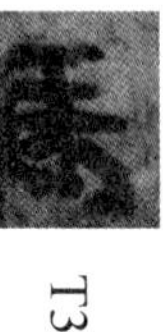

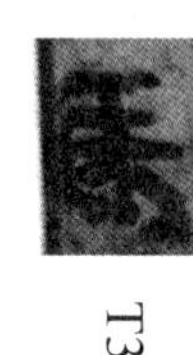

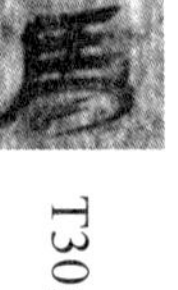

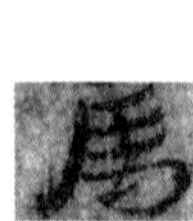

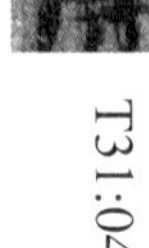
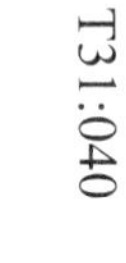
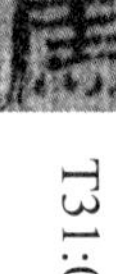

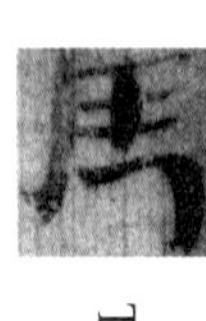

T28:107

T28:107

T28:116

T29:073

T30:020

T30:058

T30:058

T30:070

T30:070

T30:070

T30:070

T30:093

T30:094B

T30:116A

T30:121

T30:146

T30:147

T30:163

T30:167A

T30:173

T30:181

T30:198

T30:206

T30:265

T30:266

T31:017

T31:040

T31:066

T31:150

T31:193

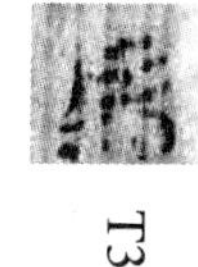
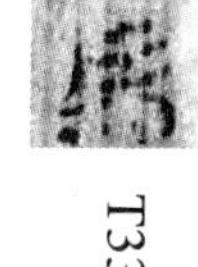
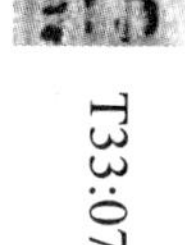

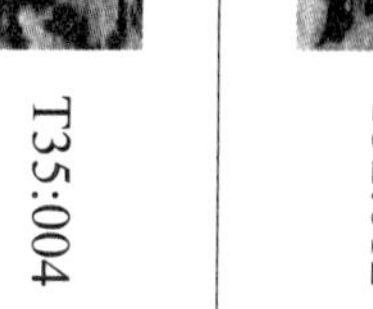

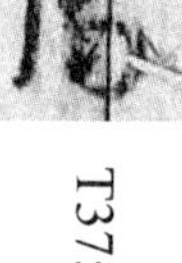

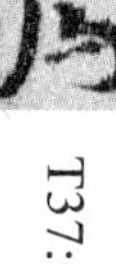

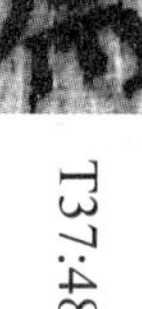

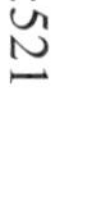

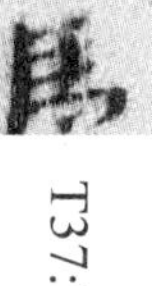

T32:011
T32:012
T32:048
T33:077
T34:011

T34:012
T35:004
T37:017
T37:035
T37:036

T37:060
T37:111
T37:120
T37:131
T37:149
T37:153

T37:277
T37:365
T37:412
T37:456
T37:483A

T37:521
T37:524
T37:525
T37:547
T37:552

T37:632
T37:674
T37:711
T37:711
T37:712

T37:739

T37:748

T37:758

T37:760

T37:762

T37:779

T37:779

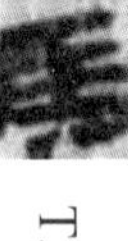

T37:785

T37:787

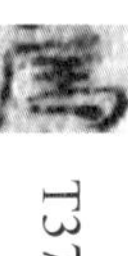
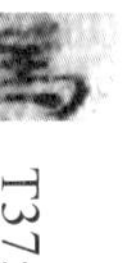

T37:789

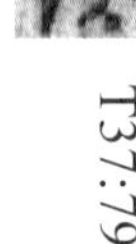
T37:796

T37:806+816

T37:836A
T37_837

T37:838

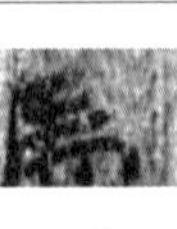
T37:846

T37:859

T37:896

T37:898

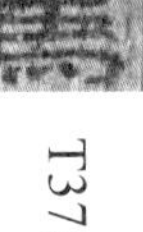

T37:916

T37:919
T37:927
T37:963
T37:996
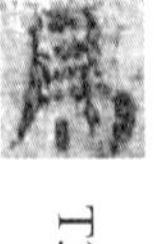
T37:997

T37:999

T37:1010

T37:1015

T37:1016

T37:1042

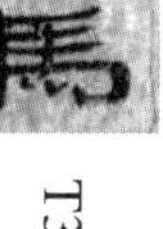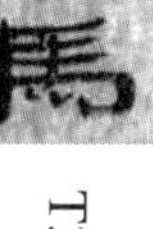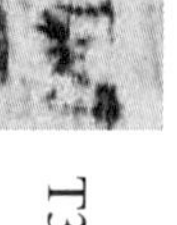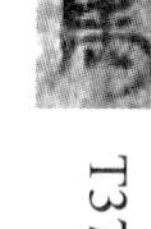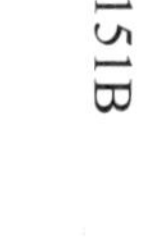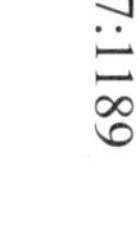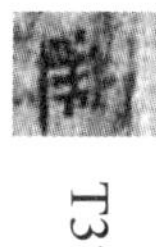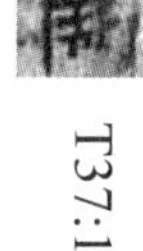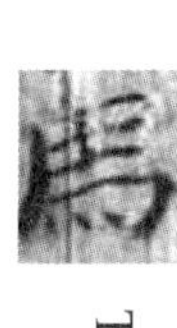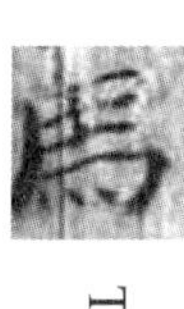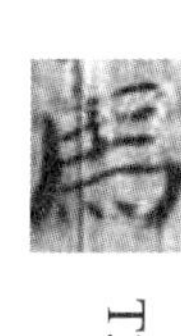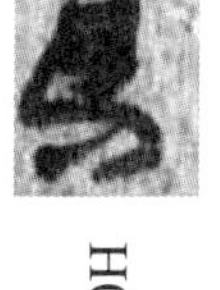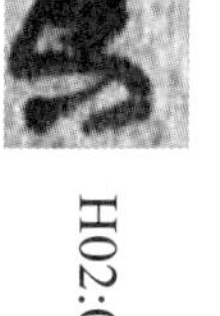

T37:1058
T37:1097A
T37:1107
T37:1151B
T37:1159

T37:1167A
T37:1184
T37:1189
T37:1193
T37:1381

T37:1382
T37:1386
T37:1405
T37:1443
T37:1501

T37:1522
T37:1545
T37:1554
T37:1584
H02:003

H02:008
H02:009
H02:020
H02:021
H02:040

H02:041
H02:051
H02:077
F01:013
F01:034

F01:036

73EJF2:13

73EJF2:38

73EJF3:1

73EJF3:2

73EJF3:37

73EJF3:47

73EJF3:90

73EJF3:91

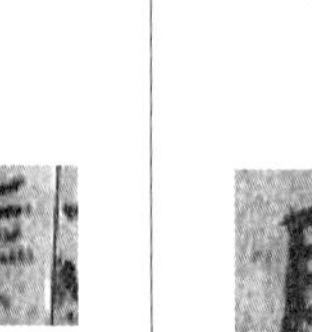

73EJF3:91

73EJF3:94

73EJF3:94

73EJF3:96

73EJF3:109

73EJF3:129

73EJF3:129

73EJF3:147

73EJF3:149

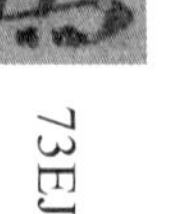
73EJF3:156

73EJF3:167

73EJF3:172

73EJF3:183B

73EJF3:184A

73EJF3:184A

73EJF3:254

73EJF3:256

73EJF3:298

73EJF3:328B

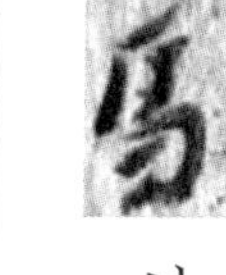

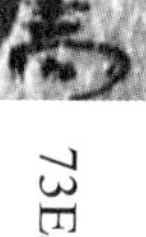

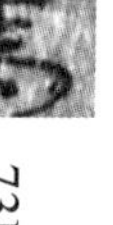
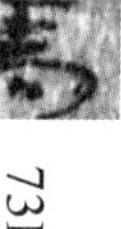

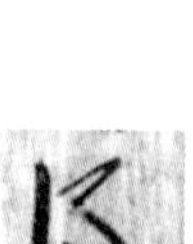
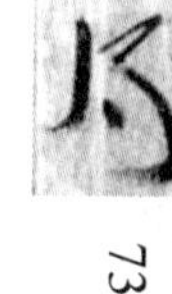

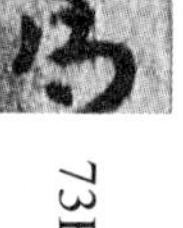
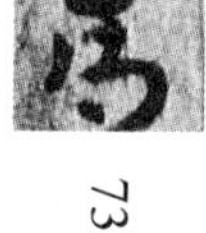

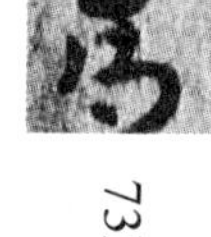

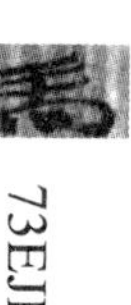

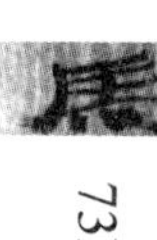

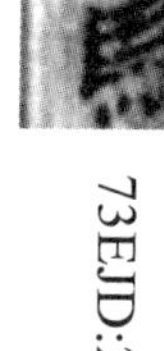
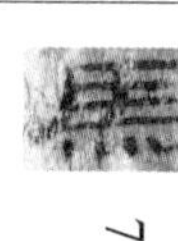

73EJF3:328B
73EJF3:329B
73EJF3:330
73EJF3:343

73EJF3:344
73EJF3:347
73EJF3:355
73EJF3:486
73EJF3:508

73EJF3:524
73EJF3:628
73EJT4H:77A
73EJD:5
73EJD:7

73EJD:17
73EJD:33A
73EJD:58A
73EJD:59
73EJD:65

73EJD:79B
73EJD:96
73EJD:126
73EJD:201
73EJD:288

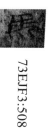

73EJD:309A
73EJD:335
72EJC:19
72EJC:49
72EJC:129

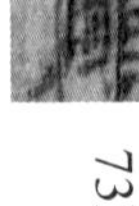

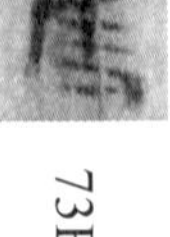

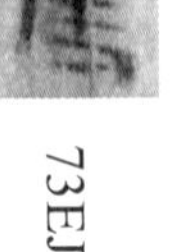

72EJC:149

72EJC:285

73EJC:337

73EJC:416

73EJC:417

73EJC:529A

73EJC:529

73EJC:536

73EJC:572

73EJC:647

73EJC:650

72ECC:13

72EDIC:21

72EBS7C:1A

72EBS7C:2A

駒

1427

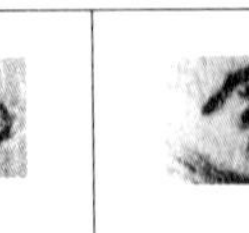

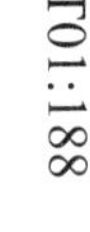

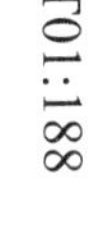

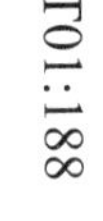
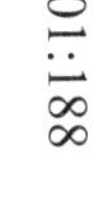

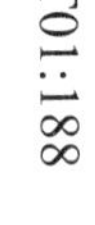

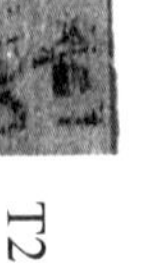
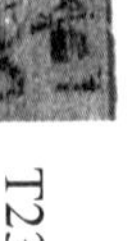

T01:188

T23:951A

T25:022

驪

1428

T04:098A

T09:127

T10:126

T24:412

T24:964

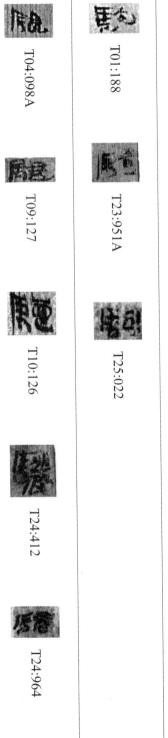

騩
騩
1429

T37:915
H02:002 
73EJF3:256 
72EJC:95 

T07:036
T07:059 
T08:068 
T08:076 
T09:095 
T10:173 

T10:261
T10:297 
T23:053
T24:195 
T30:266 

T37:552
T37:712 
T37:1015 
T37:1184 
T37:1405 

73EJF3:37

騮
騮
1430

T21:270
T24:412 
T37:785 
T37:789 
T37:916 
T37:1522

73EJF3:37

73EJF3:290+121

73EJF3:189+421

72EJC:285 按：或省从「卯」。

騅 1431

T10:324A

T30:198

T37:1184

73EJF3:515

駱 1432

73EJF3:147

73EJD:17

73EJC:650

驄 1433

T23:510

駹 1434

T24:126

T24:430

T35:004

T37:036

T37:779

T37:927

T37:1022

H02:009

73EJD:128

駮 駮 1438	駒 駒 1437	驃 驃 1436			騧 騧 1435
T03:115	T06:185	T03:031	H02:021	T23:059	T09:046
			H02:040	T23:806	T09:249
			73EJF3:156	T23:905	T10:110A
			73EJD:58A 按：或从「過」。	T37:779	T10:262
				T37:999	T21:270
					T21:270

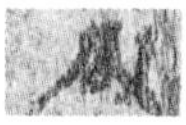

駿

1439

T06:063

T09:098

T23:089

T23:174

T28:007

T37:174

T37:928

T37:996

T37:1077

73EJD:23

驕

1440

T24:739

T37:755

T37:1058

T37:1506

驩

1441

T01:171

T10:175

T21:385

T24:593

T24:795

T31:104A

T37:797

73EJF3:417

驗

1442

T01:001

T01:002

T04:063A

T05:071

T08:056

T10:226A

T23:295

T24:140

T26:002A

T30:026

T33:066

T37:033

T37:743

T37:1471A

73EJF3:432

駟
1443

T24:548

驤
1444

T24:907

騎
1445

T01:010

T01:033

T01:044

T03:007

T03:007

T03:098

T06:178

T07:093

T08:101

T09:216

T09:230

馬部 騎

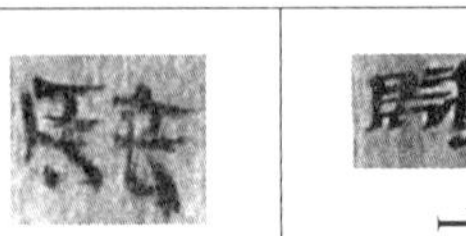
T10:079
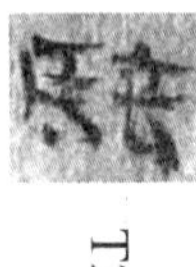
T10:319
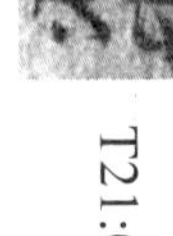
T10:352

T14:002

T21:001
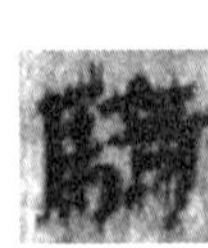
T21:001

T21:001
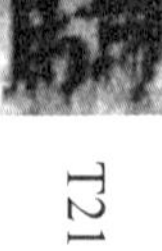
T21:060A

T21:409

T21:418

T22:110

T22:110

T22:129

T23:059

T23:373
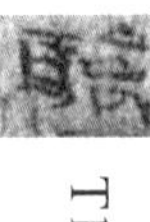
T23:384

T23:735

T23:778

T24:014

T24:268A
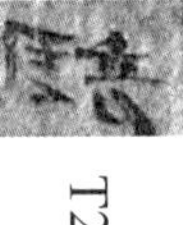
T24:681A

T24:984

T28:050

T30:022
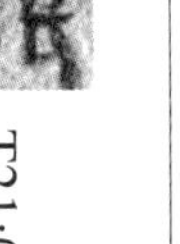
T31:009

T31:009

T35:008

T37:721

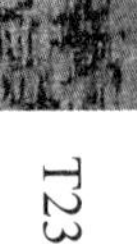
T37:984

T37:1070

T37:1331

H02:022

H02:039

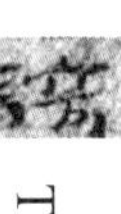

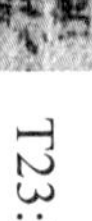

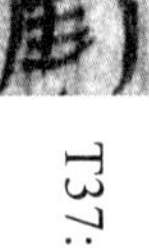
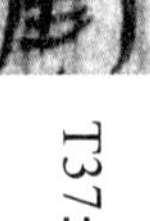

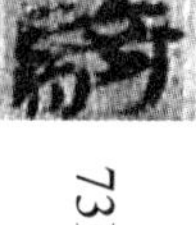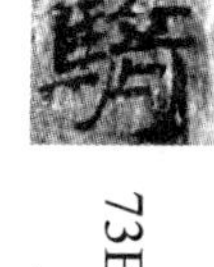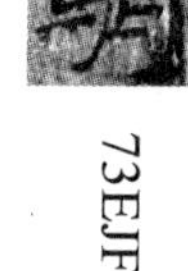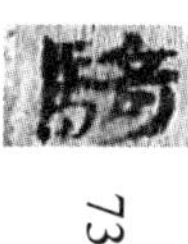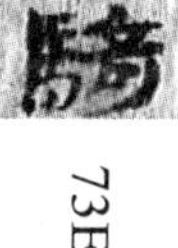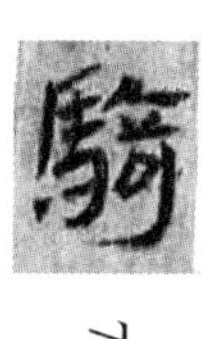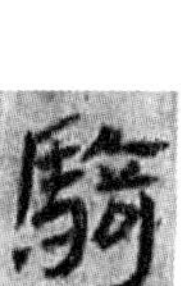

H02:077　73EJF2:42　73EJF3:1　73EJF3:3　73EJF3:3

73EJF3:3　73EJF3:5　73EJF3:6　73EJF3:8　73EJF3:9

73EJF3:12　73EJF3:13　73EJF3:15　73EJF3:16　73EJF3:17

73EJF3:19　73EJF3:20　73EJF3:23　73EJF3:24　73EJF3:24

73EJF3:26　73EJF3:27　73EJF3:27　73EJF3:28　73EJF3:28

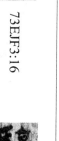

73EJF3:28　73EJF3:29　73EJF3:29　73EJF3:31　73EJF3:32

73EJF3:34
73EJF3:40B
73EJF3:47
73EJF3:96
73EJF3:96
73EJF3:96
73EJF3:97
73EJF3:97
73EJF3:97
73EJF3:98
73EJF3:98
73EJF3:99
73EJF3:100
73EJF3:122
73EJF3:148
73EJF3:149
73EJF3:241
73EJF3:280
73EJF3:300
73EJF3:358
73EJF3:359
73EJF3:359
73EJF3:361
73EJF3:361
73EJF3:361
73EJF3:362
73EJF3:362
73EJF3:363
73EJF3:365
73EJF3:366

73EJF3:366

73EJF3:366

73EJF3:367

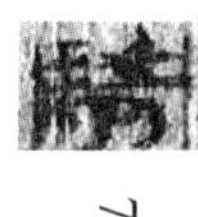

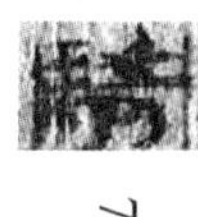

73EJF3:385

73EJF3:387

73EJF3:398

73EJF3:406

73EJF3:413

73EJF3:413

73EJF3:414

73EJF3:414

73EJF3:446

73EJF3:446

73EJF3:554

73EJF3:556

73EJD:59

72EJC:11

73EJC:464

72EDIC:2

72EBS7C:2A

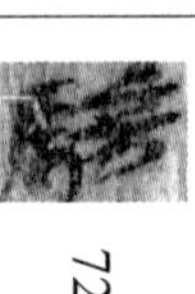

72EBS7C:4

駕

1446

T04:102

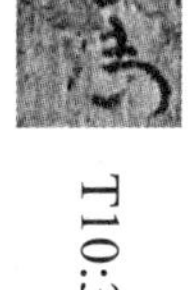

T10:372

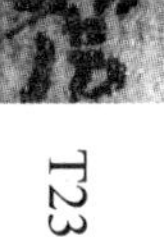

T23:108

T24:126

T35:004

T37:456

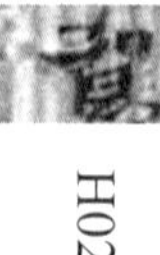
T37:552

T37:858

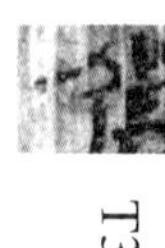
T37:1022

T37:1455

H02:012

駟

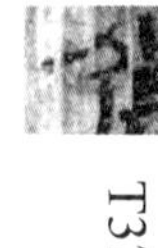

1447

T23:390

T23:510

T23:627

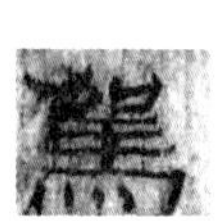
T23:912

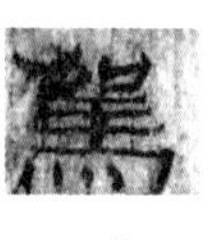
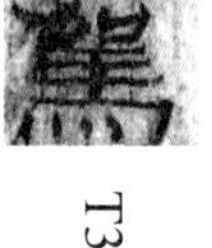
T26:031

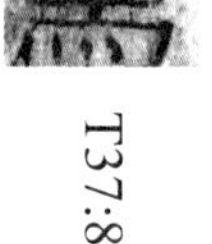
T26:088A

T26:088A

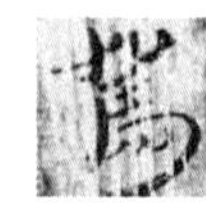
T34:023

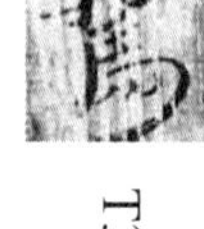
T37:1151A

馮

1448

T05:018

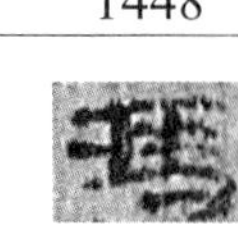
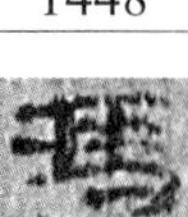
T07:134

T08:054A

T10:249

T22:137

T23:053

T23:249

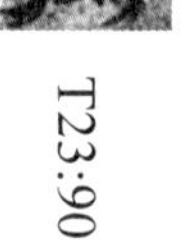
T23:628

T23:906A

T23:991

T24:964

驅 1449

馳 1450

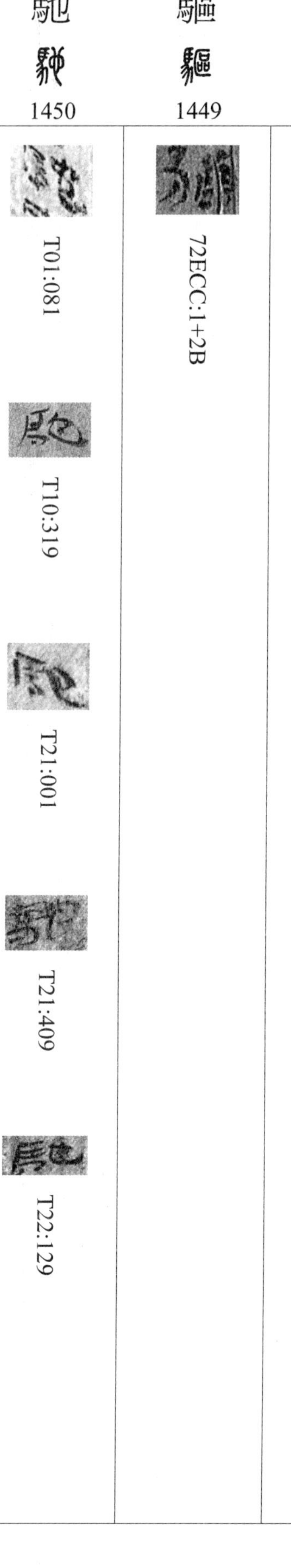

T28:002　T30:131　T35:006　T37:758　T37:764　T37:794

T37:802　H01:019　F01:022　F01:026　F01:117

73EJF3:273+10　73EJF3:31　73EJF3:99　73EJF3:183B　73EJC:427

72ECC:1+2B

T01:081　T10:319　T21:001　T21:409　T22:129

T25:146　T28:068　T28:097　T37:763

驛 1455	騶 1454	騷 1453	騫 1452		驚 1451
T01:188	T05:019	T21:131A	T24:751	T37:097	T04:002
T21:001	T37:1458A			T37:1539	T10:208
T21:278A	73EJF3:189+421			T37:1541	T23:583
T22:110				H02:042	T23:727
T22:110					T25:151
T23:350					

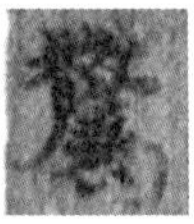

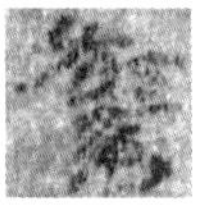

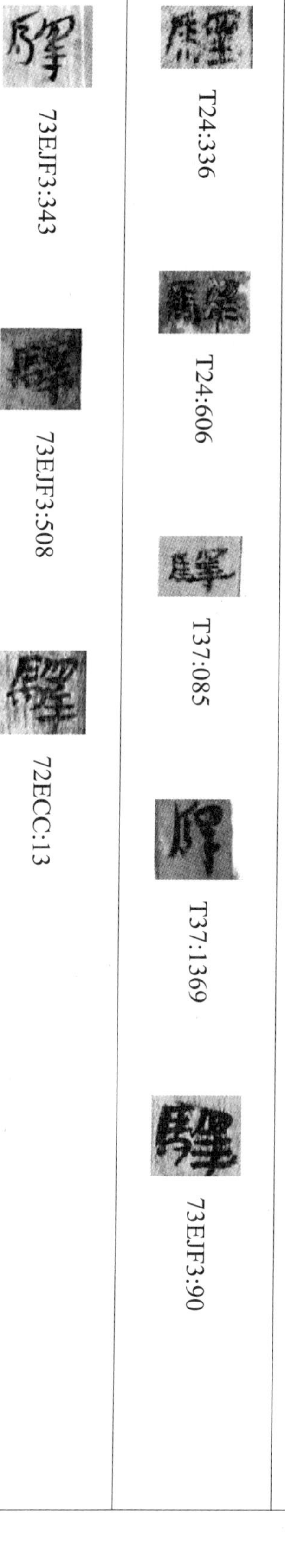

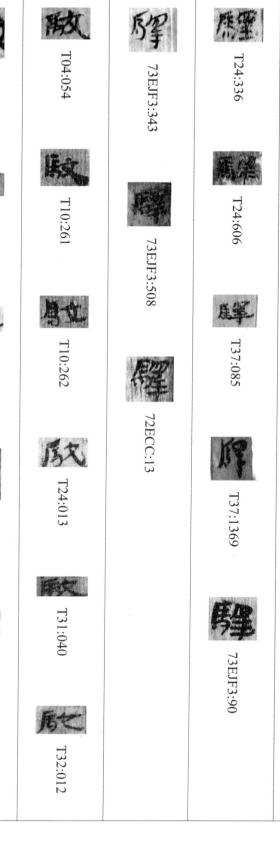

T24:336　T24:606　T37:085　T37:1369　73EJF3:90

73EJF3:343　73EJF3:508　72ECC:13

駮

1456

T04:054　T10:261　T10:262　T24:013　T31:040　T32:012

T37:310　T37:787　T37:1007　H02:021　H02:040

73EJF3:256　73EJD:319C　73EJC:441

驘

1457

T37:1089　按：《說文》，驘「或从羸」。

騂	駣	駑	駉	駿	驢
1463	1462	1461	1460	1459	1458
T01:147	T02:054	T24:263	F01:034	T37:523A	73EJF3:149
T04:054	T21:209				
T04:110A					
T06:014A					
T06:020					

馬部　驢　駿　駉　駑　駣　騂

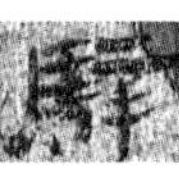
T06:132A

T07:026B

T10:125

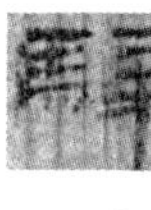
T10:151

T10:226B

T10:330

T10:380

T14:031A

T21:046

T21:061

T21:106

T21:161

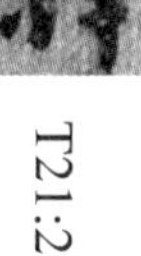
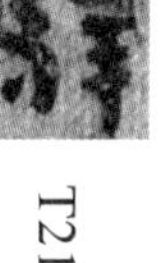
T21:230

T22:008

T22:077

T22:114

T23:053

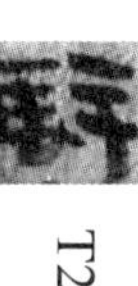
T23:215

T23:259

T23:268

T23:286A

T23:292

T23:349A

T23:522

T23:573

T23:784

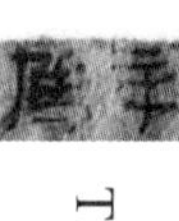
T23:787

T23:885A

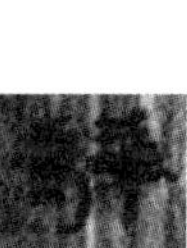
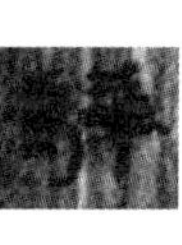
T24:034

T24:191

T24:206

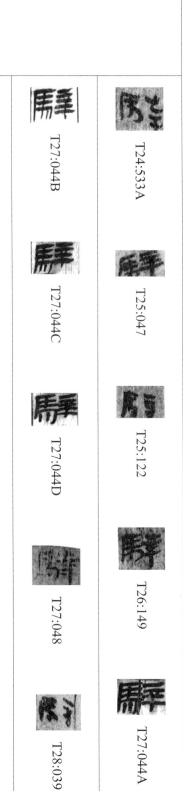

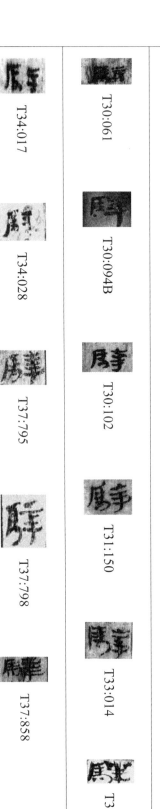

馬部 騂

 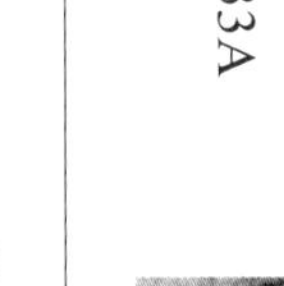  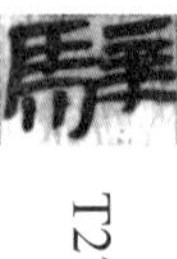   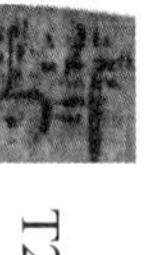 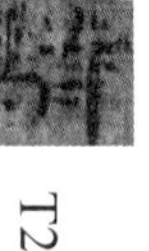       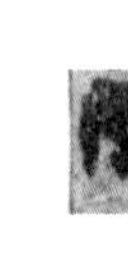  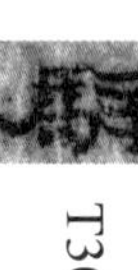  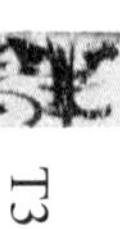       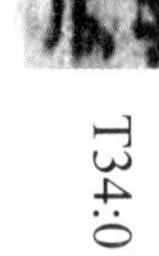 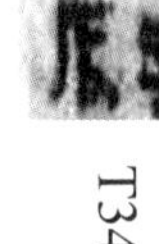 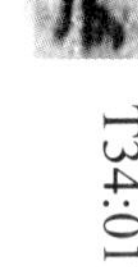   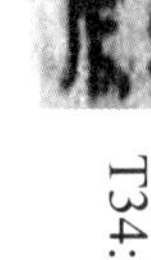 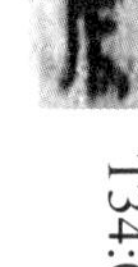  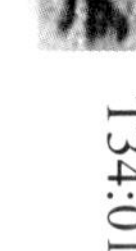   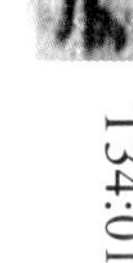 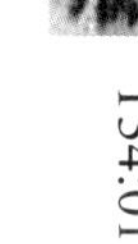 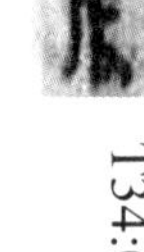 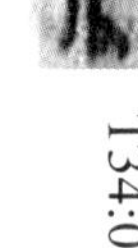 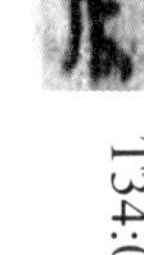  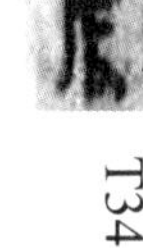 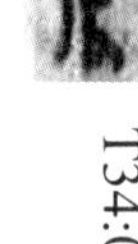 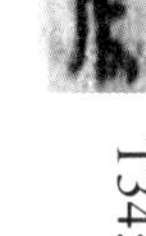 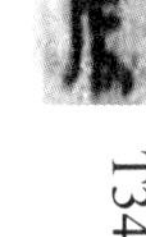  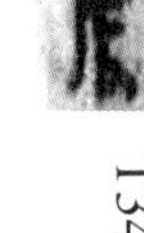 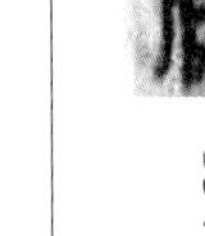     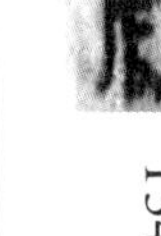 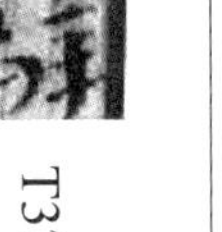 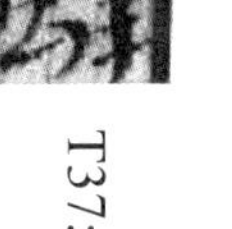 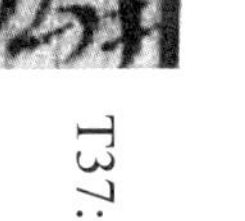    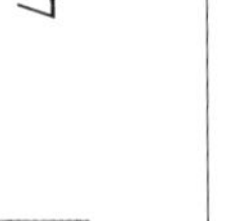         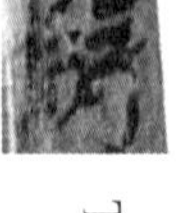 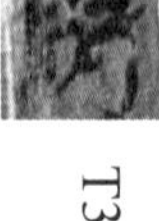 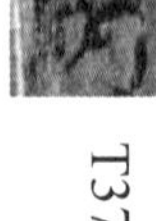 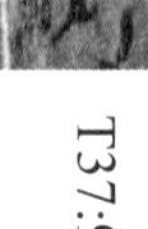    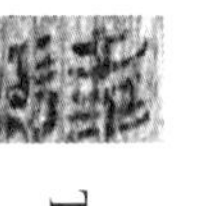 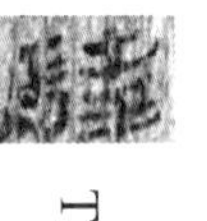 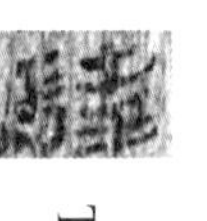 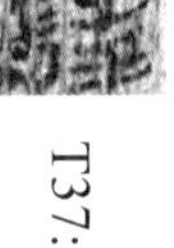     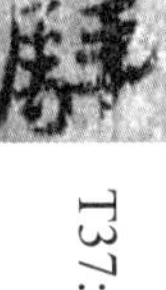 

T24:533A
T25:047
T25:122
T26:149
T27:044A

T27:044B
T27:044C
T27:044D
T27:048
T28:039

T29:016
T29:073
T29:115B
T29:122
T30:020
T30:034A

T30:061
T30:094B
T30:102
T31:150
T33:014
T33:053A

T34:017
T34:028
T37:795
T37:798
T37:858

T37:927
T37:961
T37:1042
T37:1311
T37:1517

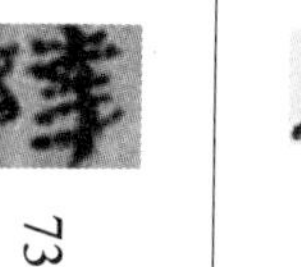
H01:026

H02:088

73EJF3:124A

73EJF3:160

73EJF3:311

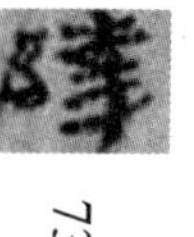
73EJF3:347

73EJF3:460A

73EJD:142A

73EJD:288

73EJD:309A

73EJD:309B

72EJC:3

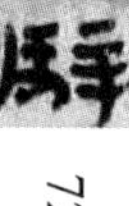
72EJC:266

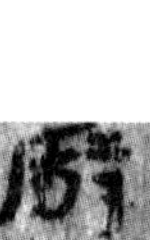
73EJC:293

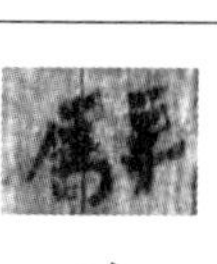
73EJC:358

73EJC:591

73EJC:591

73EJC:611

1464 ⿰馬枼

T26:182

1465 ⿰馬者

T37:1386

騂 1466

T37:1507c

驩 1467

T21:048 T26:035 T26:036 T37:365 T37:1193

薦 1468

T37:911A T37:1226 72ECC:16

灋 1469

T03:055 T03:055 T07:075 T14:042 T23:244 T23:731A T24:245 T30:016 T37:529 73EJD:6 72EJC:256+22 73EJC:291 73EJC:448A

按：《說文》，法「今文省」。

鹿 1470

T01:028
T01:130
T01:154
T01:167
T02:087
T04:087
T05:011
T05:015
T05:034
T05:051
T05:053
T21:099
T22:016
T22:024
T24:836
T24:902
T26:059
T30:196
T33:004
T37:1282

麋 1471

T37:1089

麇 1472

73EJC:560

1473 麗	1474 麤	1475 兔	1476 冤		1477 犬
T01:001	73EJF3:236	T10:016	T21:269	73EJD:202	T05:065
T01:001			T24:041	73EJC:599B	T26:182
T01:001			T37:985		T37:526
T01:001			T37:987		
T23:663B			T37:1359		

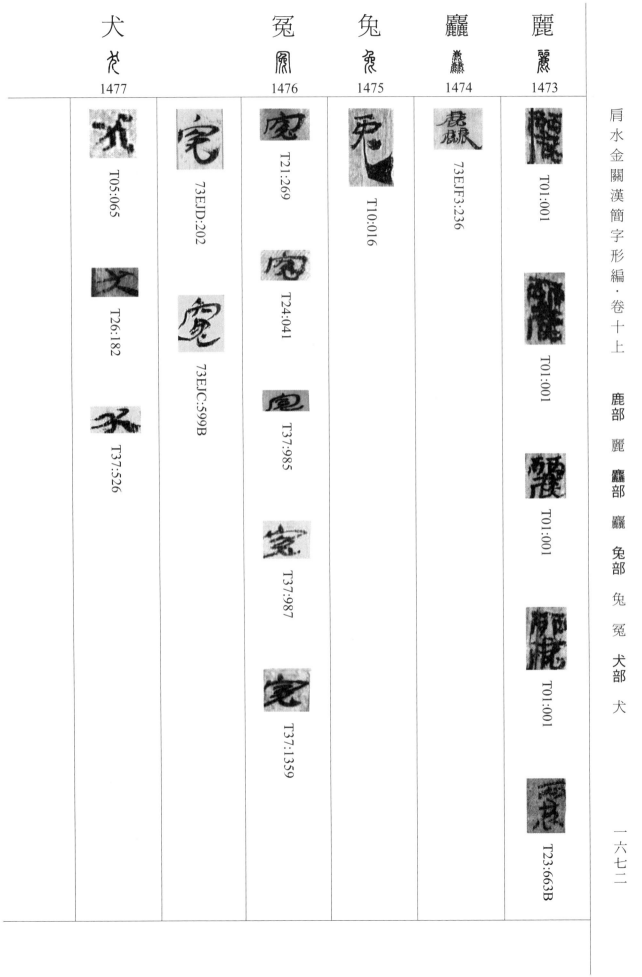

狗 1478			狡 1479	猥 1480	狠 1481
T06:075	T37:999	73EJD:251	72ECC:5A	T08:026A	T05:096B
T07:109	T37:1550	73EJD:377		73EJC:295	T05:096B
T23:068A	H01:032B	72ECC:5A			T21:066
T23:765	73EJD:4				
T24:247A	73EJD:91A				

狀

1482

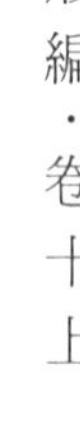

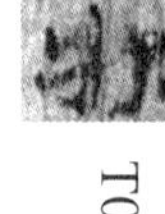

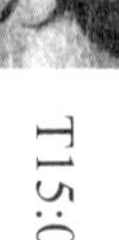

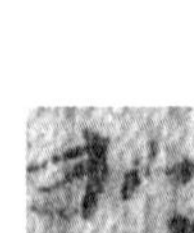

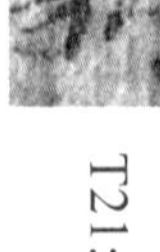

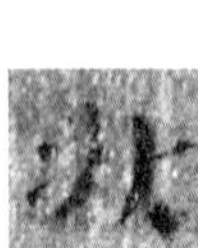

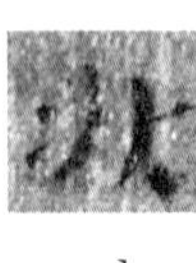

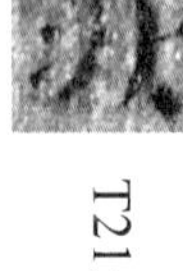

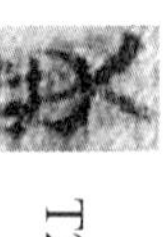

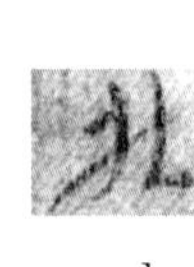

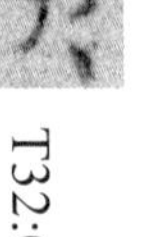

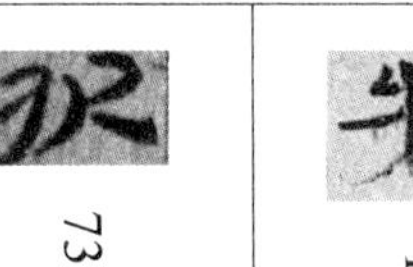
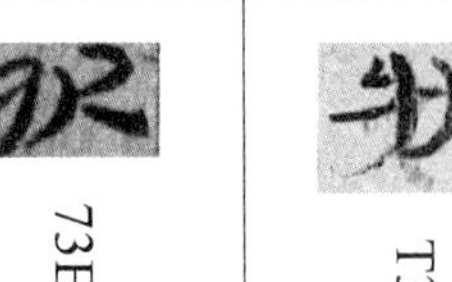

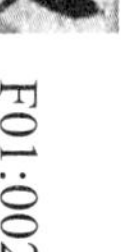

T01:001
T01:002
T01:020
T04:121
T09:102A
T11:008

T15:002
T21:453
T21:495
T23:831
T23:909B

T24:470A
T24:712
T24:908
T24:995
T26:012

T26:216
T27:011
T29:098
T31:035
T32:051
T37:084

T37:109
F01:002
73EJF3:152
73EJF3:163
73EJF3:315B

73EJF3:353

犯 
1483

T03:055

T07:075

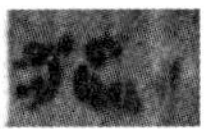

T23:878

T37:529

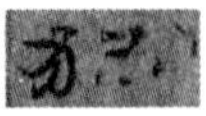

73EJC:448A

猜 
1484

T01:008

T25:091

猛 
1485

T09:034A

T09:062A

T09:304

T23:667

T23:697

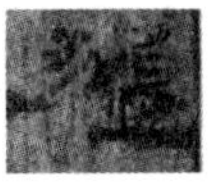

T24:070A

T31:185

T32:012

T37:1027

H02:006

73EJD:251

73EJD:251

73EJC:303

72ECC:13

㹤
1486

T24:112A　按：《説文》，「杜林説，㹤从心」。

戾 1487

73EJF3:130

獨 1488

T09:212B

T10:221A

T15:024B

T23:238

T23:708A

T23:994B

73EJF3:127A

72EJC:74+78

73EJC:590

狩 1489

T07:094

獲 1490

T10:029A

T23:406B

T37:726

73EJF3:84

73EJF3:110

73EJC:652

獻 1491	狂 1492	類 1493	狄 1494	狼 1495	狐 1496
73EJD:282B	72ECC:6A	T01:002	T24:636A	T27:058A	T11:015
		T37:799A	T31:033	T27:058A	T21:323
			73EJT4H:76		

狹 1497

T37:1487

獄 1498

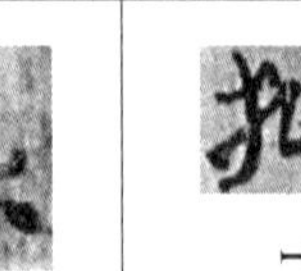

T01:029

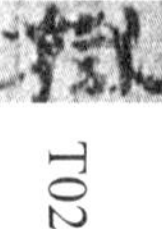
T02:082B

T04:080

T06:038A

T07:102

T08:045A

T09:012A

T09:035

T09:052A

T09:092A

T09:328

T10:115A

T10:120A

T10:120A

T10:216

T10:222

T10:227

T10:312A

T10:313A

T10:315A

T10:338

T14:016

T21:047

T21:047

T21:059

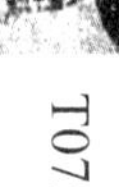
T21:059

T21:064

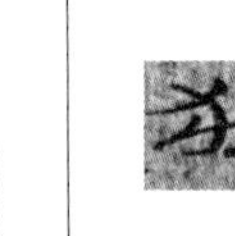
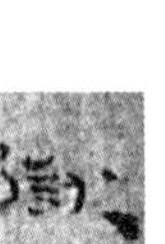
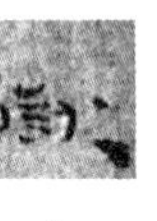
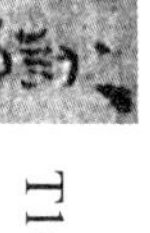

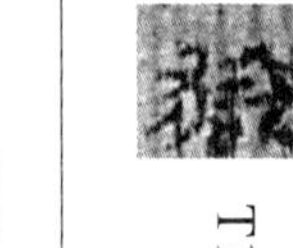

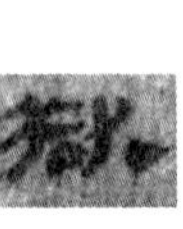

犬部 獄

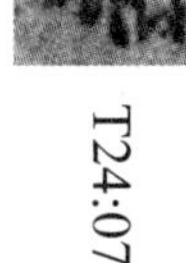

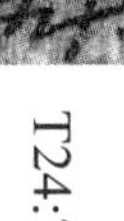
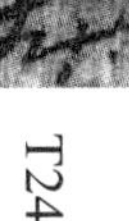
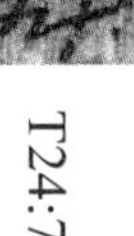

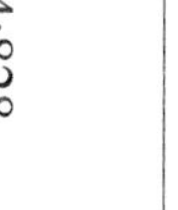

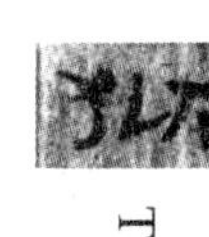
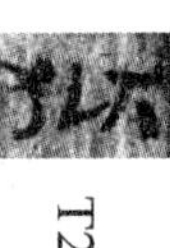

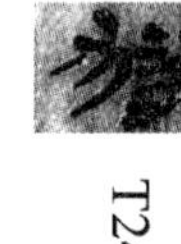

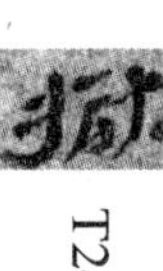

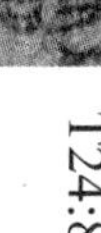

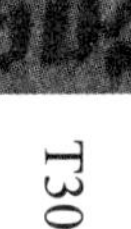

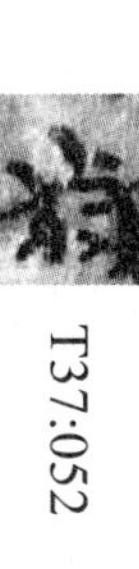

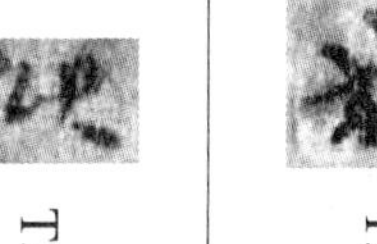
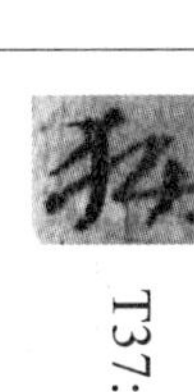

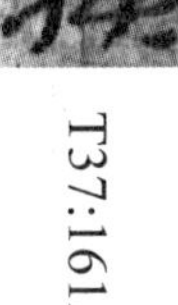

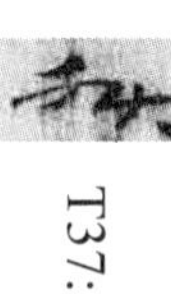

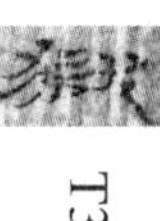
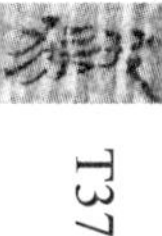
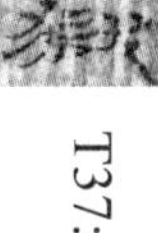

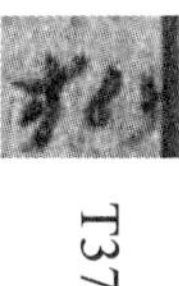
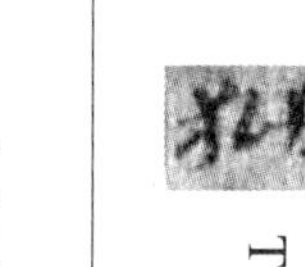

T21:175A
T23:304
T23:897A
T23:933
T24:023A

T24:078
T24:113B
T24:154
T24:248
T24:407
T24:532A

T24:705
T24:705
T24:747
T24:828
T24:868
T24:873A

T25:019
T26:025
T26:087
T27:052
T29:093
T30:011

T30:174A
T31:149
T33:039
T33:040A
T37:004
T37:052

T37:161A
T37:521
T37:530
T37:690
T37:733
T37:733

   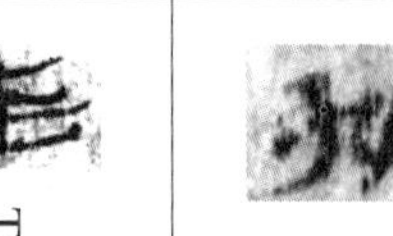                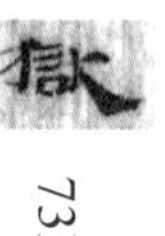       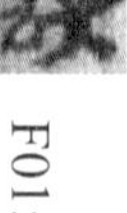      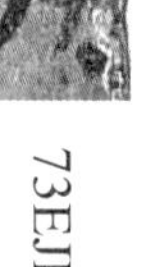   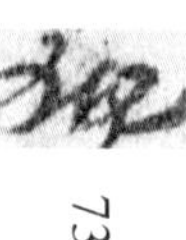  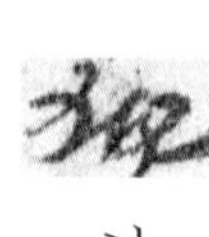   

T37:776A　T37:792　T37:857A　T37:885　T37:975　T37:1075A

T37:1076A　T37:1186A　T37:1283　T37:1453　T37:1462

T37:1491　H01:051　F01:117　73EJF2:37　73EJF3:179A

73EJF3:328A　73EJD:45　73EJD:246　73EJD:307B　72EJC:236

73EJC:316A　73EJC:368

能

1499

T01:168　T23:025　T23:364B　T23:658　T23:731B　T23:913

火
1501

T01:127A
T01:187
T01:217A
T04:069
T07:064
T07:093
T09:002
T15:003A
T22:011D
T22:027
T23:019B

T23:233　T23:855A　T24:533A　T24:533A　T24:743

T28:013A　T28:013A　T28:047　T29:065B　T29:089

T29:089　T37:779　T37:1129　T37:1544　73EJD:47

72EJC:3　72EJC:163　73EJC:591　73EJC:611

然

1502

T21:299　T21:299　T24:287　F01:010　72EJC:230

72EJC:272A　73EJC:291

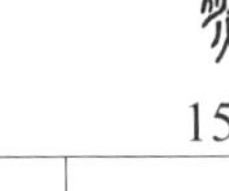

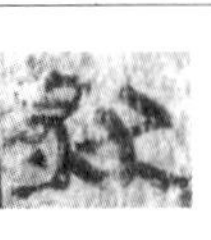

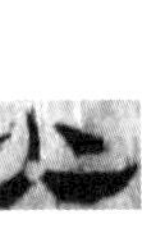
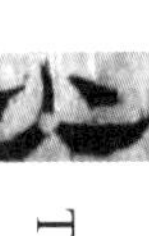
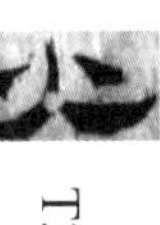
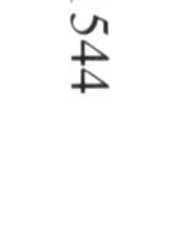

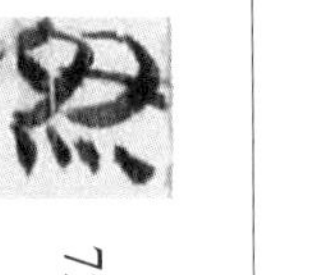
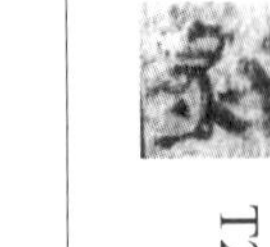
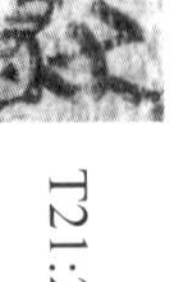

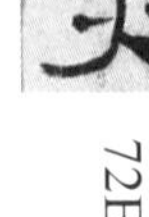

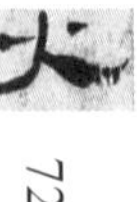

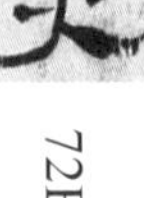

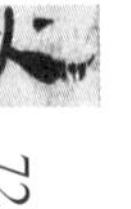

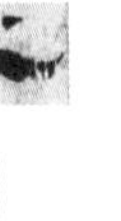

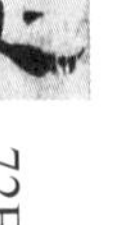

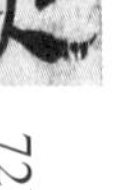

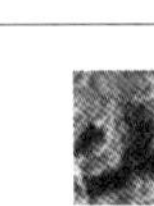

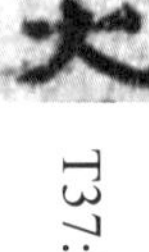

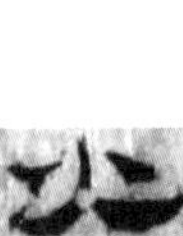
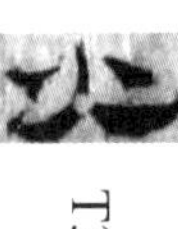

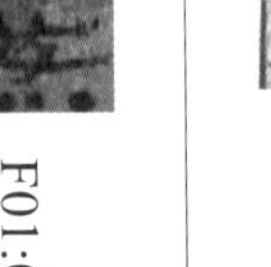

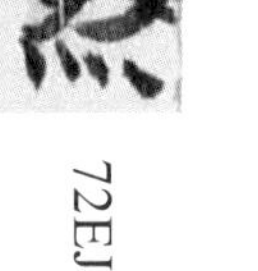

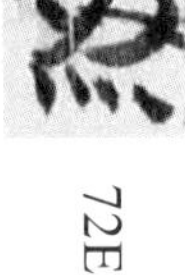

燔

1503

T15:003A

T21:027

T21:063A

T23:731B

T24:955

T30:244

72EJC:163

炊

1504

T04:047A

尉

1505

T01:002

T01:012

T01:038

T01:088

T01:140

T01:178A

T02:023

T02:023

T02:023

T02:083

T03:053

T03:109

T04:041A

T04:057

T04:148

T05:007

T05:076

       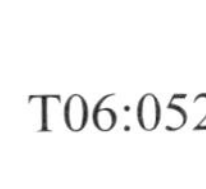    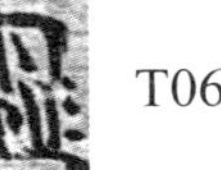        

T05:089 T05:122 T06:027A T06:052 T06:056 T06:094

    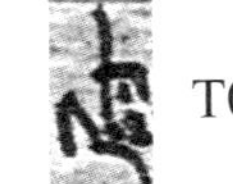  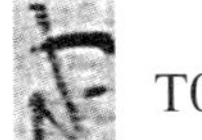   

T06:124 T06:151 T06:160 T06:190 T07:032 T07:036

T08:021 T08:039 T08:051A T08:055A T09:001 T09:007

T09:012A T09:059A T09:104 T09:127 T09:139

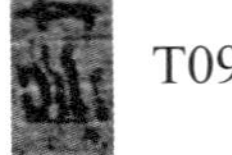 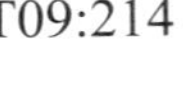     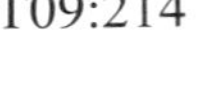  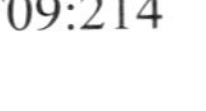 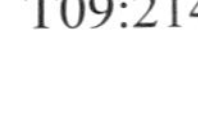 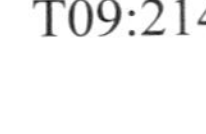

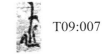

T09:214 T09:223 T09:353 T10:120A T10:120A T10:120A

   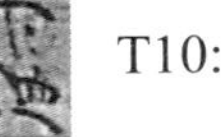         

T10:121A T10:155 T10:177A T10:179 T10:179

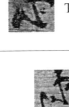

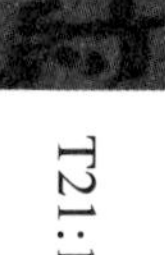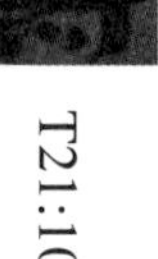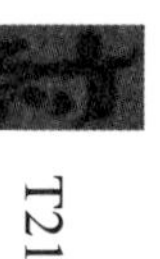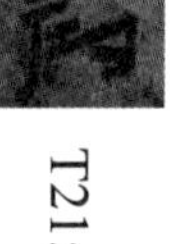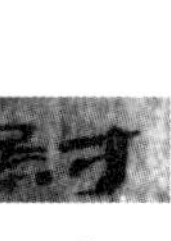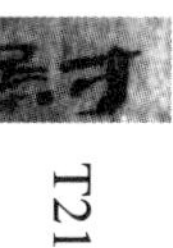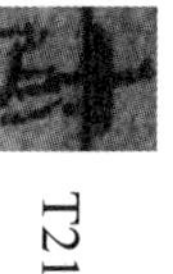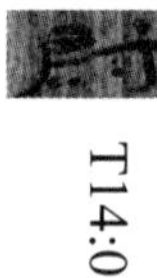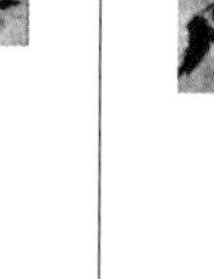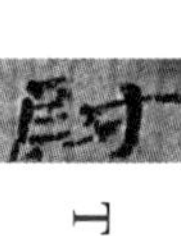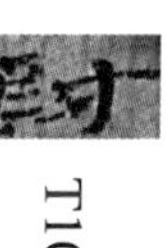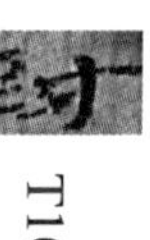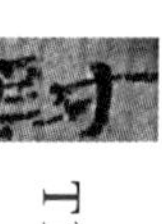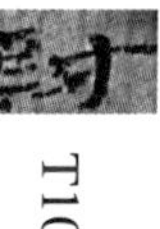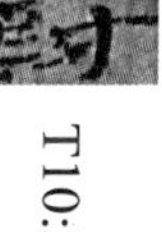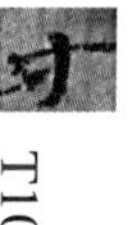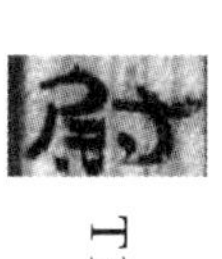

T10:207
T10:210A
T10:213A
T10:287
T10:311

T10:315A
T10:350
T10:378
T10:388
T11:010
T11:017

T14:011A
T14:019
T14:033A
T15:026
T21:038B
T21:039

T21:043B
T21:047
T21:047
T21:064
T21:064
T21:103

T21:103
T21:201
T21:227A
T21:249A
T22:021A

T22:069
T22:111A
T22:111A
T22:111A
T22:111A

火部　尉

T22:111A
T22:149
T23:017A
T23:081
T23:123
T23:206
T23:217A
T23:245
T23:291B
T23:304
T23:308
T23:334
T23:339
T23:413
T23:519
T23:519
T23:620
T23:620
T23:635
T23:639
T23:651B
T23:651B
T23:651B
T23:651B
T23:655
T23:770
T23:786
T23:808B
T23:873
T23:933
T24:026
T24:026

T24:026

T24:026

T24:026

T24:026

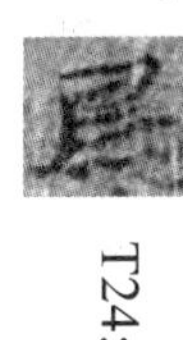
T24:035A

T24:036

T24:040

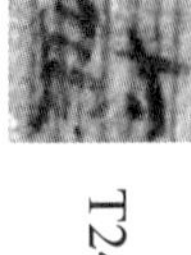

T24:112A

T24:112B

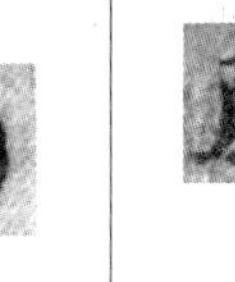

T24:130

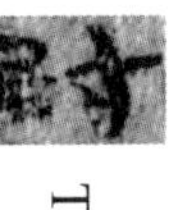

T24:139

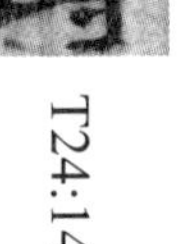
T24:145

T24:149

T24:245

T24:249

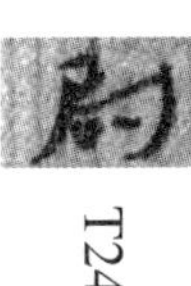

 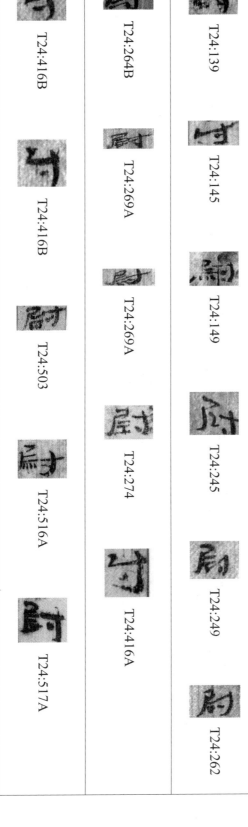

T24:262

T24:264B

T24:269A

T24:269A

T24:274

T24:416A

T24:416B

T24:416B

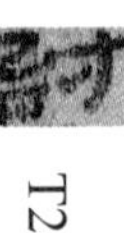
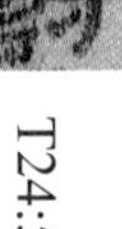

T24:503

T24:516A

T24:517A

T24:563A

T24:567

T24:586

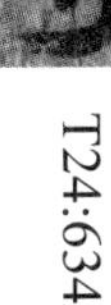
T24:634A

T24:830

T24:841 T25:006 T25:007A T25:043 T25:050 T25:065A

T25:065B T25:096 T25:105 T25:129 T26:011 T26:042

T26:087 T26:176 T26:237A T26:237B T26:246

T27:069 T28:013B T28:054 T28:078 T28:080 T28:124

T29:098 T30:021A T30:026 T30:026 T30:029B

T30:032 T30:071 T30:105 T30:163 T30:188

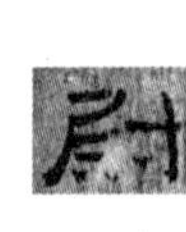
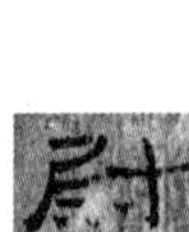
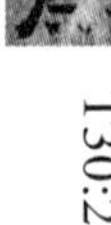
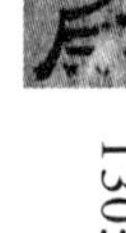
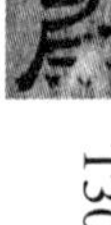

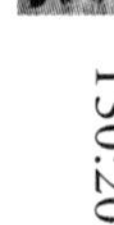

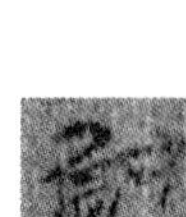

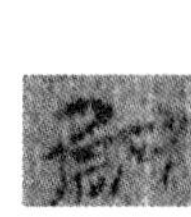
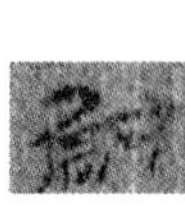
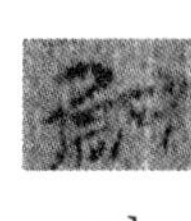
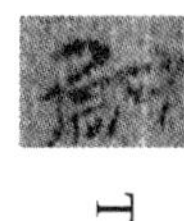
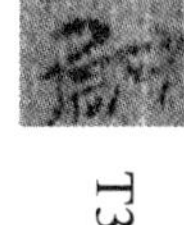
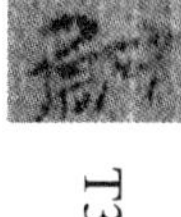
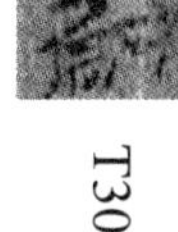
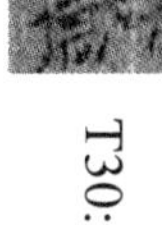

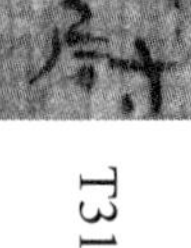
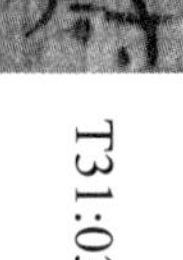

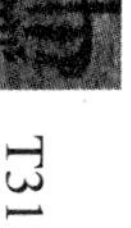
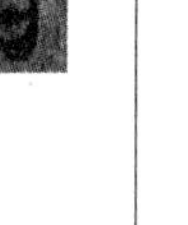

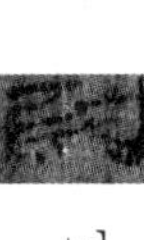

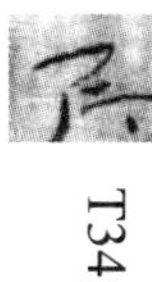
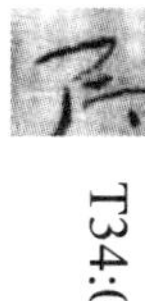
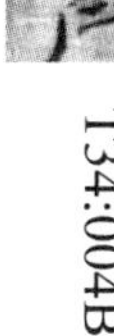

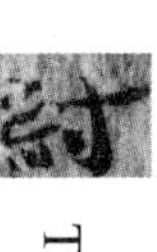

T30:204
T30:205
T30:215+217
T30:232
T30:249

T31:020A
T31:034A
T31:034B
T31:041
T31:064

T31:097A
T31:099
T31:114A
T31:137
T31:148

T31:149
T31:151B
T34:003A
T34:004A
T34:004B

T35:003
T37:008
T37:026
T37:035
T37:039A

T37:226
T37:227
T37:255A
T37:276B
T37:339

T37:422

T37:425

T37:457

T37:511B

T37:519A

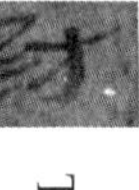

T37:520A

T37:522A

T37:522A

T37:523A

T37:523B

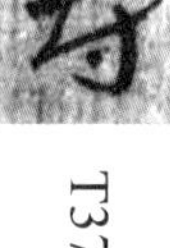
T37:529

T37:647

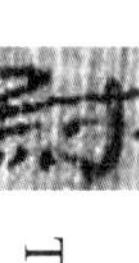

T37:692

T37:706

T37:707A

T37:716A

T37:748

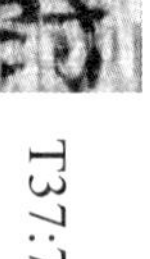
T37:752A

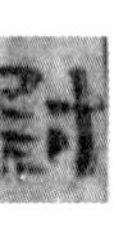
T37:774

T37:778

T37:780

T37:782

T37:837

T37:878A

T37:878A

T37:961

T37:983

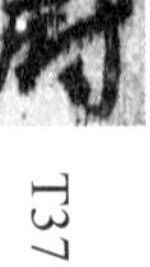
T37:1020A

T37:1061A

T37:1062A

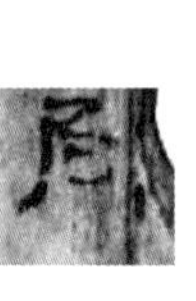
T37:1062B

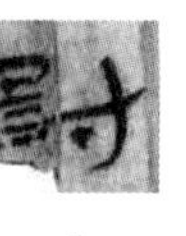

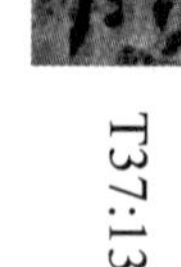

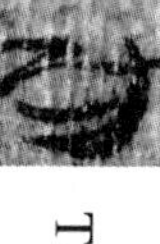

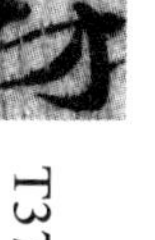

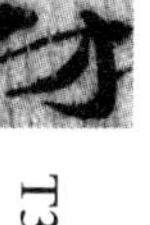
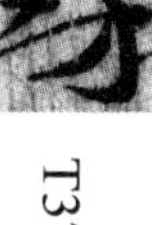
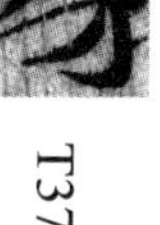
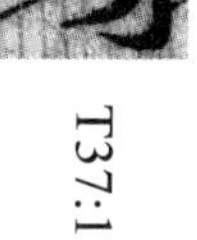
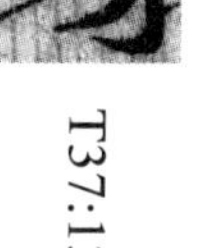

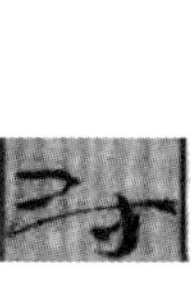

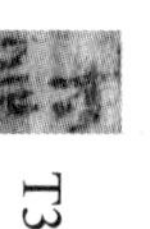

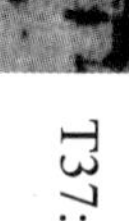

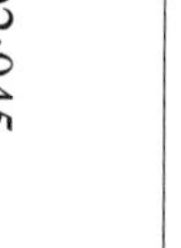

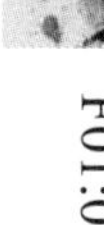
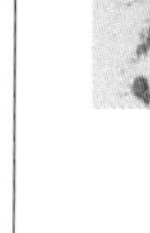

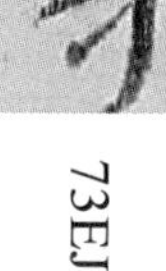

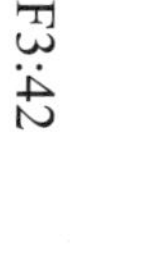

T37:1075A

T37:1075A

T37:1149

T37:1171

T37:1173

T37:1296

T37:1363

T37:1369

T37:1375A

T37:1396A

T37:1443

T37:1450

T37:1473

T37:1482

T37:1500

T37:1508

T37:1518

H01:014

H02:045

H02:050

H02:053A

F01:014

F01:015

F01:034

F01:034

F01:117

73EJF3:41A

73EJF3:41B

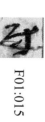

73EJF3:41B

73EJF3:42

73EJF3:55

火部 尉

73EJF3:93

73EJF3:115

73EJF3:118A

73EJF3:118A

73EJF3:118B

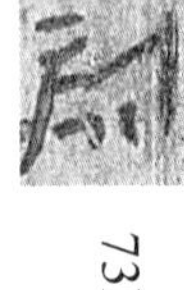
73EJF3:120B

73EJF3:132

73EJF3:154

73EJF3:155A

73EJF3:158

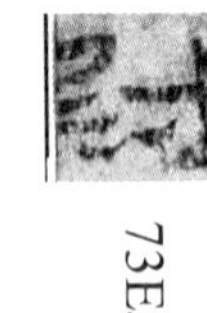
73EJF3:167

73EJF3:171

73EJF3:244

73EJF3:270

73EJF3:300

73EJF3:326

73EJF3:327

73EJF3:438

73EJF3:449A

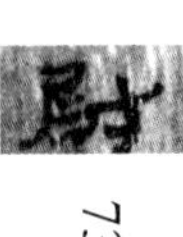
73EJT4H:34

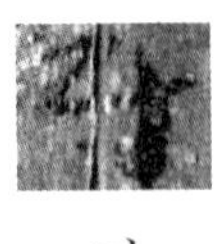
73EJT4H:89B

73EJD:3

73EJD:34

73EJD:36A

73EJD:37A

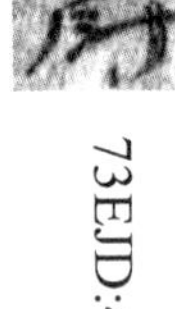
73EJD:40A

73EJD:42

73EJD:54

73EJD:64

73EJD:73A

73EJD:76

73EJD:79B

73EJD:121

73EJD:255

73EJD:382

72EJC:8

72EJC:8

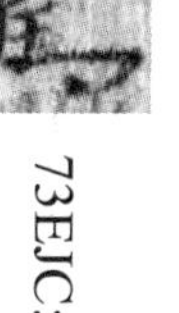
72EJC:13

72EJC:39

72EJC:107

72EJC:161

73EJC:292

73EJC:336

73EJC:341

73EJC:444

73EJC:515

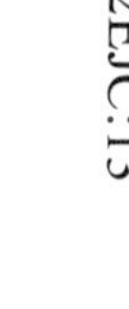
73EJC:531B

73EJC:540

73EJC:547

73EJC:555A

73EJC:604

73EJC:665

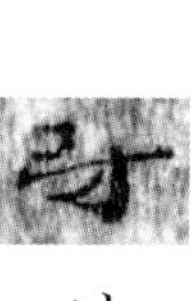
72ECC:70

72EBS7C:2A

燭

1506

73EJF3:182A

火部 爨 煙 煒 煌 光

爨
1507
T23:622
T24:150
T24:411
H02:001
按：《說文》，爨「或省」。
煙
1508
T24:743
T37:1544
煒
1509
T23:919A
煌
1510
T06:124
T09:009A
T23:413
T23:655
T28:008A
T31:066
T31:131
F01:036
73EJD:37A
72EBS7C:1A
光
1511
T01:069
T01:243
T03:109
T04:103
T04:147

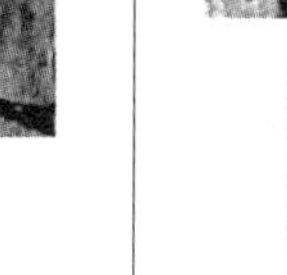

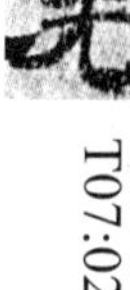

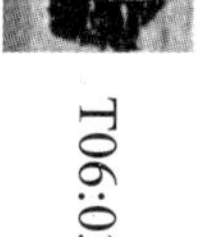

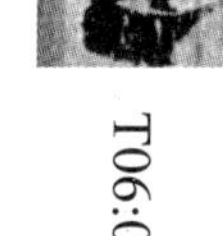

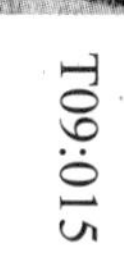

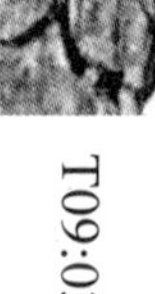

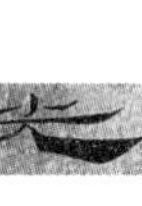
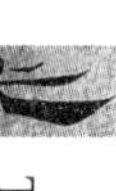
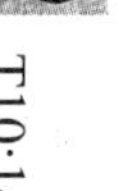

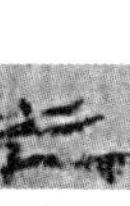
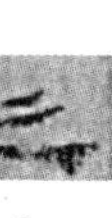
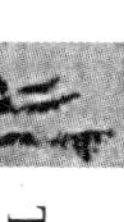
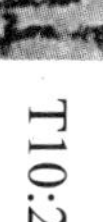

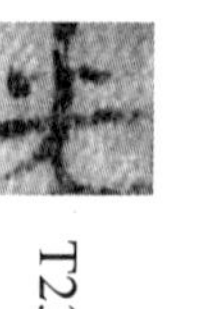

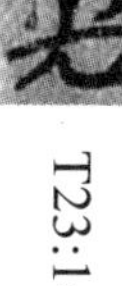

T05:076
T05:089
T06:038A
T06:038A
T06:040

T06:076
T07:005
T07:021
T08:008
T08:008
T08:036A

T09:003
T09:015
T09:035
T10:140
T10:206
T10:221A

T10:371A
T11:028
T14:010
T14:011A
T21:001

T21:001
T21:019
T21:137
T21:143
T21:236

T21:381
T22:008
T23:035
T23:146
T23:511

T23:773

T23:929

T23:977

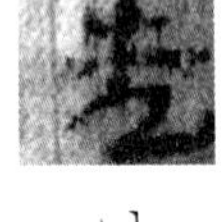
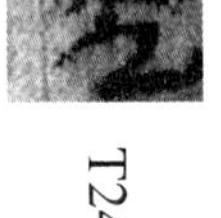
T24:073B

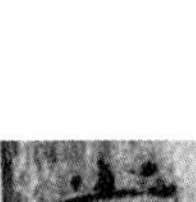

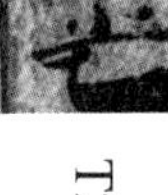
T24:080

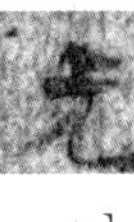

T24:455

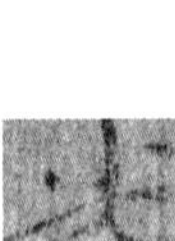
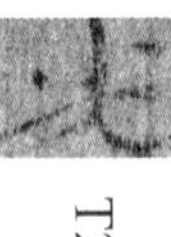
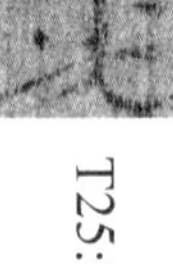

T25:046

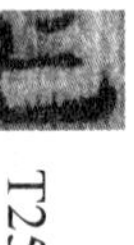
T25:126

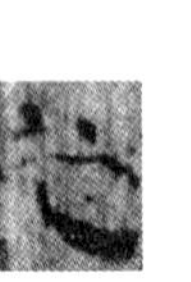
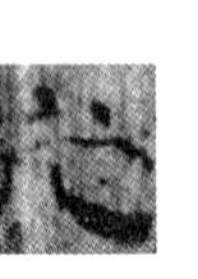
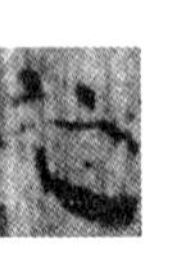

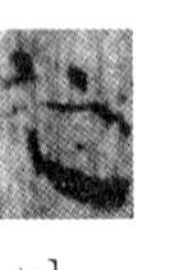

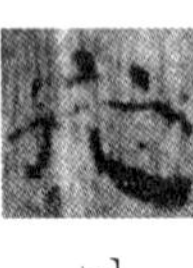
T25:192

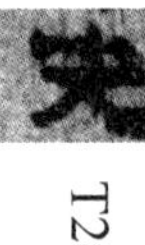
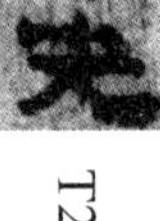
T26:073

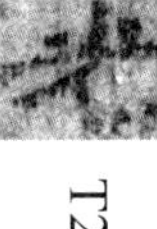
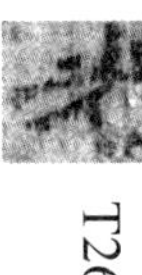
T26:173

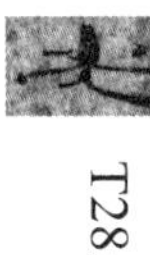
T28:020

T28:100

T30:189

T30:213

T31:034A

T33:005

T33:040A

T33:058

T34:004B

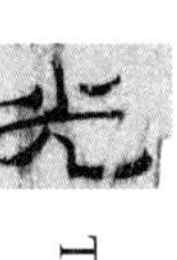
T34:041

T37:234

T37:520A

T37:521

T37:525

T37:526

T37:526

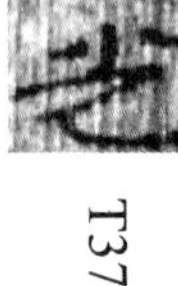

T37:692

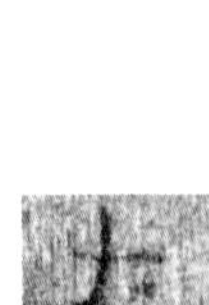
T37:1070

T37:1100

F01:001

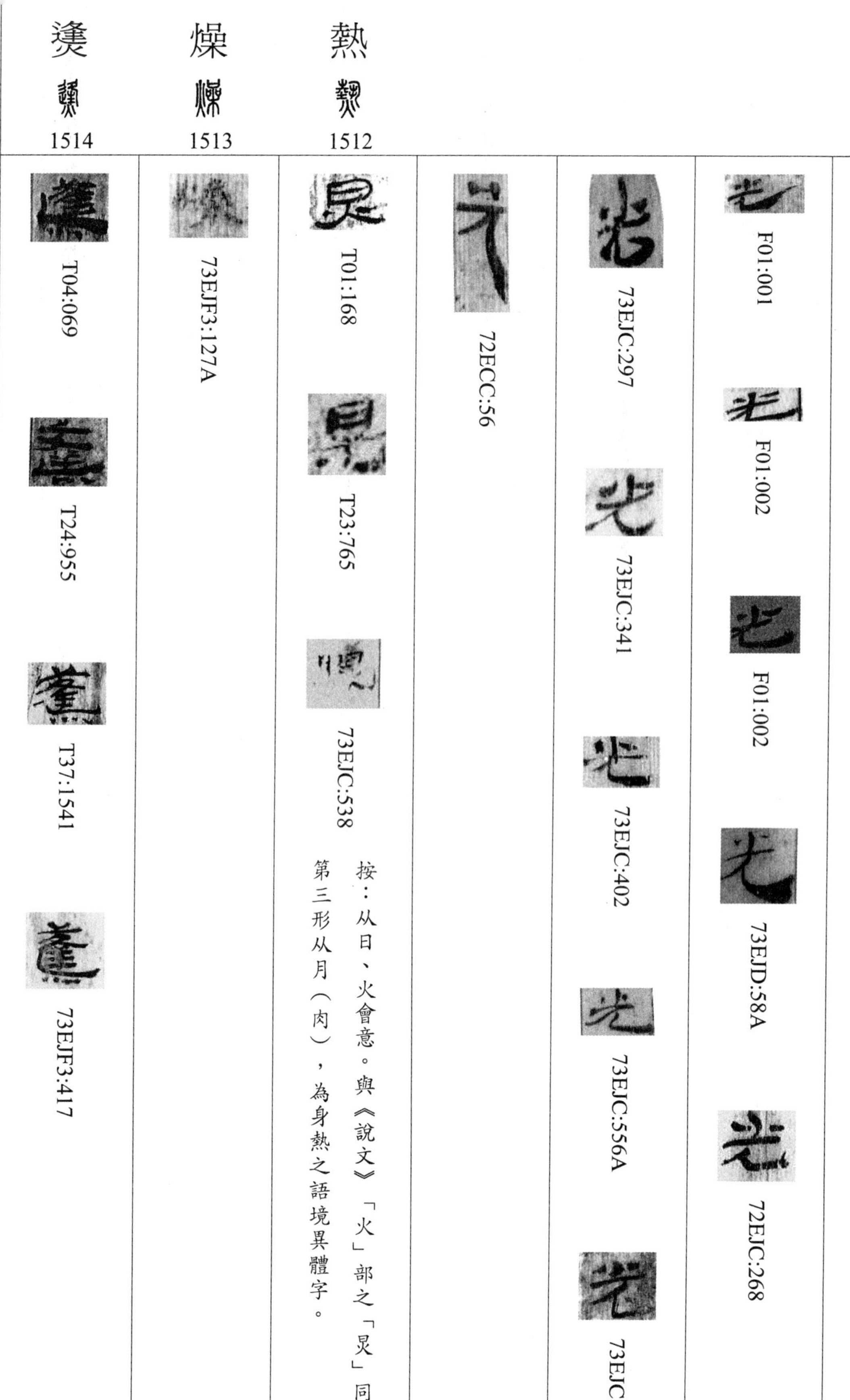

F01:001
F01:002
F01:002
73EJD:58A
72EJC:268
73EJC:297
73EJC:341
73EJC:402
73EJC:556A
73EJC:563
72ECC:56

熱 1512

T01:168
T23:765
73EJC:538

按：从日、火會意。與《說文》「火」部之「炅」同形。第三形从月（肉），為身熱之語境異體字。

燥 1513

73EJF3:127A

熢 1514

T04:069
T24:955
T37:1541
73EJF3:417

72ECC:36　按：金關簡多从「蓬」。

1515 熙

T37:1430

1516 煞

72ECC:3

1517 熏

73EJF3:419

73EJF3:419　按：此字所釋可疑。

1518 黑

T01:001

T02:003

T02:060

T03:095

T04:037

T04:052

T04:111

T05:035

T05:055A

T05:062

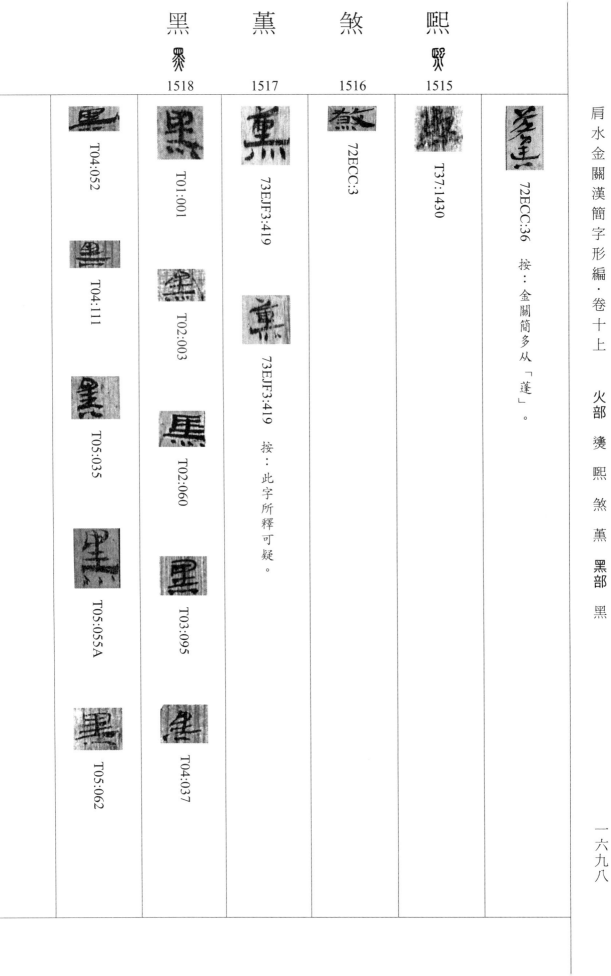

黑部　黑

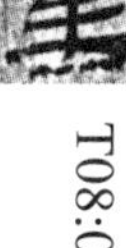

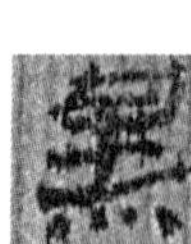

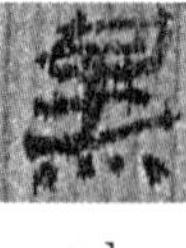
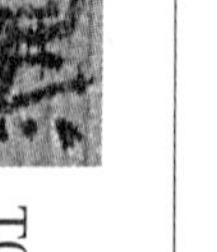

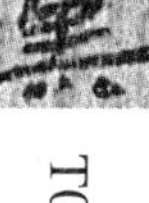

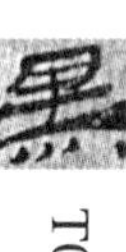

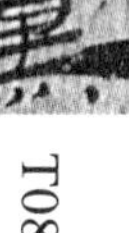

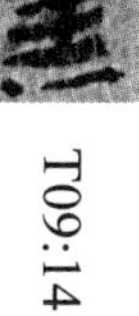

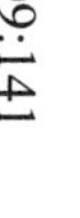

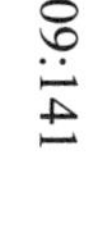

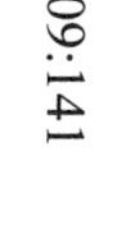

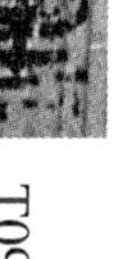

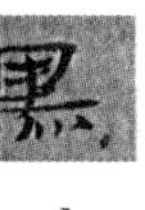

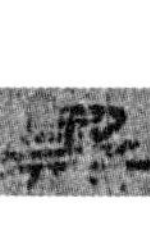

T05:073
T06:059
T06:135B
T07:047
T08:004
T08:012
T08:035
T08:037
T08:070
T08:070
T08:071
T08:091
T09:021
T09:028
T09:057
T09:082
T09:087
T09:090
T09:098
T09:122
T09:129
T09:141
T09:195
T10:118A
T10:148
T10:255
T10:261
T10:331
T10:382
T10:385
T10:393

黑部　黑

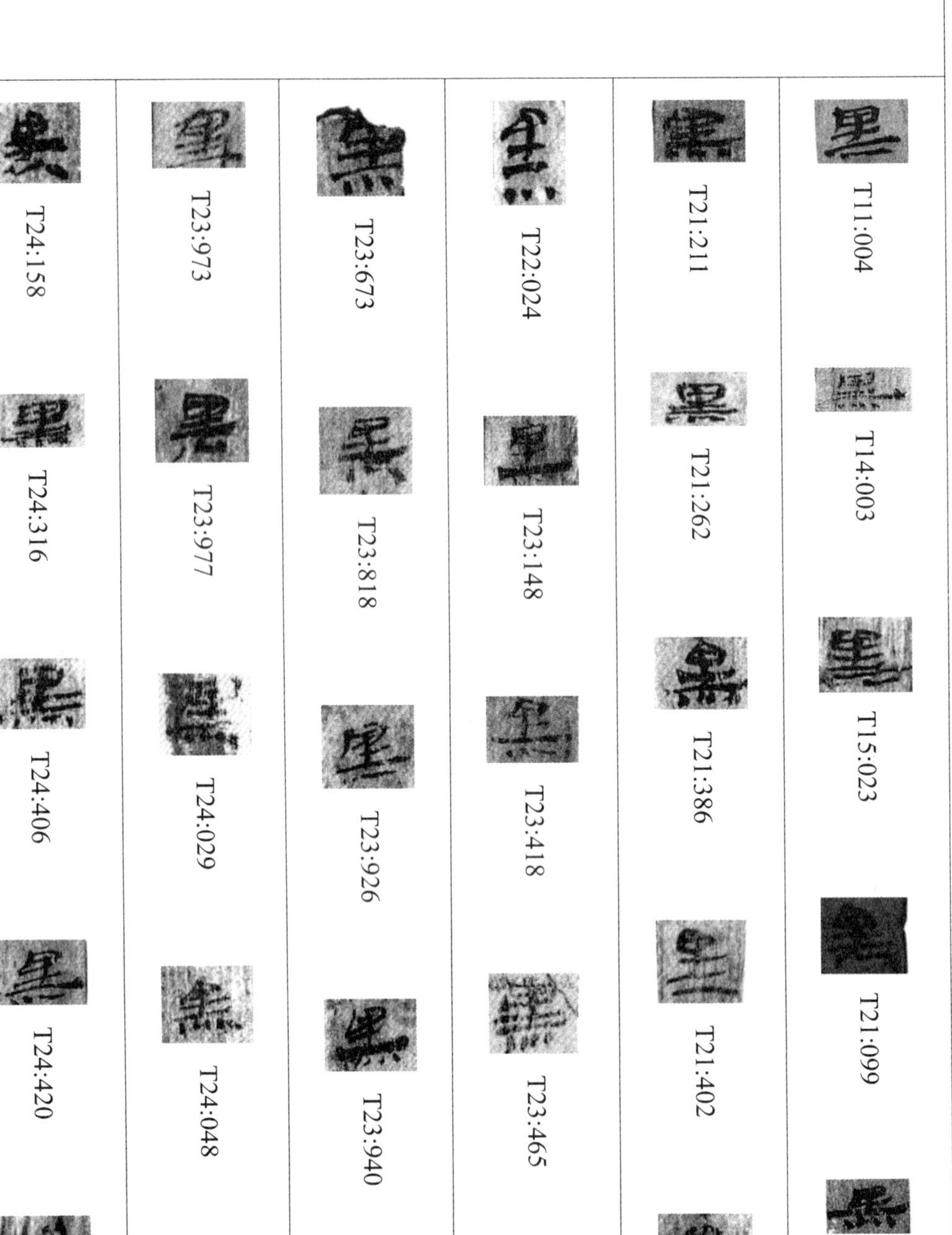

T11:004 T14:003 T15:023 T21:099 T21:203 T21:205A

T21:211 T21:262 T21:386 T21:402 T22:001

T22:024 T23:148 T23:418 T23:465 T23:659

T23:673 T23:818 T23:926 T23:940 T23:968

T23:973 T23:977 T24:029 T24:048 T24:051

T24:158 T24:316 T24:406 T24:420 T24:424

T25:005	T25:009	T25:055	T25:109	T25:191
T26:046	T26:118	T26:120	T26:128	T26:238
T27:001	T27:003	T27:009	T27:019	T27:020
T27:092	T28:096	T29:108	T30:062	T30:106
T30:132	T30:181	T30:266	T31:079	T31:090
T33:059A	T33:091	T34:013	T34:033	T37:017

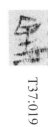

黑部 黑

T37:019

T37:058

T37:076

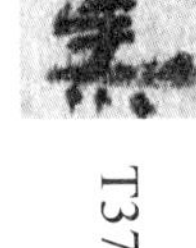

T37:078

T37:079

T37:081

T37:101

T37:108

T37:132

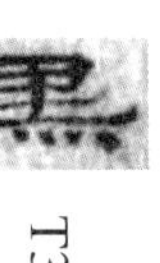
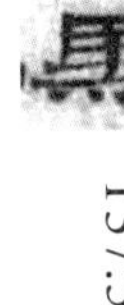

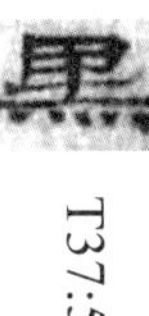
T37:522A

T37:551

T37:563

T37:580

T37:646

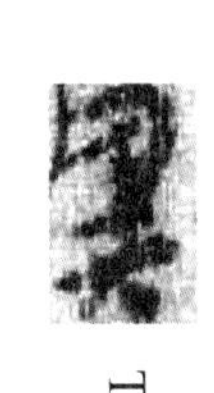
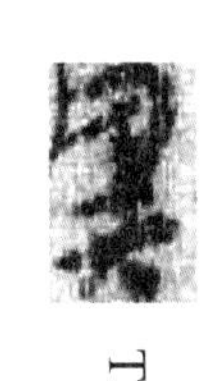

T37:653

T37:712

T37:713

T37:717

T37:742

T37:745

T37:746

T37:753

T37:757

T37:759

T37:791

T37:796

T37:802

T37:833A

T37:847

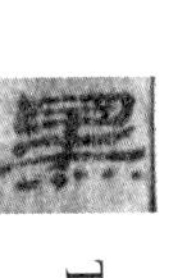
T37:873

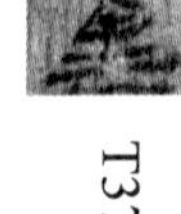

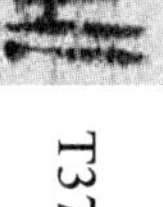

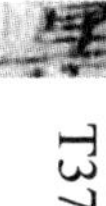

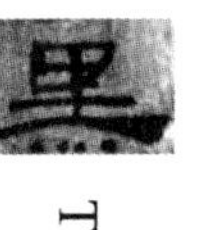
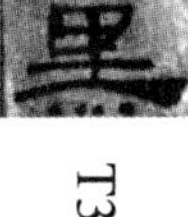

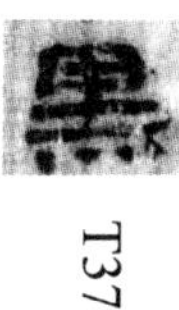

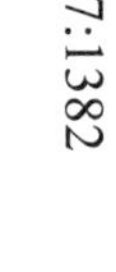

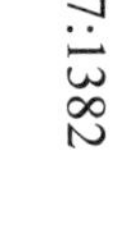

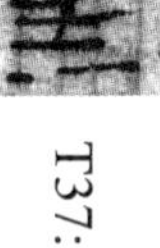

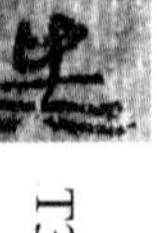

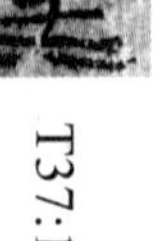

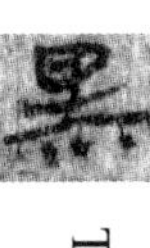
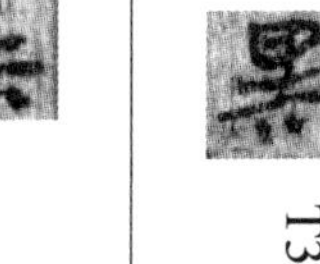
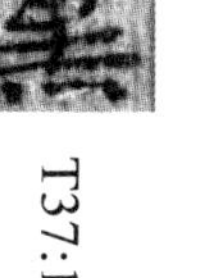

T37:874
T37:920
T37:983
T37:986
T37:991

T37:992
T37:993
T37:994
T37:995
T37:996

T37:1006
T37:1030
T37:1057A
T37:1101
T37:1102

T37:1130
T37:1156
T37:1157
T37:1158
T37:1334

T37:1382
T37:1390
T37:1444
T37:1465
T37:1492

T37:1493
T37:1582
T37:1586
T37:1587
T37:1589

H01:023

H01:057

H02:010

H02:017

H02:041

73EJF2:21

73EJF3:132

73EJF3:135

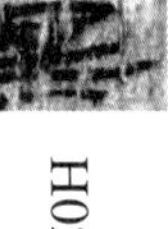
73EJF3:137

73EJF3:178A

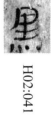

73EJF3:372

73EJD:8A

73EJD:60

73EJD:146

73EJD:198

72EJC:5

72EJC:19

72EJC:191

73EJC:352

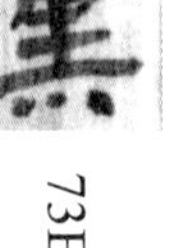
73EJC:398

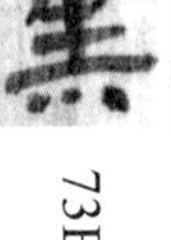
73EJC:414

73EJC:616

黠

1519

F01:010

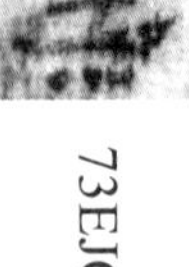

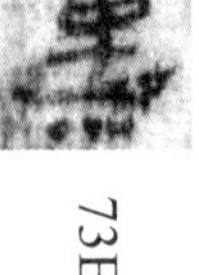

1520 黨

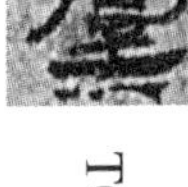

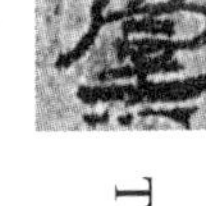
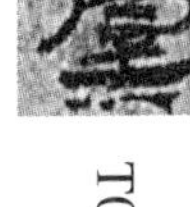
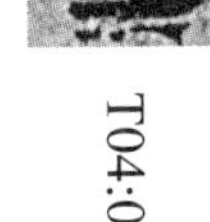

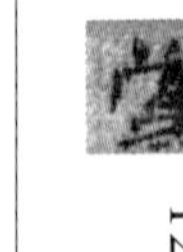

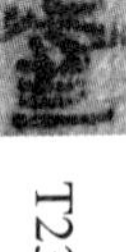
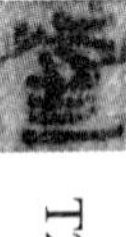

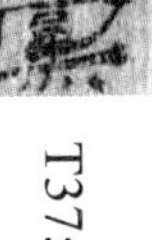

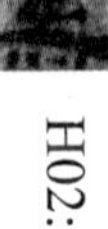

T04:020 T04:024 T04:026 T04:071 T04:155

T08:105B T23:034 T23:163 T23:206 T23:886

T23:886 T23:920 T23:922 T27:046 T28:031

T37:122 T37:886 T37:1110 T37:1139 T37:1189

T37:1448A T37:1448B T37:1492 T37:1509 H01:039

H01:050 H01:052 H02:001 F01:122 73EJF3:138

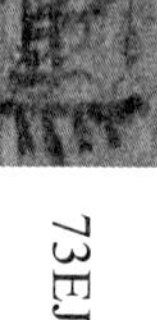
73EJF3:184B

73EJD:253

73EJC:370

黮
䵵
1521

T32:002